广东改革开放40年研究丛书

广东文化改革发展40年
Guangdong Wenhua Gaige Fazhan 40 Nian

李宗桂 等 著

版权所有　翻印必究

图书在版编目（CIP）数据

广东文化改革发展40年/李宗桂等著．—广州：中山大学出版社，2018.12
（广东改革开放40年研究丛书）
ISBN 978-7-306-06503-2

Ⅰ.①广…　Ⅱ.①李…　Ⅲ.①地方文化—文化事业—体制改革—研究—广东　Ⅳ.①G127.65

中国版本图书馆CIP数据核字（2018）第277540号

出 版 人：	王天琪
责任编辑：	徐诗荣
封面设计：	林绵华
版式设计：	林绵华
责任校对：	廖丽玲
责任技编：	何雅涛
出版发行：	中山大学出版社
电　　话：	编辑部 020-84110771，84111997，84110779，84113349
	发行部 020-84111998，84111981，84111160
地　　址：	广州市新港西路135号
邮　　编：	510275　　　传　真：020-84036565
网　　址：	http://www.zsup.com.cn　　E-mail：zdcbs@mail.sysu.edu.cn
印 刷 者：	广州家联印刷有限公司
规　　格：	787mm×1092mm　1/16　20.625印张　327千字
版次印次：	2018年12月第1版　2018年12月第1次印刷
定　　价：	92.00元

如发现本书因印装质量影响阅读，请与出版社发行部联系调换

广东改革开放 40 年研究丛书

主　任　傅　华

副主任　蒋　斌　宋珊萍

委　员（按姓氏笔画排序）

丁晋清　王天琪　王　珺　石佑启

卢晓中　刘小敏　李宗桂　张小欣

陈天祥　陈金龙　周林生　陶一桃

隋广军　彭壁玉　曾云敏　曾祥效

创造让世界刮目相看的新的更大奇迹

——"广东改革开放 40 年研究丛书"总序

中国的改革开放走过了 40 年的伟大历程。在改革开放 40 周年的关键时刻，习近平总书记亲临广东视察并发表重要讲话，这是广东改革发展史上具有里程碑意义的大事、喜事。总书记充分肯定广东改革开放 40 年来所取得的巨大成就，并提出了深化改革开放、推动高质量发展、提高发展平衡性和协调性、加强党的领导和党的建设等方面的工作要求，为广东新时代改革开放再出发进一步指明了前进方向，提供了根本遵循。深入学习宣传贯彻习近平总书记视察广东重要讲话精神，系统总结、科学概括广东改革开放 40 年的成就、经验和启示，对于激励全省人民高举新时代改革开放旗帜，弘扬敢闯敢试、敢为人先的改革精神，以更坚定的信心、更有力的举措把改革开放不断推向深入，创造让世界刮目相看的新的更大奇迹，具有重要意义。

第一，研究广东改革开放，要系统总结广东改革开放 40 年的伟大成就，增强改革不停顿、开放不止步的信心和决心。

广东是中国改革开放的排头兵、先行地、实验区，在改革开放和现代化建设中始终走在全国前列，取得了举世瞩目的辉煌成就，展现了改革开放的磅礴伟力。

实现了从一个经济比较落后的农业省份向全国第一经济大省的历史性跨越。改革开放 40 年，是广东经济发展最具活力的 40 年，是广东经济总量连上新台阶、实现历史性跨越的 40 年。40 年来，广东坚持以经济建设为中心，锐意推进改革，全力扩大开放，适应、把握、引领经济发展新常态，坚定不移地推进经济结构战略性调整、经济持续快速健康发展。1978—2017 年，广东 GDP 从 185.85 亿元增加到 89 879.23 亿元，增长约 482.6 倍，占全国的 10.9%。1989 年以来，广东 GDP 总量连续 29 年稳居全国首位，成为中国第一经济大省。经济总量先后超越新加坡、中国香港和台湾地区，

2017年超过全球第13大经济体澳大利亚，进一步逼近"亚洲四小龙"中经济总量最大的韩国，处于世界中上等收入国家水平。

实现了从计划经济体制向社会主义市场经济体制的历史性变革。改革开放40年，是广东始终坚持社会主义市场经济改革方向、深入推进经济体制改革的40年，是广东社会主义市场经济体制逐步建立和完善的40年。40年来，广东从率先创办经济特区，率先引进"三来一补"、创办"三资"企业，率先进行价格改革，率先进行金融体制改革，率先实行产权制度改革，到率先探索行政审批制度改革，率先实施政府部门权责清单、市场准入负面清单和企业投资项目清单管理，率先推进供给侧结构性改革，等等，在建立和完善社会主义市场经济体制方面走在全国前列，极大地解放和发展了社会生产力，同时在经济、政治、文化、社会和生态文明建设领域的改革也取得了重大进展。

实现了从封闭半封闭到全方位开放的历史性转折。改革开放40年，是广东积极把握全球化机遇、纵深推进对外开放的40年，是广东充分利用国际国内两个市场、两种资源加快发展的40年。开放已经成为广东的鲜明标识。40年来，广东始终坚持对内、对外开放，以开放促改革、促发展。从创办经济特区、开放沿海港口城市、实施外引内联策略、推进与港澳地区和内地省市区的区域经济合作，到大力实施"走出去"战略、深度参与"一带一路"建设、以欧美发达国家为重点提升利用外资水平、举全省之力建设粤港澳大湾区，广东开放的大门越开越大，逐步形成了全方位、多层次、宽领域、高水平的对外开放新格局。

实现了由要素驱动向创新驱动的历史性变化。改革开放40年，是广东发展动力由依靠资源和低成本劳动力等要素投入转向创新驱动的40年，是广东经济发展向更高级阶段迈进的40年。改革开放以来，广东人民以坚强的志气与骨气不断增强自主创新能力和实力，把创新发展主动权牢牢掌握在自己手中。从改革开放初期，广东以科技成果交流会、技术交易会等方式培育技术市场，成立中国第一个国家级高科技产业集聚的工业园区——深圳科技工业园，到实施科教兴粤战略、建设科技强省、构建创新型广东和珠江三角洲国家自主创新示范区，广东不断聚集创新驱动"软实力"，区域创新综合能力排名跃居全国第一。2017年，全省研发经费支出超过2 300亿元，居全国第一，占地区生产总值比重达2.65%；国家级高新技术企业3万家，跃居全国第一；高新技术产品产值达6.7万亿元。有效发明专利量及专利综合实力连续多年居全国首位。

实现了从温饱向全面小康迈进的历史性飞跃。改革开放40年,是全省居民共享改革发展成果、生活水平显著提高的40年,是全省人民生活从温饱不足向全面小康迈进的40年。1978—2017年,全省城镇居民、农村居民人均可支配收入分别增长了98倍和81倍,从根本上改变了改革开放前物资短缺的经济状况,民众的衣食住行得到极大改善,居民收入水平和消费能力快速提升。此外,推进基本公共服务均等化,惠及全民的公共服务体系进一步建立;加大底线民生保障资金投入力度,社会保障事业持续推进;加快脱贫攻坚步伐,努力把贫困地区短板变成"潜力板",不断提高人民生活水平,满足人民对美好生活的新期盼。

实现了生态环境由问题不少向逐步改善的历史性转变。改革开放40年,是广东对生态环境认识发生深刻变化的40年,是广东生态环境治理力度不断加大的40年,是广东环境质量由问题不少转向逐步改善的40年。广东牢固树立"绿水青山就是金山银山"的理念,坚决守住生态环境保护底线,全力打好污染防治攻坚战,生态环境持续改善。全省空气质量近3年连续稳定达标,大江大河水质明显改善,土壤污染防治扎实推进。新一轮绿化广东大行动不断深入,绿道、古驿道、美丽海湾建设等重点生态工程顺利推进,森林公园达1 373个、湿地公园达203个、国家森林城市达7个,全省森林覆盖率提高到59.08%。

40年来,广东充分利用毗邻港澳的地理优势,大力推进粤港澳合作,率先基本实现粤港澳服务贸易自由化,全面启动粤港澳大湾区建设,对香港、澳门顺利回归祖国并保持长期繁荣稳定、更好地融入国家发展大局发挥了重要作用,为彰显"一国两制"伟大构想的成功实践做出了积极贡献。作为中国先发展起来的区域之一,广东十分注重推动国家区域协调发展战略的实施,加大力度支持革命老区、民族地区、边疆地区、贫困地区加快发展,对口支援新疆、西藏、四川等地取得显著成效,为促进全国各地区共同发展、共享改革成果做出了积极贡献。

第二,研究广东改革开放,要深入总结广东改革开放40年的经验和启示,厚植改革再出发的底气和锐气。

改革开放40年来,广东在坚持和发展中国特色社会主义事业中积极探索、大胆实践,不仅取得了辉煌成就,而且积累了宝贵经验。总结好改革开放的经验和启示,不仅是对40年艰辛探索和实践的最好庆祝,而且能为新时代推进中国特色社会主义伟大事业提供强大动力。40年来,广东经济社会发展之所以能取得历史性成就、发生历史性变革,最根本的原因就在于党中央的正确领导和对广东工作的高度重视、亲切关怀。改革开放以来，党中央始终鼓励广东大胆探索、大胆实践。特别是进入新时代以来，每到重要节点和关键时期，习近平总书记都及时为广东把舵定向，为广东发展注入强大动力。2012年12月，总书记在党的十八大后首次离京视察就到了广东，做出"三个定位、两个率先"的重要指示。2014年3月，总书记参加第十二届全国人大第二次会议广东代表团审议，要求广东在全面深化改革中走在前列，努力交出物质文明和精神文明两份好答卷。2017年4月，总书记对广东工作做出重要批示，对广东提出了"四个坚持、三个支撑、两个走在前列"要求。2018年3月7日，总书记参加第十三届全国人大第一次会议广东代表团审议并发表重要讲话，嘱咐广东要做到"四个走在全国前列"、当好"两个重要窗口"。2018年10月，在改革开放40周年之际，习近平总书记再次亲临广东视察指导并发表重要讲话，要求广东高举新时代改革开放旗帜，以更坚定的信心、更有力的措施把改革开放不断推向深入，提出了深化改革开放、推动高质量发展、提高发展平衡性和协调性、加强党的领导和党的建设四项重要要求，为新时代广东改革发展指明了前进方向，提供了根本遵循。广东时刻牢记习近平总书记和党中央的嘱托，结合广东实际创造性地贯彻落实党的路线、方针、政策，自觉做习近平新时代中国特色社会主义思想的坚定信仰者、忠实践行者，努力为全国的改革开放探索道路、积累经验、做出贡献。

坚持中国特色社会主义方向，使改革开放始终沿着正确方向前进。我们的改革开放是有方向、有立场、有原则的，不论怎么改革、怎么开放，都始终要坚持中国特色社会主义方向不动摇。在改革开放实践中，广东始终保持"不畏浮云遮望眼"的清醒和"任凭风浪起，稳坐钓鱼船"的定力，牢牢把握改革正确方向，在涉及道路、理论、制度等根本性问题上，在大是大非面前，立场坚定、旗帜鲜明，确保广东改革开放既不走封闭僵化的老路，也不走改旗易帜的邪路，在根本性问题上不犯颠覆性错误，使改革开放始终沿着正确方向前进。

坚持解放思想、实事求是，以思想大解放引领改革大突破。解放思想是正确行动的先导。改革开放的过程就是思想解放的过程，没有思想大解放，就不会有改革大突破。广东坚持一切从实际出发，求真务实，求新思变，不断破除思想观念上的障碍，积极将解放思想形成的共识转化为政策、措施、制度和法规。坚持解放思想和实事求是的有机统一，一切从国情省情出发、从实际出发，既总结国内成功做法又借鉴国外有益经验，既大胆探索又脚踏实地,敢闯敢干,大胆实践,多出可复制、可推广的新鲜经验,为全国改革提供有益借鉴。

坚持聚焦以推动高质量发展为重点的体制机制创新,不断解放和发展社会生产力。改革开放就是要破除制约生产力发展的制度藩篱,建立充满生机和活力的体制机制。改革每到一个新的历史关头,必须在破除体制机制弊端、调整深层次利益格局上不断啃下"硬骨头"。近年来,广东坚决贯彻新发展理念,着眼于推动经济高质量发展,不断推进体制机制创新。例如,坚持以深化科技创新改革为重点,加快构建推动经济高质量发展的体制机制;坚持以深化营商环境综合改革为重点,加快转变政府职能;坚持以粤港澳大湾区建设合作体制机制创新为重点,加快形成全面开放新格局;坚持以构建"一核一带一区"区域发展格局为重点,完善城乡区域协调发展体制机制;坚持以城乡社区治理体系为重点,加快营造共建共治共享社会治理格局,奋力开创广东深化改革发展新局面。

坚持"两手抓、两手都要硬",更好地满足人民精神文化生活新期待。只有物质文明建设和精神文明建设都搞好、国家物质力量和精神力量都增强、人民物质生活和精神生活都改善、综合国力和国民素质都提高,中国特色社会主义事业才能顺利推向前进。广东高度重视精神文明建设,坚持"两手抓、两手都要硬",坚定文化自信、增强文化自觉,守护好精神家园、丰富人民精神生活;深入宣传贯彻习近平新时代中国特色社会主义思想,大力培育和践行社会主义核心价值观,深化中国特色社会主义和中国梦宣传教育,教育引导广大干部群众特别是青少年坚定理想信念,培养担当民族复兴大任的时代新人;积极选树模范典型,大力弘扬以爱国主义为核心的民族精神和以改革创新为核心的时代精神;深入开展全域精神文明创建活动,不断提升人民文明素养和社会文明程度;大力补齐文化事业短板,高质量发展文化产业,不断增强文化软实力,更好地满足人民精神文化生活新期待。

坚持以人民为中心的根本立场,把为人民谋幸福作为检验改革成效的根本标准。改革开放是亿万人民自己的事业,人民是推动改革开放的主体力量。没有人民的支持和参与,任何改革都不可能取得成功。广东始终坚持以人民为中心的发展思想,坚持把人民对美好生活的向往作为奋斗目标,坚持人民主体地位,发挥群众首创精神,紧紧依靠人民推动改革开放,依靠人民创造历史伟业;始终坚持发展为了人民、发展依靠人民、发展成果由人民共享,让改革发展成果更好地惠及广大人民群众,让群众切身感受到改革开放的红利;始终坚持从人民群众普遍关注、反映强烈、反复出现的民生问题入手，紧紧盯住群众反映的难点、痛点、堵点，集中发力，着力解决人民群众关心的现实利益问题，不断增强人民群众获得感、幸福感、安全感。

坚持科学的改革方法论，注重改革的系统性、整体性、协同性。只有坚持科学方法论，才能确保改革开放蹄疾步稳、平稳有序地推进。广东坚持以改革开放的眼光看待改革开放，充分认识改革开放的时代性、体系性、全局性问题，注重改革开放的系统性、整体性、协同性。注重整体推进和重点突破相促进相结合，既全面推进经济、政治、文化、社会、生态文明、党的建设等诸多领域改革，确保各项改革举措相互促进、良性互动、协同配合，又突出抓改革的重点领域和关键环节，发挥重点领域"牵一发而动全身"、关键环节"一子落而满盘活"的作用；注重加强顶层设计，和"摸着石头过河"的改革方法相结合，既发挥"摸着石头过河"的基础性和探索性作用，又发挥加强顶层设计的全面性和决定性作用；注重改革与开放的融合推进，使各项举措协同配套、同向前进，推动改革与开放相互融合、相互促进、相得益彰；注重处理好改革发展与稳定之间的关系，自觉把握好改革的力度、发展的速度和社会可承受的程度，把不断改善人民生活作为处理改革发展与稳定关系的重要结合点，在保持社会稳定中推进改革发展，在推进改革发展中促进社会稳定，进而实现推动经济社会持续健康发展。

坚持和加强党的领导，不断提高党把方向、谋大局、定政策、促改革的能力。中国特色社会主义最本质的特征是中国共产党的领导，中国特色社会主义制度的最大优势是中国共产党的领导。坚持党的领导，是改革开放的"定盘星"和"压舱石"。40年来，广东改革开放之所以能够战胜各种风险和挑战，取得举世瞩目的成就，最根本的原因就在于坚持党的领导。什么时候重视党的领导、加强党的建设，什么时候就能战胜困难、夺取胜利；什么时候轻视党的领导、漠视党的领导，什么时候就会经历曲折、遭受挫折。广东坚持用习近平新时代中国特色社会主义思想武装头脑，增强"四个意识"，坚定"四个自信"，做到"两个坚决维护"，始终在思想上、政治上、行动上同以习近平同志为核心的党中央保持高度一致；注重加强党的政治建设，坚持党对一切工作的领导，不断增强党的政治领导力、思想引领力、群众组织力、社会号召力，提高党把方向、谋大局、定政策、促改革的能力和定力，确保党总揽全局、协调各方。

第三，研究广东改革开放，要积极开展战略性、前瞻性研究，为改革开放再出发提供理论支撑和学术支持。

改革开放是广东的根和魂。在改革开放40周年的重要历史节点，习近平总书记再次来到广东，向世界宣示中国改革不停顿、开放不止步的坚定决心。习近平总书记视察广东重要讲话，是习近平新时代中国特色社会主义思想的理论逻辑和实践逻辑在广东的展开和具体化，是我们高举新时代改革开放旗帜、以新担当新作为把广东改革开放不断推向深入的行动纲领，是我们走好新时代改革开放之路的强大思想武器。学习贯彻落实习近平总书记视察广东重要讲话精神，是当前和今后一个时期全省社会科学理论界的头等大事和首要政治任务。社会科学工作者应发挥优势，充分认识总书记重要讲话精神的重大政治意义、现实意义和深远历史意义，以高度的政治责任感和历史使命感，深入开展研究阐释，引领和推动全省学习宣传贯彻工作往深里走、往实里走、往心里走。

加强对重大理论和现实问题的研究，为改革开放再出发提供理论支撑。要弘扬广东社会科学工作者"务实、前沿、创新"的优良传统，增强脚力、眼力、脑力、笔力，围绕如何坚决贯彻总书记关于深化改革开放的重要指示要求，坚定不移地用好改革开放"关键一招"，书写好粤港澳大湾区建设这篇大文章，引领带动改革开放不断实现新突破；如何坚决贯彻总书记关于推动高质量发展的重要指示要求，坚定不移地推动经济发展质量变革、效率变革、动力变革；如何坚决贯彻总书记关于提高发展平衡性和协调性的重要指示要求，坚定不移地推进城乡、区域、物质文明和精神文明协调发展与法治建设；如何坚决贯彻总书记关于加强党的领导和党的建设的重要指示要求，坚定不移地把全省各级党组织锻造得更加坚强有力、推动各级党组织全面进步全面过硬；等等，开展前瞻性、战略性、储备性研究，推出一批高质量研究成果，为省委、省政府推进全面深化改革开放出谋划策，当好思想库、智囊团。

加强改革精神研究，为改革开放再出发提供精神动力。广东改革开放40年波澜壮阔的伟大实践，不仅打下了坚实的物质基础，也留下了弥足珍贵的精神财富，这就是敢闯敢试、敢为人先的改革精神。这种精神是在广东改革开放创造性实践中激发出来的，它是一种解放思想、大胆探索、勇于创造的思想观念，是一种不甘落后、奋勇争先、追求进步的责任感和使命感，是一种坚韧不拔、自强不息、锐意进取的精神状态。当前，改革已经进入攻坚期和深水区，剩下的都是难啃的硬骨头，更需要弘扬改革精神才能攻坚克难，必须把这种精神发扬光大。社会科学工作者要继续研究、宣传、阐释好改革精神，激励全省广大党员干部把改革开放的旗帜举得更高更稳，续写广东改革开放再出发的新篇章。

加强对广东优秀传统文化和革命精神的研究,为改革开放再出发提振精气神。总书记在视察广东重要讲话中引用广东的历史典故激励我们担当作为,讲到虎门销烟等重大历史事件,讲到洪秀全、文天祥等历史名人,讲到广东的光荣革命传统,讲到毛泽东、周恩来等一大批曾在广东工作生活的我们党老一辈领导人,以此鞭策我们学习革命先辈、古圣先贤。广大社会科学工作者要加强对广东优秀传统文化和革命精神的研究,激励全省人民将其传承好弘扬好,并化作新时代敢于担当的勇气、奋发图强的志气、再创新局的锐气,创造无愧于时代、无愧于人民的新业绩。

　　广东有辉煌的过去、美好的现在,一定有灿烂的未来。这次出版的"广东改革开放40年研究丛书"(14本),对广东改革开放40年巨大成就、实践经验和未来前进方向等问题进行了系统总结和深入研究,内容涵盖总论、经济、政治、文化、社会、生态文明、教育、科技、依法治省、区域协调、对外开放、经济特区、海外华侨华人、从严治党14个方面,为全面深入研究广东改革开放做了大量有益工作,迈出了重要一步。在隆重庆祝改革开放40周年之际,希望全社会高度重视广东改革开放问题的研究,希望有更多的专家学者和实际工作者积极投身到广东改革开放问题的研究中去,自觉承担起"举旗帜、聚民心、育新人、兴文化、展形象"的使命任务,推出更多有思想见筋骨的精品力作,为推动广东实现"四个走在全国前列"、当好"两个重要窗口",推动习近平新时代中国特色社会主义思想在广东大地落地生根、结出丰硕成果提供理论支撑和学术支持。

"广东改革开放40年研究丛书"编委会
2018年11月22日

目录

第一章 改革开放焕发广东文化的生机 /1
  一、从"文化沙漠"到"文化北伐"再到"文化广东" /3
  二、从"文化大省"到"文化强省" /14
  三、广东文化建设的价值追求 /30

第二章 文化事业的创造性发展 /39
  一、拨乱反正开出新局 /40
  二、文化工程嘉惠民生 /49
  三、公共文化创新发展 /54
  四、群众文化灿烂多姿 /61

第三章 文化产业的跨越式提升 /67
  一、从无到强的创造性发展 /67
  二、传统文化产业发展壮大 /74
  三、新兴文化产业引领潮流 /82
  四、现代文化产业体系的构建 /89
  五、品牌意识和创新精神 /94

第四章 思想道德建设的价值凝练 /100
  一、在解放思想中加强思想建设 /100
  二、精神文明建设理论创新的"广东现象" /106
  三、社会主义道德建设的开展 /117
  四、"新时期广东人精神"的培育和弘扬 /124

五、"广东精神"的培育和践行 /129
六、社会主义核心价值观的精心建设 /133

第五章　文学艺术繁荣发展 /137
一、时代精神引领下的广东文艺 /137
二、文艺创作日益繁荣 /144
三、流行文化引领潮流 /149
四、网络文艺异军突起 /160
五、文艺活动丰富多彩 /165

第六章　新闻媒体引领潮流 /171
一、改革创新焕发媒体生机 /171
二、传统媒体开辟新路 /177
三、新型媒体蓬勃发展 /190
四、网络问政的"广东经验" /197

第七章　优秀传统文化的传承与发展 /202
一、岭南文化大放异彩 /202
二、传承优秀传统文化 /214
三、创新性发展优秀传统文化 /222
四、国学弘扬的反思与前瞻 /231

第八章　先行一步的文化体制改革 /239
一、创新性开展的文化体制改革 /239
二、文化管理体制日益完善 /248
三、文化事业单位改革不断深化 /253
四、现代企业制度的逐步建立 /257

第九章　别具一格的对外文化交流 /263
　　一、广东文化"走出去"的历程 /263
　　二、文化交流合作不断深化 /268
　　三、对外文化贸易和投资稳健发展 /274
　　四、对外文化交流的特色和经验 /279

第十章　新时期广东文化精神的形成 /287
　　一、新时期广东文化精神的发展历程 /287
　　二、新时期广东文化精神的内涵和特征 /294
　　三、新时期广东文化精神的历史渊源与现实基础 /300
　　四、新时期广东文化精神的弘扬与拓展 /305

后　记 /312

第一章　改革开放焕发广东文化生机

从 1978 年启动的改革开放进程，迄今已经整整 40 年了。40 年来，当代中国发生了翻天覆地的变化，所取得的成就举世瞩目。作为改革开放前沿地的广东，其文化的发展如同广东经济社会的发展一样，与我们国家改革开放的进程是相一致的。总体上来说，改革开放以来广东文化的发展过程，是从计划经济的僵化思维框架中逐渐解放出来的过程，是从封闭狭隘的旧有思维中逐渐突破、逐渐解放的过程，是从农业文明形态向工业文明形态转变和进化的过程，是构建、践行、光大"改革创新"时代精神的过程，也是培育、滋养新时代广东精神的过程。这些，全是改革开放的结果。

广东文化内涵丰富，它既是中华民族文化整体的有机组成部分，又是具有明显地域特色的岭南文化的重要构成，更是当代中国社会主义文化的代表性要素。①

---

① 本书所研讨的"广东文化"所指涉的文化，总体上是以《中共广东省委、广东省人民政府关于加快建设文化大省的决定》（2003）、《广东省建设文化大省规划纲要（2003—2010 年）》（2003）、《中共广东省委、广东省人民政府关于争当实践科学发展观排头兵的决定》（2008）、《广东省建设文化强省规划纲要（2011—2020 年）》（2010）等文献的精神为指导，但具体涉及的范围和内容并不局限于此。比如，许多中央和省里的相关文化建设文件都将教育、体育、卫生之类划入其中；而在法律、政治等领域，也有很多属于文化范畴的东西，如法律文化、政治文化。但是，由于教育、体育、卫生、法律、政治等领域的问题，另有专人专书进行专门的研究，为了避免不必要的重复，同时也是为了深化本课题并方便其他相关课题的深入研究，故本书所研讨的广东文化，并不专门论及教育、体育、卫生、政治、法律等问题。在很大程度上，本书着重于思想文化层面的阐释，重视文化精神、文化价值的解释，落脚于广东人精神、广东人文精神的培育和弘扬。换言之，文化精神、文化气象、文化底蕴、文化价值是本书关注的重心所在。

本书所论的广东文化，是指中华人民共和国行政区划规定的、广东省境内存在的、广东人借以安身立命的文化。她以广州和深圳为重心，以珠江三角洲为主体，以粤东西北①为辅翼，立足当代，继承传统（既有中原文化传统，也有岭南文化传统），依托港澳，面向海外，求新求实，具有典型的世俗化、平民化特征。②

广东文化源于岭南文化，但并不等于岭南文化。岭南文化作为中国传统地域文化的构成之一，是指五岭③以南的特定地理区域的文化。在历史上，岭南是广东、广西两省区的统称，④而不是广东的别名。岭南文化作为一个历史文化范畴，是历史上广东、广西文化特质和表现形态的统称，而非广东所能专美；岭南文化作为一个现实范畴，逻辑上是指当代两广（广东、广西）的文化，而当代的两广，就其文化形态、价值内涵、精神指向、具体内容等方面，都有重大的差异，不能混为一谈。尤其需要指出的是，就现实的行政区划而言，岭南文化涵盖的地域和内容，还包括海南省、香港特别行政区、澳门特别行政区。因此，不能用岭南文化指称当代广东文化。当然，毫无疑问的是，当代广东文化深受岭南文化的熏染，反映着岭南文化的时代性发展和历史性进步，应当对其进行实事求是的研究和客观理性的评价，这是不言而喻的。

根据上述思路，笔者认为，改革开放40年来，就文化底气和文化气象而言，广东文化的发展经历了从对"文化沙漠"的自我抗辩，到"文化北伐"的短暂自恋，再到"文化广东"的平和建构的途程；就与经济社会发展的协调度而言，广东文化的发展经历了从"经济第一"到"文化搭台、经济唱戏"再到经济强省和文化大省建设并重的过程，从而开创了幸福广东、和谐广东、文化广东的平实建设的局面。

---

① 指粤东、粤西和粤北地区。
② 参见李宗桂《广东文化建设的现实思考》，载《中山大学学报》1995年第4期。
③ 五岭指长江与珠江流域的分水岭及周围群山，由西至东排列，分别为越城岭（湘桂间）、都庞岭（湘桂间）、萌渚岭（湘桂间）、骑田岭（湘南）、大庾岭［赣粤间，腹地在江西大庾县（现大余县）与广东南雄市之间］，横亘在湖南、两广、江西之间，是史称南岭者的主要构成。
④ 参见李锦全等《岭南思想史》，广东人民出版社1993年版，第3页。

第一章 改革开放焕发广东文化生机

一、从"文化沙漠"到"文化北伐"再到"文化广东"

改革开放 40 年来,就思想轨迹和自我价值的认定而言,广东文化的发展经历了从"文化沙漠"说的自辩到"文化北伐"说的自恋再到"文化广东"论的自信三个不同的阶段。在不同发展阶段所关注的文化理念及其自我价值定位,体现出广东文化发展的阶段性特点。

(一)"文化沙漠"说的自辩

关于广东是"文化沙漠"的说法由来已久,这个问题一度严重困扰广东学术界、政界和民间。为此,广东官方、学界、民间都做了长期的抗辩,而以 20 世纪 80 年代末期到 90 年代前期(1989—1994)为盛。虽然至今仍有人偶尔提起"北方人"对广东是"文化沙漠"的误解和批评,但已仅仅是个别社会人士或文化界人士的感慨而已。在一定意义上讲,这是对当今文化广东的自信心流露,而不是关于广东文化价值高下的论争。

十分有趣并发人深省的是,从学理的层面考察,从文献依据出发,所谓内地人说广东是"文化沙漠"的观点,缺少充分的学术材料根据。事实上,没有任何一部由内地人撰写的严肃的学术著作或者学术论文正面论述了广东是"文化沙漠",只有极个别人要么曲里拐弯、含沙射影地表达类似意思,要么是为了炒作而在并非学术著作的通俗性、意气性的图书里信口而言,并没有进行必要的论证。倒是《瞭望》新闻周刊记者的一篇文章对此情况说得比较符合实际。该文说:"一度被民间舆论称为'经济大省、文化沙漠'的广东正努力改变这种失衡的局面,主管部门响亮地提出了要让'文化广东'崛起的口号。"[①]"民间舆论"四字,很是传神。确实,在"民间",在非正式的学术文化和社会场合,在口头上,关于广东是"文化沙漠"的说法一度相当流行。

尽管广东"文化沙漠"说属于"民间舆论"的范畴,但也仍然引起了广东社会方方面面的重视,他们对此进行了强力的辩解和反驳。

根据笔者所掌握的材料,用文字表述(转述)出来的最早的"文化

---

① 叶俊东:《展开文化攻势:广东树立新的大省形象》,载《瞭望》新闻周刊 1995 年第 30 期。

沙漠"说,是在1981年。时任中共深圳市委常委、分管宣教文卫工作的林江在《从"文化沙漠"到"文化绿洲"》一文中说:"当时有人说深圳是'文化沙漠',我不同意这种说法。即使是对1981年一片黄土中的深圳文化,我认为也只能称其为'文化很薄弱,比较荒凉,但绝不是沙漠'。"① 这里说的"文化沙漠"只是就20世纪80年代的深圳而言,而不是"广东",尽管深圳也是广东的一部分,但并不等于整个广东。当然,这里的说法也已暗寓了广东"文化沙漠"说。1994年12月,在广州举行的"广东现代文化建设研讨会"上,有学者谈论到广东"文化沙漠"的问题,并做了辨析。有学者认为,由于种种因素的影响,"内地一些人对广东文化评价不高,甚至相当鄙视,其典型的表示便是'广东无文化'、'广东是文化沙漠'"②。这些看法是否符合实际,当然可以讨论。但广东一些学者和有关部门的一些人士马上针锋相对,列举诸多现象反驳对方,力图证明自己"有文化",证明自己这个地方不是"沙漠"而是"绿洲",甚至是"茂密的森林"。"这些争论至少是无谓的,也是无味的,甚至是无聊的!要让批评广东文化沙漠化的人转变立场,关键不在于论争,而在于实干。"我们应当调整心态,以平常心看待广东的经济优势,从而以平等眼光看待内地文化。我们应当用开放的胸襟与内地交流,不要自卑,恐慌于别人扣上的"文化沙漠"帽子,"我们需要脚踏实地,从严、从高、从精,搞好广东文化建设,才能真正驳倒'广东是文化沙漠'的怪论"③。还有学者指出:"有人认为广东是文化沙漠,无文化可言。对这种论调,笔者不敢苟同。"④

与上述广东学者和官员的论说相映成趣,内地学者也谈论到广东"文

---

① 林江:《从"文化沙漠"到"文化绿洲"》,载中国人民政治协商会议广东省委员会(简称为"广东省政协")办公厅、广东省政协学习和文史资料委员会编《广东经济特区的创立和发展》,中共党史出版社2007年版,第112页。
② 李宗桂:《广东文化建设的现实思考》,载《中山大学学报》1995年第4期。该文收录于郑达主编的该次会议论文集《南粤文化论丛》,广东高等教育出版社1995年版,第12—24页。
③ 李宗桂:《广东文化建设的现实思考》,载《中山大学学报》1995年第4期。该文收录于郑达主编的该次会议论文集《南粤文化论丛》,广东高等教育出版社1995年版,第12—24页。
④ 吴定宇:《文化整合:从边陲走向世界——兼论岭南现代文化发展的历程》,见郑达主编《南粤文化论丛》,广东高等教育出版社1995年版,第280页。

第一章 改革开放焕发广东文化生机

化沙漠"问题。北京学者杨东平在完成于1992年、出版于1994年的《城市季风——北京和上海的文化精神》一书中,虽然没有正面说广东是"文化沙漠",但在论及香港文化和广东文化的时候,其表述发人深省。他说:"广东文化则以香港文化为导向,而香港文化,实质是三十年代海派文化的畸形变种。繁华富裕的香港……长期作为英国殖民地,其缺乏具有思想和学术价值的文化创造,缺乏知识分子雅文化生长的土壤,缺乏历史的和民族的文化底蕴,也显而易见。因而,讥香港为'文化沙漠'或不妥,但在高度商业化、功利化的滚滚红尘中,香港严肃的思想、文化、学术、艺术之微弱,也是不争的事实。不难看到,广东文化具有类似的不足。"① 显然,论者虽然没有明确直说广东是"文化沙漠",但字里行间的言外之意已经不言而喻。

与杨东平相比,《"品评"广东人》一书的作者对于广东是否"文化沙漠"的回答显得直截了当。该书作者认为:广东是"经济的绿洲",亦是"文化的沙漠"。在列举种种日常生活现象后,作者总结道:"广东人的文化生活,无人会评价为温馨、高雅、文明、充满文化氛围。广东的物质上的'暴发户'、精神上的'贫困户'何其之多","'文化沙漠'的出现造成了严重后果"。②

平心而论,上述杨东平和《"品评"广东人》作者,看到了广东在经济迅猛发展过程中文化发展的某些弱点和缺陷,看到了广东经济社会发展中文化发展与之不相协调的方面,提出了善意的批评,并提示了他们认为应有的发展路向。这些观点对于我们进一步建设广东文化强省,对于我们反省文化建设不足之处是有积极意义的。当然,他们认为广东是"文化沙漠"的见解,既缺乏充足的事实根据,也没有深刻的学理分析。杨东平的书当然属于学术的范畴,但其过分强调高雅文化的地位和作用,并以此作为判别文化高下有无的基本标准,显然没有走出传统的精英文化思维模式,没有看到市场经济条件下大众文化、通俗文化的地位和作用,没有看到广东大众文化的盛行正是当代中国在改革开放后,伴随社会转型而出现

---

① 杨东平:《城市季风——北京和上海的文化精神》,东方出版社1994年版,第533—534页。
② 李文飞、周树兴:《"品评"广东人》,中国社会出版社1995年版,第378—384页。

的文化转型的必然趋势，也忽视了现代化的一个重要趋势和特质，即市民化、世俗化、平民化。至于《"品评"广东人》一书，本来就不是学术著作，既没有从学理的层面论证问题，也没有从价值理性的角度客观评价广东文化，因而只能看作一种"意见"而已。

在广东是"文化沙漠"的民间舆论沸沸扬扬之时，广东方方面面的人出来回应，做了种种自我辩解，并做了很多批判和"反击"。自我高扬广东文化旗帜者有之，自我肯定广东大众文化价值者也有之，痛斥批评者并痛贬内地文化者更有之。典型的，甚至说内地文化是封建文化、保守文化、农业文化、黄土文化，而广东文化则是现代文化、开放文化、工业文化、海洋文化、进步文化，等等。也许这些自我辩护有相当的合理成分，但是，站在客观理性的立场审视，特别是在广东文化大省建设已经取得丰硕成果的今天、广东文化底气得到很大提升的时候，不难看出，对于广东是否"文化沙漠"的这些辩解，具有相当的防御心态，甚至可以说，在当时具有相当的自卑意识。中山大学黄天骥教授说："广东老是觉得自己被称为'文化沙漠'很委屈。但是我想沙漠就不好么，沙漠底下有石油呀。大可不必因此自卑。"① 应当说，黄天骥教授的见解是持平之说，展现了平和的文化心态，同时也进行了对"文化沙漠"说的驳斥和自辩。然而，奇妙而有趣的是，正是在当年关于"文化沙漠"论争沸沸扬扬的时候，在防御心态和自卑心理的驱动下，随着广东经济社会的进一步发展，挟经济强势之威，"文化北伐"的高调骤然唱响。

（二）"文化北伐"说的自恋

"文化北伐"在广东一度是激动人心的口号，也曾引起一些议论和纷争。就时间界限而言，"文化北伐"说的出现，大致在20世纪90年代中后期，而以中期为盛。②

---

① 叶曙明：《其实你不懂广东人》，广东教育出版社2005年版，封底。
② 其实，细心的人不难发现，"文化沙漠"说、"文化北伐"说、"文化广东"论的出现，有交叉现象。道理很简单，思想文化的形成和发展有极其复杂的机制，不可能是在时间上绝对前后相继的，而往往是存在着此消彼长、相互涵摄的情况，区别只不过是哪种情况更为主导、更为基本而已。

第一章 改革开放焕发广东文化生机

讲"文化北伐"的,既有内地人,也有广东人。早在20世纪90年代初期,有一部论说南北文化差异的书,在其以"气势如云的经济北伐"为题的一节中,有如此表述:"南人经济北伐、文化北伐、观念北伐、舆论北伐,杀声不断!"① 该书所说的南方,即指广东;南人,即指广东人。在描述了以产品北伐、技术和资金北伐等一系列的"经济北伐"后,作者提出了南方的"舆论大'北伐'"。作者以邓小平1992年视察南方为背景,以邓小平南方谈话为依据,以广东改革开放的丰硕成果为材料,充分肯定了广东在思想观念上先行一步的成就和价值所在。作者运用1992年春节后《深圳特区报》发表的《揪住中心不放》等宣传邓小平南方谈话思想精神的"猴年新春八评",以及《深圳商报》继后推出的《为进一步解放思想鸣炮》等"八论敢闯"的文章,特别是当年3月26日《深圳特区报》发表的记者陈锡添的长篇通讯《东方风来满眼春——邓小平同志在深圳》,论说了其对全国的影响,进而通过当时全国各地包括解放军数十名将领到深圳"取经"、考察的各路人马的统计资料,作者总结道:"深圳舆论界乘小平视察南方之东风,共造了三阵冲击波,对北方乃至全国进行了改革的舆论大北伐。""浩浩荡荡的舆论北伐,打开了中国改革开放沉寂的氛围。""深圳的'敢闯'意识迅速上升为全国人民的一致行动。""'舆论北伐',伐出了一个改革开放的新局面!"② 这里虽然没有明确使用"文化北伐"的字眼,但所谓"舆论北伐"及其相应的精神价值内涵,无疑是"文化北伐"的范畴。

另一个内地学者,在其探讨北京和上海的文化精神的著作中,谈到20世纪90年代的广东的时候说:"南风劲吹。……广东文化作为当代中国最强势的地域文化,当之无愧地与北京、上海鼎足而立,打破了城市文化双峰对峙的陈旧格局。"③ 作者在该书中专辟一节论说"广东文化:世纪末的新北伐",明确使用了"文化北伐"的理念。作者所说的广东"文化北

---

① 辛向阳、倪健中:《南北春秋:中国会不会走向分裂》,人民中国出版社1993年版,第87页。
② 辛向阳、倪健中:《南北春秋:中国会不会走向分裂》,人民中国出版社1993年版,第95—97页。
③ 杨东平:《城市季风——北京和上海的文化精神》,东方出版社1994年版,第525页。

伐"，既有生活方式层面的，也有价值观念方面的。"当先生、小姐的称谓取代了同志、师傅之时，显然不仅意味着来自南方的时髦，而且意味着一种全新的生活方式。"正宗粤菜、生猛海鲜、由广东名厨主理的粤菜馆在内地如同雨后春笋，粤语速成培训班的广告招摇于市，新潮青年以唱粤语歌曲为荣，健美比赛、模特表演、选美活动，"炒更"热、跳槽热、股票热、房地产热，等等，"莫不是从广东走向全国"。广东不仅在这些生活方式层面对全国的影响极为深刻，而且在价值观念方面对全国的影响也不可忽视。作者说："市场经济造成的经济民主渗透到社会生活之中，造成了一场名副其实的'观念革命'。""由先赋的政治经济地位造成的身份差别逐渐淡漠了，钱成为畅通无阻的通行证。"商品经济造成了社会生活和个人生活的自由开放。便利的城市公共服务和民生系统，大宾馆对市民开放，高度的社会流动性等，"减少了传统生活造成的人身依附和依赖心理，一种更为自主和平等的人格，更为自由开放的风气，也成为'挡不住的诱惑'向内地渗透弥散"①。

还有学者对广东的"北伐"做了比较系统的探讨。《"品评"广东人》一书的第六章，标题就是"'北伐'策源地"，该章分别对"近代广东北伐的历史""政治北伐""经济北伐""观念北伐"等专题做了颇具深度的探讨。作者认为，广东从近代开始变得非常"革命"起来，"从那时起直到今天，100多年就把南岭以北的中国伐了个够。从枪杆子到人的灵魂等都在'伐'之列"②。该书作者指出，改革开放以后广东的"政治北伐"，主要表现为金本位代替权本位、摸着石头过河、看见红灯绕着走、猫论。"经济北伐"则主要表现为"喝广水、吃广菜、穿广衣、吹广发"。"观念北伐"主要表现为"时间就是金钱"的平等观念和效率意识，商品意识大普及，知识也是金钱（重奖有贡献的科技人员），实现自我价值（创造了人才流动的自由和合理欲求的自由）。③ 毫无疑问，这里所谓的"观念北伐"，本质上就是"文化北伐"的代名词。

---

① 杨东平：《城市季风——北京和上海的文化精神》，东方出版社1994年版，第528—529页。
② 李文飞、周树兴：《"品评"广东人》，中国社会出版社1995年版，第191—192页。
③ 李文飞、周树兴：《"品评"广东人》，中国社会出版社1995年版，第195—211页。

同样使用"观念北伐"概念的，还有从内地来广东工作而且已经融入广东并成为羊城晚报颇有名气的记者的颜长江。他在《广东大裂变》一书中就使用了"观念大北伐"的表述。① 值得注意的是，广东人陈哲在为该书写的序中，则明确使用了"文化北伐"一词。他说："20世纪90年代的广东，文明南迁已经转化为'文化北伐'，观念南下已变为'观念北伐'。"在"文化北伐"的理念下，陈哲进一步发挥说："穷乡僻壤已变为'一枝独秀'，小后门变成了南大门，垂头丧气的追随者变成了意气风发的领头雁。这个转换的实质，是现代文明视角的转移，即内陆文明向海洋文明的转换。海洋时代已经来临，正是由于它的到来，引起了广东的巨大裂变。这无疑给整个中国的发展以深刻的启示。"②

实事求是地说，广东文化在其发展的进程中，凭借得改革开放风气之先的有利条件、毗邻港澳的独特地缘优势，无论是在生活方式方面还是在价值理念、文化精神方面，都创造了诸多富有改革创新时代精神的东西，并且辐射、影响到全国，从而推动了我们国家现代化的进程，促进了当代中国文化的现代化。在这个意义上，我们说广东文化是当代中国新文化的生长点，是当代中国新型文化精神的凝聚点，广东是中国特色社会主义文化的先行地，并不为过。但是，今天我们也应从自我反省、自我超越的高度来审视当年的"文化北伐"论，内地学人的言论在很大程度上是对广东文化的鼓励，是对新文化精神出现的期盼，也是对改革开放程度相对不足的内地文化的自我批判和超越，我们不能自视过高。而广东某些学人、官员和民众所放言的"文化北伐"，在一定程度上是对广东"文化沙漠"论的反击，具有毋庸讳言的文化自卑心态；同时，这也是对广东在经济社会长足发展后出现的强大实力的高度自信，是文化底气上升的表现，较之单纯地辩驳广东"文化沙漠"论更有品位。不过，这中间所表现的某种程度的自我迷恋，乃至某种程度上的睥睨内地文化的心态，需要在新的发展阶段上进行自我超越。

---

① 颜长江：《广东大裂变》，暨南大学出版社1993年版，第37页。
② 陈哲：《广东的意义（代序）》，见颜长江《广东大裂变》，暨南大学出版社1993年版，第4页。

实际上，在改革开放40年后的今天，国家层面提出建设社会主义文化强国多年之后，全国绝大部分省（自治区、直辖市）都提出建设文化大省、文化强省之类理念和目标的时候，文化建设真正是百花齐放、众声喧哗，前有标兵、后有追兵，广东如何在文化建设方面更上一层楼，按照习近平总书记所期待的，既有高原又有高峰，文化产品既有数量又有质量，文化研究者既有专家又有大师，[①] 值得很好研究。

（三）"文化广东"论的自信

"文化广东"论大致出现在20世纪90年代中期，而以90年代后期特别是新世纪以来为盛。

20世纪90年代中期，广东的一些学者已经明确意识到经济发展并不会自动带动文化的提升，而是需要全社会积极主动的创造性建设。而文化建设对于提升经济发展的品质和增强其后劲，有十分重要的作用。因此，如何使经济发展迅速、实力雄厚的广东，在文化方面也能够更上台阶，凸显广东的文化品位，进而提升综合实力，成为有识之士的努力方向。

重要的文化预兆出现在1993年。中共广东省委宣传部、广东省文学艺术界联合会（简称为"广东省文联"）、广东省作家协会（简称为"广东省作协"）联合在广州举办了"社会主义市场经济与广东文艺改革"学术研讨会。经过研讨，与会者对广东文化的认识和评价达成了共识：市场经济强烈冲击着广东文化，但这种冲击为广东文化的新生和向更高层次发展提供了条件和契机；广东文化正在逐渐摆脱"市场晕眩症"，出现全面的复苏和繁荣；广东近年出现的文化新景观不但代表着一种地域文化，更代表着一种由计划经济时代过渡到市场经济时代所产生的新的文化模式和文化形态；有远见卓识和雄心壮志的文化人和文艺家，应当正确认识市场需要和艺术品位的关系，处理好文化生产的社会效益和经济效益的关系，以健康积极的心态和饱满的改革热情去迎接文化新时代的到来。[②] 这种情

[①] 习近平：《在哲学社会科学工作座谈会上的讲话》，载《人民日报》2016年5月19日。
[②] 杨苗燕：《别等我在老地方——转型期文化景观》，花城出版社1995年版，第29页。

况，被广东学者杨苗燕称为是"从经济广东到文化广东"的"思维大流变"。① "文化广东"的理念在这里已经明确提出。在很大程度上，"文化广东"的提出，一方面是要响应市场经济的正面冲击和负面影响，另一方面是要树立新的广东形象、提振广东文化精神。

因应"文化广东"的提出和建构，有学者针对广东经济社会发展中的某些问题发表系列文章，探讨了"社会转型期的人文精神"问题。人情冷漠、唯利是图、金钱万能、贪图享受、斗富炫奢等精神瘟疫，受到了针砭；"南霸天酒家""大富豪餐厅""天子牌衬衫""太子牌西裤"之类粗俗不堪的名堂，动辄贵族享受、帝皇气派之类的恶俗品味，"穷得只剩下钱"的物化、钱化的价值理想的迷失，等等，都受到了应有的批评和思想匡正。② 这种对于市场经济下人文精神的呼唤，对于因市场经济负面因素影响而出现的种种反文化现象的鞭挞，正是对"文化广东"的召唤。道理很简单，在当时很多广东学者看来，文化建设是广东再造辉煌的根本。③ 就市场经济条件下要反对物化，要坚守、弘扬人文精神而言，就文化建设要挺立精神价值的主体而论，至少从时序上讲，广东学者是走在全国前列的。

在"文化广东"理念的确立和建设过程中，广东的官员和学者对于南北文化差异及其交流，特别是对于广东文化和内地文化的关系，有了更为深刻和理性的认识。影响甚大的《南风窗》杂志，曾经采访时任中共广东省委宣传部副部长、广东省文联主席的刘斯奋，就"南风北上"与"北风南下"问题进行对话。该刊记者秦朔说："南风北上"是前几年的一个有趣话题。伴随改革开放后广东的崛起，从这块土地上生长出的观念、说法、语汇，连带着珠江水、广东粮、电子表、遮阳伞、家用电器、广式发廊、生猛海鲜以及资本钞票，源源不断地向内地渗透。近两三年，以流行音乐和电视剧为代表的文化意义上的"南风"也在北上。但是实际上，从

---

① 杨苗燕：《别等我在老地方——转型期文化景观》，花城出版社1995年版，第28页。
② 李宗桂：《社会转型期的人文精神探讨》，载《羊城晚报》1995年5月25日、6月1日、6月8日、6月15日、6月22日、6月29日、7月6日、7月13日、7月20日、7月27日。
③ 李宗桂：《文化建设：广东再造辉煌之本》，载《新南方》1995年第1期。

移民城市深圳的形成到"民工潮"的兴起,北方人一直在不断南下。尤其最近一两年,有一些值得注意的现象——在广州等地普通话越来越普及,吃北方的粗粮杂粮蔚然成风,北方餐馆食客如云,有些区域似乎像"南方里的北方",外地人在这里没有陌生感;北方知识分子、各种文化人南下,亦使广州的文化生态变得更加丰富……这些情况证明了"北风南下"的存在,原来的"粤味"生活在变淡。应当怎么看这种情况?刘斯奋回应说,过多地谈"南下"与"北上",并不一定抓到了问题的本质。南来北往,正是经济运作的必然结果,只有好处,没有坏处。"随着社会的进步、科技的发展,南北的界限注定要打破,南北的融合、交往是大势所趋。"一个地方如果不能吸收外来的风、雨和空气,就会禁锢其发展。"观念上不应以'南''北'而分界,而自限。近亲繁殖,无论在经济还是文化上都只会窒息生机。""广东深感自己的文化积累不够丰富,遂愿意吸纳天下精英。"融合是时代趋势,地不分南北,人不分东西,"广味"不是在淡化、被削弱,而是更加丰富了。"北方传统深厚,人才多,整体文化水准高,'北风南下',改造广东文化,是一件好事。""岭南文化的优点应该弘扬,比如开放性、兼容性、务实性、进取性。这些特点在中华文化的大格局中表现突出,更符合市场经济发展的现实需要。"① 值得一提的是,身为中共广东省委宣传部副部长、广东省文联主席的刘斯奋,是地道的广东人;而当时的《南风窗》记者秦朔则是从内地河南来到广东的文化"新客家"人。从二人的对谈中,我们可以明显看出,广东文化的底气较之此前要深厚很多;广东文化官员和文化人的心态,较之此前要宽广很多。南北交流,互为补充,相互融合,正是"文化广东"的正当追求和重要特质。

1995 年,新华社主办的《瞭望》新闻周刊曾经刊发该刊记者叶俊东的文章,宣传"文化广东"的兴起。文章指出,广东主管部门响亮地提出了要让"文化广东"崛起的口号。广东文化人不再对港台文化亦步亦趋,而是越过南岭北上为"文化广东"的崛起寻找新的血液。广东一改只有鼎盛的通俗文化的形象,而成为高雅文化市场最活跃的地区之一。相关负责人提出:"广东要建设与工业文明相适应的文化,弘扬自信、自立、自强

---

① 刘斯奋、秦朔:《"南风北上"与"北风南下"》,载《南风窗》1996 年第 4 期。

第一章 改革开放焕发广东文化生机

的巨人精神,开始在广东文化工作者中形成共识,成为广东文化追求的核心。"①

进入21世纪以后,随着广东经济社会发展势头的进一步增强,随着经济文化一体化趋势的出现,文化的地位和作用越来越为广东全省上下所认识。有鉴于此,中共广东省委提出了建设广东"文化大省"的任务。2002年12月,中共广东省委九届二次全会提出:必须大力弘扬和发展社会主义先进文化,建设社会主义精神文明。在推进经济强省建设的同时,加快推进文化大省建设,为经济社会发展提供精神动力和智力支持。②2003年9月,广东省委、省政府在广州召开了文化大省建设工作会议,研究部署广东加快文化大省建设的工作,动员各级党委、政府和全省人民努力建设文化大省,促进广东加快发展、率先发展、协调发展。③ 2003年10月,发布了《中共广东省委、广东省人民政府关于加快建设文化大省的决定》。该《决定》指出:文化是一个民族的根,一个民族的魂。先进文化是人类文明进步的先导和旗帜,是一个国家和地区综合实力和国际竞争力的重要组成部分。当今的经济是文化经济,文化已深深融入经济之中,成为社会生产力的重要因素和经济增长的重要推动力。经济竞争越来越有赖于文化竞争。建设文化大省,要把握中国先进文化的前进方向,遵循社会主义市场经济和文化发展规律,紧紧围绕广东全面建设小康社会、率先基本实现社会主义现代化的总目标,以弘扬民族精神、培育广东人精神、提高全民思想道德素质和科学文化水平为核心,深化文化体制改革,繁荣文化事业,壮大文化产业,满足人民群众日益增长的精神文化需求,促进全省加快发展、率先发展、协调发展。到2010年,使广东成为文化发展主要指标全国领先、文化综合实力和国际竞争力居全国前列的文化大省。同时,还制定并颁布了《广东省建设文化大省规划纲要(2003—2010年)》,提出了切实的发展目标和发展战略。

---

① 叶俊东:《展开文化攻势:广东树立新的大省形象》,载《瞭望》1995年第30期。
② 岳宗:《中共广东省委九届二次全会在穗举行》,载《人民日报·华南新闻》2002年12月25日第1版。
③ 华楠:《广东全力推进文化大省建设》,载《人民日报·华南新闻》2003年9月24日第1版。

值得重视的是，2008年6月发布了《中共广东省委、广东省人民政府关于争当实践科学发展观排头兵的决定》，确定了广东新的战略定位和总体目标：坚持面向世界，服务全国，建设全面深化改革开放的先行地，提升我国国际竞争力的主力省，探索中国特色社会主义道路的试验区，实践科学发展观的排头兵。该《决定》明确强调：必须全面准确理解科学发展观的内涵，从片面追求总量和速度的观念中解放出来；必须全面把握现代化的综合价值取向，从单一的经济价值取向中解放出来；必须坚持以人为本，从"重物轻人"的观念中解放出来；全面提高公民素质，提升文化软实力；大力推动文化创新，增强文化引领力和竞争力，促进人的全面发展，通过提升软实力保障我省综合实力的持续增强；着力塑造新时期广东人文精神，努力提高公民文明素质；倡导向学崇文新风尚，加快推进学习型社会建设；等等。① 这些追求，进一步扩展了"文化广东"的气象，增强了"文化广东"的底蕴。

二、从"文化大省"到"文化强省"

"文化广东"的论说，如果说是主要停留于学界和民间的话，那么，广东省委、省政府对文化建设的重大决策的制定和实施，对文化建设的价值引领和政策导向，就主要体现在从"文化大省"到"文化强省"的方略制定和具体落实之中。

从宏观的文化发展态势看，当代广东文化建设的历程与广东改革开放的进程相一致，与广东经济社会发展的步调相追随。从一心发展经济到"文化搭台、经济唱戏"再到建设文化广东，从建设文化大省到建设文化强省再到建设幸福广东，广东的发展呈现出从物质现代化到文化现代化的逐渐提升的轨迹，展现出逐渐追求全方位现代化特别是人的现代化的可喜局面。

广东建设文化大省决策的实施，有力地促进了广东的发展，提升了发展质量。广东建设文化强省的战略部署，使广东的整体发展更有文化含

---

① 《中国共产党广东省第十届委员会第三次全体会议决议》，载《羊城晚报》2008年6月19日第A1、A3版。

第一章　改革开放焕发广东文化生机

量,特别是将使全社会文化素质的提高更上一层楼。

(一) 努力建设文化大省

党的十六大报告精辟地阐述了文化建设和文化体制改革的问题,给我们全面建设小康社会指明了先进文化的前进方向,提供了思想文化方面的有力保证。中共广东省委认真贯彻党的十六大精神,发布了《中共广东省委关于认真学习贯彻党的十六大精神的决定》。该《决定》关于文化建设和文化体制改革方面的决策和思路,对于广东建设经济强省和文化大省、推动社会全面进步、全面建设小康社会具有重大的战略意义。

"全面建设小康社会"是一个系统工程,它包括政治、经济、文化等方面一系列的内容以及相应的目标。党中央提出,我们要在本世纪头20年全面建设惠及十几亿人口的更高水平的小康社会,使经济更加发展、民主更加健全、科教更加进步、文化更加繁荣、社会更加和谐、人民生活更加殷实。经过这个阶段的建设,到本世纪中叶基本实现现代化,把我国建成富强、民主、文明的社会主义国家。可以说,这是我国社会主义现代化建设的总目标。围绕这个总目标,我们在全面建设小康社会的时候,不仅要有具体的经济、政治目标,而且要有具体的文化目标。这个文化目标就是:全民族的思想道德素质、科学文化素质和健康素质明显提高,形成比较完善的现代国民教育体系、科技和文化创新体系、全民健身和医疗卫生体系;人民享有接受良好教育的机会,基本普及高中阶段教育,消除文盲;形成全民学习、终身学习的学习型社会,促进人的全面发展。从宏观上和总体上讲,我们要牢牢把握先进文化的前进方向,坚持弘扬和培育民族精神,切实加强思想道德建设,大力发展教育和科学事业,积极发展文化事业和文化产业,继续深化文化体制改革。这个以全面建设小康社会为宗旨的文化建设目标,具有显著的中国特色,是与加快推进现代化相统一的目标,符合国情、党心、民意,是中国特色社会主义文化建设目标的具体化。

党的十六大报告指出,有条件的地方可以发展得快一些,在全面建设小康社会的基础上,率先基本实现现代化。广东是党中央寄予厚望、赋予率先基本实现现代化重任的地区。因此,认真学习贯彻党的十六大精神,加快广东实现社会主义现代化建设的步伐，是大势所趋、民心所向。其中，推进文化建设和文化体制改革，建设文化大省，是中共广东省委采取的重大战略举措。

围绕党的十六大报告关于全面建设小康社会中的文化建设目标，《中共广东省委关于认真学习贯彻党的十六大精神的决定》（以下简称为《决定》）根据广东的具体情况，对于如何推进广东省的文化建设和文化体制改革，建设文化大省，提出了宏阔的战略和切实的方案。其中，"建设文化大省"是一个在文化建设方面具有统揽全局、继往开来意义的战略构想。以大力发展社会主义文化为指导，以建设文化大省为纲领，《决定》对广东在文化设施、文化产业、文化精品、文化人才、文化体制、文化市场、文化环境、文化生活、文化综合实力等方面如何构筑高地，以敢为人先、务实进取的态度，创造新的文化力，促进经济社会发展，推动经济强省的建设，做出了既有很强的现实感和操作性又有很强的前瞻性和指导性的阐述。《决定》要求：坚持先进文化的前进方向，弘扬和培育中华民族精神；切实加强社会主义精神文明建设，不断提高人民的思想道德水平；大力发展教育和科学事业，不断提高人民的科学文化素质；积极推进文化体制改革，发展壮大文化事业和文化产业。《决定》对这些具体的目标做了具体的阐释，对于广东文化的发展、文化大省的建设具有重要的指导意义和现实的操作价值。

1. 大力发展社会主义文化，建设文化大省

《决定》指出：全面建设小康社会，必须与建设经济强省相适应，大力发展社会主义文化，建设文化大省。努力使广东拥有先进的文化设施、发达的文化产业、一流的文化精品、拔尖的文化人才、充满活力的文化体制、繁荣有序的文化市场、各具特色的城镇文化环境、丰富多彩的群众文化生活，文化综合实力明显提高，对经济社会发展的促进作用明显增强。

毫无疑问，"大力发展社会主义文化，建设文化大省"，是立足广东实际、面向全国、放眼世界的高屋建瓴式的文化建设纲领。这个纲领以发展社会主义文化为宗旨，以提升广东文化的品位、提高广东人民的文化素质和科学素质为现实目标，以率先基本实现社会主义现代化为根本，符合广东建设经济强省的文化需求，符合社会稳定协调发展的长远需要，符合国家长治久安、人民安身立命的需要。

"建设文化大省"这一战略构想的提出，本身就是文化创新的表现。文化创新既有观念创新、内容创新，也有方法创新、思路创新，更有战略创新和目标创新。"建设文化大省"这一理念的提出，可以说是对文化建设方面观念创新、内容创新、方法创新、思路创新、战略创新和目标创新的有机综合，反映了广东文化建设的新思路和新气象，真正合乎潮流、顺乎民意。从文化学的层面看，"建设文化大省"对于当代中国发展社会主义文化，建设新型的"文化大传统"具有积极的意义；同时，对于发展具有地域特色的广东文化，建设新时期的"文化小传统"，也有不可忽视的意义。中国特色社会主义文化的"大传统"与"小传统"的交融，必将催生新的文化活力，激发新的文化机制。

广东要成为文化大省，必须满足一系列的条件，《决定》对此有明确的表述。文化设施要先进，文化产业要发达，文化精品要"一流"，文化人才不能平庸而要拔尖，文化体制不能凝固僵化而要充满活力，文化市场要繁荣而又有序，城镇文化环境不能千篇一律而要"各具特色"，群众文化生活不能单调更不能乏味，而要丰富多彩。在此基础上，通过有机整合，实现文化综合实力明显提高的目标，使得其对经济社会发展的促进作用明显增强。根据文化结构的理论审视，上述这些规定和要求，包括了物质文化、制度文化、思想文化三个层面的协调发展。从大众文化和高雅文化的层面看，上述规定和要求既包括了大众文化也包括了高雅文化，既考虑到了文化建设的先进性，也充分注意到了文化建设的普及性，可谓先进性与普及性的统一。可见，无论是从发展社会主义文化、建设社会主义精神文明的角度，还是从文化学的理论阐释和实践层面的角度来看，"建设文化大省"的战略构想都是内涵丰富、充满科学理性精神和现代人文精神的。

2. 弘扬中华民族精神，培育新的民族精神

《决定》要求：坚持先进文化的前进方向，弘扬和培育中华民族精神。大力弘扬和培育广东省在改革开放和现代化建设实践中形成的敢为人先、务实进取的精神，使全省人民始终保持奋发有为、昂扬向上的精神状态。

《决定》提出的这个要求，在与党的十六大报告关于弘扬中华民族精

神的指针相一致的同时，根据广东实际，提出了要弘扬和培育广东在改革开放实践中形成的"敢为人先、务实进取"的精神。正如党的十六大报告指出的：民族精神是一个民族赖以生存和发展的精神支撑。一个民族如果没有振奋的精神和高尚的品格，不可能自立于世界民族之林。中华民族在数千年的发展历程中，形成了以爱国主义为核心的团结统一、爱好和平、勤劳勇敢、自强不息的伟大民族精神。中国共产党领导人民在长期的实践中不断结合时代和社会发展的要求，丰富着这个民族精神。当今，面对世界范围内各种思想文化的相互激荡，必须把弘扬和培育民族精神作为文化建设方面极为重要的任务，并将其纳入精神文明建设全过程，使全体人民始终保持昂扬向上的精神状态。

民族精神是一个民族与时俱进、不断发展的内在精神动力，是一个民族优秀文化传统的集中体现。中华民族精神是中华民族发展的内在精神力量，是中华民族优秀文化传统的典型代表。中华民族精神反映着中华民族强大的生命力、丰富的创造力和强大的凝聚力。中华民族精神的强弱制约着社会经济的发展和民族文化素质的发展。因此，必须坚持不懈地弘扬中华民族精神，培育新的民族精神。

中华民族精神是与时俱进、不断完善的。古代经典《大学》提倡"苟日新，日日新，又日新"，意即一旦能够自我更新，就要天天自我更新，每天都有新的进步。《周易》里面讲"日新之谓盛德"，意即日日更新而自我完善是美好的德行。成语"革故鼎新"，就是说明要不断去除旧的，建立新的。这种"日日新"的革故鼎新的传统，实际上就是自强不息的优秀文化传统，亦即中华民族精神的重要构成。中华民族精神发展到今天，需要根据时代精神进行创新。广东省在改革开放和现代化建设实践中形成的敢为人先、务实进取的精神，以及竞争精神、效益观念、契约观念、法律意识、公正意识、平等意识等，都为当代中华民族精神的创新提供了思想文化方面的条件。如果能够保持、发扬和提升这些新型民族精神的素材，则我们就能始终保持奋发有为、昂扬向上的精神状态，就能培育出新型的中华民族精神。

3. 加强思想道德体系建设，提高人民的思想道德水平

《决定》强调：坚持用中国特色社会主义共同理想凝聚全省人民的力

量，深入开展"三个代表"重要思想和党的基本理论、基本路线、基本纲领、基本经验的宣传教育，引导人们树立正确的世界观、人生观和价值观。……既体现时代精神又继承传统，加强思想道德体系建设。

坚持建设中国特色社会主义，这是全体中国人民的共同理想。只有社会主义才能救中国、发展中国，这是已经被实践证明的真理。在经济全球化、政治多极化、和平与发展仍然是时代主题的今天，在社会主义市场经济建设日益深入的时代，价值多元化、个性多元化已经成为我们这个社会的事实。但是，在指导思想方面不能搞多元化。我们一定要坚持马克思主义的指导地位，同时，在思想文化领域，要坚持先进文化的前进方向，坚持进行正面教育，引导人们树立正确的世界观、人生观和价值观。如果没有正确的引导，人们的世界观、人生观和价值观没有树立好，人们的行为就会失范，就会导致极端个人主义、享乐主义、拜金主义的泛滥。因此，我们要认真贯彻《公民道德建设实施纲要》，弘扬爱国主义精神，以为人民服务为核心，以集体主义为原则，以诚实守信为重点，加强社会公德、职业道德和家庭美德建设。

实践证明，要提高人民的思想道德水平，仅靠强制性灌输是不行的，用政治运动式的方式进行教育也是不行的。解决这个问题的治本之法，是加强思想道德体系的建设。我们曾经在相当长的一个时期，在思想文化领域的建设方面，错误地以破为本、以破代立。在付出惨痛的代价和经历了极为痛苦的过程后，人们认识到了思想文化建设应当重在建设这个朴素的道理。但是，关于如何建设的问题还是没有得到很好的解决。现在，党中央明确提出"要建立与社会主义法律规范相协调、与中华民族传统美德相承接的社会主义思想道德体系"，这是从根本上解决如何提高人民的思想道德水平问题的战略方针。只有真正建立起社会主义的思想道德体系，才能从根本上解决人民的安身立命之道和国家的长治久安问题。《决定》根据党的十六大精神，提出精神文明建设和人民思想道德水平的提高要坚持先进性与广泛性的统一，依法治省与以德治省相结合，既体现时代精神又继承传统，加强思想道德体系建设，创造性地贯彻了党的十六大精神。

4. 不断提高人民的科学文化素质

《决定》要求：大力发展教育和科学事业，不断提高人民的科学文化素质。坚持以人为本，教育先行，优先发展教育，加快建设教育强省，培养各类与社会主义现代化建设相适应的人才，增强广东发展后劲。

我们正在从事的建设中国特色社会主义现代化的事业，是全方位的现代化，包括物质文明、制度文明和精神文明。其中，人的现代化是根本。没有人的现代化，就没有政治、经济、文化协调发展和长期稳定的社会繁荣。要不断提高人民的科学文化素质，就必须大力发展教育和科学事业。《决定》坚持以人为本，教育先行，优先发展教育事业，符合国情、省情，符合广东率先基本实现现代化的时代需求，是英明之举。

"十年树木，百年树人。"提高人民的科学文化素质，不可能一蹴而就，而要坚持不断地、长期地、富有韧性地发展教育和科学事业。邓小平同志曾经指出，改革开放头十年，最大失误是教育。他所指的这个教育，是广义的教育，既包括国民教育，也包括思想教育，质言之，是指对人民科学文化素质、整体综合素质提高的教育。《决定》以"不断提高人民的科学文化素质"为宗旨，强调大力发展教育和科学事业，真正做到了以人为本，抓住了根本。

要不断提高人民的科学文化素质，就必须加快建设教育强省，大力培养各类与社会主义现代化相适应的人才，以增强广东发展后劲。《决定》为此做了具体的规定和阐述。与此相应，《决定》提出要"普及科学知识，弘扬科学精神"，将科学知识的学习和掌握上升到弘扬科学精神的高度，真正是从提高人民素质的战略高度着眼。

5. 发展文化经济，整合文化资源

《决定》提出：积极推进文化体制改革，发展壮大文化事业和文化产业。……促进文化与经济融合，发展文化经济……增强文化综合竞争力……整合文化资源，提高集约化水平。

在市场经济条件下建设文化大省，一个重要的内容是要发展文化经济。《决定》明确指出，要"制定建设文化大省规划纲要，切实把发展文化事业、壮大文化产业摆上增强经济综合实力，全面建设小康社会和率先基本实现社会主义现代化的重要战略地位，作为重要组成部分，纳入经济社会发展计划"。这就从制度的层面保证了文化大省的建设。而决策、规划制度化，是现代化管理的重要特征和基本要求。

第一章　改革开放焕发广东文化生机

国际上有一句名言："文化是明天的经济。"文化本身也是生产力，是综合国力的重要体现。在经济全球化的时代，不同民族的文化交流和融合日益增强，经济与文化之间的交融日益增强。经济文化化、文化经济化，已经显露出强劲的势头。新闻出版、广播影视、演艺、美术、文博和文化娱乐、旅游、会展业、现代信息服务业等，都是文化中包孕着经济、经济中渗透着文化的事业，是典型的"文化经济"事业。这类事业的发展，对广东经济强省和文化大省的建设具有十分重大的意义。这类事业建设好了，广东省的文化综合竞争力就会大大增强。

要发展文化经济、建设文化大省，必须改革文化体制、整合文化资源。通过文化体制的改革，将广东省文化资源整合为一个具有勃勃生机的、功能协调的整体，以消除各自为政、重复建设的类似诸侯经济的诸侯文化现象，提高集约化水平，增强广东的文化综合竞争力，树立良好的文化形象。①

（二）精心建设文化强省

在建设文化大省的工作取得预期成效后，广东提出要建设文化强省。2010年7月，中共广东省委、广东省人民政府印发了《广东省建设文化强省规划纲要（2011—2020年）》（以下简称为《纲要》）。《纲要》提出：文化建设是中国特色社会主义事业总体布局的重要组成部分，是保障人民基本文化权益的根本要求，是我省努力当好推动科学发展、促进社会和谐的排头兵和全面实现小康社会的必由之路。改革开放以来，广东省高度重视文化建设，特别是通过实施建设文化大省战略，文化建设取得重大成就，为推动全省经济社会发展提供了强有力的文化动力。但是，当前广东省的文化发展水平总体上仍落后于全省经济社会发展步伐，与人民群众日益增长的精神文化需求不相适应。今后10年，是广东加快转变经济发展

---

① 广东"文化大省"建设是个宏大的战略工程，学术界从不同学科专业的背景出发，阐发了各种各样的见解，出谋献策，共襄盛举。其中，有的学者详细论述了"文化大省"的内涵、目标定位以及建设"文化大省"的基本思路和措施。详见李宗桂《广东建设文化大省的若干思考》，载《学术研究》2003年第6期。

方式、实现经济社会转型的关键时期，也是推动文化大发展大繁荣的重要阶段。站在新的历史起点上，面对日益激烈的国际国内文化竞争和文化与经济加速融合发展的新趋势，我们必须充分认识文化建设在凝聚民族精神、提升公民素养、促进社会和谐、推动加快经济发展方式转变中的重要地位和作用，进一步增强紧迫感、责任感和使命感，全面推进文化建设，实现由文化大省向文化强省的跨越。为此，要树立新的文化发展理念，大力弘扬解放思想、改革开放的时代文化精神，探索文化科学发展方式，推动文化大发展大繁荣，满足人民群众多样化、多层次、多方面的文化需求，保障人民群众的基本文化权益，形成文化事业强、文化产业强、文化辐射力和影响力强、文化形象好的文化优势，为广东努力当好推动科学发展、促进社会和谐的排头兵提供强大的精神动力和文化支撑，促进人的全面发展和社会的全面进步。

《纲要》提出了建设文化强省的战略定位和总体布局：力争用10年左右时间，达到与广东经济社会发展相适应的文化发展水平，把广东建设成为在全国具有重要影响力的区域文化中心、发展社会主义先进文化的排头兵、提升我国文化软实力的主力省、中国文化"走出去"的生力军及率先探索中国特色社会主义文化发展道路的示范区。为此，要坚持立足当前、着眼长远，统筹规划、科学布局，全面推进各项文化事业繁荣发展。

《纲要》提出了切实的发展目标：到2020年，形成特色鲜明的岭南文化和现代开放型文化体系，文化在综合实力竞争中的地位和作用更加突出，解放思想、改革开放的时代文化精神更加彰显，文化凝聚力、竞争力、创新力、辐射力显著增强，各项主要文化指标居全国前列，努力树立广东文化事业发达、文化产业强大、文化生活丰富、思想品德高尚、文化氛围浓郁、精神家园和谐的文化形象。

围绕文化强省建设目标，《纲要》提出要"培育提高全社会文化素养，提升广东文化形象"的思路和任务：培育广东人文精神，提升思想理论研究和创新水平，积极打造文艺精品，提高全民文化艺术素质。促进文化产业集聚发展，打造战略性新兴文化产业；构建现代文化产业体系，优化文化产业布局，完善现代文化市场体系，建设文明和谐家园；构建普惠型公共文化服务体系，保障人民基本文化权益。

第一章　改革开放焕发广东文化生机

由上可见,在广东全省上下的努力下,"文化广东"的理念已经确立,并且日益成为挺立广东精神脊梁的重要支撑。"文化广东"已不仅仅是对市场经济负面因素的纠偏,也不仅仅是消解"文化沙漠"的自卑和匡正"文化北伐"的某些偏颇,而是广东经济社会发展的逻辑要求,是广东文化发展到更高阶段的底气十足的自觉选择。经济强省、文化大省、法治社会、和谐广东,这个现在广东社会人人津津乐道的对于价值理想和发展目标的期盼,反映了广东在物质文明、精神文明、政治文明、社会文明和生态文明方面的巨大进步。

从思想文化建设的重要性和广泛性的层面考察,广东文化强省建设一方面是广东省委、省政府的重大决策,彰显了社会治理的深度和广度,另一方面又激发了各界特别是学界参与文化强省建设的热情和积极性。有文化研究学者针对广东既有状况提出了如下建议:

第一,高屋建瓴,立足广东,面向全国,放眼世界。"文化是明天的经济。"国家的长治久安靠文化,文化的核心是价值观,是精神。因此,要努力铸造"广东文化精神"(不是"岭南文化")——求实精神(不务虚名、不空谈政治等)、效益观念、进取精神、竞争精神、契约观念、法律意识、平等意识,等等。同时,在弘扬本地特色的同时,要高度重视面向全国——广东文化建设要始终紧扣"当代中国文化精神"的建设这个主旋律,始终紧扣"建设有中国特色社会主义文化"这个主题,围绕文化建设的基本目标、基本政策而进行。不仅如此,还要放眼世界,重视经济全球化、文化全球化对于当代中国文化建设的影响,特别是对于广东文化建设的影响。

第二,重视文化研究工作,以应用促进基础研究,以基础研究促进文化建设的可持续发展。加强应用研究,以应用研究促进现实的文化建设。加强基础研究,用基础研究的成果深化应用研究,并为文化建设提供可持续发展的理论导向、智力支持和知识准备。

第三,建立创造文化强省的合理机制。从全省文化建设的大局出发,考虑建立研究工作、人才培养、文化建设三位一体、相互促进的体系。努力建立文化建设方面的产、学、研相结合的机制。建立培养源源不绝的文化建设、文化研究人才的基地;支持重点高校设立文化学系之类的新型专业学科，根据广东省文化建设的需要，适当调整广东高校现有的人文社会科学学科设置和机构设置。充分发挥广东高校的作用，给予必要的经费、人员方面的支持。高校文化研究要面向广东文化建设的实际，并与行政主管部门和实际工作部门相结合。

第四，整合文化资源。协调有关管理部门的职能，既分工，又互补。省精神文明建设委员会、省文化厅、省新闻出版广电局、省政府发展研究中心、省文联（广东省文学艺术界联合会）、省社科联（广东省社会科学界联合会）等，应当在建设文化强省这一战略思路下，整合其文化管理和文化建设机制。地域文化（客家文化、广府文化、潮汕文化、岭南文化等）、行业（部门）文化［大众传媒的大众文化、文化厅（局）主管的社会文化、高校的校园文化、党政机关的行政文化、各级文明办（精神文明办公室）主管的"精神文明"］等，应当在建设文化强省的战略框架下，打破界限，相互贯通。旅游文化、商业文化、企业文化、饮食文化、社会文化、大众文化等的建设，不能再各自为政，而要目标统一，相互发明。协调大学以及大学园区的建设，尽力减少不必要的特别是低层次的重复，充分发挥各级各类高校在文化建设方面的作用。整合官方（政府）和民间的文化资源，充分利用民间文化资源，例如珠江三角洲（以下简称为"珠三角"）的各种演出场所、大量的民间闲散资金等。

第五，提高文化品位。我们要在继续光大现代商业文明的同时，从市民礼仪之类的日常生活入手，推动并提升交往文明。在进一步发展大众文化的同时，重视高雅文化的建设。努力培育高尚、高雅、高端的文化价值观和审美观，培育相应的载体。在全社会旗帜鲜明地倡导追求崇高，应当成为市场经济条件下广东文化强省建设的精神标识。公务员群体、知识分子群体、企业家群体，都应自觉地率先垂范，成为崇高精神价值的追求者、高雅文化品位的建设者和实践者。全社会不同地域、不同行业、不同身份的人，都应当成为当代广东文化精神的积极建设者和实践者。

第六，树立精品意识，培育文化名人、著名文化群体和文化名牌。广东在着力提升全社会文化素质及文化品位的同时，应当有针对性、有目标地打造文化精品。我们首先要在人才培育方面打造人才高地，培育文化名人。我们要有新时代的梁启超、康有为、陈寅恪、陈序经、商承祚、容庚、高剑父、关山月……，在自然科学领域和人文社会科学领域，要有能够在全国引领风骚的著名学者群体。我们还应创造一系列文化名牌，而这些文化名牌在价值理念和文化风范上是融合中外、熔铸古今、具有改革开放的时代精神和鲜明的岭南文化韵味的高端产品。

第七，关注和重视弱势群体文化素质的提高，尽力满足其文化生活需求，重视文化扶贫。我们要从公平正义的角度去解决文化发展不平衡、文化权利不均等、公共文化服务不均衡的问题；要把解决文化民生看成提升文化软实力的要务，关注并重视弱势群体文化素质的提高，帮助弱势群体解决从义务教育到高等教育阶段面临的困难和问题；要将切实解决公共文化服务均等化落在实处，从文化政策、文化环境、文化设施、文化产品等方面尽力满足弱势群体的需求。

第八，要有战略眼光，立足长远。要有常设机构，统筹文化强省的建设问题。要有专门的课题组和经费，根据建设文化强省的需要，进行有明确针对性的研究。要加强制度化、规范化的建设，文化建设、文化研究的投入要用立法的形式保证。

广东文化强省建设目标的及时提出，对于广东经济社会发展具有重要的意义。广东在经济社会发展的历程中，历来重视文化建设的重要性。自20世纪90年代中期学术界明确提出建设文化广东的期盼，到本世纪初（2002年）广东省委、省政府作为重大发展战略目标而明确做出建设文化大省的决定，再到2009年提出建设文化强省，显然具有合理的逻辑和发展的必然性。

（三）"创新文化"与文化强省建设

建设文化强省，不能故步自封，必须解放思想，大胆改革，走创新之路。按照党中央政治、经济、文化、社会、生态文明"五位一体"的战略布局，创新之路可以有政治创新、经济创新、社会创新、文化创新、生态文明创新。而对于文化强省建设而言，最为直接的是文化创新。文化创新，就是要创建超越中国传统文化和资本主义文化的中国特色社会主义文化。文化创新能够弘扬、更新既有的民族精神，使得民族精神与时俱进、更上一层楼。

要加强文化强省的建设，促进广东经济社会发展，加快广东经济发展方式的转变，关键在于文化创新，而文化创新又必须与提升广东文化软实力的发展战略相结合。《中共广东省委办公厅 广东省人民政府办公厅关于加快提升文化软实力的实施意见》（粤办发〔2009〕22号）提出，要力争用5～10年时间，建立和完善社会主义核心价值体系、覆盖城乡的公共文化服务体系、具有较强实力与竞争力的文化产业体系和先进的现代文化传播体系，构建具有岭南风格、广东气派、时代特征和实践特色的广东先进文化，建设文化强省，使广东成为在全国具有重要影响力的区域文化中心、发展社会主义先进文化的排头兵、提升我国文化软实力的主力省和中国文化"走出去"的生力军。从广东改革开放以来的文化建设实践看来，这个提升文化软实力的发展战略和目标无疑是切合实际的。

实现提升文化软实力的目标，关键在于建设"创新文化"，推动自主创新。所谓"创新文化"，是指充满活力和创意的、面向世界、面向未来、面向现代化的创新型文化意识、文化价值观、文化体制和机制。"创新文化"可以是广义文化方面的，即包括物质文化、制度文化、思想文化在内的整个文化系统；但在今天，更主要的是指思想文化和制度文化层面。创新精神，创新体制，构建富有创意的新型文化，应当是建设"创新文化"的首要追求。

建设"创新文化"，首先要解放思想，坚持改革创新。广东改革开放40年取得了巨大的成就，这些成就应当是我们继续进步的良好基础，而不应成为我们沾沾自喜、故步自封的思想羁绊。面对全国各省万马奔腾的竞争局面，进一步解放思想，必须全面准确理解科学发展观的内涵，从片面追求总量和速度的观念中解放出来；必须全面把握现代化的综合价值取向，从单一的经济价值取向中解放出来；必须坚持以人为本，从"重物轻人"的观念中解放出来；必须创新发展模式，从粗放型的发展路径中解放出来；必须发扬积极进取精神，从小富即安的思想中解放出来；必须树立世界眼光和战略思维，从过分依赖地缘优势及习惯于在本行政区域配置资源的思维定式中解放出来；必须增强实现共同富裕的政治责任感，从"先富帮后富"责任意识不强的被动状态中解放出来；必须认清民主与法制是落实科学发展观最根本的保障，从不重视人民群众主体作用的意识中解放出来。总之，只有真正解放思想，才能真正建设"创新文化"。

建设"创新文化"，要与文化强省建设目标相结合。要在基本建立起适应社会主义现代化要求的文化发展格局、文化管理体制及运行机制的基础上，使广东成为广大人民群众综合素质普遍提高，文化经济繁荣，科技实力雄厚，拥有先进配套的文化设施、充满活力的文化体制、拔尖的文化人才、一流的文化精品、强大的文化产业、繁荣有序的文化市场、独具特色的岭南文化、丰富多彩的群众文化生活，文化发展主要指标全国领先，文化综合实力和国际竞争力居全国前列的文化强省。为此，一要全面提高人的素质，促进人的全面发展；二要深化文化体制改革，解放和发展文化生产力；三要发展文化产业，培育新的经济增长点；四要促进文化与经济的融合；五要加强文化基础设施建设；六要加强文化法制建设和文化市场管理。

建设"创新文化"，要重视提高公民素质，铸造新型广东人文精神；要深入开展社会主义核心价值体系宣传教育，继承发展中华优秀传统文化和岭南特色文化，大力弘扬"敢为人先、务实进取、开放兼容、敬业奉献"的新时期广东人精神，以及"厚于德、诚于信、敏于行"的新时期广东精神；要加强公民道德建设，培养公民法制观念，提升公民素养，树立广东人的现代文明新形象，使文化强省建设取得丰厚的成果。

（四）文化强省建设的学术价值取向

党的十七届六中全会通过的《中共中央关于深化文化体制改革推动社会主义文化大发展大繁荣若干重大问题的决定》豪迈宣布要"建设社会主义文化强国"，合乎潮流，顺乎人心。广东实施多年的文化强省建设，与国家建设文化强国的发展战略深度契合。而文化强省建设只有扬长补短，才能在文化宏图的实现过程中增创新优势，更上一层楼。

考察广东文化强省建设实施以来的情况，"扬长"做得比较到位，"补短"还需加倍努力。大致说来，文化强省建设应补之短主要有以下方面：

1. 应当增强文化自信，调整畸形自尊的心态

广东有部分社会人士和文化人（包括文化研究学者）缺少应有的文化

自信，老是自认不如人，老是觉得被人看不起。在他们看来，论传统文化，我远不如中原厚重；论近代文化，我绝没有上海的洋气；论当代文化，我缺少北京的大气。因此，文化研究乃至整个人文社会科学学科的研究，缺少底气和大气，更没有豪气。与此相应的是少数人的畸形自尊，害怕被人批评，甚至幻觉似地认为别人在批评。直到从文化大省到文化强省的建设工作已经实施十多年，广东文化建设确实取得了长足进步后，有的人还老是热衷于辩解广东是否"文化沙漠"的问题！其实，作为岭南文化重要地域表现的广东，自有其深厚的古典传统和丰厚的近代文化精神，特别是有开创新局的改革开放以来创生的新型文化精神，以及文化大众化、民族化、生活化、人文化的实践成果，只是没有得到很好的提炼和宣导而已。因此，我们在文化建设方面大可不必自卑，更不必用畸形自尊来掩饰自卑，要增强自信，祛除自卑。

2. 应当融入并争取引领国内学术研究的主流，不以捞偏门为荣

在过去相当长的时期中，广东学术研究的某些方面与国内主流距离甚大。由于文化自信不足，不少人乃至学术文化部门的领导，都认为广东在主流学术研究方面没法跟内地比拼，于是选择偏、冷、窄的课题进行研究，以捞偏门为尚。其实，如果不跟踪国内学术研究主流，不融入其中，不取得居于主流地位的重大成果，广东学术界根本就不可能有全国性认同的崇高地位，而只能孤芳自赏、自弹自唱。如果广东的人文社科界研究的都是偏、冷、窄的课题，是别人不屑研究甚至根本没有多大研究意义的课题，那学术层面的广东文化强省的底蕴和地位可想而知！

3. 应当加强基础研究，纠正过于在乎实用的倾向

不止一个中共广东省委书记说过：岭南文化的长处是务实，短处是过于务实。笔者觉得，这讲得很到位。这种过于务实的风尚影响到学术界，就是过于在意实用，过于在乎短期的经济效益。人文社会科学的研究，应当以基础研究为支撑，否则既不长久也不可靠。以文化研究为例，广东的文化研究（至少是广义的文化研究）数量巨大，耗费的人力财力相当可观，但真正在全国拿得出手、具有相当影响和价值的研究成果数量很少。而从20世纪以来，广东本来有属于基础研究的文化研究的优良传统，并有至今值得重视和研究的精品。中山大学原副校长（原岭南大学校长）陈

第一章　改革开放焕发广东文化生机

序经的《文化学概观》《中国文化的出路》《东西文化观》等著作，是文化研究领域的名著，至今仍有多家出版社在出版；中山大学朱谦之教授的《文化哲学》《中国文化对欧洲哲学的影响》等著作，是学科开创性、课题独创性的成果；中山大学黄文山教授的皇皇四大卷的《文化学体系》，是"五四"以后、中国现代学术规范体系建立以来的学科奠基性著作，世界著名文化学家、美国人类学学会主席怀特教授在其经典性著作《文化科学》中充分肯定黄文山教授的文化学研究成果。以上陈、朱、黄三位学者的文化思想和文化成就，现时是重点大学博士学位论文的选题。这些都表明广东学术界有基础研究的优良传统，有"板凳甘坐十年冷，文章不写一句空"的学术追求。问题在于，我们这些年的文化研究没有重视我们既有的文化积累和文化底蕴的发掘与弘扬，真正成了"抛却自家无尽藏，沿门托钵效贫儿"。解决问题之道是增强基础研究意识，切实加强基础研究，纠正过于在乎实用的研究思路和倾向。如果我们广东的文化学术研究工作者只是热衷于"短平快"，钟情于赚点小钱、快钱用用，满足于当自封的"岭南王"，那我们就是真正的没出息！

4. 应当加强本土文化（岭南文化）的研究，争取取得高层次、高质量的系统研究成果

岭南文化作为在全国地域文化中独具特色的文化，其在全国的地位与其自身的底蕴很不相符，坦白说，岭南文化在全国的地域文化中没有占据它理应占有的地位。同样，广东学术界的岭南文化研究，真正称得上厚重、大气，能够得到国内文化研究界承认、在书架上留得住、在文化传承上能够有地位的成果，数量少得可怜，质量堪忧。数年前，代表国家最高研究水准和成果的国家社科基金重大项目招标专门设有"地域文化"门类，全国共申报29项（所有门类中申报数量最大的是"地域文化"），评审结果是通过了包括湖湘文化、江南文化、贵州山地文化、东北文化等在内的5项。关于岭南文化的研究，居然没有任何人申报！而相关部门的负责人在会上说，该次国家社科基金重大项目申报情况，基本上反映了我国学术研究力量的正态分布。本书作者中的一位作为当时的评审专家和广东文化学者，真正为此感到惭愧！我们应当制订切实的方案，加大支持的力度，拿出具体的措施，组织高水准的队伍，认真研究岭南文化，争取在不久的将来取得为国内主流认可的高质量研究成果。

5. 应当加强对当代广东文化的研究

改革开放40年来，广东文化建设取得了巨大成就，相应的研究成果为数不少，但从建设文化强省的要求来看，质量有待提高，空间有待拓展。在笔者看来，广东是当代中国新文化的生长地，是中国传统文化精神的创新地，是当代新型文化价值观、新型文化精神的滋养地。从中国现代化史和中国文化史的角度看，广东在改革开放新时期对全国的贡献，并不是GDP（国内生产总值），不是单纯的经济力量，而是文化！改革开放、解放思想的崭新的时代文化精神，是从广东开始的，并且逐渐辐射到全国。问题在于我们没有很好地提炼、研究，使得广东文化的价值没能得到应有的彰显，广东的文化地位没有得到应有的承认，广东的文化底蕴没有得到应有的揭示。因此，应当加强对当代广东文化的研究。而且，这种研究要与国内的文化研究主流相融合，自觉地把广东文化的发展与当代中国文化的发展有机结合，把广东文化的研究与当代中国文化的研究相结合，融入主流，归于主流。"试验田""先行地""示范省"，这些文化强省建设中的关键词，应当是我们加强广东文化研究并给广东文化定位的有效指引。

三、广东文化建设的价值追求

广东建设文化大省进而建设文化强省，是广东经济社会发展到一定阶段后的逻辑要求。广东省委、省政府顺应这种要求，在2002年明确提出了"建设文化大省"的战略构想；① 8年之后，又进一步提出"建设文化强省"的发展战略。

从历史的观点看，广东建设文化大省和文化强省，是广东历史上前无古人的伟大事业。在笔者看来，"文化大省"和"文化强省"应当是在文化建设方面卓有成效的省，是在全国文化建设方面引领潮流、名列前茅的省，应当具有该省独特的精神气质。广东"文化大省"和"文化强省"

---

① 2002年12月，中共广东省委九届二次全体会议通过了《中共广东省委关于认真学习贯彻党的十六大精神的决定》，明确提出要"建设文化大省"。

第一章　改革开放焕发广东文化生机

的目标定位应当是：国内领先、国际知名；能够创建出适应经济文化化、文化经济化趋势的文化经济一体化的创新性机制和相应的文化生态环境；着眼于全省人民文化综合素质的整体提高，使其居于全国前列；使文化成为新型生产力，成为综合"省力"的重要构成，在综合竞争力中居于重要地位；培育出能够发展、传播、创新先进文化的群体；创建文化创新的机制，创建富有特色的广东文化，培育新时期的"广东精神"；弘扬解放思想、改革开放的"广东时代文化精神"，为中华民族精神的弘扬和培育创造条件，成为中华民族精神的自觉捍卫者、弘扬者和培育者。

（一）增强综合竞争力

从国内外经济社会发展的趋势和创新性思维的层面看，广东"文化大省"和"文化强省"应当而且可以通过制度创新和文化整合，创建出适应经济文化化、文化经济化趋势的文化经济一体化的创新性机制，以及使这种创新性机制得以持续发展的文化生态环境。

文化对于经济的作用，在国内曾经长期被看轻甚至被忽视，近年来有所好转。随着现代化进程的推进，经济发展中的文化因素日益增强，文化对经济的依存度、文化的经济含量越来越大。无论是可持续发展理论、生态理论还是信息产业、文化产业等，都充满经济文化一体化气息，带有明显的经济文化一体化色彩。所谓经济文化一体化，就是经济与文化相互渗透、相互融合，你中有我、我中有你，互为动力、互为支撑。具体说来，就是经济领域、经济行为越来越充溢着文化的成分，依托文化的力量发展壮大经济，而不是像以前那样单纯地就经济论经济；同样，在文化领域，各种文化行为、文化决策、文化实践，已经突破传统的意识形态框架的制约，并放下贵族架子，开始世俗化、平民化的进程，从经济活动的裁判者变为经济活动的直接参与者和创新者。今天，市场经济的激烈竞争，使得工业产品的设计、包装、推销，实际上变成了文化理念的竞争。"科技以人为本""我们一直在努力""我们卖的是文化"（而不是房子）这类工业（经济）产品的广告语言，渗透着强烈的文化价值观。另外，在文化领域，以文化产业的崛起为代表，文化经济化的势头越来越猛。音像业、电影业、出版业、大众传媒业，这些以往以突出政治为首业的行业，这些过去往往"算政治账不算经济账"的行业，现今在市场经济条件下，在唱响主旋律、坚持多样化的方针指导下，也加入了经济建设的行列。这些行业一度实行"事业单位，企业管理"的机制，以及文化体制改革后实行的企业制管理，实际上就是典型的文化经济化的表现。至于在广东正如火如荼发展的会展业、在全国独占鳌头的旅游业、别具一格的演出业，特别是网络信息产业，等等，如果按照传统的行业划分，就很难确认它是属于经济还是文化。事实上，它们既是经济的，又是文化的，典型地反映了文化经济一体化的趋势和特点。

从现代化的基本价值追求——人的现代化来看，广东"文化大省"特别是"文化强省"的建设，着眼于人的文化综合素质的整体提高，使广东人的文化综合素质在全国各省居于前列，提升广东文化形象，提升广东人形象。

20世纪50年代以来，我国对于现代化特征和实质的探求，经历了从"四个现代化"到"人的现代化""人的全面发展"的过程，逐渐认识到现代化的终极目标是为了人而不是为了物，现代化是要"人化"而不是"物化"。而人的现代化也罢，人的全面发展也罢，说到底，"人化"的现代化归根结底是要提高人的文化综合素质，进而推进现代化进程，最终实现全面意义的现代化。为此，就必须将人的文化综合素质的提高放在首位。没有全省人民文化综合素质的整体提高，就没有符合人性的、符合科学理性的现代化，现代化的进程就会被延缓。人的文化综合素质包括诸多方面，如科学素质、文化（知识层面的文化，亦可视作受教育程度）素质、思维水平、价值取向、人格追求、审美情趣、开拓精神、创新能力、法纪观念、竞争意识、合作精神等。如果没有全省人民文化综合素质的整体提高，则不仅"文化大省"的建设计划会落空，而且经济强省的建设也会受挫。全省人民文化综合素质的整体提高，不仅符合中国特色社会主义现代化的基本要求，而且符合广东人民的整体利益和长远利益，对于提升广东文化形象、提升广东人形象都将大有助益。

从文化动力学的层面看，广东"文化大省"和"文化强省"的建设，旨在努力提升文化在经济建设中的地位和作用，使文化成为新型生产力，成为"综合省力"的重要构成，在综合竞争力中居于重要地位。

就全球范围而言，20世纪以来的发展指导方针及其研究主要是经济取向的，忽视了文化因素的作用。其实，文化因素在现代化进程中的作用是十分巨大的。早在20世纪初，德国社会学家韦伯从文化取向研究现代化问题，受到广泛的关注。韦伯认为：西方资本主义现代化是与西方新教伦理的文化背景密切联系的，中国传统社会的基本结构与儒教伦理则是排斥或者阻碍资本主义兴起的。人们对韦伯的观点并不一定都认同，但韦伯从文化的角度阐释经济社会发展原因的视角和方法，却受到普遍的好评。尽管20世纪相当长的一段时间内，现代化研究主要是经济取向占据上风，但20世纪90年代以后，由于对"工业东亚"现代化成功的文化背景的关注，现代化研究的文化取向重新出现，并逐渐成为重点之一。对传统与现代化关系的重新估价，对儒教文化中有利于现代发展或适应于现代生活合理性因素的重新估价，以及对于现代西方文明中的现代性的重新估价，构成了现代化研究中的文化取向的基本方面。① 自改革开放以来，广东经济的发展得力于种种得天独厚的优势，包括敢为人先、务实进取的岭南文化的优良传统。但是，从总体上看，要壮大文化产业、发展文化事业，将文化看作生产力、看作"综合省力"的重要成分，通过"文化力"的提高而促进生产力的提高，促进广东文化品位、文化形象的改善，还有很多文章可做。我们要通过文化大省建设的推动，提高经济的文化含量，提高文化在经济发展中的地位和作用，使文化成为经济发展的内在动力，成为核心竞争力之一。②

（二）培育广东文化精神

努力建设经济强省和文化强省，率先实现宽裕型的小康社会，是广东正在努力完成的任务。而要完成在全国率先实现小康社会、率先基本实现社会主义现代化的总任务，从文化建设的层面看，就要培育广东文化精神，弘扬和培育新的民族精神。

---

① 参见罗荣渠《现代化新论》第七章"东亚崛起的新经验——现代化进程中的文化因素"，北京大学出版社1993年版，第211—234页。

② 参见李宗桂《广东建设文化大省的若干思考》，载《学术研究》2003年第6期。

文化是综合国力的重要组成部分。文化也是生产力，是"明天的经济"。广东在改革开放和现代化建设实践中形成了敢为人先、务实进取的精神。敢为人先的表现，首先是敢于冲破旧体制的束缚，率先改革开放，率先打破禁区。"时间就是金钱，效率就是生命"，这类在当年石破天惊的口号，反映的是崭新的价值理念。20世纪90年代前期出版、发行3000多万册、影响遍及海内外的《新三字经》，用传统启蒙读物的"旧瓶"（形式）装上了充满社会主义时代精神的"新酒"（内容），开启了全国用民族传统文化形式承载当代新型文化传播内容的潮流。这实质上反映了一种批判继承历史传统而又充满社会主义时代精神、立足本国而又面向世界的开放视野和胸襟，是典型的"敢为人先"的表现。此外，对于"点石成金"的人才，让其用技术入股。这种倡导并实践技术入股、尊重知识产权的事例，发生在20世纪90年代前期，也是广东人敢为天下先的范例之一。

与敢为人先的开拓精神相应，不务虚名、不尚空谈、重视实干、奋发有为，是广东改革开放40年不断取得进步的重要原因之一。广东人踏踏实实地搞好经济建设和精神文明建设，取得了前所未有的经济成就，并取得了精神文明建设的重大成就。这些年，广东省生产总值占全国GDP的1/10（甚至有的年头达到1/9），外贸出口额占全国的1/3强，税收和财政收入占全国的1/7。全国第一个精神文明学会、第一本精神文明专著均出现在广东。新华社曾经重点报道说，广东物质文明和精神文明建设都取得了重大成就。这些，都是广东人务实进取精神的结果。

从文化建设的层面看，解放思想、改革开放的精神，敢为人先、务实进取的精神，就是广东文化的精神。广东文化具有典型的世俗化、平民化特征。敢为人先、务实进取的广东文化精神，其理论形态的表现可以将深圳经济特区长期以来形成的"深圳精神"作为代表之一。"深圳精神"的概括有两种：一是"开拓、创新、团结、奉献"；二是"开拓创新、诚信守法、务实高效、团结奉献"。前者是凝结了改革开放20来年深圳发展历程经验的理论升华；后者是在新形势下，近年经过深圳全民大讨论，由理论界总结、概括，并经中共深圳市委认可进而在全市广泛宣传、推动实践的"新深圳精神"。显而易见，"新深圳精神"内在地包含着、体现着"敢为人先、务实进取"的广东文化精神。

从文化学的层面看,文化精神是指一种文化的特有精神,一种文化中具有决定力的价值系统,以及由此而构成的在态度、评价及情绪倾向等方面表现出的精神品质,即一种文化独具一格的特色。中国文化精神反映的是中华民族文化的基本价值取向、理想人格、思维方式、伦理观念、审美情趣等方面的内在精神特质。而中国文化是由不同地域的文化构成的,例如传统的湖湘文化、巴蜀文化、闽南文化、岭南文化,等等;在今天,也表现为具体的省级行政区划内的地域文化,例如浙江文化、北京文化、上海文化、广东文化,等等。因此,当代中国文化精神是由诸多不同地域的文化精神交融而成的,是对不同地域文化精神的提炼和升华。同是务实进取精神,在上海、浙江、辽宁、四川、广东,会有不同的内容和表现形式,亦即有其地域特色。反映整个中华民族文化精神的价值取向、思维方式之类的深层文化,属于"文化大传统";反映中国特定地域的文化观念和行为方式,属于"文化小传统"。文化大传统引导、规范着文化小传统,文化小传统体现、承载着文化大传统。二者之间,交相为用。广东文化精神属于文化小传统的范畴,它从属于、归属于中华民族的文化大传统;中华民族的文化大传统,规范着、引导着广东文化精神这个文化小传统。

中华民族精神是中华民族发展的精神动力,是中国文化精神优秀成分的体现,是中华民族精神风貌的体现。以爱国主义为核心的团结统一、爱好和平、勤劳勇敢、自强不息的伟大的中华民族精神,是我们赖以生存和发展的精神支撑。在新的时代条件下,我们要发扬与时俱进的精神,培育广东文化精神,为创建新的中华民族精神提供思想素材和理论资源。

当前,广东人民正在从事着在全国率先实现现代化的伟大事业。我们不能让建设文化强省的工作停留于经验的层次,而要使其上升到理论的高度,要从培育广东文化精神的高度着眼,创造性地建设文化强省,提高人民的文化素质,提升经济建设的品位,为创建新的中华民族精神做出应有的贡献。

(三)提升公民整体素质

广东建设文化大省和文化强省的工作的目标之一,质言之,广东文化建设的重要价值追求之一,就是提升公民整体素质。

广东在经济社会发展的历程中，历来重视文化建设的重要性。自20世纪90年代中期学术界明确提出建设文化广东的期盼，到21世纪初广东省委、省政府作为重大发展战略目标而明确做出建设文化大省的决定，再到2009年进一步提出建设广东文化强省的宏伟目标，并制定了具体的规划纲要，体现了广东在文化建设方面"增创新优势，更上一层楼"的务实进取精神。从实际情况来看，广东在建设经济强省、文化大省、法制社会、和谐广东的实践中，取得了巨大的进步。其间，加强文化建设，提升广东文化软实力，提升全省公民的整体素质，成为题中应有之义。

加快提升广东文化的软实力，加快广东经济社会发展的步伐，是广东全省的共同期盼，应有其明确的战略定位。就文化建设层面而言，提出建设文化强省的目标，无疑是切实的重大举措，在广东省委、省政府2009年出台的相关文件中，明确提出了随后5～10年广东文化发展的总体要求、基本目标和重大举措。从宏观视野和战略发展高度，对广东文化进一步的发展提出了新的目标，给出了新的定位。具体而言，就是争取用5～10年时间，在全社会巩固和完善社会主义核心价值体系，建立覆盖全省城乡的公共文化服务体系，建设具有较强实力和竞争力的文化产业体系，构建先进的现代文化传播体系，以世界眼光打造具有岭南风格和广东气派、具有鲜明时代特征和实践特征的当代广东先进文化，建设文化强省。根据这样一个战略目标，《广东省建设文化强省规划纲要（2011—2020年）》按照"科学发展、先行先试"的要求，从实践性、可操作性的角度，具体提出了加快提升广东省文化软实力的"七大工程"：提高公民素质工程、文化精品工程、文化改革创新工程、公共文化服务体系建设工程、文化产业提升工程、文化"走出去"工程、高端文化人才培养和引进工程。从这些思路、目标和举措来看，文化强省建设确实是此前文化大省建设的进一步提升和创新性发展。

广东文化强省建设目标的提出，反映了当今广东经济社会发展的内在要求，是创造性地实践科学发展观、争当排头兵的切实方略，是推动广东经济社会发展更上一层楼的精神支撑和智力支持。

从文化发展观和文化价值论的角度看，广东文化强省建设目标的提出，有合理的定位。这可从以下四个方面进行考察：

第一章　改革开放焕发广东文化生机

一是自觉地从属于社会主义核心价值体系。以马克思主义指导思想、中国特色社会主义共同理想、爱国主义为核心的中华民族精神，以改革创新为核心的时代精神，以社会主义荣辱观为主体内容而构成的社会主义核心价值体系，是当代中国不断进步的精神支柱，是现代化事业成功的根本保障，全国任何省区概莫能外。广东文化强省的建设，明确要求在全社会巩固和完善社会主义核心价值体系，体现了很强的文化自觉意识。

二是自觉地建设文化民生。民生问题是各级政府理当列为首位的重大问题。而从现代化进程和趋势来看，现代化并不局限于物质层面，而是融贯于社会生活的方方面面，其中，文化的现代化是不可或缺的方面。而文化的现代化，首先要从文化民生开始。满足广大民众文化消费的权利、文化创造的权利、文化休闲的权利，是题中应有之义。广东文化强省的建设，明确要求"建立覆盖广东城乡的公共文化服务体系"，这便从体制和机制的角度保障了文化民生的落实。

三是自觉地用全球意识打造先进文化。广东文化强省建设的目标之一，是要以世界眼光打造具有岭南风格和广东气派、具有鲜明时代特征和实践特征的当代广东先进文化，这反映了开眼看世界，既批判继承历史文化传统又高扬时代精神，既立足本省本国又面向世界，既重视理论构建又凸显实践精神的开放胸怀和宏阔气派。

四是自觉地提升公民素质。现代化理论和实践表明，人的现代化才是现代化的终极目标。全体公民素质的提高，既是实现现代化的基本保证，也是现代化实现的必然结果。广东建设文化强省的重大举措之一，是全面实施提高公民素质工程，这就把人的现代化提到了应有的高度，给了恰当的定位。①

总体而言，广东建设文化强省的定位，是中国特色社会主义的、民族的、大众的、先进的、人文的；既是岭南的，更是中国的，也是世界的。

较之兄弟省市各有千秋的文化大省、文化强省建设，广东建设文化强省具有明显的优势。这主要表现为：其一，有改革开放数十年积累起来的

---

① 李宗桂：《广东文化强省的定位及其优势》，见李宗桂《广东文化的多维思考》，花城出版社2012年版，第54—56页。

雄厚经济实力；其二，有改革开放数十年先行先试积累起来的文化建设经验；其三，有经过改革开放数十年实践洗礼、具有开放心态和创新精神的人民；其四，有毗邻港澳的地缘优势；其五，有"敢为人先、务实进取、开放兼容、敬业奉献"的广东文化精神和深厚的岭南文化精神支撑，有"厚于德、诚于信、敏于行"的新时期广东精神的引领。这些，都是得天独厚的条件，是我们建设文化强省可资利用的深厚资源。

第二章　文化事业的创造性发展

　　文化事业是改革开放中的重要内容。基于对"事业"的不同理解,人们对"文化事业"也产生了广义①和狭义②两种解读。从中华人民共和国成立到"文化市场"意识自觉,中国人对"文化事业"的理解主要是从广义角度进行的,所有与文化有关的内容都被纳入文化事业之中。直到"文化产业"观念成熟,人们对"文化事业"的理解逐步过渡到狭义层面,认为文化事业的发展以保障人民群众的基本文化权益为基础,并力图实现文化事业的产品更好地惠及社会大众,促进社会文化繁荣。改革开放以来,广东文化事业的发展,以满足人们基本文化需求为基础,强调多元文化需求的协调发展,既兴建满足人民群众基本文化需要的公共图书馆、电影院、文化站等基础设施,又打造高起点、高档次的大型文化场馆、艺术中心,在这些文化设施的基础上,推进公共文化服务的均等化。在改革创新的时代精神指引下,广东创造了一大批文化精品,在文化体制改革、丰富群众文化活动、对外文化交流等方面,为全国提供了丰富的经验。

---

　　① 从广义上讲,人们把"事业"理解为特定社会形态中,社会实践活动主体用主要精力或毕生精力去干事情的状态、进程与结果,如革命事业、教育事业等。就此而言,文化事业则是人们在文化领域用毕生精力或主要精力去做事的状态、进程与成果,通过持续不断的努力,推动文化走向繁荣进步。文化事业既包括文化产业,又包括无法进行产业化运作的公共文化服务体系。参见傅铭《厘清文化事业与公共文化服务体系及文化产业的关系》,载《人民论坛》2017年第20期。

　　② 从狭义上来看,文化事业是指与文化产业相对的公益性文化建设,为社会主体提供公共文化服务和公共文化产品。在这种理解中,文化事业单位组织也构成了人们理解文化事业的一个层面,文化体制改革成为推动文化事业发展的一个重要手段。

一、拨乱反正开出新局

在我国，文化事业的发展经历了一个从传统大包大揽"文化事业"发展模式，到区分"公益性文化事业"和"经营性文化产业"，并实行分类指导、分类发展的原则，再从发展"公益性文化事业"到建设"公共文化服务体系"的过程。这一过程是与文化体制改革的逐步展开、市场优势和缺陷的逐渐显现以及政府职能的转变等过程相伴随的。① 改革开放以后，广东较早开启文化事业转型的探索，后来成为文化体制改革的试点省。广东文化事业的创造性发展，通过"以文补文"开启改革转型、"文化精品"提升发展品质、"公益性文化事业"引领发展方向、"数字化"公共文化服务勃兴四个阶段，开辟了文化事业发展的新局面。

（一）"以文补文"开启改革转型

1978—1992年，广东文化事业经历了从政府对文化大包大揽到剥离公益性文化事业的转型过程，"以文补文"是这一时期文化事业改革的基本思路。在计划经济时期，中国人对文化事业的理解是广义的，全部文化产品和文化服务都被纳入文化事业之中，形成了政府包揽一切的文化发展模式。公共财政投入不足，文化单位活力不够，成为制约文化事业发展的根本因素。1978年前后，全国文化工作在揭批"四人帮"及其文化政策的危害中逐步走向正常化，相关文化机构和文化组织也逐渐恢复工作。1977年下半年，广东在全国率先恢复文联和作协等文学艺术团体活动，同时还恢复了文学、电影、戏剧等文艺作品的出版、演出活动。改革开放把计划体制转向了市场体制，市场的发展打破了既有的文化事业发展模式，"以文补文"的发展思路应运而生。"以文补文"即允许文化单位以有偿服务的方式，为群众直接提供文化服务，获取经济报酬，以解决文化单位活动经费不足的问题。这不仅丰富了文化产品和服务的提供，又拓宽了文艺单位的发展渠道，同时减轻了政府的财政负担。实质上，"以文补文"推动了文化事业单位进入市场。

---

① 陈立旭：《中国公共文化体制的改革创新历程审视》，载《浙江学刊》2017年第2期。

第二章 文化事业的创造性发展

在广东，最早开始"以文补文"实践是在20世纪70年代末，一些文化事业单位以项目经营的方式承包乡镇娱乐设施，开展多种文化活动，如建立图书室、摄影室、游艺室、地方戏团队、电影放映队等，进行有偿服务。1980年，中共中央宣传部（简称为"中宣部"）等部门在《关于活跃农村文化生活的几点意见》中第一次使用了"以文补文"的提法。据统计，1988年，全国文化事业单位开展有偿服务和"以文补文"活动的网点达11458个，全年纯收入1.8亿元，相当于当年国家所拨文化事业经费的12%左右。[1]

广东地处祖国南疆，是思想文化的前沿阵地。随着各种文化活动的丰富，广东的文化市场逐步走向繁荣。1979年，广州东方宾馆出现了我国第一支业余的轻音乐队和第一个音乐茶座，从而使广州成为国内文化市场的发源地。随后，一些新的文化消费项目如歌厅、舞厅、录像厅等文化娱乐方式也相继出现，并很快风靡全国。1986年12月15日，广东创办了中国第一家经济广播电台——珠江经济广播电台，提出了"大众型、信息型、服务型、娱乐型"的办台方针，迈出了创建经济台、系列台的第一步。珠江经济广播电台还实行"以新闻信息为骨架，以大板块主持人节目为肌体"，采用主持人直播、听众参与、双向交流的传播模式。这种节目形式打破了中国广播多年来播音员只是照稿播音的惯有模式，赋予台面人物更多的主动权，使节目的播出形态生动活泼、富有感染力，被称为我国广播事业的"珠江模式"。"珠江模式"诞生以后，在全国广播界产生了广泛而深刻的影响，引起了业界的高度关注。在后来的几年间，全国广播界借鉴、学习"珠江模式"，创办了六七十家经济广播电台。"珠江模式"率先探索区分受众的服务模式，明确听众的受教育程度、职业特性、消费水平，判断他们的物质条件、文化条件及心理条件，迈出了"窄播"化的第一步；主持人模式不仅是采编播控合一，更重要的是，广播中出现的有声语言是以生活中的口语化形态与听众真正交流起来，通过日常生活的话

---

[1] 曹普：《20世纪70年代末以来的中国文化体制改革》，载《当代中国史研究》2007年第5期。

语模式，实现了人际传播的语境情态。①

在文化市场快速发展之后，如何对文化市场进行管理，成为广东文化事业发展的一个问题。改革开放以后，不少黄色录音录像带、淫书淫画从香港流入广东，造成严重的精神污染。广东省委、省政府在推动文化事业的改革转型中，加强对文化市场的管理，通过政策法规引导文化市场的发展。1982年，广州市文化行政部门会同公安部门、工商行政管理部门坚决执行《中共中央、国务院关于严禁进口、复制、销售、播放反动黄色下流录音录像制品的规定》，断然封存了该类商品录音带10万多盒、录像带1700多盒，收缴淫秽黄色书画1万多件，并做出妥善处理。② 1982年5月，为使广大城乡业余剧团能沿着文艺为人民服务、为社会主义服务的方向健康发展，在活跃群众文化生活、建设社会主义精神文明中发挥积极作用，坚决制止上演内容反动、淫秽、荒诞，宣扬封建迷信的剧（节）目，坚持马克思主义、列宁主义和毛泽东思想在思想文化领域中的领导地位，广东省文化局颁发了《关于业余剧团暂行管理办法》。1982年9月，中共广东省委宣传部转发省文化局《关于加强剧目管理的意见》，加强对上演传统剧目的管理工作，认真搞好传统剧目的整理、改编工作，大力加强戏剧评论，净化剧名，改进演出管理。

此外，为加强文化市场管理，繁荣和发展社会主义文化，促进社会主义精神文明建设，广东省委、省政府还出台了一些政策，如《广东省市、地（自治州）、县图书馆工作暂行条例》《广东省文化科学技术奖励试行办法》《广东省艺术团体出国商业演出管理执行办法》等。

总的来看，这一阶段文化事业的商业化转制在很长的时间内所获得的政策支持相对保守。但是，不断出台的文化法规有效地规范和引导了广东文化事业的发展，对在经济和文化转型背景下，迅速恢复和健康、稳定、有序地发展广东文化事业起到了相当大的作用，也为后来进一步解放思想，在社会主义市场经济的背景下有计划地、系统地拓展广东的文化事业

---

① 钱峰：《"珠江模式"的文化意义》，载《中国广播》2017年第3期。
② 《1982年文化事业的新发展》，见中国广州网（http://www.guangzhou.gov.cn/yearbook/20year/html/00522.htm）。

第二章 文化事业的创造性发展

打下了坚实的基础。

(二)"文化精品"提升发展品质

1993—2002年是广东文化事业调整与提升的阶段。一方面,传统的文化事业管理体制出现一系列不适应市场经济的情况,需要通过文化体制改革来调整发展思路和管理方式;另一方面,群众的文化需求越来越多元,需要更加丰富的文化产品来彰显文化事业的群众性与先进性。这一时期,广东文化事业的发展以"文化精品"意识为统领,把文化体制改革和文化产品提供、文化设施建设统一起来,推动文化事业的提升与发展。

从改革开放始至1993年,广东省文化事业发展较快,各项文化工作都取得较大成绩,但发展不平衡,存在较多困难,文化设施和文艺创作与社会发展要求不相适应,文化市场出现不少问题。为进一步加强工作,广东出台了一系列文化政策来支持文化事业的发展。1993年7月,广东省八届人大三次会议通过《广东省人民代表大会常务委员会关于发展文化事业的决议》,在总结改革开放以来广东文化事业发展的经验和不足的基础上,提出了加强文化事业工作的宏观指导,提高对文化工作在社会进步和经济发展中重要地位的认识,加强文化建设规划,推进文化体制改革,加强文化市场管理,加强文化设施建设,增加文化事业的投入,完善相关文化经济政策成为指导广东文化事业发展的主要思想。

通过文化精品的创造来反映时代精神、弘扬主旋律、满足人民群众的精神需求,是广东文化事业发展的主要内容。1994年,时任中共广东省委副书记的黄华华在《多出精品 推动我省宣传文化事业向前发展——在1994年度广东省宣传文化精品奖颁奖大会上的讲话》中指出:"改革开放的大潮所释放出来的巨大能量推动了各项事业的发展,迎来了文化艺术的春天。创作出无愧于时代的文化艺术精品,讴歌改革开放的时代精神,歌颂勇于探索、勇于实践的改革者,鼓舞人民群众开拓进取,推动社会主义建设事业向前发展,这是时代的要求。同时,随着社会经济发展水平和人民群众生活水平的提高,人民群众对精神文化生活的要求也越来越高。他们不仅需要丰富多彩的文化生活,而且迫切需要有一大批反映时代精神的高质量、高品位的精神产品，陶冶情操，振奋精神，充实生活。"①

1996年，党的十四届六中全会通过《中共中央关于加强社会主义精神文明建设若干重要问题的决议》，在党代会全会文件中，首次系统提出了文化体制改革的任务和方针，指出"改革文化体制是文化事业繁荣和发展的根本出路"，"改革的目的在于增强文化事业的活力，充分调动文化工作者的积极性，多出优秀作品，多出优秀人才"。1995—2000年，广东省创作和演出了一批植根改革热土、讴歌时代精神、艺术性与观赏性俱佳的获奖作品。话剧《浪淘碧海》、舞剧《星海黄河》《深圳故事·追求》、歌曲《走进新时代》、电影歌曲《花季雨季》等获"五个一工程奖"。话剧《新居》、粤剧《情系中英街》、粤曲《雏凤新声颂伟人》等获"文华奖"。全省在此期间共获得国际、全国性奖项240个。②

除了文化体制改革、文化精品建设之外，对文化设施的建设也是这一时期广东文化事业的重要内容。20世纪90年代中期，广东一批重要的文化设施悄然崛起，一批文艺协会和单位成立。全国最大的购书中心在广州落成，广州盲人图书馆落成，广州中南电脑图书馆开馆，广州电子科技园创立，广东文学艺术中心大楼、广东美术馆、星海音乐厅、红线女艺术中心等投入使用。广东电视台新闻中心成立，广东经济电视台正式开台。邓小平理论研究中心成立，广东省文艺批评家协会成立，广州芭蕾舞团成立，广州文艺奖设立，广东青年文学院成立，广东京剧艺术促进会成立。

这一时期，政府职能转变、文化体制改革在广东文化事业的发展中起了重要作用。广东省着力增强文化事业自身发展的活力机制，探索多渠道、多元化满足群众文化需要的方式，在遵循文化发展的内在规律、发挥市场机制的积极作用的思路中推动文化事业发展，并取得了一系列成就。对"文化精品"意识的强调，一直延续到今天。

（三）"公益性文化事业"引领发展方向

2003—2009年是广东文化事业以提供"公益文化服务"为根本目标

---

① 黄华华：《多出精品 推动我省宣传文化事业向前发展——在1994年度广东省宣传文化精品奖颁奖大会上的讲话》，载《广东文艺》1995年第4期。

② 《广东省文化事业发展"十五"规划》。

第二章 文化事业的创造性发展

的新型发展时期。以文化大省、文化强省建设为契机，扩大公共文化服务的覆盖面，并推动文化体制改革的全面深入推广，是这一时期文化事业发展的亮点。文化事业的"公益性"特征得到充分发挥，文化事业与文化产业合理区分又融合发展，成为这一时期文化事业发展的基本思路。

2002年11月，党的十六大报告第一次把"文化事业"和"文化产业"区分开来，提出"发展各类文化事业和文化产业都要贯彻先进文化的要求，始终把社会效益放在首位"。2003年10月，党的十六届三中全会通过的《中共中央关于完善社会主义市场经济体制若干问题的决定》，进一步了明确了"公益性文化事业"与"经营性文化产业"的区分："公益性文化事业单位要深化劳动人事、收入分配和社会保障制度改革，加大国家投入，增强活力，改善服务"；"经营性文化产业单位要创新体制，转换机制，面向市场，壮大实力"。

2003年，广东省委、省政府发布《广东省建设文化大省规划纲要（2003—2010年）》，从完善公共文化设施布局和抓好重点文化设施建设两个方面指出文化设施建设的目标，提出文化事业发展的重点领域。2007年4月，广东省人民政府办公厅发布《印发广东省文化事业发展"十一五"规划的通知》，提出"十一五"期间的主要任务：全面繁荣文化艺术事业，健全公共文化服务体系，完善文化市场体系，加强对外文化交流，深化文化体制改革，构建文化人才体系，大力推进科技兴文。"公共文化服务"成为这一时期广东文化事业建设的重要内容，并取得大量成果。文化事业的发展理念清晰，文化服务机构基本稳定，文化场馆的规模不断扩大，文化惠民活动日益多样化。

这一时期，广东文化设施建设的重点是在场馆的规模扩大和质量提升上。从全省层面看，广东省博物馆新馆、广东粤剧演艺中心艺术大楼、广东演艺中心、广东海上丝绸之路博物馆都是标志性成果。各个地级市在文化场馆建设上也取得了令人瞩目的成就，广州歌剧院、深圳音乐厅、深圳图书馆、东莞玉兰大剧院、中山文化艺术中心等就是其中的代表。这些大型文化场馆的建造和投入使用，提升了广东文化设施的整体水平，馆藏图书、文物也获得较大提升。据统计，2000—2009年，广东公共图书馆藏书由2330万册增加至4367万册，年均增长7.23%；博物馆藏品由49.09万件增加至 83.37 万件，年均增长 6.06%。同期，人均拥有藏书量和人均拥有文物藏品量年均增长率分别为 5.78% 和 4.62%。①

广东公共文化服务体系也在这一时期初步建立。截至 2005 年年底，全省广播人口综合覆盖率和电视人口综合覆盖率分别达到 96.1% 和 96.4%。覆盖全省城乡的发行网络逐步形成，已建成长涨图书批发中心及各类书报刊发行网点 17129 个。广东在全国首创流动图书馆、流动博物馆、流动演出服务网等工作模式。文化信息资源共享工程初见成效。②

在组织文艺演出、文化活动方面，广东也有不俗的成绩。2006 年，广东省先后组织开展了"优秀电影进社区"和"百部电影进农村"的公益放映活动，仅"优秀电影进社区"的活动就放映电影 5799 场，观众达 325 万人次，放映的影片超过 200 部。至 2006 年年底，广东省实施东西两翼文化扶持工程，已投入 4900 万元，扶持建设了 167 个公共文化项目。至 2006 年年底，"广东流动博物馆"网络成员单位 52 个，覆盖了全省大部分地区，共组织制作了 28 个展览，巡回展览 75 场次，参观人数达 230 万人次。至 2006 年年底，"广东流动演出服务网"已为各地农村群众送戏下乡 15000 多场次，并在此基础上组织了"广东流动演出节目网上大汇演"活动，以互联网为媒介进行创新，进一步扩大流动演出的受众范围，收到了很好的效果。③ 2009 年，广东组织一批近年获得国家大奖、有相当影响的舞台精品到各地进行巡演，让广大群众共享广东文化发展成果。同时，粤剧《山乡风云》、山歌剧《桃花雨》、都市舞剧《骑楼晚风》应邀进京演出，获得了好评。④

在这一阶段，广东进一步解放思想，文化意识全面觉醒。在此背景下，以文化大省建设为中心，出台了众多大力发展文化事业的政策，广东的文化事业发展得到了巩固完善和强化，文化事业在质和量两个方面得到极大的提升，并且为未来一段时期内广东文化事业的发展奠定了基础。

---

① 刘毅：《广东文化事业建设与效益分析》，载《广东经济》2011 年第 12 期。
② 《广东省文化事业发展"十一五"规划》。
③ 《公益文化滋润城乡百姓生活》，载《南方日报》2007 年 4 月 22 日第 4 版。
④ 刘毅：《广东文化事业建设与效益分析》，载《广东经济》2011 年第 12 期。

（四）"数字化"公共文化服务勃兴

2010年至今，是广东数字化文化事业高速发展的阶段。在互联网、大数据的时代背景下，网络信息技术日新月异，人们的生产生活方式也随着网络、数字化的普及不断改变。数字化文化事业是文化事业在数字网络空间的再现和反映，是以满足公众数字化需求为目标，借助于各级文化服务体系和社会专门力量，向全体公众提供的数字化网络设施、平台建设、资源整合、服务运行、产品开发、制度版权以及管理运行供给的系统总称。① 数字化文化事业能更好地体现公共文化服务的标准化、均等化、便捷化，也能更好地满足公众文化需求的个性化，并体现互动性。依托网络、信息等技术的发展，数字化文化事业成为文化事业的新方向。传统文化馆通过利用数字技术、网络技术整合群众文化信息资源，实现数字资源的共建共享，达到为人民群众提供多渠道的文化服务、打通公共文化服务"最后一公里"的效果。

2011年，文化部、财政部共同颁布了《关于进一步加强公共数字文化建设的指导意见》，提出要进一步加强数字资源共享，提高公共数字文化供给能力，创新服务机制。2014年，文化部颁布了《2014年文化系统体制改革工作要点》及其《分工实施方案》，提出开展数字化文化服务，实现资源整合和共建共享，促进基本公共文化服务标准化、均等化。2012年，《广东省文化事业发展"十二五"规划》把"文化上网工程"作为一项重点任务，推动各类文化资源的数字化建设，打造网络文化精品。其基本内容是：以"广东文化网"为依托，大力推进网上图书馆、博物馆、剧场等覆盖全省的数字文化服务网络建设；城乡基层图书馆、文化馆要普遍开设电子阅览室，为群众提供网络数字化文化服务；加快广播电视地面无线覆盖网络、直播卫星和移动多媒体广播系统建设，推进城市有线电视和地面无线广播电视数字化；完成珠江三角洲城镇有线电视和地面无线电视数字化的整体转换。2011年，深圳、东莞推出"城市街区24小时自助图

---

① 王涛、郑建明：《数字文化事业概念演变、服务形态及其功能特征》，载《新世纪图书馆》2016年第6期。

书馆服务",并与惠州建立图书、演艺等文化资源共享平台,打造区域联动、服务一体的深莞惠都市文化生活圈。

在数字化文化服务建设的大背景下,数字化文化馆、数字化图书馆、数字化博物馆都成为重要内容。2015年,文化部公共文化发展中心选取了10个由省到县的文化馆,作为数字文化馆的试点建设单位,东莞市文化馆是其中之一。广东省数字文化馆是2016年文化部公共文化发展中心确定的第二批数字文化馆建设试点单位,经过一年多的建设,于2017年5月28日正式上线。广东省数字文化馆纵向依托广东省文化馆联盟,大力推动数字文化馆"总分馆制"建设,整合全省21个地市文化馆站资源,建立省—市—县(区)文化馆公共数字文化服务体系;横向对接省内各级图书馆、博物馆、美术馆,向上实现国家数字化支撑平台、广东公共文化云互联,形成接口开放、标准统一、互联互通、共建共享的共享文化生态圈,让群众通过一个平台即可享受全省的优质文化服务。广东省数字文化馆建设之初即重视标准规范建设,重点开展基础数据标准建设、服务规范建设探索研究,依托"全国文化信息资源共享工程"颁布的相关标准规范,逐步形成适合广东省数字文化馆建设的有关文字、图片、音视频、场馆、活动、培训、师资、"非遗"等对象的标准及各类活动服务规范。广东省数字文化馆还创新公共文化服务与运行管理机制,充分探索"互联网+""共享文化""总分馆制"下的数字文化馆建设,坚持标准统一、平台统一、服务统一的原则,集全省文化馆(站)的文化服务资源,为群众提供了全方位、一站式服务,推动广东省公共文化服务的提档升级。①2017年6月1日,东莞市数字文化馆也正式上线。

2016年,国务院印发《国家信息化发展战略纲要》,提出了推进"互联网+"行动计划的具体要求,在"互联网+公共文化服务"方面,明确提出要加快文化资源数字化建设,整合公共文化资源,提升网络文化供给能力,满足人们对网络文化产品的多样化需求。数字文化事业建设与我国网络化、信息化、数字化的建设同步,是对传统文化事业的再造。虽然

---

① 曹玲娟:《广东省数字文化馆正式上线》,见人民网(http://sh.people.com.cn/n2/2017/0528/c134768-30252220.html)。

第二章 文化事业的创造性发展

面临着资源整合、人才建设等方面的困难,但已成为实践发展不可抗拒的潮流。广东在信息建设、网络运营等方面有一定的优势,可以成为数字文化事业建设的引领者。

二、文化工程嘉惠民生

从 20 世纪 90 年代起,通过文化工程建设来推动文化事业发展,是从国家到各省的常用方式。各类、各项文化工程的实施,有力地推进了文化基础设施建设,提高了国民文化素质,传播了先进文化理念。迄今为止,广东省实施完成的主要文化工程有"南粤锦绣工程"[①]"山区文化建设工程""农家书屋工程"等。这些文化工程在丰富群众文化生活、平衡城乡文化资源、传播优秀文化艺术、引领社会价值观发展、提升人们的幸福感等方面发挥了重要作用。

(一)"南粤锦绣工程"

1995 年 5 月 26 日,广东省委、省政府发布了《南粤锦绣工程——广东省文化建设发展规划》,描绘了广东力争到 2010 年后基本实现现代化总体规划中文化建设的蓝图。该工程的主要目标是:建设与广东省经济社会发展相适应,具有岭南特色的社会主义新文化。当时预算总投资超过 100 亿元。

"南粤锦绣工程"由艺术创作演出、群众文化、公共图书馆、电影放映、文物博物、文化市场六大网络组成。这些网络以省会国际大都市为中心,以经济特区为窗口,以珠江三角洲经济区为示范,以山区为扶持重点而覆盖全省。该工程的目标是:建成一批重点文化工程项目,包括形成一批内容健康向上、民族特色浓郁、综合艺术水平高的舞台艺术拳头产品;建成一批规模宏伟、设备先进、品位高雅的大剧院、音乐厅、美术馆、艺

[①] 广东地处祖国南疆,得天独厚的自然条件造就了百花争妍、郁郁葱葱的南粤大地。有南粤特色的社会主义文化,应当是繁花似锦,充满生机与活力,犹如多姿多彩的南粤大地,故将其建设发展规划命名为"南粤锦绣工程"。参见广东省计划委员会、广东省文化厅《南粤锦绣工程——广东省文化建设发展规划》,载广东文化概况编委会主编《广东文化概况》,中国社会出版社 1997 年版,第 434 页。

术沙龙、文化艺术中心等艺术殿堂；建成一批设施一流、功能齐全、服务优质的图书馆、博物馆、民俗馆、科技馆、群众艺术馆、电影院、影剧院等文化活动中心；建成一批完整而形象地再现祖国灿烂文明史和革命斗争光辉业绩的文物博物基地；建成一批争妍斗艳、异彩纷呈、地方特色浓郁的民族民间艺术之乡。该工程将建成纵横交错、星罗棋布的文化设施，形成一个省、市、县、乡镇、管理区五级文化网络，使广东省文化事业发展到一个前所未有的水平，使城乡群众高尚、文明、健康的文化需求得到基本满足，人民文化生活消费指标增长幅度达到中等发达国家水平。截至2016年，广东全省免费开放的博物馆共258座，占全省博物馆总数的93.8%。[①]

实施"南粤锦绣工程"以来，广东省积极开展创建文化先进县活动，加大对文化事业的投入，兴建和完善了一批标志性文化设施，在艺术创作演出、群众文化、公共图书馆、电影放映、文物博物、文化市场等方面也取得了新的成绩，丰富和活跃了全省人民群众的文化生活，为当地的经济和社会发展创造了良好的文化氛围。广东省城乡文化建设发生了巨大变化，文化站、文化楼、文化广场一批批地建设起来，有些乡镇的文化设施齐全，并达到先进水平。如今，全省已基本形成省、市、县、镇、村五级文化网络架构，有30多个县（市、区）被省政府授予"实施南粤锦绣工程文化先进县"称号。

（二）"山区文化建设工程"

20世纪90年代，为了进一步深化和落实文化建设，使文化建设更具有针对性，广东省又出台了另一项跨世纪文化工程——广东省"山区文化建设工程"，以扶持山区文化建设。该工程是"南粤锦绣工程"的子工程。

实施"南粤锦绣工程"后，全省的文化事业得到蓬勃发展，但由于历史和地理环境等原因，广东省扶持山区文化建设是一项长期的任务。广东

---

① 广东省文化厅：《广东省博物馆情况统计（2016年）》，见广东省人民政府网站（http://zwgk.gd.cn/006940079/201708/t20170807_716692.html）。

省的山区占全省陆地面积的2/3，这些地区与发达地区相比差距较大，文化设施差，事业经费缺，人才少，群众文化生活相对贫乏落后。为加强山区文化建设，改变山区群众文化生活的贫乏落后状况，加快山区的社会主义精神文明建设和脱贫致富的步伐，1997年2月，广东省八届人大五次会议提出了《关于大力扶持山区文化建设，抓紧改变山区群众文化生活贫乏落后状况议案》，广东省八届人大常委会第三十二次会议通过了省人民政府《关于大力扶持山区文化建设，抓紧改变山区群众文化生活贫乏落后状况议案的办理方案报告》的决议。议案提出，必须大幅度增加对山区文化建设的投入，完善山区文化设施，充实山区文化艺术队伍，开展丰富多样的文化艺术活动。广东省政府对这个文化建设议案相当重视，认为加强山区文化建设、尽快改变山区群众文化生活贫乏落后状况，是广东省加强扶贫攻坚和率先实现现代化的战略部署。

1998年，广东省人民政府发布《广东省山区文化建设工程实施方案》，目标是从1998年起，用5年时间基本实现山区各市、县群众艺术馆、文化馆、图书馆、博物馆、乡镇文化站馆舍达到本省确定的标准，剧团、电影放映队有排练演出、放映场地，加强基层文化队伍建设，组织丰富多彩的文化艺术活动，初步改善广东省山区群众文化落后贫乏的状况。1998年，广东省专门建立了由省文化厅、计委、财政厅等14个部门组成的省山区文化建设联席会议制度，具体指导、负责实施工作。决定从1998年起至2002年，省财政每年拿出4500万元，要求山区市、县、乡镇政府按比例筹集配套资金，全省共投入5.4亿元，5年内新建、扩建市级群众艺术馆6个、图书馆2个、博物馆5个，县级文化馆44个、图书馆38个、博物馆46个、专业艺术团队排练场37个，乡镇文化站799个，乡镇露天电影剧场300个。同时，为直接面向群众服务的文化单位赠送一批器材设备和交通工具。通过这些措施，基本实现山区各县市群众艺术馆、文化馆、图书馆、博物馆有馆舍，乡镇（街道）文化站有场所，县剧团、电影放映队有排练演出、放映场地的建设目标，初步改善山区群众文化生活贫乏落后的状况。①

广东省"山区文化建设工程"推出以后，广东全省各山区市、县新（扩）建的文化设施项目已达 260 多个，有力地促进了广东全省文化事业的全面发展。经过 5 年的努力，议案办理方案提出的各项任务已经基本完成，山区文化建设取得了显著成绩，群众文化生活贫乏落后的状况得到改善。

（三）"农家书屋工程"

"农家书屋工程"是为了贯彻落实《关于推进社会主义新农村建设的若干意见》和《文化部关于进一步加强农村文化建设的意见》，由党中央、国务院确定实施的一项公共文化惠民工程，自 2008 年始在全国推广。该工程旨在充分发挥新闻出版在社会主义新农村建设中的重要作用，切实解决广大农民群众"买书难、借书难、看书难"的问题，从提高农民文化素质入手，促进新时期农村经济社会协调发展；通过在农村建立自管自用的书屋和农民自助读书组织，让农民在家门口就能学习知识、获取信息，促进农民读书用书、开启智慧、活跃和丰富文化生活，净化农村出版物市场，改善农村文化环境，提高农民整体素质、文化生活质量和农村文明程度，在建设经济发展、生活宽裕、乡风文明、管理民主的新农村方面发挥积极作用。"农家书屋工程"计划通过 5～10 年的建设，在全国农村逐步建立起"供书、读书、管书、用书"的长效机制，基本形成适应社会主义市场经济要求、符合社会主义精神文明建设规律的农村出版物发行服务新格局，达到书屋阅读条件完备、体制机制相对完善、服务功能不断加强、出版物发行网络延伸进村、农村出版物市场初步形成的基本目标，有效解决农村出版产品和服务供给不足的问题，用健康有益的出版物占领农村出版物市场，用社会主义先进文化占领农村思想文化阵地。

2011 年 12 月初，广东省比中央的要求提前 9 个月实现农家书屋在全省 20106 个行政村的全面覆盖，并先后配置了 98 辆"岭南流动书香车"，

---

① 参见广东省文化厅《广东省山区文化建设工程实施方案》，见广东省人大教育科学文化卫生委员会编《广东教科文卫事业发展纪实》，广东科技出版社 2004 年版，第 144—150 页。

"农家书屋工程"建设成效显著。[①] 为进一步落实全国农家书屋工程建设总结大会精神，落实广东省委、省政府建设"幸福广东"的战略部署，广东省农家书屋工程协调小组办公室还启动全省"农家书屋提升工程"，加大政府服务力度，实现从建设书屋、管理书屋到更加充分地使用书屋的转型升级。"农家书屋提升工程"的内容十分丰富，包括对书屋图书进行补充更新、举行"百家优秀农家书屋"评选活动、开展"岭南流动书香车百车下乡"活动、对农家书屋管理员进行培训提升以及开展数字书屋建设试点等。自2012年起，广东省在推动农村阅读方面创新思路，与各地新闻出版管理部门共同推出"种书乡间"活动，动员和引导城市社会志愿者的力量参与农家书屋建设，为农民的读书生活提供帮助。

农家书屋作为乡村文明建设的一种尝试，是推进农村公共文化服务体系的一个新型载体。它有效整合了各种资源，与各地区既有的文化设施相结合，按照"政府组织建设，鼓励社会捐助，农民自主管理，创新机制发展"的思路组织来实施，拓宽了资金来源，增强农民自我管理的力量，并鼓励具备条件的书屋管理人员开展出版物经营活动，通过经营收入进一步支持农家书屋的良性发展，积极探索农家书屋运行、发展的长效机制和农村出版物发行网络建设的新途径。

2010年，广东为了落实《广东省建设文化强省规划纲要（2011—2020）》，制定了10项重点文化工程，分别是：提高公民素质工程、哲学社会科学提升工程、公共文化服务体系建设工程、文化精品工程、文化产业聚集发展工程、文化遗产保护与开发工程、文化"走出去"工程、文化改革创新工程、高端人才培养和引进工程、文化建设保障工程。东莞通过设立5年50亿元的"文化东莞"工程专项资金，实施优秀文化人才引进、培养、选拔"三个100"工程，形成了支持公共文化服务的财政扶持、用地审批、人才引进等政策框架。[②] 这些文化工程的实施，对于落实广东文化强省规划、促进广东文化事业发展具有积极作用。

[①] 《逾5000文化广场遍布南粤》，见网易新闻频道（http://news.163.com/11/1213/07/7L4VNTEA00014AED.html）。

[②] 徐建华：《倾心构建现代公共文化服务体系》，载《人民日报》2014年5月14日第7版。

三、公共文化创新发展

改革开放以来，我国文化事业的发展思路逐渐清晰。以"公益性"为根本特征，文化事业的定位越来越准确，从满足群众基础性文化需求到满足群众多元化的文化需求，公共文化服务①逐渐成为文化事业的核心，创新是推动公共文化服务的重要动力。改革开放40年来，文化事业的理念不断更新，内容逐渐凝练，体制逐步改革，形式日益丰富。

（一）理念更新

公共文化服务体系建设，与中国的社会主义市场经济体制改革密切相关，与政府职能转变联系在一起。公共文化服务体系建设的一个重要内容是改变过去以"生产"为中心的方式，直接面向群众的文化"需求"，生产多元化、个性化的公共文化产品。这就内在地要求改变由国家统一安排文化产品生产的既有方式，探讨国家主导、多主体共同参与的文化产品生产模式，充分吸收社会力量参与公共文化生产，增加基层文化单位的自主权。

有论者指出，20世纪50年代，中国形成了一种以"同权分割"为组织原则、以"树结构"为基本形态的事业体制，构成了比较完备的文化事业体系。2007年，国务院决定建设现代公共文化服务体系，满足人民群众多元文化需求，这标志着中国传统文化事业开始向现代公共文化服务体系转轨。就发展理念而言，公共文化服务是以满足、保障公民的基本文化权益为主要目标，不同于传统文化事业强调以自上而下的群众动员为主要目标的思路。现代公共文化服务体系建设必须着力提升公共文化产品的供给水平与渗透能力，并不排斥通过主流文化的价值引导实现对公众的意识形态掌握。② 这种划分对于我们分析广东公共文化服务的创新发展有很大

---

① 关于"文化事业"与"公共文化服务体系"的关系，学界见仁见智。比较具有代表性的观点有两种：一种观点认为，"公共文化服务体系"是"文化事业"的"升级版"，强调对群众基本文化需求的满足，强调文化事业的公益性特征；另一种观点认为，"公共文化服务体系"是"文化事业"的"转型版"，强调内在的发展理念、发展模式、管理手段等方面的差异。

② 傅才武：《中国文化管理体制：性质变迁与政策意义》，载《武汉大学学报》2013年第1期。

第二章　文化事业的创造性发展

的借鉴意义。公共文化服务除了满足基本文化权利以外，还应当着眼于文化福利发展。

1996年，党的十四届六中全会通过了《中共中央关于加强社会主义精神文明建设若干重要问题的决议》，指出：要遵循文化发展的内在规律，发挥市场机制的积极作用；改革要区别情况，分类指导，理顺国家、单位、个人之间的关系，逐步形成国家保证重点、鼓励社会兴办文化事业的发展格局。2005年12月，国家颁布了《中共中央、国务院关于深化文化体制改革的若干意见》，全面地阐述了文化体制改革的指导思想、原则要求和目标任务，而且也对文化体制改革做了全面的部署。这标志着中国突破传统大包大揽"文化事业"发展体制，进入了全面攻坚阶段。

逐步走出意识形态附庸的地位，探索文化事业自身的发展规律，在新的时代背景下推动文化事业发展，探索既与全国文化事业发展方向相符合，又体现广东地域特色的文化事业、公共文化服务内容，是广东文化事业创造性发展的核心诉求。

1994年，广东省确定了"以国家办文化为主导，以社会办文化为基础"的思路，为公共文化的创新、转型提供了政策支持。广东省委、省政府印发了《广东省社会主义精神文明建设纲要》，提出了关于文化事业发展的具体措施和目标：到2010年，要建成以国家办文化为主导，以社会办文化为基础，创作繁荣、设施先进、机制灵活、管理科学、具有地方特色的文化体系。要重点扶持示范性、实验性、高品位的文化，建设一批有广东特色、国家级水准的艺术表演团体。到2010年，每个市、县都要有电视台、广播电台、图书馆、科学馆、博物馆、展览馆、文化馆、体育馆、青少年活动中心、妇女儿童活动中心、老人活动中心，每个镇有文化活动中心（站）、广播电视站、图书馆。例如，截至2005年，佛山市贯彻"整合盘活文化资源"的理念，从"送文化"到"种文化"，从"办文化"到"管文化"，与企业、群众密切合作，以最合理方式提供最有效的文化服务，在探索与吸纳中创新机制，造福于民。全市已经基本形成了以"联合图书馆、流动公益讲座网、流动展览网、流动培训网、流动电影放映网、流动演出网络"六大网络为主的农村公共文化服务体系。①

以需求为导向、多主体共同参与公共文化服务体系的构建，丰富了可利用的文化资源，为广大群众提供了优质的文化服务和种类繁多的文化产品。这不仅有利于提高公民的文化素质，还有助于加强社会主义精神文明建设，寻求把文化的意识形态功能和公共服务功能相统一的有效途径。

（二）内容凝练

把政府权威与市场交换的功能优势有机地组合在一起，可以更好地实现公共文化产品和服务从传统的单中心提供模式向多中心、多层次、协同合作的提供模式转变，形成供给项目多、供给对象广、供给模式优的公共文化服务治理结构，提高公共文化事业发展的能力和效率，更好地满足全社会的公共文化需求。② 随着改革的深入进行，人们对公共文化服务体系有了更加准确的把握。自2006年起，我国对公共文化服务体系建设的思路更加清晰，凝练出几个内容进行重点部署，分别是：加强基层公共设施建设，促进公共文化服务的均等化、便捷化，推动公共文化服务主体多元化，建设公共文化服务协调机制。广东也以此为主要内容，推动公共文化服务体系的建设和完善。

2006年颁布的《国家"十一五"时期文化发展规划纲要》把"构建结构合理、发展平衡、网络健全、运营高效、服务优质的覆盖全社会的公共文化服务体系"作为我国"十一五"文化发展的重点，并指出："要抓好基层文化建设，加大力度改善农村及中西部地区公共文化基础设施条件，完善公共文化服务体系，保障农民和城市低收入群体的基本文化权益，力争到'十一五'期末，城市的文化设施、服务网络和文化产品基本满足居民就近便捷享受文化服务的需求；在农村基本解决农民群众看书难、看戏难、看电影难、收听收看广播电视难的问题。"2007年10月，党的十七大报告提出要建设"覆盖全社会的公共文化服务体系"。2011年10月，党的十七届六中全会指出："满足人民基本文化需求是社会主义文

---

① 郑梓锐、束维：《佛山做法可成全国范例》，载《佛山日报》2005年12月29日第A3版。
② 陈立旭：《中国公共文化体制的改革创新历程审视》，载《浙江学刊》2017年第2期。

第二章 文化事业的创造性发展

化建设的基本任务,必须坚持政府主导,按照公益性、基本性、均等性、便利性的要求,加强文化基础设施建设,完善公共文化服务网络,让群众广泛享有免费或优惠的基本公共文化服务。"2013年,党的十八届三中全会通过的《中共中央关于全面深化改革若干重大问题的决定》进一步明确了公共文化服务体制改革的目标和方向,提出:"建立公共文化服务体系建设协调机制,统筹服务设施网络建设,促进基本公共文化服务标准化、均等化";"建立群众评价和反馈机制,推动文化惠民项目与群众文化需求有效对接";"引入竞争机制,推动公共文化服务社会化发展,鼓励社会力量、社会资本参与公共文化服务体系建设,培育文化非营利组织";等等。

为了贯彻落实中央指示,2007年,广东省委、省政府发布《广东省文化事业发展"十一五"规划》,提出"到2010年,基本建立起政府管理、行业自律、企事业单位依法运营的文化管理体制和富有活力的文化产品生产经营机制,逐步形成结构合理、发展均衡、网络健全、服务优质、覆盖全社会的公共文化服务体系"的发展目标。截至2012年,广东基本形成了省、市、县(市、区)、乡镇(街道)、村居(社区)五级公共文化服务网络;相继开放广东省博物馆新馆、广州大剧院、深圳图书馆(音乐厅)、东莞玉兰大剧院等一大批标志性文化设施;扶持东西两翼地区文化设施建设项目345个;城乡公共文化基础设施进一步完善,全省建成5000多个文化广场、16139个农村和城市社区文化室;公共文化流动服务进一步向基层拓展和延伸;文化信息资源共享工程基本完成。①

2012年,《广东省文化事业发展"十二五"规划》把"构建普惠型的公共文化服务体系"作为首要目标,强调"增强公共文化产品和服务的供给能力,保障人民群众基本文化需求。加大对欠发达地区、革命老区、少数民族地区等特定区域和老年人、未成年人、残疾人等特殊群体的公共文化服务";"加强公共文化资源建设。各级公共文化单位要为群众提供更多更好的公共文化产品。采取政府购买、项目补贴、定向资助、贷款贴息、税收减免、委托生产等形式,鼓励和支持文化企业生产质优价廉的公共文化产品。实施文化'数字化'出版工程。建立以城带乡联动机制,合理配

---

① 《广东省文化事业发展"十二五"规划》。

置城乡文化资源，鼓励城市对农村进行文化帮扶，加强流动图书馆、流动博物馆、流动演出网的建设，促进城市优质文化资源向基层和农村流动"。

通过实践，这些目标有效地落实在各级政府文化惠民的行动之中。例如，为保障弱势群体的文化权益，广州市花都区图书馆完善少儿图书馆和盲人阅读区功能；文化馆定期举办针对老人、少儿、残疾人和农民工的文化艺术培训班；洪秀全故居纪念馆、广州民俗博物馆免费向老年人、残疾人、现役军人、学生、外来务工人员开放。新建文化设施均配备了残疾人无障碍通道。2014—2016 年，花都区图书馆新增 5 个服务点，流动图书馆深入边远学校和农村，极大地丰富了偏远学校孩子们的阅读生活。全区 188 个村建设了较为完善的网络体系，在村文化室配置公共电子阅览设施。①

广东在公共文化服务体系建设方面取得了较大成就，但也存在一些问题，如：公共文化产品总量大，但人均偏低；公共文化服务政府配送多，但群众反响好的少；公共文化服务区域、城乡、群体之间不平衡；社会各界和群众参与度不高。为更加有效地解决广东公共文化服务体系中的问题，2015 年 7 月，广东省委、省政府印发《关于加快构建现代公共文化服务体系的实施意见》，提出广东公共文化服务体系的阶段性建设目标：到 2020 年，基本建成与广东经济社会发展水平、人口状况、人民群众需求相匹配的现代公共文化服务体系，主要指标居全国前列；建立健全城乡公共文化设施网络；珠三角地区公共文化设施建设水平全国领先，其他地区居全国靠前位置；全省每万人拥有室内公共文化设施面积超过 1200 平方米。

（三）体制改革

文化体制改革，主要是对文化部门生产关系的具体组织形式及其管理方式的改革，根本目的在于增强文化事业的活力。改革文化体制是文化事业繁荣和发展的根本出路。改革开放以来，广东以其独特的地缘、经济、

---

① 刘林杰、施思：《广州花都：文化"幸福快车"开到百姓家门口》，载《中国文化报》2017 年 6 月 8 日第 7 版。

第二章 文化事业的创造性发展

政治与文化优势，在文化体制改革方面取得了创造性的发展。

改革开放后，广东文化体制改革首先是把文化单位推向市场。广东的文化市场化比较早，涉外演出的市场也较早形成。1979年5月，广东粤剧团在全国出访艺术团体中率先实施商业演出，赴香港公演34场，场场爆满，标志着广东涉外演出市场的形成。自20世纪80年代起，广东艺术团体陆续进行改革的尝试，取得了可喜的成绩。1985年，广州市文化局对所属25个单位在干部和人事管理、机构设置、艺术单位的艺术委员会的组成、艺术表演团体内演出单位的组建、经费使用等7个方面简政放权。1988年，广东粤剧院、广东话剧院、广东歌舞剧院和广州乐团开始进行以组合艺术生产经营实体聘任合同或演出合同收入为主的劳动报酬制度、下放管理权限、扩大艺术表演管理权等为主要内容的体制改革，在文艺界引起强烈的反响。经过改革之后，各院（团）的演出积极性普遍提高，艺术生产出现了新气象，各院（团）的自身发展能力得到了增强。

广东文化体制改革虽起步较早，但仍落后于文化发展的需要，落后于人民对文化生活的需求，尤其是文化宏观调控机制等一系列问题，并未随着市场经济的深入而发生根本性转变。自2003年广东被中央确定为全国文化体制改革综合试点省以来，情况发生了巨大的变化，广州、深圳等12个市和21个省直文化单位先后开展了文化体制改革试点，并取得了显著成效，为全国文化体制改革创造了有益经验、提供了典型示范。① 2006年上半年，在全国各显特色的文化体制改革试点工作70例经验中，广东营造了14个熠熠生辉的亮点，刚好占总数的1/5。② 综合来看，广东在确定为全国文化体制改革综合试点省以来取得了一些经验。

1. 坚持以转变政府职能为中心，创新文化宏观管理体制

广东积极转变政府职能，探索和建立与社会主义市场经济发展要求与社会主义精神文明建设特点相适应的宏观管理体制。广东省新闻出版局与局属出版社、企业和杂志社，广东省广电局与南方广播影视传媒集团实行

---

① 参见广东年鉴编纂委员会编《广东年鉴2006》，广东年鉴社2006年版，第112页。
② 参见中共中央宣传部文化体制改革与发展办公室《文化体制改革试点经验70例》，学习出版社2006年版。

管办分离，实现了政事分开、政企分开、管办分离，强化了政策调节、市场监管、社会管理和公共服务等职能。从"管理脚下"到"服务天下"，广东走在全国前面。

2. 加快国有文化单位集团化建设步伐

广东省不断推进全省优质文化资源的强强联合，成功组建了广东粤剧艺术大剧院、广东星海演艺集团以及全国第一家期刊集团——家庭期刊集团。南方日报报业集团从"报办集团"转变为"集团办报"，更名为南方报业传媒集团。南方广播影视传媒集团组建了南方传媒控股有限公司，实行事业企业分开运行、分类管理，进行频道制改革，被誉为广电集团化改革的"南方模式"。南方报业传媒集团打造适应全媒体发展所需的全新体制机制，加大资本运营力度，整合印刷、发行、物流、出版等实业，拓展地产、信息、娱乐、旅游、体育等关联产业，打造平面媒体、网络媒体、移动媒体、文化出版、文化会展、文化实业、地产项目和传媒公益活动等文化传播业的八大业务板块。2009年，南方报业传媒集团第二次被中宣部等4家单位联合授予"全国文化体制改革先进单位"称号，并第三次当选"中国最受尊敬企业"。①

3. 通过制度、法规建设来推动文化体制改革

1988年12月，广东施行了《广东省直属艺术表演团体体制改革方案（试行）》，推动文艺单位的改革规范化。2003年，文化体制改革试点在全国启动，广东被中央确定为全国文化体制改革综合试点省。2003年下半年，《广东省文化体制改革试点工作方案》出台，提出了改革文化管理体制、加快文化市场建设、优化文化资源配置等6项改革试点任务。此后，广东在全国率先完成市、县两级文化广电新闻出版管理和文化市场综合执法机构系统的组建工作，设立省级国有经营性文化资产监督管理机构，探索推进省级文化行政管理部门政事分开和管办分离。2009年，为加强对全省文化市场综合执法的管理和监督，广东省成立文化市场综合执法局。②2011年9月，广东省十一届人大常委会通过了《广东省公共文化服务促

---

① 《广东年鉴2010》，见广东省人民政府网站（http://www.gd.gov.cn/govinc/nj2010/）。
② 《广东年鉴2010》，见广东省人民政府网站（http://www.gd.gov.cn/govinc/nj2010/）。

进条例》，在公共文化服务立法方面首开全国先河。

4. 通过政府补贴引导群众的文化消费，培育文化消费市场，完善公共文化服务网络

广东大力探索"文化消费补贴计划"和"国民文化消费卡工程"试点，对人民群众看电影、看戏、看有线电视和购买书籍与音像电子产品等基本文化消费进行补贴，拉动文化消费，从而建设文化服务的可循环消费市场。例如，自2010年起，中山市启动了"爱心电影卡"工程，采用"政府补贴＋企业购卡"形式，企业员工凭借象征性收费1元/张的"爱心电影卡"，即可到指定电影院免费换取电影票观看电影。① 一些地方尝试对群众的基本文化消费进行直接补贴。自2011年起，东莞市桥头镇连续5年、每年安排1000万元作为文化建设专项资金，只要有当地户籍或居住证，就能享受到每人上限200元的"文化消费补贴"；而作为广东省首个"文化改革发展综合试验区"，佛山市南海区也于2011年开始试行"文化消费补贴计划"，通过对文化产品的供给方给予补贴，引导群众培养良好的文化消费习惯。②

广东公共文化服务体系作为文化事业的重要内容，通过理念转型、内容凝练、体制改革等方面的创新发展，在加强文化事业整体设计、拓宽文化事业的投入渠道、促进公共文化服务均等化、完善文化事业的法规建设等方面有较大进步，还可以在引进现代信息技术、丰富服务内容、完善供给方式等方面增强进一步发展的能力。

四、群众文化灿烂多姿

群众文化，是人们为了满足自身的文化需要而积极参与的文化活动。既有以政府为主导来推送、组织的文化产品和文化服务，也有群众自发组织、广泛参与的文化活动。改革开放以来，广东的公共文化设施建设成就斐然，既有高大气派、功能全面、现代感强的博物馆、剧院，又有使用便捷的基层文化站。随着经济社会的发展，依托这些公共文化设施，群众的

---

① 张丹：《中山"爱心电影卡"工程昨日启动》，载《广州日报》2010年8月2日第A18版。
② 车晓蕙、赖少芬、黄浩苑：《文化改革的"广东探索"》，载《瞭望》2011年第42期。

文化生活越来越丰富,形式也越来越多样,形成了灿烂多姿的群众文化。群众文化的多元化,对传承民间传统文艺、提升休闲娱乐活动的文化品位、促进文化事业的发展产生了积极作用。

(一)馆站文化活动多样

馆站文化活动主要是指在公共文化设施中展开的文化活动。公共文化设施是指向公众开放,用于文化活动的公益性的图书馆、博物馆、纪念馆、美术馆、文化馆(站)、青少年宫等文化设施的建筑物、场地和设备;经营性文化设施是指向公众开放,用于文化活动的以营利为目的的电影院、影剧院、歌舞厅、卡拉OK厅,以及多功能娱乐场所、综合性文化设施等的建筑物、场地和设备。馆站文化作为群众文化的主要内容,随着群众生活方式、文化需求的不断变化,也逐渐丰富和发展。

依托各地的文化馆、文化站以及图书馆、电影院等公共文化设施,广东自1977年下半年起就展开了群众文化活动,在全国率先恢复文联和作协等文学艺术团体活动,同时还恢复了文学、电影、戏剧等文艺作品的出版、演出活动。自1982年起,广东开展的"广东省群众戏剧下乡服务一条龙"巡回演出活动,十几年坚持不懈,有力地促进了群众性文艺创作活动,活跃了山区农村的群众文化生活。1998年,为解决农民看电影难的问题,文化部、国家广播电影电视总局提出了农村电影放映"2131"目标,即在21世纪初,在广大农村实现一村一月放映一场电影的目标,广东在"十一五"规划期间已完成这一目标。① 这是按照"企业经营、市场运作、政府买服务、农民得实惠"的新思路,深化农村电影改革,探索建立多种所有制、多种发行放映主体和多种发行放映方式相结合的新模式。

据统计,截至2009年,广东各类文化机构的公共文化活动在全国的排列中总体上比较靠前。例如,外借书刊列全国前50位的地市级图书馆有6家,其中深圳图书馆、广州图书馆和广州少儿图书馆分别居第一、四、八位;县级图书馆有5家,其中兴宁市图书馆、珠海香洲区图书馆分别居第六位和第十一位。文化馆举办展览和组织文艺活动列全国前50位

---

① 《广东省文化事业发展"十二五"规划》。

第二章 文化事业的创造性发展

的分别有 5 家和 4 家，其中增城市①文化馆组织文艺活动 500 次，居全国第五位。文物保护管理机构接待参观人次列全国前 50 位的地市级有 2 家、县级有 3 家，其中佛山市祖庙文物管理所接待参观人次 52.7 万，居地市级第十位；广州市南沙区虎门炮台管理所接待参观人次达 300 万，居县级第五位。博物（纪念、美术）馆全年接待参观人次全国前 50 位中，广东省博物馆列省级博物馆第十二位，接待人次达 123 万；地市级中有 7 家，其中广东鸦片战争博物馆接待人次 300 万，居第四位，孙中山故居纪念馆接待人次 137.6 万，居第十位；县级博物馆亦有 1 家接待人次列第四十一位。事业体制艺术表演团体分类别、按演出场次排列进入前 50 位的，话剧、儿童剧、滑稽剧类有 2 家，歌剧、舞剧、歌舞剧类有 3 家，戏曲剧类有 1 家，曲、杂、木、皮类有 2 家，乐团、合唱团演出场次类进入全国前 20 位的有 2 家。②

每逢周末，广州大剧院、星海音乐厅、黄花岗剧院、广州体育馆、白云国际会议中心等诸多热门场馆几乎从未闲着，单是广州大剧院，2010 年的演出就达 274 场。广州在演出场次总量增加的同时，演出的种类也更为丰富、品质更为高端。流行音乐方面，广州几乎每个周末都有场馆级别的演唱会，有时还出现同天晚上三四位艺人同时开唱的热闹景观。张学友、陈奕迅、王菲、纵贯线、苏打绿等港台艺人（组合）的演唱会场场爆满，埃尔顿·约翰、罗拉·费琪、小野丽莎、西城男孩、阿肯等国际级著名艺术家（组合）的巡演也不再却步于广州。古典音乐方面，广州终于有了真正意义上的歌剧演出，《图兰朵》和《托斯卡》都是耗资近千万元的巨制。英国皇家爱乐乐团、德累斯顿国家管弦乐团等世界顶级乐团先后登陆广州。在 2011 年 12 月 31 日举办的新年音乐会，广州还迎来世界十大交响乐团之一的伦敦爱乐乐团，这样的跨年音乐会规格，是全国其他城市难以比肩的。而在戏剧方面，最引人注目的无疑就是音乐剧《妈妈咪呀!》中文版在广州连演 32 场。③ 广东的馆站文化活动在数量、质量方面都取得

---

① 增城于 2014 年撤市设区，成为广州市的一个辖区。
② 刘毅：《广东省文化事业建设与效益分析》，载《广东经济》2011 年第 12 期。
③ 《一场全民总动员的音乐盛宴》，载《信息时报》2011 年 11 月 27 日。

了引人瞩目的成就。

广东还从调动群众积极性入手，创新公共文化服务方式，力求更加有效地提升群众文化的社会效应。2013年，东莞莞城在全省率先推出了"菜单式"公共文化服务下基层活动，把莞城现有的公共文化服务资源设计成"菜单"，将"菜单"发给社区、学校、企业，由其根据自身需求选择公共文化服务项目。各单位从过去"被动式"接受服务转变为现在"主动式"积极点单，这极大地调动了群众参加文化活动的积极性。到2017年，东莞莞城所推出的"菜单式"公共文化服务的种类和内容进一步拓展，在推出的94项文化服务中，定点项目39个、送基层项目55个，内容涵盖培训类、讲座类、展览类、体验类四个类别，拓宽了公共文化服务的范畴。①

（二）广场文化活动丰富

一般认为，广场文化是"城市广场所呈现的文化现象以及在广场之中所展示出来的文化"，② 简言之，广场文化就是以广场为依托的文化形态。截至2017年，广东全省建成5000多个文化广场，为广场文化的蓬勃发展奠定了坚实的基础。从整体上看，广场文化主要兴起于党的十四届六中全会做出《中共中央关于加强社会主义精神文明建设若干重要问题的决议》之后。广东在改革开放之后出现的广场文化，包括两种形态：一种是商业主导的娱乐活动，如声势浩大的"美在花城"选美活动以及大型商场内的广场文化；一种是政府主导的文化活动，如深圳的"大家乐"舞台活动。广场文化的诞生，既是经济社会发展到一定阶段的产物，也是大众传媒在商业利益的推动下积极倡导休闲生活的产物。从公共文化服务的角度来看，广场文化的出现，是对以文化馆、文化站、博物馆等为主体的公共文化的补充和拓展，以灵活、开放、亲民、多元的特征，成为公共文化服务的新平台。

20世纪80年代中期之前，广东群众性广场文化还处于自发状态，因

---

① 邓文燕：《报名单位可"点单"选择文化服务》，载《东莞日报》2017年5月12日。
② 蒋述卓：《广场文化：城市文化的新资源》，载《广东社会科学》2003年第4期。

第二章 文化事业的创造性发展

为城市广场建设的重要性尚未受到普遍的重视,而且经济刚刚恢复,人们对文化生活还没有太多的要求。不过作为改革开放窗口的深圳,由于外来务工人员的大量涌入,群众广场文化已经开始有声有色地发展起来。1986年,为满足特区群众尤其是外来打工者文化娱乐的需求,共青团深圳市委设立了"大家乐"舞台。"大家乐"以青年为主体,不仅有明确的开设宗旨——开拓群众文化广阔舞台,鼓励青年参与文化建设,还有鲜明的特色——自发、自主、参与、互动、寓教于乐、海纳百川。① 这种开放性、参与性及广纳宽容的特性,使"大家乐"一产生即受到社会的认可和群众的欢迎。② 如今,"大家乐"已经成为闻名全国的广东广场文化名片。

随着1996年每周双休日制的实施,逐渐富裕起来的人们有了进一步的文化生活的需求。而伴随着"南粤锦绣工程"和"山区文化建设工程"的实施,尤其是广东文化大省建设的提出,群众广场文化蓬勃地发展了起来。2001年,广州市举行"都市热浪——群众文化广场文化活动",在各区和社区的努力下,全年共举行广场文化活动达60场,参加人次达30万。③ 至2003年,"都市热浪"已经发展成为广州市群众广场文化的一个品牌。2005年,天河城广场正式成为广东青年文化广场。自此,广东青年文化广场坚持每月奉献一场高水准的文艺演出,先后推出广东省首场广场交响音乐会、首次舞蹈家室外独舞专场,第一次把芭蕾艺术带到了街头,成功举办了杂技、民乐、青少年科普广场等多个活动,受到社会的广泛关注和赞誉。2007年,借助首届广东美食节以及广东国际旅游文化节等节庆活动的举办,广东群众广场文化也融入了新的元素,在一定程度上出现了商业广场文化和群众广场文化的汇合。

随着优秀传统文化复兴和广东地域文化特色彰显,与民俗、节庆、景观、读书等活动相结合的主题文化活动也成为群众喜闻乐见的文化活动。迎春花市、波罗诞、广府庙会、荔枝湾民俗文化节、萝岗香雪文化节,以

---

① 陈乃刚:《略谈深圳游艺民俗的特色和发展前景》,载《深圳大学学报》(人文社会科学版)1991年第1期。
② 史继中:《难忘深圳"大家乐"》,载《前线》1996年第9期。
③ 蒋述卓:《广场文化:城市文化的新资源》,载《广东社会科学》2003年第4期。

及各市县和部分乡镇举办的"荔枝节""风筝节""山歌节"等，都可以看作是广场文化的一种特定形态。同时，越来越多的乡村也出现了文化广场。

群众文化活动逐渐成为公共文化服务的重要内容。群众艺术花会、"同饮一江水"打工者歌唱大赛、广东粤曲私伙局大赛等群众文化活动的举办，不仅丰富了群众文化生活，也提升了社会的凝聚力和向心力。同时，群众文化活动成为展示一个地区文化事业发展的一个缩影。例如，惠州市坚持"原创性、地方性、全民性、互动性"的原则，广泛开展群众性文化活动，巩固和完善文化惠民服务机制，形成了"快乐时光""鹅城舞台秀""惠阳百姓欢乐舞台""博罗大舞台""惠东文化讲堂""大亚湾海洋音乐节""欢乐仲恺行"以及"龙门农民画"等群众文化活动品牌，扩大活动参与面。

改革开放40年来，广东文化事业的发展起步早，重视群众性与先进性相结合，不断探索文化建设的新经验和新思路，积极提升公共文化服务的品质，为广东文化强省建设打下了坚实的基础。

第三章　文化产业的跨越式提升

改革开放以来，广东的文化产业①实现了跨越式发展，已成为广东的一个重要产业门类和国民经济新的增长点。以文化市场的兴起为标志，文化产业开始出现在人们的社会生活实践中。从区分文化事业与文化产业，再到文化创意产业勃兴，广东的文化产业逐步走向自觉发展，并实现了跨越式的提升，成为广东文化强省建设的重要支柱。

一、从无到强的创造性发展

改革开放40年来，广东的文化产业经历了从无到有、由弱到强的发展历程。改革开放初期，人们并没有文化产业的概念。从1979年广州东方宾馆出现我国第一支业余的轻音乐队和第一个音乐茶座开始，广东的文化产业就在改革创新中大踏步前进，实现了跨越式发展。2003年，广东提出要建设文化大省，2010年，广东又提出了建设文化强省的目标，文化产业都是其中的重要内容。

（一）"文化市场"悄然兴起

文化市场悄然兴起是从1978年到1992年这一段时间的文化大事件。

---

① 根据广东省2006年发布的《广东省文化产业发展"十一五"规划》，文化产业是指为社会公众提供文化、娱乐产品和服务的活动及与这些活动相关联的活动的集合。主要包括新闻服务，出版发行和版权服务，广播、电视、电影服务，文化艺术服务，网络文化服务，文化休闲娱乐服务，其他文化服务，文化用品、设备及相关文化产品的生产，文化用品、设备及相关文化产品的销售九大门类。

当时一些文化单位开始以有偿服务的方式，通过文化演出、提供文化服务来获取收入，作为维持自身活动的经费。这是广东文化事业改革的开始，也是文化产业勃兴的开始。

1979年，广州东方宾馆出现了我国第一支业余的轻音乐队和第一个音乐茶座，从而使广州成为国内文化市场的发源地。随后，一些新的文化消费项目如歌厅、舞厅、录像厅等文化娱乐方式也相继出现，并很快风靡全国。毗邻港澳的地理优势，让广东迅速成为文化市场的前沿阵地。广东文化产业的发展首先从娱乐业崛起。广州首先开创了中国流行音乐发展的先河，当时广州聚集了一批流行音乐歌手和制作人以及按现代市场经济模式运作的制作机构。歌曲排行榜、流行音乐协会等新事物相继在广东出现。广东的流行音乐迅速辐射全国，许多歌曲唱遍大江南北。

广东的传媒业出现了蓬勃发展的新局面。《羊城晚报》《广州日报》及各地、市报纸先后复刊。各类专业报刊纷纷创办。1982年，《深圳特区报》创刊，《珠海特区报》《汕头特区报》也相继创办。当时除了《南方日报》《羊城晚报》《广州日报》三大报外，广州还出现了一批财经类、都市生活类和实用信息类的报刊，如《南方都市报》《南方周末》《足球报》《南风窗》等，这些报刊以客观、真实、前瞻的理念办报办刊，并采用了市场化运作方式，成为当时全国较有影响的平面传媒。

1988年，文化部、国家工商局联合发布了《关于加强文化市场管理工作的通知》，正式提出"文化市场"的概念，同时明确了文化市场的管理范围、任务、原则和方针，这标志着我国文化市场的地位正式得到承认。伴随改革开放政策的实施，随着社会经济的发展，人们的精神文化需求越来越大。广东借助自身的地理优势，成为文化市场最活跃的地带。在改革开放的过程中，文化市场的发展始终是一项重要内容。至2016年，广东全省文化市场审批项目基本实现在线审批，文化市场领域所涉及的行业全部向民间资本、民营企业开放。

（二）"文化产业"乘势而起

1992年，党的十四大报告中明确提到要"完善文化经济政策"。同年出版的由国务院办公厅综合司编著的《重大战略决策——加快发展第三产

第三章 文化产业的跨越式提升

业》一书，明确起用了"文化产业"的说法，这是我国政府主管部门第一次使用"文化产业"的概念。随着国民经济"九五"计划的顺利完成，我国经济告别了"短缺时代"，进入了全新的发展时期，社会对精神文化的需求明显增加，党和政府对文化产业的政策进一步明朗化。1999年，国务院发展计划委员会主任曾培炎在《关于1998年国民经济和社会发展计划执行情况与1999年国民经济和社会发展计划草案的报告》中，明确提出要"推进文化、教育、非义务教育和基本医疗保健的产业化"，文化产业第一次被正式纳入国家发展计划的政策视野。2000年10月，党的十五届五中全会通过了《中共中央关于制定国民经济和社会发展第十个五年计划的建议》，第一次在中央正式文件里提出了"文化产业"这一概念。该文件要求完善文化产业政策，加强文化市场建设和管理，推动文化产业发展。随着国家这一系列政策和意见的出台，文化产业乘势而起，正式走进人们的视野。

"文化产业"概念的提出表明，这一时期我们对文化属性的认识发生了重要转变，承认文化除了是党和国家的"事业"外，还有产业属性的一面，这是继承认"文化市场"的合法地位之后，关于文化认识的第二个重要转变，具有重要的意义。

在国家政策的引导下，广东的文化建设发展进入了新的时期。文化建设发展由以政府投资为主，转向主要依靠发挥自身优势，实现自我发展。这一阶段，广东在文化产业的发展道路上进行了积极的探索，文化产业迅速发展、初具规模。到2000年，广东文化产业机构数为1.75万个，从业人员为12.56万人，总产出为52亿元，增加值为29亿元。其中，社会办文化产业发展迅猛，其产业机构数、从业人员、总产出、增加值分别为1.28万个、7.86万人、30亿元、16亿元，已经明显高于文化部门所属文化产业的各项指标。与此同时，随着一些新型产业领域的开辟和与其他产业交叉融合趋势的出现，一个包括演艺业、娱乐业、电影业、音像业、文化旅游业、文化信息业、文艺培训业、文艺艺术品经营业等行业，由本位产业、交叉产业、延伸产业综合构成的文化产业体系初步形成。①

---

① 广东年鉴编纂委员会：《广东年鉴2002》，广东年鉴社2002年版，第348页。

这一时期，广东传媒业开始探索集团化发展之路，通过组建大型文化集团，加快文化市场的整合和结构调整。1996年，广州率先成立了广州日报报业集团，这个集团成为我国地方机关报实行规模化企业经营的第一艘航空母舰。随后，南方日报报业集团、羊城晚报报业集团、深圳特区报业集团、广东出版集团、广东新华发行集团、家庭期刊集团相继成立。一些产业属性较强的部门或单位由事业转制为企业，探索传媒集团化发展之路。广东的娱乐市场在探索中持续发展。1995年，广东娱乐业已经发展到全行业资产总额为60亿元、年营业收入为30亿元、从业人员为14万人的规模，各项指标数位于全国各省（自治区、直辖市）之冠，分别占到全国总量15%～20%的比例。美术品的拍卖频繁，年成交额达到6000万元以上。① 广东的音像业也在摸索中迅速发展，最终占据了全国的半壁河山。随着网络信息技术的发展，网游动漫迅速进入市场，广东的对外文化贸易额不断增长。

总之，在这一阶段，随着发展社会主义市场经济改革目标的确立，文化体制改革的力度进一步加大，文化与经济、科技的结合日益紧密，文化产业不断发展壮大。但是，虽然我们对文化产业地位的认识在指导思想上有所提高，但在实际工作中仍然不能执行得充分到位，改革仍然在探索中稳步推进。

（三）"文化产业"强势推进

从2002年到2010年，文化产业发展迅速，已经成为国民经济新的增长点，成为推动经济社会全面发展的引擎。党的十六大吹响了我国文化产业全面发展的号角，党和政府开始全面深化和推进文化体制改革。随着中国加入世界贸易组织（WTO）和国际文化竞争的日益加剧，文化产业被作为综合国力的一部分纳入国家发展的总体战略来统筹规划，文化产业的战略地位得以真正确立。此时，广东提出了建设文化大省的方针，对文化产业的发展提出了总体的规划，文化产业成为广东发展的新引擎，进入了

---

① 广东百科全书编纂委员会、中国大百科全书出版社编辑部：《广东百科全书》，中国大百科全书出版社2008年版，第529页。

第三章 文化产业的跨越式提升

全面快速推进的时期。

2002年,广东省做出了建设文化大省的重大决策。《广东省建设文化大省规划纲要(2003—2010年)》指出,到2010年,基本建立起适应社会主义现代化要求的文化发展格局、文化管理体制及运行机制,使广东省成为广大人民群众综合素质普遍提高,文化经济繁荣,科学实力雄厚,拥有先进配套的文化设施、充满活力的文化体制、拔尖的文化人才、一流的文化精品、强大的文化产业、繁荣有序的文化市场、独具特色的岭南文化、丰富多彩的群众文化生活,文化发展主要指标全国领先、文化综合实力和国际竞争力居全国前列的文化大省。

2006年,广东省出台了《广东省文化产业发展"十一五"规划》,明确提出:"十一五"期间,全省文化产业增加值力争实现年均增长15%以上,到2010年达到3000亿元,占全省生产总值的比重达到8%左右;文化服务业增加值年均增长超过20%,到2010年达到800亿元,占文化产业增加值的比重超过25%;初步形成以广州和深圳等中心城市为龙头、区域布局合理、所有制结构均衡发展、产业组织体系健全、技术水平先进、质量效益较高的文化产业格局。

与此同时,广东各地方政府也出台了相应的政策。2001年,广州市制定了"十五"时期文化产业发展目标:至2005年,力争使广州市文化产业的总收入翻两番,文化产业增加值的增长速度要超过全市生产总值的年均增长率。2006年,广州市又将《广州市文化产业发展规划(2006—2010)》作为重点课题向社会招标,力求将"十一五"时期文化产业的发展建立在科学有效的基础上。2004年11月,深圳市召开了全市文化产业工作会议,这是深圳建市以来首次就文化产业的发展召开的高规格、大规模的会议。会议全面部署了深圳市文化产业发展工作,把文化产业发展纳入深圳经济、社会整体发展中,并提出了深圳市文化产业发展的总体目标,要把深圳发展成为具有国内领先地位和国际影响力的文化产业发展中心城市之一。会议还颁布了《中共深圳市委 深圳市人民政府关于大力促进文化产业发展的决定》及相关文件和经济政策,决定在"十一五"期间设立深圳市文化产业发展专项资金,成立市文化产业发展办公室。

在建设文化大省的浪潮中,广东文化产业迅猛发展,逐步成为国民经济新的增长点和第三产业的支柱产业之一。"十五"期末，广东文化产业的总产出翻了一番，文化产业营业收入达5732亿元，资产总额达4524亿元，均居中国各省（自治区、直辖市）之首。[①] 2003—2010年，广东省文化产业增加值年均增长率为12.6%，高于同期全省生产总值增长水平。文化产业增加值占全省生产总值的比重保持在5.5%以上，约高出全国平均水平一倍。[②] 文化产业已经成为广东的支柱性产业。

总之，在这一阶段，随着文化体制改革的深入，文化产业发展的思想障碍基本消除，文化管理体制基本理顺，建立起了适合文化产业发展的管理体制。大量的优秀人才投身文化产业，有力地支撑了文化产业的发展。文化产业成为广东发展的新引擎，此时广东的文化产业进入了全面推进的时期。

（四）"新兴文化产业"高速发展

随着经济的发展、技术的发明与提升，许多技术进入文化产业，产生了一批新兴的文化产业。新兴文化产业是与传统文化产业相对的概念，主要是指在现代科学技术特别是数字技术推动下出现的文化产业，具有网络化、交互性、融合态、多样性等特点。社会资源和资本向文化产业集聚呈现加速态势，数字、网络等现代科学技术与文化不断融合，推动了文化生产、传播和消费方式创新。广东在"文化＋科技""文化＋创意""文化＋金融"等方面拥有先行优势，为加快文化产业发展提供了新的空间和领域。

2009年，在全球性金融危机持续蔓延的严峻形势下，广东省委、省政府把发展文化产业作为落实科学发展观和促进产业结构调整升级的一个重要着力点，切实加强政策引导扶持，强化资源有效整合，使全省文化产业的发展呈现了加速发展的良好态势，在全省经济转型和产业结构优化升

---

① 广东百科全书编纂委员会、中国大百科全书出版社编辑部：《广东百科全书》，中国大百科全书出版社2008年版，第830页。

② 陈国华：《粤文化产业增加值连续八年全国第一》，载《南方日报》2011年3月30日第A3版。

级中发挥了重要作用。自 2011 年以来，新兴产业发展迅速，对全省的生产总值贡献非常大。文化创意、数字出版、移动传媒、网络动漫在这一时期成为文化产业发展的重要内容。

新兴文化产业从传统文化产业中发展出来。2006 年 9 月，《国家"十一五"时期文化发展规划纲要》提出，要大力发展以数字化内容、数字化生产和网络化传播为主要特征的新兴文化产业。这可以看作是政策层面要求运用高科技创新文化生产方式、培育新兴文化业态思想的初步表达。此后，新兴文化产业成为一个颇受学术界和产业界关注的领域，关于新兴文化产业的特点、内容等问题的讨论也很丰富。[①] 2011 年，党的十七届六中全会通过的《中共中央关于深化文化体制改革推动社会主义文化大发展大繁荣若干重大问题的决定》对传统文化产业和新兴文化产业做出了区分：传统的文化产业主要分为 7 个种类，包括出版发行、影视制作、印刷、广告、演艺、娱乐和会展；新兴文化产业主要有 4 个种类，主要包括文化创意、数字出版、移动多媒体与动漫游戏。这是"新兴文化产业"概念获得中央文件正式使用的开始，自此，新兴文化产业成为文化战略规划的重要内容，获得政策支持，进入高速发展阶段。2017 年 4 月，文化部出台了《文化部关于推动数字文化产业创新发展的指导意见》，指出："数字文化产业以文化创意内容为核心，依托数字技术进行创作、生产、传播和服务，呈现技术更迭快、生产数字化、传播网络化、消费个性化等特点，有利于培育新供给、促进新消费。"该文件还提出了"创新驱动，优化供给""开放发展，跨界融合""政策引导，激发活力"的指导原则，把文化创意作为数字化文化产业的核心，称其是促进产业升级，提高工业、农业、服务业水平的重要动力。就广东而言，发展文化创意产业是解决广东经济发展和文化建设不平衡问题的重要举措，也是改革创新时代精神的内在要求。

广东的动漫产业、数字出版具有良好的发展优势。动漫是广东的优势文化产业之一，在新兴文化产业中极具活力。据统计，2010—2015 年，广东动漫产值在全国动漫产值中所占比重介于 33%～38% 之间，居全国首

---

① 杨宁：《新兴文化产业研究综述》，载《天中学刊》2013 年第 3 期。

广东文化改革发展40年

位。广东电视动画产量在2012—2015年连续四年居全国第一；2009—2015年，票房收入最高的国产动漫前10名中，广东占了8部。中央电视台与五家卫视卡通少儿频道的周收视最高、年度收视最高的动画电视剧，广东作品占了八成。① 广东是出版大省，在从传统出版向数字化出版的转型中，也走在全国前列。截至2016年，广东省拥有互联网出版资质的企业58家，关联企业超过3000家，总产值超过1800亿元，形成了以广州、深圳为核心区和密集区的数字出版产业带。数字出版集群化初具规模，形成了点、线、面立体化发展格局。传统出版企业数字化转型升级加快，转型试点全面铺开。南方报业传媒集团、羊城晚报报业集团等11家企业入选全国数字出版转型示范单位；广东教育出版社有限公司等22个单位被确定为省级数字出版转型示范单位。②

改革开放以来，广东经济增长与发展非常迅速，但广东的文化建设虽成就斐然，与经济发展相较却稍有逊色。加快文化产业尤其是文化创意产业的发展，是推动广东新一轮经济发展的重要动力。

二、传统文化产业发展壮大

传统文化产业作为文化产业的基础部门，可以划分为文化制造业、文化贸易业、文化服务业。在广东文化产业中，出版发行业在文化体制改革中走出了自己的特色之路，影视制作也取得了令人瞩目的成就，印刷造纸业规模和效益都居全国前列，会展也是广东的优势文化产业之一。传统文化产业不断发展壮大，为广东文化产业的发展打下了坚实的基础。

（一）出版发行

报刊和出版发行业是传统的文化产业，改革开放以后随着经济的发展，广东的报业和出版业与时俱进、改革创新，走在了全国前列。

改革开放以来，广东出版业取得了巨大的进步。广东图书出版机构由1978年的3家发展到2006年的21家，图书出版机构数量仅位居北京、上

---

① 《广东动漫连续八年领跑全国》，载《中国文化报》2017年2月9日第9版。
② 张林、陆志霖：《数字出版从大到强 打造全国排头兵》，载《羊城晚报》2016年3月22日。

第三章 文化产业的跨越式提升

海之后。20 世纪 80 年代,粤版图书曾以观念新、装帧美和社会影响大等特色一度领先全国。20 世纪 90 年代以来,随着一批高质量、高品质的精品"双效"图书的推出,广东图书的整体质量和影响力有了较大的提高。

广东音像电子出版机构由 1978 年的 1 家发展到 2006 年的 29 家。音像电子出版机构数量仅位居北京之后。借助有利的地理位置,广东的音像电子出版业得以迅速发展,先后创造了多项全国第一,并且始终位于全国前列。广东互联网出版机构从无到有,2003 年 11 月,广东 3 家涉足网络运营的软件机构获得互联网出版许可证,成为互联网出版机构。①

广东省出版集团有限公司的重组是广东出版业发展中的一个重大事件。广东省出版集团有限公司于 1999 年成立。2004 年,广东省出版集团公司先后进行了重组,整体转制为企业并获得国资经营授权,着力构建"编印发一条龙、产供销一体化"的大型出版文化产业集团。广东省新闻出版局将广东科技出版社等 13 家企事业单位划转至广东省出版集团主管主办;将广东新华发行集团股份有限公司的国家股划归广东省出版集团有限公司,作为广东省政府授权经营的国有资产。同年,广东省政府批复同意广东省出版集团有限公司对广东省出版集团内所属成员单位占有的国有资产和广东新华发行集团股份有限公司的国有股行使出资人权利,依法实施经营、管理和监督,承担保值增值责任。至此,广东省出版集团有限公司下属有 8 个图书、音像电子出版社,12 个与出版业相关的各类公司,4 家杂志社,并控股广东新华发行集团股份有限公司。重组后的广东省出版集团有限公司发展势头良好,集约化经营改变了单一的产品结构,在品牌建设、印刷复制、物资贸易等方面产生了明显的规模效益。2006 年,广东省出版集团有限公司销售收入汇总数为 28.53 亿元,利润汇总数为 1.63 亿元,总资产为 39.15 亿元,净资产为 25.52 亿元。②

按照《国家"十一五"时期文化发展规划纲要》的要求,今后,广

---

① 广东百科全书编纂委员会、中国大百科全书出版社编辑部:《广东百科全书》,中国大百科全书出版社 2008 年版,第 552 页。

② 广东百科全书编纂委员会、中国大百科全书出版社编辑部:《广东百科全书》,中国大百科全书出版社 2008 年版,第 565—566 页。

东出版业将继续推动产业结构调整和升级,加快从主要依赖传统纸介质出版物向多种介质形态出版物共存的现代出版产业转变,从主要依赖区域性市场向综合开拓国际国内市场转变,培育一批具有较强竞争力和实力的出版企业集团,打造一批社会效益和经济效益显著、具有较强影响力的出版品牌。

（二）影视制作

广东的影视作品贴近生活、反映生活,它以生动、感性的艺术形象,寓教于乐,润物无声地发挥着教育人民、引导社会的积极作用。时代精神,是影视作品的内在魂魄。

20世纪80年代,珠江电影制片厂(简称为"珠影")聚集了一批南下的文艺工作者,如老艺术家丁荫楠,生产出《孙中山》这样的史诗大片;而张良的《雅马哈鱼档》则正面反映了当年广东改革开放的现实生活,影响力至深;像孙周、胡柄榴、何群等一批当年国内知名导演,也都是从珠影走出去的。而中生代的一批人如李舒、成浩,则在20世纪90年代给广东带来了《情满珠江》《外来妹》等电视剧作品,使广东连续六年拿下中国电视剧飞天奖。也正是由毛宁等一大批流行歌手的演绎,成就了广东流行音乐的盛况。

经过一段时间的沉寂,到了2009年,在中宣部第十一届精神文明建设"五个一工程"评选中广东位居全国前列,电视剧《潜伏》、电视动画片《喜羊羊与灰太狼》、电影《夜·明》、广播剧《拔鲁》、歌曲《我生在1978》、文艺类图书《国运——南方记事》6部作品获奖。在广东省第七届精神文明建设"五个一工程"评选中,全省共有83部作品获奖。广东省第八届鲁迅文学艺术奖获奖作品111件。动画电影《喜羊羊与灰太狼之牛气冲天》获第15届上海电视艺术节"铁象奖"之"年度家庭电影奖"等国内外多项奖项;电视剧《潜伏》获得第15届上海电视艺术节"白玉兰"奖最佳电视剧、最佳男主角、最佳编剧3项大奖,电视剧《马文的战争》获最佳女主角奖;杂技剧《西游记》获得2007—2008年度国家舞台艺术精品工程"精品剧目奖",实现广东在这一领域零的突破。这些获奖作品形成"屏幕热播,专家热评,群众热议,市场热卖"的全国轰动效

第三章 文化产业的跨越式提升

应,获得社会效益和市场效益双丰收。特别是《潜伏》屡创新高,其网络下载量高居国产电视剧第一名,也创下全国电视收视新高。电视动画片《喜羊羊与灰太狼》播出后,迅速成为各地电视台最热播节目,在少年儿童中掀起一股"羊旋风";作品先后荣获"金龙奖最佳创意动画奖""全球华人'非常短片'创意大赛奖""白玉兰银奖"等国内外多项奖项。音乐剧《蝶》获韩国大邱国际音乐剧节特别奖,这是中国音乐剧首次在国外获奖。①

（三）印刷造纸

广东作为文化产品制造业的重要基地,其印刷业和纸产品制造业占据了重要的位置。改革开放前,广东省印刷企业不足1000家,工业销售产值仅11.2亿元。改革开放以来,广东省印刷企业平均每年以新创办500多家的速度在增长,而工业销售产值则以平均每年23.3亿元的速度递进,使印刷业成为新兴的朝阳产业、支柱产业。印刷企业数量多、种类齐全、经营范围多样化,其中多色胶印、高速胶印以及书刊高精印装是广东印刷业的强项。广东印刷企业整体素质高,印刷设备先进,产品质量好。近20年来,广东省先后引进世界品牌印刷设备数千台（套）,进行了大规模的技术改造,使广东从原来一个不起眼的落后省份一跃而成为印刷大省、强省。企业经营主体多样化,打破了国有、集体经营印刷业一统天下的格局。进入20世纪90年代,有限公司、股份公司、个体、私营和其他经济性质的印刷企业迅速发展壮大。②

作为广东九大支柱产业之一,广东省造纸业一直发展迅猛。1979年,广东造纸业年产量首次突破30万吨大关,1985年达到52.63万吨。③ 到2005年,全省371家规模以上造纸企业机制纸及纸板产量为691万吨,比上年增长15.55%；产品销售收入为293亿元,增长20.10%；税收为

---

① 《广东年鉴2010》,见广东省人民政府门户网站（http://www.gd.gov.cn/govinc/nj2010/）。

② 广东百科全书编纂委员会、中国大百科全书出版社编辑部：《广东百科全书》,中国大百科全书出版社2008年版,第569页。

③ 广东年鉴编纂委员会：《广东年鉴1987》,广东人民出版社1987年版,第161页。

7.85亿元,增长20.59%;利润为11.88亿元,增长17.6%。产量居全国第三位,销售收入居第二位,税收居第四位,利润居第四位;出口产值完成75.92亿元,增长31.28%,居第一位。重点品种新闻纸产量为31.9万吨,增长6.33%,居全国第三位。① 广东造纸业目前初步形成了以珠三角为核心的产业集聚带,产业集中度提高,产业集群化趋势明显。珠三角企业数占全省的85%,产量占90%以上。其中东莞有规模以上企业123家,产纸能力达到800万吨,实产已达600万吨,占全省产量的70%,加上下游300多家纸制品企业,造纸及纸制品企业近500家,已形成生产包装用纸、生活用纸、纸制品加工、印刷、包装、造纸机械、化学工业(助剂)相互配套、协调发展的产业链和产业集群,其规模、效益居全国同行第一位。②

(四) 文艺演出

从广州开设国内第一家音乐茶座以来,广东的文化艺术业发展在全国一直处于领先地位,市场化程度也比较高,尤其是演出业充满活力。星海音乐厅、广州美术馆、广州艺术博物院等一大批充满现代气息的建筑拔地而起,群众艺术馆、图书馆等公共文化设施遍布城乡。这些都为文艺演出提供了良好的平台和保障。

中华人民共和国成立后,由于计划经济和对市场经济认识的误区,演出在相当长时期内作为宣传工具使用,在20世纪80年代末期之前一直没有形成独立的市场体系。尽管国有艺术表演团体和演出场所的演出活动也收取费用,但不是完全的市场交换行为,还是计划经济体制下的经营行为。这一时期演出行业中的艺术表演团体、演出场所、文化场馆都是全民所有制,主要经费来源都依靠国家财政支持。到了20世纪90年代中期,演出市场才全面展开,最后终于走向结构合理、稳步发展的道路,形成了规范有序而又充满生机活力的演出市场体系,呈现出良好的整体发展态势。广州成为与北京、上海并列的演出重镇。

---

① 广东年鉴编纂委员会:《广东年鉴2006》,广东年鉴社2006年版,第249页。
② 广东年鉴编纂委员会:《广东年鉴2006》,广东年鉴社2006年版,第249页。

第三章　文化产业的跨越式提升

首先,演出的基础设施相对完善。广东先后建成了星海音乐厅、广东粤剧艺术大剧院、东莞玉兰大剧院等多个标志性文化设施,大大提升了广东文化娱乐业的知名度和竞争力,吸引了很多国际、国内的名团、明星和名家到广东演出。世界级的俄罗斯国家交响乐团以及国内著名的中国交响乐团、中央民族乐团等都曾莅临演出。完善的设施也打造了广东自己的演出团体,广州交响乐团、广州杂技团、广州芭蕾舞团等,以先进的管理经营理念、高品质的艺术水准,努力开拓国内外演出市场,积极参与国际文化交流,成为国内外享有盛誉的实力名团。

其次,创造了自己的演出品牌。随着演出市场的逐步成熟,广东逐渐打造出属于自己的演出品牌。星海音乐厅的新年音乐会、"广州之夜"系列精品演出不仅在本地家喻户晓,而且在全国都拥有广泛的知名度。为了振兴粤剧,广东省文化厅还于2001年元旦起在广州友谊剧院隆重推出"粤剧粤曲名伶新年盛会",社会影响良好。在传统粤剧日益受冷落的情形下,粤剧《睿王与庄妃》《花月影》锐意创新,大获成功,为传统戏剧的未来进行了有意义的探索。

再次,对高层次文化产品的消费需求剧增。近年来,随着经济的发展,人们对高雅艺术的消费需求逐年上升,广东省的文化消费需求总量也不断提高。目前,广东国内外优秀剧目的演出已经超过了港台歌星的演唱会。以广东省星海音乐厅为例,2004年,星海音乐厅共举办演出152场,其中国内演出116场,涉外及港澳台演出36场,大约平均2.4天就有一台高雅演出在此上演,观众近10万人次,全年平均上座率51.35%,全年票房收入834.7万元。①

最后,"广州之夜"的低票价运作机制是演出业的一大创新。高票价是制约整个国内演出业发展的瓶颈,严重阻碍了演出业的健康、快速发展。目前,市场化的演出业因为高票价将大量的普通观众拒之门外。"广州之夜"品牌的出发点和根本目的是让所有的市民都看得起、看得到专业文艺演出,为此,"广州之夜"实行低票价运作,除保留少量贵宾票允许以100元以上的票价销售之外,其余票价均确定为30元、50元或60元。

---

① 方健宏:《广东文化产业投资指南》,广东人民出版社2006年版,第21页。

广东文化改革发展40年

"广州之夜"的运作机制为解决我国演出业高票价这一瓶颈问题做出了有益的探索。

(五) 文化会展

广东是我国会展中心之一,进入20世纪90年代,广东会展的数量、规模均以每年20%以上的速度增长。会展业在广东的文化贸易中起到了重要的作用。中国(深圳)国际文化产业博览交易会(简称为"文博会")为广东打造出一个"文化产业的'广交会'";中国国际音像博览会(简称为"音博会")吸引了大批海外音像公司;"南国书香节"成为海内外出版界开展交流与合作的重要窗口。此外,国际纪录片大会、广州艺术博览会等一系列大型文化会展和比赛,为广东的文化贸易打造了一个重要的交流平台。艺术广东·国际收藏品及艺术品博览会、中国(中山)国际游戏游艺博览交易会、中国(云浮)石文化节、中国(东莞)国际影视动漫版权保护和贸易博览会、中国国际漫画节、客家文化创意产品博览会等各类专业文化展会精彩纷呈。

文博会是中国唯一一个国家级、国际性、综合性的大型文化产业展会,也是中国获得国际展览联盟认证的综合性文化产业博览交易会。2005年1月18—22日,首届中国(深圳)国际文化产业博览交易会开展,被称为中国文化领域的"广交会"。首届文博会有102家境外企业参展,占参展企业总数的15%。首届文博会组织了多场专项展览,如数字广播电视产业展、国际动漫画及卡通游戏展、中国国粹暨当代工艺美术大师精品展、国际印刷精品暨技术设备器材展等,还组织了中国文化发展战略论坛、全球文化产业发展论坛、中国新兴媒体峰会等近10个论坛。配合中国国际儿童文化艺术周、英国电影节、中外艺术精品演出季等活动,文博会成为深圳市民重大的文化节日。近700家企业参展,在深圳文博会上与市场直接对话,推介项目700个,观众近50万人次。①

深圳文博会最突出的成效之一,就是将产业和经营意识带入了文化领域,使得长久以来受到约束的生产力被释放出来。截至2011年,7届文博

---

① 广东年鉴编纂委员会:《广东年鉴2005》,广东年鉴社2005年版,第144页。

会已累计成交 5025 多亿元，有力地促进了中国文化产品交易。同时，文博会的投融资功能也进一步增强，在 2011 年 5 月举办的第七届文博会专设文化交易及投融资功能专区，100 多个文化产业投融资项目竞相推介路演，吸引了近 400 家 PE（私募股权投资）、银行、投行、风险投资等各类资本机构入场抢"绣球"，实现投融资交易额约 75.5 亿元，达成投融资意向的交易额约 125 亿元。① 文博会打造了集文化产品博览，文化资源的市场化开发，文化内容产品、服务及产业投资合作项目的推介，文化产业信息的交流于一体的综合平台。文博会特别强化了展会的交易功能，在招展的同时更加注重招商，吸引买卖双方共同进场洽谈交易。文博会已经成为文化产业的信息交流中心、要素交易中心、产品推广中心和投资促进中心，是广东文化贸易的重要交易平台。2015 年，第十一届文博会总成交额达 2648.18 亿元，其中广东团总成交额为 1419.37 亿元，再创新高。在第十一届文博会组委会副主任、文化部部长助理刘玉珠看来，文博会已不只是一场国内外文化产业博览交易的盛会，而是更加注重推动文化与科技、金融等相关产业的融合发展，展示推荐一大批新项目、新成果，成为催生文化产业新业态的助推器。②

目前，广东省从事会展业的企业已达 2000 多家，每年举办的会展超过 1000 个，发展势头强劲。③ 现在，广东已经初步形成了以广州—东莞—深圳为中轴，包括佛山、珠海在内的珠三角展览带，以中国进出口商品交易会（简称为"广交会"）为切入点的两个展会高峰期，以民营展览企业为主力，以及其他延伸服务的"第三产业消费链"。④ 开放的精神、顺畅的文化沟通平台，促进了多元文化因素的融合，丰富了广东的文化体系，最终推动了广东文化创意产业的发展。

---

① 车晓蕙、赖少芬、黄浩苑：《文化改革的"广东探索"》，载《瞭望》2011 年第 42 期。
② 詹鹏飞：《文博归来看广州——文化产业发展新趋势下，广州突破口在哪里》，载《南方日报》2015 年 5 月 18 日第 A23 版。
③ 池新旺：《会展业——广东新兴支柱产业》，载《广东技术师范学院学报》2005 年第 2 期。
④ 方健宏：《广东文化产业投资指南》，广东人民出版社 2006 年版，第 3 页。

三、新兴文化产业引领潮流

新兴文化产业最突出的特点是高新技术驱动、科技与文化深度融合、跨产业合作优势明显，它已成为各国经济发展的新载体和新形式。广东新兴文化产业依托传统文化产业的优势以及"互联网+"的新形势，成为推动产业升级的助推器，前景广阔。

（一）文化创意产业

创新性是文化创意产业最根本的特质和要求，没有现成的理论，没有固定的模式，务实求真精神对文化创意产业尤为重要。广东的文化创意产业不盲目跟风，针对自己的问题，认真分析，努力解决，走出了一条踏实稳健的路子。文化创意产业推动艺术以自己独特的方式介入大众生活，在给人们带来娱乐和消遣的同时，也改善了文化民生，提升了文化软实力。

《中国广州文化创意产业发展报告（2010）》显示，截至2009年年底，广州共有文化产业法人单位1.88万个，从业人员48.11万人，全年实现营业收入2080.43亿元；文化产业实现增加值719.35亿元，同比增长20.87%，文化产业增长值占地区生产总值的比重仅次于北京，位居全国大城市第二位。2011年，广州市发布了《广州建设文化强市培育世界文化名城规划纲要（2011—2020年）》。该文件指出，广州要大力全面提升全民思想道德文化素质和城市文明程度，培育现代城市人文精神，不断完善公共文化服务体系，提高人民群众文化生活品质，把广州建设成为广东具有高度文化认同的"首善之区"；要充分发掘、保护和利用岭南优秀传统文化，进一步擦亮国家历史文化名城品牌，把广州建设成为传统与现代相融汇、在国际上具有一定软实力和重要影响的"文化之城"；要大力构建空间布局合理、区域特色鲜明、高端文化企业和文化品牌不断涌现、文化市场繁荣有序的现代文化产业体系，推动文化产业成为广州的重要支柱产业和战略性新兴产业，把广州建设成为文化产业实现跨越式发展的"创意之都"。

为了推动文化创意产业的持续发展，广东省努力解决文化产业发展中的一系列问题。针对文化产业融资难的问题，广东从2009年开始设立

第三章　文化产业的跨越式提升

"广东省文化产业发展专项资金",每年投入 2 亿元支持重点文化产业项目。在政府财政对投融资市场的带动下,各金融机构加快了文化投融资体制的研究和开发。中国人民银行广州分行等部门在全国率先下发了《支持文化企业发展与繁荣工作实施意见》,多元化、多渠道的文化金融服务平台逐步建成。自 2010 年以来,广东省国有经营性文化资产监督管理办公室(简称为"广东省文资办")等文化单位分别与中国工商银行广东省分行等四家银行签订《广东文化与金融战略合作协议》,广东省文化产业授信总规模已达 1340 亿元。除了传统金融机构争相关注文化,广东还加快探索社会资金对文化产业的进入渠道。2011 年 3 月 17 日,广东文化产业第一只投资基金组建正式启动,整体规模为 50 亿元,将重点扶持文化企业兼并重组、股改上市、重点园区和重大项目建设等。

广东还着力搭建交易平台,扩展市场渠道。针对文化市场狭窄、交流机制不畅的难题,广东省全力打造对接平台,推动文化贸易的发展。为解决文化产业与资本市场之间的障碍,深圳文化产权交易所和广东省南方文化产权交易所相继成立,两个文化产权交易所倾力打造供各类资本挑选的文化产业"项目池",为文化产品信息沟通和点对点交易提供了平台。

广东注意文化创意产业园的打造。广州用废旧厂房打造了许多文化创意产业园,如由原广州化学纤维厂改造而成的羊城创意产业园、原广州纺织机械厂改造而成的 TIT 纺织服装创意园、原太古仓码头改造而成的太古仓创意时尚园、原白云机场候机楼改造成的 5 号停机坪购物广场,等等。以太古仓为例,太古仓是广州近现代对外贸易和港口运输的重要历史遗迹,延续了古代海上丝绸之路和近代十三行对外贸易历史文化。如今,百年太古仓已变成一个集文化、创意、饮食、贸易为中心的特色园区,根据现代生活需求,引进红酒汇、展示库、服装设计工作室、电影院、游艇俱乐部、中式酒楼和精品酒店等,华丽转身成为广州的"城市客厅"。

在广东的"全国文化产业示范基地"中,文化创意产业基地是其中重要的组成部分。大芬村就是其中之一。大芬村的画师大多数懂得艺术,又善于市场营销。他们通过商业化运作提供适销对路的产品和服务,成功实现了艺术与市场的对接,并通过积极开拓国际市场,将产品远销到海内外。每年售出的油画行画多达 600 万张,年销售额达 1.4 亿元。据调查,

广东文化改革发展 40 年

美国市场上流行的油画行画 70% 来自中国，而其中 80% 产自大芬村。①"大芬模式"不仅是文化产业发展的一个成功案例，更凸显了广东能够迅速将经济和艺术结合起来进行商业开发的眼光和魄力。

创意产业对于城市的发展具有全方位的促进作用，促进了城市文化多方面的创新。它不仅能推动城市经济的发展，而且能推动城市文化资源的开发，形成充满艺术氛围的文化空间，塑造城市的形象，吸引优秀的人才等，从而从根本上全面提升城市文明，促进文化强省建设。

（二）数字出版

数字出版是在出版的整个过程中，将所有的信息都以统一的二进制代码的数字化形式存储于光盘、磁盘等介质中，信息的处理与接收则借助计算机或终端设备进行。它强调内容的数字化、生产模式和运作流程的数字化、传播载体的数字化，以及阅读消费、学习形态的数字化。数字出版平台纷呈，形成了电信运营商型、技术服务型、文学创作型、互联网门户或信息服务型以及电子商务型五类数字内容投送平台，各平台特色鲜明、优势各异。产业融合逐渐深入，在数字化浪潮的推动下，原本严格区分的行业边界愈发模糊，内容提供商、技术提供商和渠道运营商之间的相互融合越来越深入。

数字出版在我国虽然起步较晚，但是发展很快，目前已经形成了电子图书、数字报纸、数字期刊、网络原创文学、网络教育出版物、网络地图、数字音乐、网络动漫、网络游戏、数据库出版物、手机出版物等新业态。广东依托传统产业优势，在传统出版向数字出版转型方面，走出一条新路。2010 年以后，南方报业传媒集团加快数字出版转型步伐，先后启动南方网和南方日报融合、南方舆情数据服务、289 艺术园区建设、"南方+"客户端等重点示范项目。南方报业传媒集团在内容结构上形成了党报党刊网、都市类、财经类、时政人物类、时尚旅游文化类五大媒体集群，产品结构上形成平面媒体、网络媒体、移动媒体、广电媒体、户外 LED 和电子阅报栏六大产品线，地域结构上形成立足广东、辐射全国、走

---

① 陈有满：《从"大芬模式"看文化产业发展》，载《共产党人》2006 年第 21 期。

向世界的三个圈层。2015年，该集团3家媒体品牌价值总和达481.96亿元，继续位居全国报业集团之首。《中国家庭医生》是国内影响最大的医学科普刊物，它的数字化转型之路可以概括为三个方面：第一，通过技术融合，由传统出版向数字出版转型，向电子化发展升级，改变终端传播形态，实现内容展示多元化，与渠道资源深度合作；第二，向移动互联网渗透，实现内容与用户、内容与服务的深度结合；第三，承载《中国家庭医生》品牌资源，依托健康内容、应用互动功能、移动医疗智慧终端，整合多方资源，搭建健康医疗产业生态链平台。2015年，该期刊的数字化项目已成为"国家文化产业发展专项资金支持项目"。①

腾讯地图也是广东数字出版的一个重要产品。2013年12月，腾讯旗下的地图产品正式更名为腾讯地图，这是腾讯公司提供的一项互联网地图服务，覆盖了全国近400个城市。用户可以从腾讯地图中看到普通的矩形地图、卫星地图和街景地图，也可以使用腾讯地图查询银行、医院、宾馆、公园等地理位置，满足用户的平时生活出行所需。2014年7月9日，腾讯地图更新"零流量地图"功能，覆盖安卓②和IOS③两大移动平台，成为业内首款实现真正零流量、全离线的数字地图产品。2017年4月6日，腾讯地图在最新版本中上线了骑行导航功能，用户只需要输入起点和终点，便能实现规划特定路线、全程语音播报、实时记录骑行轨迹和运动数据，并支持分享到微信等社交媒体。紧跟用户需求，产品不断丰富，是腾讯地图在互联网时代自我更新的不竭动力。

为支持广东数字出版的不断发展，2016年7月，中共广东省委宣传部、广东省财政厅联合发起成立"新媒基金"，由省财政出资10亿元引导，中信银行等社会资金共同参与，募集目标规模100亿元以上。"新媒基金"将重点扶持五大目录：①新兴文化产业项目，包括广播影视、数字出版、文化园区、信息服务、演艺娱乐、创意设计、智慧城市等；②国有文化企业的重组改制项目；③文化产权交易等要素市场相关项目；④泛文

---

① 张林、陆志霖：《数字出版从大到强 打造全国排头兵》，载《羊城晚报》2016年3月22日。
② 安卓（Android）是由谷歌公司开发移动操作系统。
③ IOS是由苹果公司开发的移动操作系统。

化创意新业态项目，重点支持以原创内容研发为核心的电影、电视剧、综艺节目、广播、音乐、出版、IP①资源、互联网应用、智能硬件等；⑤新媒体及其产业孵化器建设等。"新媒基金"一成立便揽入4个项目，包括南方报业传媒集团"南华智闻投资项目"、羊城晚报报业集团"数字媒体投资项目"、南方广播影视传媒集团"南方新媒体投资项目"以及广东省出版集团"数字出版投资项目"。②

《广东省"十三五"数字出版发展规划（2016—2020年）》指出，到2020年，全省数字出版年营业收入要达到1000亿元左右，广东国家数字出版基地年营业收入要达到300亿元左右，整体规模居于国内领先水平。由此可见，数字出版是广东文化强省建设的重要内容之一。

（三）动漫游戏

以互联网信息服务为主体的网络文化服务业是当今世界发展最快的新兴产业之一。网络服务市场需求旺盛，产业发展空间广阔。以动画卡通、网络游戏、手机游戏等为代表的动漫游戏产业，依托网络服务的发展，已成为广东文化产业中的新兴支柱力量。

广东的动漫优势历来很明显。因为邻近港澳，自20世纪80年代以来，深圳成为国内动画公司的集中地，深圳是我国动画加工制作起步最早的城市之一。过去，深圳动画企业一直从事"来料加工"，其竞争力主要集中在动画制作环节上。深圳市有动漫加工生产企业200多家，从业人员数千，是国内最大的动画制作基地之一，主要承接来自欧、美、日的动画加工业务，许多著名的动画片都曾在深圳制作，如迪士尼的《花木兰》《狮子王》《人猿泰山》等大片。虽然这些外包制作业务给深圳带来了原始资金、管理经验和人才的积累，但也造成了原创动画片的缺乏。2000

---

① IP是英文Intellectual Property的缩写，意思是知识产权。IP产业近年来最先于网络文学领域被人熟知，随着互联网的介入，IP的产业链也逐渐衍生到影视、游戏、周边商品等领域。IP的形式可以多种多样，既可以是一个完整的故事，也可以是一个概念、一个形象甚至一句话。IP可以用在多个领域，如音乐、戏剧、电影、电视、动漫、游戏等。

② 安丽芬：《双百亿助力"文化+金融"粤"两媒"基金4月签10项目》，载《21世纪经济报道》2016年7月20日第14版。

第三章 文化产业的跨越式提升

年后,国际订单利润降低,这些企业被迫转型主打做原创动画,从而抓住内容生产,走出了一条动漫发展之路。如今,广东动漫已开始形成以广州为中心、深圳为支撑,以东莞市和汕头市澄海区为加工制造基地的动漫产业集群。目前,全省共有动漫企业近1000家,占全国的近1/5;2010年的动漫业产值近130亿元,占全国总额的1/4。①

到2006年年底,广东省经批准领取"广播电视节目制作经营许可证",并具有独立原创制作能力的动画片制作单位已经达到15家,有13部动画片被国家广电总局推荐进"优秀国产动画片目录"。与此同时,中国动漫界的最高奖项金龙奖,也永久性落户广州。② 以金龙奖颁奖典礼系列活动为代表的广州动漫已经成为广州市的一张文化名片,广州被誉为"华南动漫之都"。

深圳本土动漫在2000年以后迅速崛起。《猫王和嘎嘣豆》《藏獒的天空》《水果部落》《薯仔的天空》《梦和世纪》等作品引起了众多动漫迷的关注。原创性也让深圳漫画走向全国,走向世界。例如,深圳南方盛美动画设计有限公司的作品《水果部落》,参加韩国春川国际动画片的评选获得大奖,被美国迪士尼公司选中投资制作。2004年,广东原创动力文化传播有限公司以《喜羊羊和灰太狼》创造了中国动漫的奇迹。2009年,广东原创动力文化传播有限公司又以600万元的低成本制作《喜羊羊与灰太狼之牛气冲天》电影,获得创纪录的8500万元票房;2010年,成本为1200万元的《喜羊羊与灰太狼之虎威太岁》电影取得票房1.26亿元,再破纪录;2011年,成本为2000万元的《喜羊羊与灰太狼之兔年顶呱呱》获票房1.5亿元。喜爱"喜羊羊"的不仅是低幼儿童,"嫁人要嫁灰太狼,做人要做喜羊羊"成为城市白领口号,"中国首届女性电影周暨2009年度女性观众电影评选"中,"灰太狼"获得"女性观众最喜爱的年度银幕情人奖"。"喜羊羊"成功的关键就在于内容创新——讲好故事。《喜羊羊与灰太狼》的总编剧黄伟健说:"电影是一个系统,技术也是很系统的

---

① 《广东去年动漫产业产值32.2亿元 占全国近四成》,载《广州日报》2011年8月17日。
② 广东百科全书编纂委员会、中国大百科全书出版社编辑部:《广东百科全书》,中国大百科全书出版社2008年版,第813页。

技术。我们代工那么多,但是台本(动画分镜头剧本)是核心,代工的人是看不到的,因此缺乏运用能力。《兔侠传奇》毛发技术做到了《功夫熊猫》水平,但你不能让人 90 分钟都看毛发吧?用镜头讲故事是最核心的。"①

广东的动漫产业链日趋完善。广州、深圳主要集中于动漫内容的创作、制作,有众多的动漫公司和知名动漫品牌,且软件产业相对发达;动漫衍生品的生产、加工则主要集中在制造业较为发达的珠三角及粤东潮汕地区,形成了区域优势互补的完整产业链。这也体现了文化产业的"溢出效应"及其带动整个区域经济发展的能力。

网络游戏综合了文本、图像、音频、视频等各种媒介符号形式,允许使用者进行多层次的信息传播和交互行为,最大限度地满足了现代社会中年轻人的体验需求,因而发展非常迅速。近 10 年来,我国网络游戏产业迅速发展,成为经济增长中的一个亮点,前景广阔。广东政府近年来大力扶持本地游戏产业的发展,2003 年组织召开了"广东首届网络游戏文化高层研讨会""广州国际网络游戏嘉年华",2005 年又在广州召开了首届中国游戏产业年会。国家"861 计划"出台后,广东省人民政府办公厅紧跟着在《2003 年广东省关键领域重点突破项目招标公告》中设置了"互联网文化娱乐软件开发"一项,该项目提供的扶持资金高达 1000 万元,比国家"863 计划"的 500 万元翻了一倍。

在广东网络游戏的发展中,网易和腾讯 QQ 走出了各具特色的两条道路。网易自主研发的游戏题材往往取自中国传统文化。2001 年,网易率先推出了首款自主研发的大型网络角色扮演游戏《大话西游 Online》,2002 年开发了《大话西游 OnlineⅡ》,2003 年推出大型 Q 版网络游戏《梦幻西游 Online》。2016 年,《梦幻西游》手机游戏联手《舌尖上的中国》团队,共同制作了《舌尖上的梦幻》,打造了一部传统文化与现代科技传承与创新的纪录片,展示了皮影戏的魅力,制作精良。而腾讯依靠 QQ 用

---

① 《从"曲江模式"创新到"喜羊羊"的幕后故事》《喜羊羊为什么出现在广东?谁是下一个喜羊羊?》,载《瞭望东方周刊》2011 年第 44 期。

户群主营休闲游戏。虽然以打怪、练级、换装备以及 PK① 为主的角色扮演类游戏还是市场的主导产品,但是,在政府网络游戏产品结构调整的政策影响下,再加之网络游戏用户的多元化倾向,即越来越多的上班族和女性加入了这个队伍,棋牌类游戏和 Q 版等休闲类游戏呈现了很好的发展势头。2005 年 7 月,文化部游戏产品内容审查委员会向社会推荐的 15 款游戏全部是 Q 版游戏和棋牌类休闲游戏。②《王者荣耀》作为腾讯近期推出的网络游戏,用户众多,却也备受争议,在一定程度上表现出网络文化发展中的伦理困境。

2017 年 2 月,文化部正式发布了《文化部"十三五"时期文化发展改革规划》,提出加快发展动漫、游戏等新型文化业态。以文化产业成为国民经济支柱性产业为目标,在动漫产业方面,未来将推动重点文化产业展会市场化、国际化、专业化发展,支持原创动漫创作生产和宣传推广,培育民族动漫创意和品牌,持续推动手机(移动终端)动漫等标准制定和推广。这也为广东动漫及网络游戏的发展指明了方向。

四、现代文化产业体系的构建

2011 年,党的十七届六中全会通过的《中共中央关于深化文化体制改革推动社会主义文化大发展大繁荣若干重大问题的决定》明确提出,加快发展文化产业,必须构建结构合理、门类齐全、科技含量高、富有创意、竞争力强的现代文化产业体系。这是从国家文化产业发展战略方面提出构建"现代文化产业体系"的要求。"结构合理、门类齐全、科技含量高、富有创意、竞争力强"成为现代文化产业体系建构的基本要求。

(一)促进结构调整

产业结构调整,包括产业结构合理化和产业结构高级化两个层面。广东的文化产业结构调整,要从这两个层面进行,才能达到现代文化产业对

---

① PK 是 Player Killing 的缩写,原指在游戏中高等级玩家随意"杀害"低等级玩家的行为,后引申发展为"对决"等含义,并且用法更加广泛。

② 孙家正:《2006 中国文化年鉴》,新华出版社 2007 年版,第 225 页。

"结构合理"的要求。

广东作为文化产业起步早、发展较好的地区,在几十年的发展中形成了自己的特色:一是产业规模大,对经济的贡献率较高;二是传统产业尤其是文化制造业优势明显;三是新兴产业特别是工业设计发展势头迅猛;四是文化企业多,注重科技和文化、生活的融合,并且有一批市场化、社会化程度高,对市场需求反应灵敏的文化企业;五是区位优势明显,形成了以广州、深圳为中心的珠三角地区文化创意产业集群,在国内和国际的影响力不断增强。

同时,广东文化产业也存在着结构性问题,集中表现为产业一体化程度不高、核心竞争力不强。就产业一体化程度不高而言,由于缺乏必要的统一规划和协调,资源整合度差,各市甚至同一市的各个区(县)、镇之间,普遍存在各自为政以及争资源、争项目等无序竞争现象,产业同质化、发展模式单一、园区结构雷同、企业弱小散乱等问题比较突出,从而造成了文化产业的重复建设和资源的严重浪费。例如,许多市都在打造印刷产业基地,然而各地有实力上规模的印刷企业屈指可数。又如,广东在报业内容生产环节是最具竞争优势的领域,但激烈的同城化竞争,导致广东报业的整体优势没有得到充分体现。

就核心竞争力不强而言,长期以来,传统加工制造业和劳动密集型产业一直是广东工业的主体,在文化产业发展上也表现为传统制造业占大头,主要以文化产品制造、销售业为主,文化服务业所占比重小。2010年,全省文化及相关产业增加值中,文化服务业仅占42.3%,而2009年上海市文化服务业增加值占文化产业增加值的比重高达64.8%。从产业技术结构看,广东省运用现代高科技改造和创新传统文化产业的步伐较慢,原创能力薄弱,核心领域的竞争力不强。文化制造业虽然有一定的规模优势,但科技含量仍然较低,基本上还停留在来样加工的层面,对外和对产业的辐射、影响力都不强。除广州、深圳外,其他城市的数字、网络等现代信息技术在文化产品创作、生产、传播等各个环节中的应用水平不高,创新、设计能力弱,具有自主知识产权的文化产品和文化技术产品较少;广东省虽然历史文化资源丰富,但至今尚未开发出上规模、有较大影响力的文化旅游品牌;粤版图书和电视均尚缺少影响大的精品和名牌节目、栏目。核心领域竞争力的不强,直接导致广东有实力又有重要影响的文化产业领军企业较少,在很大程度上影响广东文化产业的持续快速增长。

解决这些问题,需要从产业结构调整入手。一是要促进产业结构合理化,对印刷、报刊等传统产业而言,要加强整合,降低重复率;二是要促进产业结构高级化,强化科技支持、创意引领,提升传统产业的格局,引领传统产业向新兴产业升级。

2011年,广州市发布了《广州建设文化强市培育世界文化名城规划纲要(2011—2020年)》。该纲要指出,要大力构建空间布局合理、区域特色鲜明、高端文化企业和文化品牌不断涌现、文化市场繁荣有序的现代文化产业体系,推动文化产业成为广州的重要支柱产业和战略性新兴产业,把广州建设成为文化产业跨越发展的"创意之都"。要努力建立健全有利于吸引优秀文化人才来穗居住创业发展和优秀文化人才健康成长、脱颖而出的体制机制,构建一支门类齐全、结构合理、梯次分明、素质优良的文化人才队伍,把广州建设成为尊重创造、鼓励创新、人才辈出、人尽其才的优秀文化人才"汇聚之地"。

(二)优化门类布局

优化门类布局是构建现代文化产业体系的内在要求,是满足人们多元文化消费的必要途径,又与产业结构调整密切相关。随着经济的发展,文化消费支出在总消费支出中的比重增加,人们对精神文化方面的需求不断上升,比如教育、文化娱乐、书报阅读、体育健身、美容休闲、旅游观光、手机和互联网通讯等,而且这种消费需求是多元的、复杂的,不仅需要传统的书籍、影视以及艺术品的文化消费,更追求与高科技相结合的、创新的、体验式的文化消费。习近平总书记在党的十九大报告中也提出了"中国社会主要矛盾已经转化为人民日益增长的美好生活需要和不平衡不充分的发展之间的矛盾"的论断。就文化产业而言,这就需要文化产业全面发展,为人们的文化消费提供多样化的文化商品。

广东省统计局的资料显示,广东城镇居民在1993年进入小康社会(恩格尔系数48.90%),2000年进入富裕社会(恩格尔系数38.60%);农村居民则晚了7年,到2000年进入小康社会(恩格尔系数49.77%)。

2006年，广东省的人均GDP超过3000美元（3509美元），2009年达到5965美元，因此，广东的文化消费已经进入了急剧增长和"井喷"阶段。在加快文化产业发展、优化产业门类布局的道路上，广东不能忽视传统的优势文化产业，如演艺、娱乐、影视制作、印刷、新闻出版、工艺美术业等行业。同时，广东应该更加注重发展现代文化产业，特别是把眼光放远、视野放宽，重视发展基于"三网融合"环境下的网络文化产品和网络游戏、动漫、新媒体等新的产业形式与文化业态，推动文化与科技融合更加紧密、文化内容和文化样式更加丰富、文化业态和产业结构更趋合理、文化传播能力和传播手段显著提升、门类布局更加全面。

广东传统的文化产业占比较大，新兴文化产业不足，文化产业缺乏创新元素，进一步制约了文化产业的跨界融合发展。广东省文化产业资源丰厚，特别是中国传统艺术、民间艺术和工艺美术，如石湾和枫溪艺术陶瓷、肇庆端砚、云浮石材工艺、高州角雕、信宜玉雕、阳江漆器、阳江风筝、广州"三雕一彩一绣"、潮绣和潮州木雕、佛山剪纸和木版年画、龙门农民画等。如何更新观念，按照文化产业的发展规律，充分挖掘民间传统文化的资源优势，促使其实现由传统产品到文化商品的转变，更加需要探讨通过"互联网+""文化+"以及现代科技的引领来促使其向新兴文化产业发展的途径。例如，北京格申公司通过3D建模将《乾隆戎装大阅像》古画变为雕塑品，成为热销的博物馆衍生品，在第十一届中国（深圳）国际文化产业博览交易会上广受关注，可以成为广东传统文化产业与新兴文化产业融合发展的借鉴。

加强政策支持的长期性和有效性，是广东新兴文化产业发展的必要途径。例如，广州在2007—2011年间实施扶持动漫产业发展政策，有近四成相关企业是在此期间成立的。2011年年底，广州市结束了进一步扶持动漫产业发展的相关政策，一年过后，有20多家动漫企业因资金链问题关闭或迁移而消亡。

（三）发展文化创意产业

发展文化创意产业是解决广东经济发展和文化建设不平衡问题的重要举措。改革开放以来，广东经济增长与发展非常迅速，但广东的文化建设

第三章 文化产业的跨越式提升

却稍有逊色,与经济大省的地位不相称。在与国内其他地区经济崛起的对照之下,广东发展显出后劲明显不足的迹象。文化创意产业不仅能直接创造经济价值,还能够通过为相关产业提供创意,赋予其他产业、产品文化内涵,间接创造经济价值,从而产生"溢出效应"。对广东而言,文化创意产业能够为传统产业升级提供创意资源和技术服务,以"创意引擎"来促进制造业的产业升级,增加产业附加值,从而促使传统制造业走出价值链的低端,向高端产业链延伸。

坐落于深圳市宝安区的F518时尚创意园于2007年成立,是一座专门为中小文化企业打造的产业集聚园区。构建特色文化产业链闭环,加速文化产业链上下游企业成长、壮大,不断进行产业资源整合集聚,推动文化产业升级发展是这家创意产业园的基本功能,最终形成集工业设计、平面设计、品牌策划、影视动漫、新媒体服务、建筑环境、创意产品孵化及艺术创作为一体的文化创意产业园区。据统计,深圳共有超过80家文化产业集聚园区,其中有F518时尚创意园这样为培育和孵化文化企业而专门打造的特色园区,也有由龙头文化企业拉动而自然形成的产业聚集区。这为广东文化创意产业的发展提供了平台。

创意阶层是创意产业的核心推动力量,当今世界,"竞争力的核心在于一个国家动员、吸引和留住创造型人才的能力……越来越多的国家开始认识到,长期的经济优势在于吸引和留住人才的能力,而不是单纯的商品、服务和资本的竞争"①。创意产业的发展依赖于人才的培养,只有人才才能建构新理念、新技术、新商业模型、新文化形式和新产业,这些就是所谓的创意资本。创意阶层所具有的个人创造力、天分和技能的综合能力,成为当前推动地区经济发展的力量源泉。创意阶层的出现和地方经济的增长呈正相关,只有那些能够吸引创意阶层去工作和生活的地方,才能获得经济的成功。2011年,广州市发布了《广州建设文化强市培育世界文化名城规划纲要(2011—2020年)》。该纲要指出,要大力构建空间布局合理、区域特色鲜明、高端文化企业和文化品牌不断涌现、文化市场繁荣有序的现代文化产业体系,推动文化产业成为广州的重要支柱产业和战

---

① [美]理查德·弗罗里达:《创意经济》,中国人民大学出版社2006年版,第49页。

略性新兴产业，把广州建设成为文化产业跨越发展的"创意之都"。要努力建立健全有利于吸引优秀文化人才来穗居住创业发展和优秀文化人才健康成长、脱颖而出的体制机制，构建一支门类齐全、结构合理、梯次分明、素质优良的文化人才队伍，把广州建设成为尊重创造、鼓励创新、人才辈出、人尽其才的优秀文化人才"汇聚之地"。《广州蓝皮书：广州文化创意产业发展报告（2014）》显示，广州大大小小的文化园区、街区也已经超过60个。

以深圳、广州为龙头的文化创意产业发展，为广东现代文化产业体系构建提供了先行先试的经验。2011年，时任中共广东省委书记汪洋说："文化强省"战略是促进经济社会协调发展、当好推动科学发展排头兵的重要举措，是解决广东文化建设"短板"的必然要求。广东当前正处于转变经济发展方式的关键时期，转变发展方式不仅需要经济举措，更需要文化的引领和支撑。① 通过文化强省建设，解放和发展文化生产力，壮大广东省社会经济发展水平，最终促进和提升广东省人民生活的文化质量和广东人的文化品质。从长远观点来看，现代文化产业体系的建构，通过产业链整合，实现合理调整生产力布局，促进地区经济协调发展，还能促进文化、科技、商业资源的集聚，从而逐步推进城镇化，实现城乡经济良性互动，着力改善基础设施和生态环境，实现可持续发展。

五、品牌意识和创新精神

汪洋说："在中国文化中间，广东文化元素是绝对不可或缺的。到北京感受长城故宫，到广东感受什么？到广东就来感受'解放思想、改革开放'的新时期广东文化的精神。""'解放思想、改革开放'是广东文化最鲜明的时代特征和最突出的地域优势。"② 广东有务实的传统文化，有解放思想、改革创新的时代文化精神，这两者结合起来成就了广东的经济奇迹，是广东文化发展的重要表现。在文化产业方面，则集中表现在品牌意识和创新精神上。

---

① 张演钦：《广东文化产业强劲五年称雄全国》，载《羊城晚报》2011年1月5日第A6版。
② 张演钦：《广东文化产业强劲五年称雄全国》，载《羊城晚报》2011年1月5日第A6版。

第三章 文化产业的跨越式提升

（一）品牌意识

文化品牌是文化产业发展的重要条件和动力，拥有一批特色鲜明的优秀文化品牌，才能真正走出产业链的低端，推动文化产业的发展。随着社会对文化产品和服务需求的增大以及国外文化产品的大规模涌入，竞争更加激烈，文化品牌的重要性也愈发彰显出来。从文化产业的竞争趋势来看，当今国际市场的竞争，已经跨越了产品竞争的阶段，进入了品牌竞争的时代。品牌是产品的卖点，是企业的标识，也是文化产业的发展归宿。文化产业要赢得市场，参与国际国内文化资本的激烈竞争，就必须走品牌化建设之路，就必须打造具有强大竞争力的文化品牌。

改革开放40年来，广东的文化品牌建设取得了不错的进展，但是总体上看品牌意识不强。① 文化品牌建设滞后，不仅直接影响了广东文化产业的竞争力，而且也制约了广东文化产业的健康、快速发展。品牌建设是今后广东文化产业发展的重点。

改革开放后，广东经济快速发展，但不少企业却长期处于"贴牌生产"的境地，成为世界知名品牌的"生产车间"，处于价值链的底层。长期以来，广东的品牌意识比较淡薄，对于品牌建设的重要性认识不足。而文化产业的业态支撑点在于文化品牌，文化品牌体现了一种文化的精神影响力和一个文化企业的核心竞争力。现代商业竞争，某种意义上说就是品牌之争，谁能拥有"金字招牌"，谁就能站在价值链的顶端，获得丰厚的品牌附加值。

广东的文化产业要做大、做强，走向国际市场，增强品牌意识、实行品牌战略是当务之急。《广东省建设文化大省规划纲要（2003—2010年）》

---

① 首届"中国文化产业品牌榜"评选活动中，遴选出了78个文化品牌，广东只占了9个。中国纸媒文化九大品牌中，广东占了3个，分别是广州日报报业集团、南方报业传媒集团和《家庭》杂志；中国动漫游戏文化八大文化品牌，广东只有"宇航鼠"上榜；中国文化服务九大品牌，广东有深圳文博会和中国国际音像博览会，以及广州盛世长城国际广告有限公司；中国文化制品七大品牌，上榜的是深圳大芬油画村；中国新媒体六大品牌，广州网易上榜。而中国文化产业十大领军人物、中国电视文化十大品牌、中国演艺文化九大品牌、中国文化旅游十大品牌榜上，却不见广东的身影。

指出，要充分发掘广东历史文化资源，发展特色文化，打造具有现代岭南风格和广东气派的文化精品，积极开发和培育具有国内国际竞争力和影响力的文化品牌，树立广东文化形象，提升广东文化地位，提高广东文化发展水平。广东提升品牌战略，首先要推行精品战略，依托本土文化资源，打造广东气派的文化精品；其次是实施人才战略，重视人才培养，以文化名人提升广东的文化形象。

综观成熟的知名品牌，可见其背后都有一个原生文化背景在支撑着，从历史的、民族的、民间的、现有的各种文化资源中发掘出具有深厚文化内涵与底蕴的文化品牌，是品牌战略的必由之路。广东拥有丰富的历史文化资源，从历史古迹方面看，有古代的海上丝绸之路、阳江"南海一号"、南越王墓等；近现代的有万木草堂、黄花岗七十二烈士墓、大元帅府、农民运动讲习所、黄埔军校等，它们都是广东著名的历史文化遗迹。广东历史文化名人辈出，如古代的葛洪、惠能等，近现代的郑观应、容闳等。广东的生活方式颇具特色，比如西关小姐、骑楼文化、竹筒屋和西关大屋等，现在还远远没有将其发掘出来。广东的粤菜天下闻名，广东的凉茶独树一帜。粤剧、潮剧、木偶戏、飘色等，广东的民间文艺资源丰富多彩。客家文化、潮汕文化、广府文化、香山文化，每种文化都各具特色、各有优势，这些都是广东打造文化品牌的优质资源。广东应该充分发掘这些文化资源，发展特色文化，打造具有现代岭南风格和广东气派的文化精品。

品牌建设离不开高素质、高层次人才的支撑，因此，广东要牢固树立人才是第一文化资源的观念，加快文化人才队伍的建设。中国文化产业之所以缺乏强大的竞争力，原因之一就是缺少一批懂市场、懂经营、懂管理、懂技术、懂艺术、有品位的专门人才。国外文化产业的成功无不借助于一批专业、优秀的人才。以游戏产业为例，2003年，美国设有游戏专业的大学（学院）有540所；日本有200所；韩国有288所，其中政府指定赞助的大学及研究院就有106个。① 而当前广东文化产业的人才队伍学历偏低、专业技术人员年龄偏大、人才队伍专业结构不合理，并且队伍分布失衡。广东已经意识到文化产业人才培养的重要性，设立了文化产业研

---

① 吴红：《我国创意产业存在的主要问题及发展对策》，载《当代经济》2007年第10期。

究机构，并开设了相关专业培养专门人才，但是总体上看，人才培养呈现散、小、弱的态势。因此，广东下一步要着力解决人才短缺问题，建立、健全文化人才培养、引进、选拔和激励机制。而且，人才本身就是知名文化品牌，要以杰出的文化专门人才促进创作繁荣和成果涌现，以优秀的经营管理人才推动文化产业发展，以文化名人、名家提升广东文化品位和形象。

品牌战略是一项系统工程，是一项长期的发展战略。除了依托资源优势外，还涉及诸多因素和条件，比如明确思路、选择重点、体制改革和机制创新、政策环境、人才队伍建设等，这些要素相互依存、相互作用、不可或缺。因此，我们不能奢望品牌战略在短时期内就能达到效果，需要持之以恒。当前广东有绝对影响力的文化品牌不多，虽然广州日报、大芬油画等已经对广东的文化产业产生了巨大的影响，成为有名的文化品牌，但是，对于正在建设文化强省的广东而言，其文化品牌之旅还很漫长。

（二）创新精神

文化产业在西方一些发达国家也被称为创意产业，"创意产业"这个概念本身就表明了创新精神对文化产业的重要意义。"创意"是文化产业的核心属性。除去市场化程度这个因素，文化产业区别于其他产业的关键点就在于创造性和精神性。在"第四届中国文化产业新年论坛"上，时任国家新闻出版总署党组副书记、副署长柳斌杰说，创意是文化产业的灵魂。一旦文化没有创意，一件作品也就没有了自己的特色，也就没有了生命力。创造是文化产业的核心。把文化变成产业，把创意变成产品，把知识变成物资，需要的就是创造。①

广东文化产业在改革开放 40 年的发展中，充分发扬了敢闯、敢干、敢为人先的创新精神，在观念创新、体制和机制创新、内容创新等方面进行了积极的探索。

观念创新，就是要充分认识文化产业在整个社会发展中的作用。文化产业的发展离不开观念的更新，我们的认识不能停留在过去，必须与时俱

---

① 《文化产业舞台如何唱响中国风》，载《新华日报》2007 年 1 月 9 日第 D3 版。

进。我们要充分认识当前发展文化产业的重要性、必要性，适应社会主义市场经济发展的需求，树立全新的文化产业意识。

观念创新是发展文化产业的先决条件，是广东文化产业发展不竭的动力和源泉。著名经济学家罗默（P. Romer）曾在1986年撰文指出，新创意是推动国家经济成长的原动力。新创意会衍生出无穷的新产品、新市场和财富创造的新机会，所以创意才是推动一国经济成长的原动力。把文化变成产业，把创意变成产品，把知识变成物资，需要的就是创新。创新精神推动广东文化产业积极实践，引领着广东的创意企业转型升级，从模仿走向原创。创意产业一直强调内容为王，没有好的内容，即使有高科技参与制作出来的产品也依然是高仿品，所以内容创新对创意产业来说至关重要。以动漫产业为例，2010年元旦前夕，文化部、财政部、税务总局联合公布第二批共169家通过认定的动漫企业与首批共18家国家级重点动漫企业，其中广东漫友文化与奥飞动漫获评重点动漫企业，将获得国家与地方政府的重点扶持。这两家动漫企业均拥有一流的专业动漫人才、系统完善的企业管理制度、极具前瞻性的发展目光以及准确的市场运作机制。

体制与机制创新是文化产业不断发展壮大的外在条件。创新精神推动广东在文化体制改革的道路上先行一步，作为全国文化体制改革试点省，在一些重要领域和关键环节取得了新突破，一直走在全国的前列。运行机制的创新对广东文化产业发展来说尤为重要。广东的文化产业在总体上缺乏竞争力，其中一个重要的原因就是企业规模相对较小，经营单位众多，资源高度分散，缺乏有效整合利用。因此，广东省在发展文化产业的过程中，要建立健全文化经济政策，调动一切积极因素，发挥多种所有制经济成分兴办文化产业的积极性，整合各种资源，构建顺畅、高效的运行机制。在这方面，广东也进行了大胆的探索。例如，2004年，广州交响乐团、广东省星海音乐厅、广东实验现代舞团合并重组成了广东星海演艺集团，"团厅合一"实现了"一个集团、多种体制"。"团厅合一"之后，三方均实现了迅速发展。其他如南方报业传媒集团实行的"分而不断，联而不乱"管理机制，深圳报业集团实行的"统分结合"机制，都有效地整合了集团资源，促进了企业的发展。

依托科技发展推动文化产业内容创新是文化产业的发展趋势。现代文化产业是一个与科技日益融合的产业,特别是一个与信息产业相互关联、互为表里的产业。技术创新正成为推动文化产业创新的重要力量。

从总体上看,广东的创新精神推动了文化产业的发展,但同时我们也要看到,广东的创新意识、创新能力与文化产业的快速发展还不相适应。广东文化产业尚未形成引进、消化、吸收、创新的产业链体系,真正具有核心版权和自主创新的文化产品与服务还比较缺乏。而且,广东文化产业吸纳和应用高新技术的能力不足,难以形成拥有独立知识产权、具有强竞争力的高端产业。因此,广东文化产业在自主创新能力方面还有待加强。

整体而言,文化产业具有综合多元的价值,不仅能推动经济的发展,而且能推动城市文明、传递文化价值、促进人的全面发展,最终形成一种良性的创意环境,平衡经济和文化之间的张力。文化产业的发展,会丰富重商的文化精神,使得重商与尚文并重,正确处理经济和文化之间互相交融、不可分割的关系,形成经济和文化双翼齐飞的局面。

第四章 思想道德建设的价值凝练

思想道德建设，集中体现着精神文明建设的性质和方向，对社会、经济、政治的发展具有巨大的能动作用，是社会主义文化建设的重要内容和中心环节。2014年3月，习近平总书记参加全国人大会议广东代表团审议时寄望广东，要坚持物质文明和精神文明两手抓两手硬，弘扬昂扬向上、只争朝夕、奋勇争先的良好精神状态，让阳光的、美好的、高尚的思想和行为更好地占领阵地，进而普及开来，在全社会蔚然成风。改革开放以来，广东省按照中央的统一部署，并结合岭南特点，始终紧抓理论武装与道德建设不放松，认真组织党员干部和广大群众学习邓小平理论、"三个代表"重要思想、科学发展观、习近平新时代中国特色社会主义思想，先后开展新时期广东人精神、广东时代文化精神、广东精神的培育和弘扬活动，特别是大力开展社会主义核心价值观建设，使新理念、新思想、新道德、新风貌在广东落地生根、开花结果。

一、在解放思想中加强思想建设

国家的发展、民族的振兴，离不开科学理论的指引。中国共产党历来重视思想建设与理论武装，在革命、建设与改革的各个时期，不仅坚定不移地坚持马克思主义，而且注重不断推动马克思主义中国化、时代化、大众化。广东在加强思想道德建设中，坚持不懈地进行党的基本理论、基本路线、基本方略教育，以及形势政策教育、民主法制教育，把重点学习与常规教育相结合，寓理论武装于改革开放实践之中，在广大党员干部群众

第四章 思想道德建设的价值凝练

中铸造起坚强的精神支柱。

(一) 思想理论教育

改革开放以来每一个巨大变化,无一不是思想解放的结果。习近平总书记强调:"改革开放的过程就是思想解放的过程。没有思想大解放,就不会有改革大突破。"① 回顾广东改革开放历程,可以发现,广东的每一次大发展,都是以解放思想为突破口。40年来,广东先后经历了四次大的思想解放:第一次思想解放以1978年5月开始的真理标准问题大讨论为起端,中共广东省委从毗邻港澳的实际出发,大胆向中央提出广东"先行一步"的要求,使广东成为全国改革开放的示范地;第二次思想解放以姓"社"姓"资"的争论为核心问题,加快率先建立社会主义市场经济体制,掀起了新一轮改革与发展热潮;第三次思想大解放是关于姓"公"姓"私"的争论,焦点是所有制问题,在正确理解党的十五大精神的基础上,广东赢得了加快发展的难得机遇;第四次思想解放发生在改革开放30年之际,广东率先提出要以新一轮思想大解放推动新一轮大发展,把思想从不适应、不利于科学发展的认识中解放出来,以当年"杀开一条血路"的气魄,努力在实践科学发展观上闯出一条新路,争当实践科学发展观的排头兵。广东注重在解放思想中统一思想,在解放思想中加强思想建设,不断提高社会的理论素养。

1. 深入学习邓小平理论

早在党的十一届三中全会前后,广东就进行了比较广泛和深入的关于解放思想、拨乱反正和"实践是检验真理的唯一标准"的群众大讨论;在中央重申坚持四项基本原则的时候,广东注意了反"左"防右两条战线上的斗争和贯彻党关于解放思想问题的各项方针政策;在清除精神污染和反对资产阶级自由化的时候,广东注意到毗邻港澳的特点与优点,响亮提出"有所引进、有所抵制""排污不排外"的口号,既坚持社会主义方向不变,又注意保护干部群众改革开放的积极性;等等。这些都是对邓小平理

---

① 习近平:《在庆祝海南建省办经济特区30周年大会上的讲话》,载《人民日报》2018年4月14日。

论的自觉坚持和活学活用。为了统一党内认识，坚定党员干部对改革开放的信心和决心，针对改革中出现的弊端以及资产阶级自由化倾向，1991年6月，中共广东省委在党员干部中开展了马克思主义基本理论、党的基本路线和党的基本知识教育，也即是"三个基本"的教育，要求开展各种形式的学习和轮训，联系实际，总结经验，提高认识，提出相应对策。1998年6月，党中央下发《中共中央关于在全党深入学习邓小平理论的通知》。中共广东省委高度重视，及时制定下发贯彻意见，以组织好党委（党组）中心组学习为主，以实际行动带动各级组织和党员开展理论学习。中共广东省委有关部门制定了《关于县以上党委（党组）中心组理论学习检查考核的意见》，举办基层党员干部理论培训班，开展党员学习邓小平理论知识竞赛及大学生读书竞赛等活动。各地在理论学习中还探索出了许多好的做法，例如，广州市实施理论武装工作"红棉工程"，着眼于新的实践，建立新的机制，形成了理论学习与理论研究、宣传相互促进的工作格局；江门市着重抓好制订和实施干部理论教育总体方案，抓好中心组学习的检查考核和经验推广；河源市着力抓好健全中心组学习六项制度；茂名市注重开展理论研讨。这些做法有效地推动了理论学习新高潮的形成，收到了较好的宣传教育效果。

2. 兴起学习贯彻"三个代表"重要思想新高潮

2000年2月，江泽民在广东考察工作时首次提出"三个代表"重要思想。同年7月，中共广东省委八届五次会议把学习贯彻"三个代表"重要思想作为主要议题，通过了《中共广东省委关于深入学习贯彻江泽民同志"三个代表"重要思想的决议》。此后，中共广东省委在全省党员中广泛深入开展"三个代表"教育活动。2003年6月，党中央下发《中共中央关于在全党兴起学习贯彻"三个代表"重要思想新高潮的通知》，广东省遂结合学习党的十六大精神，掀起了学习宣传贯彻"三个代表"重要思想的热潮。中共广东省委组织10多期市厅和县处级干部学习"三个代表"重要思想研讨班，省委书记亲自做开班动员和重要讲话。省委及各市组织的"三个代表"重要思想宣讲团、十六大精神宣讲团深入厂矿、社区、村镇、学校开展学习辅导，扩大了学习宣传的覆盖面，使"三个代表"重要思想和党的十六大精神深入基层、深入群众、深入人心，广大干部群众在

第四章 思想道德建设的价值凝练

融会贯通、全面理解的基础上,把思想认识的提高转化为推动广东加快发展、率先发展、协调发展的精神动力。

3. 深入学习实践科学发展观活动

为使科学发展观和构建社会主义和谐社会思想深入人心,2008年9月—2010年3月,中共广东省委在广泛开展"继续解放思想,坚持改革开放,争当实践科学发展观排头兵"学习讨论活动的基础上,开展了深入学习实践科学发展观活动。针对在解放思想学习讨论活动中的薄弱环节,选择最有针对性的内容和最切合实际的方式进行"补课深化"式学习,增强学习实效。通过丰富学习形式,创新学习载体,结合调查研究和主题实践,大力开展"五个一天""四个一次"活动,努力把学习调研引向深入,引向解决实际问题。各地区、各系统不断开辟新平台,拓宽教育途径,开展形式多样的活动,如以"广东学习论坛"为主阵地,创办"岭南大讲坛",组织"百课下基层"形势政策宣传教育活动,推进各级领导干部深入学习中央全会精神,学习贯彻胡锦涛视察广东重要讲话精神,学习党的十六大以来理论创新的重要成果。通过持续不断的学习,科学发展观和构建社会主义和谐社会的战略思想更加深入人心,走中国特色社会主义道路、实现富民强国日益成为全省人民团结奋斗的共同理想和精神支柱。

4. 推进"两学一做"学习教育常态化制度化

党的十八大以来,以习近平同志为核心的党中央在治国理政实践中不断进行理论创新,发表了一系列重要讲话,提出了一系列新理念、新思想、新战略。2016年2月,中共中央决定在全体党员中开展"学党章党规、学系列讲话,做合格党员"(简称为"两学一做")学习教育活动。按照党中央要求,广东上下积极部署,扎实推进"两学一做"学习教育,带着问题学,针对问题改,针对党员队伍中存在的思想、组织、作风、纪律等问题掀起了一场党性集体大"回炉"与大"考试",着力解决突出问题,推动党内教育从"关键少数"向广大党员拓展、从集中性教育向经常性教育延伸,取得显著成效。2017年3月,中共中央办公厅印发了《关于推进"两学一做"学习教育常态化制度化的意见》,提出要推进"两学一做"学习教育常态化制度化。广东各级党组织高度重视,精心组织,坚持融入日常，坚持问题导向，以"钉钉子"精神持续用力，确保学习教育常态长效。坚持抓常抓长，在"学"和"做"的深化拓展上下功夫；突出抓好"关键少数"，着力抓实基层支部，把标杆立起来，把基础做扎实；联系全面从严治党实践，整体推进党的建设，强功能、抓基本、补短板、重创新，全面提升基层党员群众思想理论水平。

经过长期的教育和实践，广东在广大党员干部和普通群众中树立了牢固的实践标准，特别是生产力标准的基本观点，逐步形成了一系列具有广东特色、体现改革开放精神、与社会主义市场经济相适应的新观念，如"时间就是金钱，效率就是生命"的时效观念，"信息就是资源"的信息观念，"在竞争中求生存，在竞争中求发展"的竞争观念，"既要一轮明月，也要满天星斗"的多种经济成分共同发展的观念等。

（二）理想信念教育

习近平总书记指出："事实一再表明，理想信念动摇是最危险的动摇，理想信念滑坡是最危险的滑坡。"[①] 改革开放以来，广东一直将爱国主义、社会主义、集体主义教育作为国民教育和精神文明建设的重要内容抓紧抓实，推动爱国主义、社会主义、集体主义教育活动在南粤大地广泛开展，尤其是爱国主义教育走在全国前列。[②]

1. 大力开展"三个一百"活动，营造爱国主义、社会主义、集体主义教育良好氛围

广东省大力开展"三个一百"活动，即"百歌颂中华、百书育英才、百片扬国魂"，营造良好氛围，扩大社会影响。为配合"三个一百"活动

---

① 习近平：《建设一支宏大高素质干部队伍 确保党始终成为坚强领导核心》，载《人民日报》2013年6月30日。

② 1994年8月，中共中央印发《爱国主义教育实施纲要》，明确提出爱国主义教育的基本原则、主要内容、重点对象以及一系列具体措施；同年11月，中共广东省委发出《关于贯彻〈爱国主义教育实施纲要〉的意见》，要求各地充分认识在新的历史条件下加强爱国主义教育的重大意义，认真学习、广泛宣传《爱国主义教育实施纲要》和《关于贯彻〈爱国主义教育实施纲要〉的意见》。在此之前，1993年2月，共青团广东省委和广东省青少年研究所在珠海联合召开"改革与广东青年问题研讨会"，提出要将加强爱国主义、社会主义、集体主义教育作为今后青少年思想工作的主要任务。

第四章 思想道德建设的价值凝练

的开展，中共广东省委宣传部组织举办了"百书育英才"电视文艺晚会，形象地展现一百本书在进行爱国主义、社会主义、集体主义教育以及弘扬中华民族传统美德中所起的历史作用。与此同时，命名了一批青少年爱国主义教育基地，如东莞虎门鸦片战争博物馆、广州起义烈士陵园等。全省中小学普遍举行了升国旗、唱国歌仪式，激发青少年学生的爱国热情。

2. 充分利用纪念日，大力开展爱国主义、社会主义、集体主义教育

重要历史人物、重大历史事件，本身承载着深刻的历史意蕴，是爱国主义、社会主义、集体主义教育的难得教材。广东注重开展对历史人物和事件的纪念活动，收到很好的教育效果。例如，1994年9月，广州市举行民族英雄邓世昌殉国100周年纪念大会和邓世昌墓迁建暨塑像落成仪式、邓世昌纪念馆开馆仪式，进行爱国主义教育。1995年是抗日战争及世界反法西斯战争胜利50周年，广东各地围绕这一重大历史主题开展丰富多彩的活动，例如，举办"五月的鲜花"大型文艺晚会，邀请广州地区1000多名老红军和抗日老战士观看；开展以纪念抗日战争、世界反法西斯战争和红军长征为内容的优秀影视作品展播月；举行广东省少儿音乐花会和广州地区大型歌咏比赛，唱响革命歌曲；举办以纪念抗日战争、世界反法西斯战争胜利50周年和纪念红军长征胜利60周年为内容的全省美术展览。叶剑英元帅是开国元勋，是党和国家的卓越领导人，纪念叶剑英元帅诞辰是进行爱国主义、社会主义教育的珍贵资源。在叶剑英元帅诞辰100周年、110周年、120周年之际，广东省都举行了系列纪念活动来缅怀叶剑英元帅，进行爱国主义教育，如举行纪念叶剑英诞辰学术讨论会，对其历史功勋和历史地位充分肯定；举办叶剑英风采大型图片展以及座谈会、纪念书画展等活动。以上活动增强了人们的历史记忆，在社会上引起巨大反响，使人民群众深受教育。

3. 以迎接香港、澳门回归为契机，激发起全省人民热爱祖国、热爱社会主义、热爱集体的热情

香港回归是中国人民盼望已久的世纪盛事，1997年，广东省围绕这一历史题材开展了一系列纪念庆祝活动。深圳市组织召开了以香港回归为主题的"九七爱国主义的高扬"学术讨论会；共青团广东省委举办了"纪念五四，迎接回归"联欢晚会，粤港地区逾千青年参加了这一纪念活动；广州市教委举行了"香港回归知识竞赛"；"鸦片战争与香港"国际学术讨论会在深圳宝安举行；"六一"儿童节期间，广州市少年宫也以香港回归为主题，举办了"携手创未来"大型联欢会；广州、深圳、东莞等地隆重举行庆祝香港回归纪念活动，广州举办了大型音乐舞蹈《百年梦圆》。历时数月的迎香港回归活动，极大地调动了全省人民爱祖国、爱民族的热情和自豪感，增强了建设中国特色社会主义的自信心和使命感。

4. 利用多种载体、采取多种途径，开展爱国主义、社会主义和集体主义教育

例如，1996年，广东全省大力开展宣传和学习海军南沙守备部队参谋龚允冲爱国奉献的先进事迹，在全省掀起开展爱国主义、社会主义、集体主义教育的热潮；1997年，在全省广泛开展宣传学习"爱国拥军好母亲"姚慈贤的活动，对以为国分忧的潮阳妇女姚慈贤为代表的崇高朴素的爱国主义思想情操进行了大力宣扬。深圳市于1994年在全市中小学生中开展"祖国在我心中"的爱国主义教育系列活动，并通过开展拼中国地图、画祖国未来、学习祖国文化及地理知识等活动，使青少年学生在娱乐中了解祖国，激发他们对祖国的热爱，树立爱国主义的高尚情操。东莞市则着力建设虎门爱国主义教育基地，集中人力物力开展文物保护、修复和纪念馆场的建设。"海战博物馆"于1999年12月在东莞虎门开馆，大量的实物和图片真实、生动、形象地再现了鸦片战争时期中国军民英勇抗击英国侵略者的史实，成为重要的爱国主义教育基地。

二、精神文明建设理论创新的"广东现象"

注重理论建设，既是改革开放40年来广东省精神文明建设的一大特色，亦是40年来广东省精神文明建设的重要成果。学术研讨掀起热潮，精神文明建设注重理论引导实践。大凡重要的工作部署，中共广东省委有关部门都注意利用学术界的理论优势，或召开座谈会，征求意见，出谋划策，或进行理论研讨，总结实践经验，升华到理论高度。广东出版或发表了一大批高水平的精神文明建设理论成果，内容涵盖社会主义精神文明建设的方方面面。40年来，广东在精神文明建设理论研究方面，已发表论文1万多篇，出版专著上百部。在此基础上，广东率先创立和发展了精神

第四章 思想道德建设的价值凝练

文明学、中华民族凝聚力学,丰富了人文社会科学的学科阵地,形成了国内精神文明学研究领域鲜见的"广东现象"。

(一) 社会主义精神文明学研究

社会主义精神文明学是广东精神文明建设理论研究的重要内容。40年来,广东省精神文明建设建立了一支学识渊博、富有时代使命感和理论创造热情的研究队伍,相继成立了广东省精神文明研究中心和广东省精神文明学会,组织了一批长期致力于精神文明建设理论研究并取得丰富成果的党政领导干部、高校科研机构的专家学者,形成这一领域研究的主力军。广东理论界不仅在全国率先构建精神文明学体系,而且自觉研究新情况、新问题,对广东文化建设起到积极促进作用。

广东社会主义精神文明学从创建到繁荣大致经历了三个发展阶段。[①]一是精神文明学的初探期,从1979年到1989年,以《精神文明与社会主义》[②]与《精神文明建设导论》[③]的出版为代表,初步探索了社会主义初级阶段精神文明学的基本问题。《精神文明与社会主义》主要讲人类精神文明的起源与演进、社会主义精神文明的内容结构及其相互关系、精神文明与物质文明的关系、精神文明与民主的相互作用、精神产品的生产及转让、农村精神文明建设、经济特区精神建设以及精神文明建设目标等,从实践角度考察了社会主义精神文明建设若干理论问题,构建了社会主义精神文明学的初步框架。《精神文明建设导论》则从"社会主义初级阶段"的视角出发,明确提出了社会主义初级阶段精神文明建设的对象、方法、出发点、战略地位、指导方法、根本任务、主要规律和阵地队伍等问题。以这两部专著为代表,广东迈出了创建精神文明学的第一步。就整体而言,这一时期的工作还比较零散,许多课题还处于广泛调查、搜集材料阶段,尚未形成系统的、有深度的研究成果。二是精神文明学的奠定期,从

[①] 范英:《论精神文明学在广东的创立》,载《探求》2003年第2期。
[②] 钟阳胜、范英:《精神文明与社会主义》,广东人民出版社1988年版。
[③] 马中柱:《精神文明建设导论》,广东人民出版社1989年版。

1989年到1996年，以《精神文明学论纲》①与《精神文明学》②的出版为代表，对精神文明学进行广泛而系统的研究。这一时期的代表性著作有两部，各自提出了精神文明学的总体框架。一部是《精神文明学论纲》，首次界定了精神文明学的研究对象、研究方法和研究意义，阐述了这一新兴学科的基本概念、范畴和规律。这部著作阐述人类社会精神文明产生与发展的历史进程；概括精神文明真、善、美的内部结构及其之间的关系；把物质文明、政治文明、法制文明和"人种"文明看成是人类文明的主要组成部分，与精神文明构成各自的外部关联；等等。另一部是《精神文明学》，主要研究了精神文明学的研究对象、任务、方法；人类精神文明的历史发展；精神文明的本质特征；精神文明的系统结构与功能；精神文明的发生、发展及其形式、动力、规律、机制、环境和建设目标与实施方案；精神文明建设指标体系和管理系统；等等。这两部专著的出版，奠定了广东精神文明学研究在全国的领先地位。三是精神文明学的拓展深化期，从1996年至今，以《精神文明学概论》③与一批精神文明学丛书的出版为代表。1996年10月，《中共中央关于加强社会主义精神文明建设若干重要问题的决议》发布，全国精神文明建设进入新的发展阶段，广东精神文明学研究也进入新的发展时期。首先是《精神文明学概论》的出版，该书获得"广东省（1996—2000年度）精神文明建设优秀理论研究成果著作奖"，是又一本系统论述精神文明学理论体系的力作。其次是一批研究精神文明学的丛书出版。一方面，它们不断深化和完善刚创立起来的精神文明学，如范英等主编的"中国精神文明学大型丛书"，围绕《精神文明学论纲》，全方位探索了精神文明建设诸问题，进一步充实完善了精神文明学的学科体系；另一方面，它们较全面、系统地总结了区域性或专门领域的精神文明建设的实践与理论，如由中共广州市委宣传部主编的"精神文明建设哲学论丛"、邬梦兆等主编的"广州精神文明建设丛书"、吴松营等主编的"深圳精神文明建设丛书"、李萍等主编的"大学生道德

---

① 范英：《精神文明学论纲》，中共中央党校出版社1990年版。
② 张汉青：《精神文明学》，红旗出版社1991年版。
③ 吴灿新、孙志东：《精神文明学概论》，广东人民出版社1998年版。

第四章　思想道德建设的价值凝练

建设丛书"等。最后是大量高水平精神文明建设理论文章的发表。其中，《在改革开放中迈向文明之路——珠江三角洲精神文明建设实践的启迪》是广东省精神文明建设论文类最早荣获中宣部"五个一工程"优秀作品奖的论文，《培养具有现代素质的人——建设现代化国际大都市之关键》等获得广东省"五个一工程"优秀论文奖。在1996年12月举行的广东省首届精神文明建设优秀理论研究成果评奖活动（1992—1995年度）中，有24篇该领域论文获奖；在1996—2000年度评奖活动中有21篇论文获奖。

在广大理论研究者和实际工作者们的辛勤耕耘下，广东精神文明学研究取得丰硕成果，提出了新观点、形成了新理论、建构了新体系。第一，自觉地创立、完善和发展精神文明学的学科体系。广东精神文明理论研究者，从一开始就有明确的创建精神文明学的自觉意识。经过40年来的努力，从单篇论文到专著再到丛书，比较翔实地构筑了一个精神文明学的体系，从哲学高度深入系统地阐述了精神文明建设的基础、主体、过程、机制、方法、系统价值等问题，为精神文明学的建立奠定了坚实的基础。第二，从精神文明建设实践的需要和特点出发，深化与社会主义精神文明学息息相关的研究领域。区域性丛书或区域性单项著作，能够结合各地工作实际，对精神文明进行研究。颇值一提的是《邓小平精神文明建设理论在广东的实践》[①]一书，从理论上概括了邓小平精神文明建设理论的体系、结构、特点及意义；从实践上总结了广东在邓小平精神文明建设理论指导下的成功经验，探索社会主义精神文明建设的普遍规律；从发展战略与思路上提出了在改革开放和发展社会主义市场经济条件下，精神文明建设应采取的对策。此外，邬梦兆等主编的"广州精神文明建设丛书"、白天等主编的"深圳精神文明建设丛书"，都比较好地总结了本地精神文明建设的实践经验，进行了深入反思，提出有针对性的指导意见，对于精神文明建设的深入开展有重要价值。第三，对精神文明建设某一专题或某一文明单位的研究，深化和完善精神文明学。广东有一大批论文和专著，对精神文明专题进行深入研究，较具代表性的如《人的文化素质与现代化》《市场道德论》《走向开放的道德》等，内容涉及市场经济条件下精神文明学

---

① 蓝红等：《邓小平精神文明建设理论在广东的实践》，广东人民出版社1995年版。

科本身的深化与完善，市场经济与精神文明建设的关系以及由此派生出的一系列理论问题，诸如市场经济与道德建设、市场经济与人的素质、市场经济与爱国主义教育、市场经济与文明创建活动、市场经济与文化建设等。

（二）中华民族凝聚力学研究

中华民族凝聚力学研究，亦是广东精神文明理论探讨的一大特色。1988年，时任广东省政协副主席郑群同志提出：应当大力开展关于中华民族凝聚力的系统研究，以适应时代的需要，不断增强中华民族的凝聚力。① 在社会各界的积极支持下，1992年1月成立了"广东中华民族凝聚力研究会""广东增强中华民族凝聚力基金会"，前者是组织和推动研究的机构，后者是资助前者的团体。多年来，中华民族凝聚力研究取得丰硕成果，有力地促进了广东精神文明建设的发展。

广东中华民族凝聚力研究会先后组织出版专著13部、论文集6册。按照"中华民族凝聚力研究丛书"编辑出版方案，拟定开展基础研究、历史研究、实践研究和比较研究四大部分内容。在已出版的专著中，属于基础理论研究的有《中华民族凝聚力学》《中华民族凝聚力论纲》《儒家文化与中华民族凝聚力》《中华民族精神与当代中华民族凝聚力研究》《当代马克思主义的发展与民族凝聚力的提升》《全球化与中华民族凝聚力问题研究》《人的文化素质与现代化》；属于专一领域并带有政策性研究的有《统一战线与中华民族凝聚力》；属于历史经验研究的有《碧血烽火铸国魂》《秦汉中华民族凝聚力》《孙中山与中华民族凝聚力》；属于传统文化研究的有《永恒的民族古典》；属于个案研究的有《新会侨乡凝聚力》；属于大型社会调查报告的有《中国城市居民文化素质研究》等。

广东中华民族凝聚力研究会成功举办了10多次大型的增强中华民族凝聚力学术讨论会。重点研讨了中华民族凝聚力的基础理论、民族精神与中华民族凝聚力、民族文化素质与中华民族凝聚力、爱国主义与中华民族凝聚力、统一战线与民族凝聚力、中医药文化与中华民族凝聚力、中华文

---

① 张磊、孔庆榕：《中华民族凝聚力学》，中国社会科学出版社1999年版，"前言"。

第四章 思想道德建设的价值凝练

化与现代企业、文化认同与社会和谐等 10 多个专题。1997 年香港回归前夕，结合庆祝香港回归开展了"一国两制"与中华民族凝聚力专题研讨会。国内外传媒对该研讨活动广为报道，在社会各界引起较大反响。在 1990 年举行第一次关于中华民族凝聚力的学术讨论会后，《上海社会科学报》以头版头条报道，题目是"广东提出了一个可以一代接一代研究的大课题——开放时代的中华民族凝聚力"。通过一系列的研讨，大大提高了研究者对这一课题意义的认识，明确了中华民族凝聚力作为一门学科的基本理论框架，认识了中华民族凝聚力的运动规律，掌握了中华民族凝聚力的研究方法，从而在社会科学的研究上开辟了一个新的领域。

"中华民族凝聚力研究丛书"和研讨会通过纵向上考察、研究中华民族凝聚力的发展史，从横向上对各民族的凝聚力加以比较，找寻爱国主义与中华民族凝聚力的关系，从中总结中华民族凝聚力的科学原理，并运用这些原理分析个案、指导实践。在一般原理方面，通过系列研究，对"中华民族凝聚力"的概念做了界定，论述了这一课题兴起的原因、时代背景、研究对象、研究意义和研究方法；论述了"中华民族凝聚力"的形成原因、历史发展、基本特征和新时期增强"中华民族凝聚力"的思路；阐述了"中华民族凝聚力"的功能、结构以及与社会经济、政治、文化诸因素的关系，对中华民族离散力的根源、表现、危害进行了分析和批判。在理论应用层面上，运用中华民族凝聚力理论对事件和人物进行分析研究，从中获得有益的启示；运用中华民族凝聚力理论进行实践性、区域性和对比性研究，总结经验教训，借鉴有益成分，找出中华民族凝聚力规律，从而在实践上促进中华民族凝聚力的增强。

广东中华民族凝聚力研究有两个最鲜明的特点：一是理论与实践紧密结合，二是多学科综合研究。每一次研讨专题的确定都是从实际需要梳理出来的，每一项研究成果，都要求能对推动实践起到直接或间接的作用。为了坚持从实际出发，为实践服务，研究者们注重社会调查，先后到梅州市、中山市、新会市、佛山市以及广州市的一些学校、企业调查研究，总结他们（地区或单位）增强凝聚力的实践经验，并提出如何进一步增强凝聚力的建议。正是由于这一特点，团结了更多的研究者从不同学科角度、不同层面去开展研究，使研究的视野更加开阔，内容丰富多彩，质量不断提高。①

(三) 中国特色社会主义理论研究

改革开放以来，广东不仅是出经验、出思想的前沿地，也是出理论、出学术的重要阵地。以广东省中国特色社会主义理论体系研究中心为依托，组织全省社科理论专家认真研究邓小平理论、"三个代表"重要思想、科学发展观、习近平新时代中国特色社会主义思想，不断推动马克思主义的中国化、时代化、大众化。

广东省中国特色社会主义理论体系研究中心的前身，是1994年8月成立的广东省邓小平理论研究中心。该中心成立之初，是广东省社会科学院内设研究机构，2000年升格为由中宣部直接联系指导的全国第六个邓小平理论研究中心，2004年经中宣部批准更名为广东省邓小平理论和"三个代表"重要思想研究中心，党的十七大后经中宣传部批准又更名为广东省中国特色社会主义理论体系研究中心，是中宣部确定的全国邓小平理论、"三个代表"重要思想、科学发展观等中国特色社会主义理论体系七大研究基地之一。2017年12月，经党中央批准，又成立广东省习近平新时代中国特色社会主义思想研究中心，为全国首批10家习近平新时代中国特色社会主义思想研究机构之一。

广东省中国特色社会主义理论体系研究中心出色完成中宣部交办课题研究任务，多次受到中宣部书面表彰。近年来，多次承担中央马克思主义理论研究和建设工程办公室交办的重大课题研究任务，内容涵盖邓小平理论、"三个代表"重要思想、科学发展观及中国特色社会主义理论体系。承担的重大课题如："毛泽东思想、邓小平理论和'三个代表'重要思想对社会主义精神文明建设的理论贡献""关于加强党的执政能力建设研究""关于进一步加强对党的十七大精神研究""中国特色社会主义理论体系的丰富和发展""中国特色社会主义理论体系结构研究""全面准确理解科学发展观的理论内涵和根本要求""当前社会思想主流积极健康的表现"，等等。该中心还参加了中宣部组织编写的《六个"为什么"——

---

① 张磊、孔庆榕：《中华民族凝聚力学》，中国社会科学出版社1999年版，"前言"第5页。

第四章 思想道德建设的价值凝练

对几个重大问题的回答》以及《理论热点面对面》等图书的撰写。

广东省中国特色社会主义理论体系研究中心着力加大马克思主义中国化和中国特色社会主义理论与实践研究力度,取得一批研究成果,如《当代中国科学发展观论纲》《中国化的马克思主义与当代现实问题研究》《马克思主义中国化与中国现代化》《科学发展观论稿》《区域科技创新与高新技术产业竞争力——基于广东的实证研究》《自主创新探源——中国研究与开发的实证分析》《管理与创新——人文视野中的战略管理问题》《科技创新与文化经济》《探索中国特色社会主义道路的实践与经验》《邓小平理论与波澜壮阔的改革开放实践》等。该中心充分发挥在中国特色社会主义理论体系研究方面的组织协调作用,积极组织广东省的专家学者在中央主要报刊发表重点理论文章。每年在《求是》《人民日报》《光明日报》《经济日报》上发表不少理论研究文章,显示出了较强的科研能力。

广东省中国特色社会主义理论体系研究中心积极参与广东省应用决策课题研究。近年来,在抓好学科建设的同时,该中心还积极参与应用决策研究,努力完成中共广东省委领导交办的重大课题研究任务,为广东省委、省政府提供决策服务,如《社会主义精神文明建设的重要指导方针》《关于新时期坚持党的群众路线专题调研》《按照科学发展观的要求促进经济社会协调发展战略研究》《广东新农村建设的典型经验与模式研究》《广东科技进步与创新的新发展》《广东高新技术产业竞争力的评估与分析》《广东省中长期科学和技术发展总体战略研究》《建立和完善市场经济条件下地方科技创新体系研究》《广东省区域创新能力研究报告》《论广东的"抗非"精神》《广东自主创新趋向评估与建议》《广东率先走出低谷化危为机的决策思想变化研究》《推进学习型党组织建设研究》等。

广东省中国特色社会主义理论体系研究中心推动广东马克思主义大众化和社科理论普及。该中心按照"搭建交流平台、活跃学术氛围"的指导思想,精心组织一系列理论座谈和学术研讨活动,起到有效组织、广泛凝聚理论工作者研究重大问题的作用,有效地推动了马克思主义的宣传普及。比如2008年12月,该中心与中共广东省委宣传部、中共广东省委党校、广东省社科院等单位共同举办"广东纪念改革开放30周年理论研讨会";2009年10月,联合全国"三个代表"重要思想研究会和中共广州市委宣传部，在增城召开"科学发展观与新中国 60 年"理论研讨会；2015 年 9 月，组织召开"四个全面"战略布局理论研讨会；2016 年 3 月，组织召开"五大发展理念与习近平治国理政新思想"论坛；2017 年 6 月，举办"价值观与中国特色社会主义"研讨会；2018 年 5 月，举办"纪念马克思诞辰 200 周年"理论研讨会；等等。此外，该中心专家还积极参加理论宣讲，推动广东马克思主义大众化和社科理论普及。

近 20 年来，广东省中国特色社会主义理论体系研究中心按照中央马克思主义理论研究和建设工程办公室的统一部署，在中共广东省委宣传部的领导下，坚持以邓小平理论、"三个代表"重要思想、科学发展观、习近平新时代中国特色社会主义思想为指导，充分发挥广东省中国特色社会主义理论体系研究基地在深化当代马克思主义理论研究、凝聚培养马克思主义理论研究人才、宣传普及中国特色社会主义理论体系研究成果等方面的重要作用，在全国社科理论界产生了一定的影响力。2007 年，该中心荣获"广东省文明单位"称号；2009 年，荣获"全国精神文明建设工作先进单位"称号。

（四）中华民族精神研究

由于中华民族凝聚力研究的兴起和党的十六大报告的号召①，作为文化建设和思想道德建设重要内容的民族精神，也受到广东学界重视。其主要成果主要有：

1. 基础理论研究

针对过去人们把民族精神和文化传统都看作中性概念，认为民族精神就是中国文化的基本精神的认识，李宗桂认为，中国文化的基本精神是个宽泛、中性的概念，或者说是属于事实判断的范畴。中国文化基本精神的

---

① 党的十六大报告指出："面对世界范围各种思想文化的相互激荡，必须把弘扬和培育民族精神作为文化建设极为重要的任务，纳入国民教育全过程，纳入精神文明建设全过程，使全体人民始终保持昂扬向上的精神状态。"（江泽民：《全面建设小康社会，开创中国特色社会主义事业新局面——在中国共产党第十六次全国代表大会上的报告》，人民出版社 2002 年版，第 39 页。）

优秀成分，构成中华民族精神，成为推动中华民族不断进步的内在的动力。① 这一观点正被越来越多的学者认同。李锦全将中华民族精神的基本内容归纳为八个方面：包容和谐精神、互助友爱精神、刻苦耐劳精神、公平正直精神、经世致用精神、团结御侮精神、自强奋进精神、革故鼎新精神。肖君和在其专著《中华民族精神》② 中认为，中华民族精神的内涵有以下诸点：作为中华民族精神本质的"生"，作为中华民族精神核心的"中和"，作为中华民族精神主体的"自强""重德"，作为中华民族精神基本内容的"刚""韧""稳""进""宽""厚""仁""义"，以及作为中华民族精神的特殊形态的爱国主义。就民族精神对文化创新和现代化建设的关系与意义，李宗桂认为，文化创新能够弘扬、更新既有的民族精神，使得民族精神与时俱进、更上层楼，提升中华民族的精神生命；民族精神的培育，能够促进民族文化的创新和发展。我们应当坚持文化创新，促进民族精神的培育；坚持民族精神的培育，推动文化创新的开展。③ 弘扬、培育民族精神是现代化建设的必然要求，民族精神是激励全民族不懈奋进的精神力量，是规范、引导全民族进步的价值标准，是建设、发展先进文化的思想原则，是凝聚海内外中华儿女的精神纽带，是正确回应全球化挑战的要求。④ 李振连分析了"新时期广东人精神"与中华民族精神的关系，认为"新时期广东人精神"与中华民族精神的关系在现时代的具体表现是"新时期广东人精神"丰富和发展着中华民族精神。魏安雄认为，弘扬民族精神应当坚持四个原则：一是必须反映出中国特色社会主义建设事业的根本要求；二是必须反映社会主义初级阶段的基本要求；三是必须反映建立社会主义市场经济体制的现实要求；四是必须反映发展社会主义先进文化的前进要求。⑤

---

① 李宗桂：《中国文化导论》，广东人民出版社2002年版，第349页。
② 肖君和：《中华民族精神》，黑龙江教育出版社1993年版。
③ 李宗桂：《文化创新与民族精神的培育》，载《南方日报》2002年9月19日第7版。
④ 李宗桂：《中华民族精神的历史发展和时代意义》，载《中国高等教育》2003年第10期。
⑤ 魏安雄：《中华民族精神文化传统及弘扬原则》，见《广东精神文明建设年鉴（2006）》，广州出版社2006年版，第559、560页。

2. 中华民族精神与中华民族凝聚力关系研究

广东中华民族凝聚力研究会于 1992 年 12 月以"中华民族精神与民族凝聚力"为主题召开学术研讨会。关于两者关系，一是认为，民族凝聚力是民族精神的核心，没有凝聚力这个核心，就没有民族，根本谈不到什么民族精神；二是认为，民族精神渗透到人的价值观、伦理道德、行为方式、思维方式等各方面，从而形成民族的凝聚力；三是认为，民族精神与民族凝聚力是一回事，是一个问题的两个方面；四是认为，民族精神与民族的凝聚力互为存在条件，是互相促进、互相制约的。① 虽然观点各异，但比较一致的看法是，民族精神与民族凝聚力的关系是至关重要的，要增强民族的凝聚力，就要振奋起民族精神。李锦全则撰文分析了民族精神的主体内容对促进中华民族凝聚力的具体作用，阐述了民族精神是如何促进民族凝聚力的。《中华民族凝聚力学》单列一章（第十章"民族精神与中华民族凝聚力"）全面阐述二者的互存互动关系，认为民族精神本身就是一种凝聚力，中华民族精神对民族凝聚力具有主导作用，中华民族凝聚力对民族精神具有反作用。②

3. 中华民族精神系统研究的丰硕成果

由中山大学李宗桂教授主编、中山大学文化研究所组织编写的"中华民族精神建设丛书"于 2007 年 9 月由广东人民出版社出版。丛书围绕"中华民族精神建设"这个主题，系统地论述了中华民族精神建设的各类问题。主编李宗桂教授在总序中称，丛书"力图站在现代文化发展的基线上，以思想文化为核心，以制度文化为观照，以物质文化为背景，从理论与实践相结合的高度，总结文化建设实践中的经验教训，探讨当代文化建设的精神方向，为建设具有持久活力、蓬勃向上的中华民族精神，为祖国的现代化事业，奉献学术理论成果"③。该丛书共 10 本，目前已出版 7 本，包括《中华民族精神概论》《中国哲学精神》《中国法律精神》《中国教育

---

① 孔庆榕：《"中华民族精神与民族凝聚力"学术研讨会述要》，载《学术研究》1993 年第 2 期。
② 张磊、孔庆榕：《中华民族凝聚力学》，中国社会科学出版社 1999 年版，第 361 页。
③ 李宗桂等：《中华民族精神概论》，广东人民出版社 2007 年版，"总序"第 3 页。

精神》《中国伦理精神》《中国经济精神》《中国文化精神》，对中华民族精神进行了宏观而深入的探讨，是迄今研究中华民族精神相对系统和全面的一套著作，具有较高的学术水平和创新性。中华民族精神建设，是一个长期而又艰巨的系统工程。该丛书的出版，"将推动中华民族精神建设问题的研究，为社会主义现代化建设提供丰富的思想资源和有力的理论支持"①。

三、社会主义道德建设的开展

在时代的感召下，现代公民教育以公民道德建设为重心。公民道德建设对于提高全体公民的道德素质，形成健康文明的经济和社会秩序，具有十分重大的意义，是提高全民族文化素质的一项基础性工程。1996年11月，中共广东省委七届五次全会通过《中共广东省委关于加强思想道德文化建设的决定》，突出强调要抓好包括社会公德在内的"三德"建设；2001年9月，中共中央印发《公民道德建设实施纲要》，翌年4月，中共广东省委即印发《广东省贯彻〈公民道德建设实施纲要〉的意见》；2004年9月，中共广东省委九届五次全会决定在全省群众中广泛开展"爱国、守法、诚信、知礼"现代公民教育，弘扬"敢为人先、务实进取、开放兼容、敬业奉献"的新时期广东人精神。党的十八大以来，广东持续深化社会主义思想道德建设，加强社会公德、职业道德、家庭美德、个人品德建设，激发人们形成善良的道德意愿、道德情感，为社会提供丰润的道德滋养。

（一）加强社会公德建设，培育社会新风

社会公德是全体公民在社会交往和公共生活中应该遵守的最起码的行为规范和生活准则，体现了人与人最一般的道德关系。随着改革开放的深入和市场经济的发展，广东省加大社会公德建设力度，有效催生广东社会新风尚的形成。

---

① 《〈中华民族精神建设丛书〉出版座谈会召开》，载《羊城晚报》2007年10月7日第A5版。

1. 开展社会公德大讨论，编写出版道德教育通俗读本

在改革开放初期，社会公德建设曾一度被忽视，导致出现社会公德缺位现象。1991年5月6日和5月11日，《南方日报》发表通讯《一个沉重的问号》《一个感人的叹号》，分别报道阳江市见死不救的"3·16悲剧"和三水县①农民陆伟东见义勇为的先进事迹，广东省文明办以此为切入口组织全省社会公德大讨论活动。这场讨论持续一年多，引起强烈反响，全省直接参与这一讨论活动的各阶层群众达2000万人次。这场大讨论表明，社会主义市场经济的发展迫切要求倡导和构建一个与之相适应的社会公德规范，形成良好的社会道德风尚。为此，广东省按照"服务中心，以立为本，虚功实做，务求实效"的工作思路，组织专家学者和实际工作者，编写出版道德教育系列通俗读本，其中前期有《新三字经》②《社会公德四字歌》《家庭美德五字谣》《农民道德歌》《干部贤文》《新增广贤文》《四德通言》等，近期的有《公民道德格言》《美德美谣美言美文》《中华道德名言精粹》《立志、修身、博学、报国——中华传统名言精选》等。这些通俗读物以群众喜闻乐见、朗朗上口的形式，对传统文化典籍如《三字经》《增广贤文》等取其精华、去其糟粕，古为今用，推陈出新，通过创造性转化达到时代要求，在现代公民教育中发挥了独特作用。2002年4月，中共广东省委印发《广东省贯彻〈公民道德建设实施纲要〉的意见》，根据广东实际，在20字基本道德规范的基础上，增加了"开放兼容""科学理性""环保惜物"三方面内容，形成有广东特色的32字公民道德规范。各地、各部门也结合各自的实际，针对不同的社会群体，将公民道德规范进一步细化，形成了具有行业特色，操作性、规范性强的行为规范，进一步完善了具有岭南特色的公民基本道德规范体系和行为规范体系。

---

① 现为佛山市三水区。

② 《新三字经》全文1272字，以引导青少年"在家做个好孩子、在校做个好学生、在社会做个好公民"为主题，以现代文明解读传统文化，把思想性、教育性、知识性、可读性有机结合起来，图文并茂，朗朗上口，易读易记，成为新时期青少年思想道德教育的重要教材。该书曾获全国"五个一工程奖"，重印总计达16次，发行近4000万册，掀起了波及全国的"新三字经热"。

2. 采取多种渠道扩大宣传，让每位公民都知晓道德规范基本要求

为配合公民道德规范的宣传，全省大大小小的新闻媒体陆续推出"道德维新论坛""社会公德人人讲""培养公德心征文""公德讲座300秒"等上百个有关道德建设的专栏。2002年，围绕贯彻落实《公民道德建设实施纲要》，《南方日报》举办"公民道德规范大家谈"征文活动，《羊城晚报》策划"做文明广东人"系列宣传报道。不仅如此，公民道德教育还从平面媒体的图书文本走向了音像、电视等音像传媒。以《新三字经》的普及宣传为例，1995年2月，广东电视岭南台播出"新三字经"讲解系列节目；4月，由广东省音乐家协会举办的《新三字经》歌曲创作征稿活动，征集作品300多件；广州新时代影音公司的"新三字经（演唱版）"参与首届"全国优秀文艺音像制品奖"评选，得了选题奖；而由中山市文化局组织、广东省话剧团演出的学习《新三字经》文艺专场，在中山市内演出超100场，受到群众欢迎。此外，各地各单位围绕公民道德建设主题，开展知识竞赛、制作公益广告、设立宣传牌等活动，使公民道德规范广为传播，深入人心。2005年是广东省"爱国、守法、诚信、知礼"现代公民教育年，广东省文明办利用春节这个特殊载体组织"道德春联进万家"活动，邀请20位书法家书写道德春联；7月中旬又开展"广东百名书法家书写道德名言"活动，邀请100名书法家书写道德名言警句，并组织市民参观，让广大群众在潜移默化、耳濡目染中受到教育。这些道德文化教育普及活动，以传统文化和新时期社会主义精神文明的结合为特点，尝试重建社会道德，并运用政府传媒推介宣传，对于发掘弘扬中华民族优秀传统文化、提高全民族的道德水准具有重要价值。

3. 树立楷模，弘扬正气，在全社会倡导一种新型人际关系

为了充分发挥先进典型的榜样、示范作用，加大社会公德建设力度，广东省委、省政府统一部署，大力宣传一批具有美好社会公德的先进典型。1993年3月，广东省委、省政府发出《关于学习杨启泉、梅开春、张耀新、李启泰等英雄人物的决定》，并组织英烈事迹报告团在全省各地举行报告会，向干部群众和各界人士宣讲杨启泉、梅开春、张耀新、李启泰四英雄事迹。1994年3月，中共广东省委做出《关于学习陈兆尊同志英雄事迹的决定》，号召全省共产党员和广大干部群众学习陈兆尊同志勇于同违法犯罪行为做斗争的精神和助人为乐、竭诚奉献、自觉维护社会公德的崇高品德。1995年2月，广东省委、省政府隆重举行好军嫂韩素云爱国拥军先进事迹报告会，号召全省共产党员和人民群众学习韩素云的爱国奉献精神。1996年3月，广东省委、省政府做出《关于授予陈观玉同志"广东省学雷锋标兵"的决定》，号召全省人民学习陈观玉数十年坚持学雷锋做好事、毫不利己、专门利人、救危扶困的高尚品德。1999年12月，广东省委、省政府、省军区联合发出《关于追授霍健敏同志"见义勇为英雄民兵"荣誉称号的决定》，号召全省军民以英雄为榜样，学习他为保护人民群众的生命财产安全，挺身而出，勇斗歹徒，全心全意为人民服务的精神。自2004年开展"爱国、守法、诚信、知礼"现代公民教育活动以来，广东省推出了钟南山、郭春园、王玲、丛飞、罗东元、贾东亮等一系列先进典型，树立了一批道德楷模。其中，钟南山、丛飞在2007年全国道德模范评选活动中被评为全国道德模范。2013年以来，广东省先后涌现出"全国时代楷模""全国道德模范"及提名奖22名，"中国好人"205名；"南粤楷模"26名，"广东省道德模范"及提名奖40名，"广东好人"428名。①李玉枝、骆抗先、陈如豪、吴清琴……一个个响亮的名字传遍南粤大地。他们是广东万千先进典型及模范的代表，共同构筑南粤大地的道德脊梁，成为道德风尚的标杆。这些英雄、模范人物的推出，对于进一步推动社会公德建设活动的深入开展，把广东省的精神文明建设提高到一个新的水平，具有极为重要的意义。

4. 组织各种活动，发动群众参与，让公德教育走向实践、走向群众

社会公德说到底是群众道德实践，必须以群众性实践活动为载体，才能使公德建设取得成效。1982年2月，中宣部等16家单位发出《动员起来，扎扎实实抓好"全民文明礼貌服务月"活动的联合通知》，广东即在3月份开展了第一个"全民文明礼貌服务月"活动。此后，每逢元旦、春节前后，广东省都会开展全省性的"礼貌、安全、卫生服务月"活动，要求做到"人人讲礼貌，处处讲卫生，各方保安全"。1986年，广州开全国

---

① 彭启有：《文明广东在行动——全省精神文明创建工作纪实》，见金羊网（http://news.ycwb.com/2017-07/22/content_25254841.htm），2017年7月22日。

第四章 思想道德建设的价值凝练

之先河,在一汽巴士推行"友爱在车厢"活动。30余年来,该活动的方式在不断创新,外延也在持续扩大,成为"文明广州"建设的一张闪亮名片。经年累月的浸染,让座与文明出行已成为广州的社会风尚、一种市民大众的自觉行为。① 自1997年以来,广东省认真开展"讲文明、树新风"活动,下大力气解决群众反映较大的文明言行、环境卫生、服务质量和交通秩序等方面存在的突出问题,取得了显著成效。在全省各地,社会公德建设实践的载体还有很多,如广州市的"羊城公德公益百星评选"活动,深圳市"特区与老区心连心"活动,阳江市公民道德建设"五认工程"(认养绿地、认助困难学生、认帮困难户、认建文明路、认知道德规范),潮州市"爱我潮州 建设潮州"公德建设活动,东莞市"市民守则大讨论"活动,等等。每逢3月5日,为纪念毛泽东同志等老一辈无产阶级革命家为雷锋题词,广东省必开展学习和弘扬雷锋精神的系列活动,如表彰学雷锋先进集体和积极分子,开展为社会送温暖和青年志愿服务活动等。党的十八大以来,学雷锋志愿服务制度化、规范化、常态化水平不断提升,广东全省注册志愿者超过900万人,志愿服务团体超过5万个,② 快速增长的志愿者队伍,不断刷新广东文明新高度。广东省印发的《关于支持和发展志愿服务组织的实施意见》提出,到2020年,全省注册志愿服务组织数量要达到1万个,注册志愿者人数占常住人口比例将达到15%。在社会公德建设活动中,还诞生了各种自发的群众性自治、自律、自我教育组织,如农村移风易俗理事会、禁毒禁赌协会、市民学校、礼仪学校等。这些活动的开展和组织的成立,大大激发了群众的荣誉感和广泛参与的热情,均收到较好效果。

(二) 加强职业道德建设,培育行业新风

职业道德建设是社会道德实践的一个重要领域,是社会主义精神文明建设的一项基础性工程。广东省委、省政府对此高度重视,大力倡导以爱

---

① 《广州"友爱在车厢"30年:让座与文明出行成社会风尚》,见中国文明网(http://www.wenming.cn/syjj/dfcz/gd/201702/t20170213_4054740.shtml)。

② 唐星、岳青:《广东注册志愿者超900万人》,载《新快报》2017年12月5日。

岗敬业、诚实守信、办事公道、服务群众、奉献社会为主要内容的职业道德，鼓励人们在工作中做一个好建设者。

1. 大力开展以"为人民服务、树行业新风"为主题的职业道德建设

广东省大规模开展职业道德建设肇始于1996年年底。1996年12月，广东省精神文明建设委员会（简称为"广东省文明委"）和中共广东省委宣传部下发了《关于加强我省职业道德建设的实施意见》，就加强职业道德建设着重要抓好的工作，以及确保职业道德建设落到实处需要采取的措施提出明确要求；同时，联合召开全省加强职业道德建设动员大会，研究部署广泛开展以"为人民服务、树行业新风"为主题的职业道德建设工作。1997年3月，广东省文明委和广东电视台联合策划和组织的以职业道德建设为主题的大型系列宣传活动——"春风行动"在广州天河城广场举行。4月，广东省文明委、中共广东省委宣传部在广州海关召开"全省职业道德建设经验交流会"，对全省职业道德建设起到了重要推动作用。7、8月份，"广东省职业道德先进事迹报告团"在广州、深圳、茂名等12个城市做巡回报告。1997年年底，针对出租车行业出现的"非法改装计价表问题"，广东省组织了道德建设大讨论，在窗口行业掀起加强职业道德建设的高潮。这些活动的开展，受到各地干部群众的热烈欢迎，有力地推动了全省的精神文明建设。

2. 以"为人民服务、树立行业新风"为主题的职业道德建设活动在南粤大地全面铺开并取得丰硕成果

自1996年召开职业道德建设动员大会和开展"春风行动"以来，全省各行业坚持以"服务人民，奉献社会"为宗旨，不断强化员工的职业道德意识，规范员工的职业道德行为，解决群众反映强烈的行业风气问题，使全省职业道德建设和创建文明行业工作取得显著成效，尽职、尽责、敬业、爱业、恪守道德规范已蔚然成风。各行各业按照广东省委、省政府的统一部署，自觉加强职业道德建设。例如，广东省医疗卫生系统针对服务态度、医疗质量等方面存在的问题，以及医护人员收受回扣、"红包"等不良现象，采取专项治理措施，将医德医风、文明行医列入医院等级评审的重要达标项目，实行一票否决，先进人物、先进事迹层出不穷。广东省教育系统把师德建设作为精神文明建设的突破口，紧紧围绕学校改革和发

第四章 思想道德建设的价值凝练

展实际,加强教师队伍思想、职业道德建设。在公安、武警、边防系统内,自1995年10月公安部发出学习济南交警的号召以来,广东全省涌现出边防六支队沙头角模范中队、深圳交警支队、佛山110报警服务台、广州华乐派出所、汕头金园派出所、惠阳上塘派出所、深圳天安派出所和麦新荣、罗美胜等严格执法、热情服务的先进集体和先进个人。工商行政系统出现了深圳市福田工商分局这样的好典型,该局先后荣获国家、省、市以及省工商系统各种奖励和荣誉共35项。广东还大力加强基层公共服务平台建设,推进"一门式""一网式"服务,大力开展文明窗口创建活动。针对"群众上班时间服务窗口上班,群众下班时间服务窗口也下班"的尴尬局面,多个单位开展"党员不午休志愿服务"活动,中午下班时间也有办事窗口对市民开放。经过20多年的努力,广东省各行业广大职工能够恪守职业道德,全心全意为人民服务,在平凡的岗位上干出不平凡的事业,树立了良好的行业风气。

3. 大力创建家庭文明建设示范点,把道德建设落细、落小、落实

家庭是社会的细胞。千家万户都好,国家才能好,民族才能好。创建文明家庭工作,基础在群众,活力在基层。长期以来,广东高度重视家庭工作,始终把加强家庭文明建设作为重点工作抓牢抓实,把家庭文明创建落细、落小、落实。党的十八大以来,广东妇联以文明家庭创建为抓手,广泛开展文明家庭、书香家庭、廉洁家庭、平安家庭、最美家庭等创建活动,评选好父母、好夫妻、好婆媳、好邻里,举办各类家庭文化活动,寓教于乐。特别是近年开展的"寻找最美家庭"活动,仅2016年全省开展的相关活动就达8.2万场,直接参与"寻找"活动的群众就达800多万,涌现出成千上万的书香家庭、廉洁家庭、绿色家庭、公益家庭等。尊老爱幼、夫妻和睦、科学教子、勤俭持家、邻里团结的家庭美德理念深入千家万户,一批批孝心村、书香村、志愿村、互助村、环保村正在南粤大地生根发芽。积极开展传承好家训、读诵好家规、书法家书写家训、家风家训伴我成长等活动,扎实做好家庭教育工作。广泛开展亲子阅读活动,深入实施"巧伶珑"童书馆暨创建广东省"书香幼儿园"实验基地项目,加强"家教通"网上家长学校建设,使更多家长得到更快捷、更方便的服务指导。组织开展万场家庭教育大讲堂进村居活动,引导家长重言传、重身教，教知识、育品德，帮助孩子养成良好思想品德和行为习惯，"扣好人生第一粒扣子"。在广播电视、报纸杂志、"两微两网"、手机客户端、公交视频等媒体大力宣传他们的突出事迹和感人精神。在城乡社区"妇女之家"普遍建立"最美家庭"光荣榜，举办家庭美德故事会、文明家风交流会，用看得见摸得着、生动鲜活的事例感染鼓舞群众。①

四、"新时期广东人精神"的培育和弘扬

随着广东经济社会的发展而出现的对精神文化的需求的高涨，随着全国性的经济社会发展而出现的进一步的省域经济实力和省域文化实力的竞争的展开，广东掀起了轰轰烈烈的"新时期广东人精神"大讨论。

（一）时代召唤"新时期广东人精神"

从社会发展脉络和思想文化的动因来看，"新时期广东人精神"的研讨和提炼，其契机是党的十六大报告关于培育和弘扬中华民族精神的论说和号召。党的十六大报告第六部分专门论述"文化建设和文化体制改革"，重点之一是阐发弘扬和培育中华民族精神的问题。报告指出：民族精神是一个民族赖以生存和发展的精神支撑。一个民族，没有振奋的精神和高尚的品格，就不可能自立于世界民族之林。在5000多年的发展中，中华民族形成了以爱国主义为核心的团结统一、爱好和平、勤劳勇敢、自强不息的伟大民族精神。面对世界范围各种思想文化的相互激荡，必须把弘扬和培育民族精神作为文化建设的极为重要的任务，纳入国民教育全过程，纳入精神文明建设全过程，使全体人民始终保持昂扬向上的精神状态。② 显然，就世界文明发展的视角而论，弘扬和培育中华民族精神是当今中国发展的题中应有之义；就全国经济社会发展的态势而论，弘扬和培育"新时期广东人精神"是广东进一步发展的题中应有之义。

弘扬和培育"新时期广东人精神"大讨论，是落实中央关于弘扬和培

---

① 阎静萍：《推动广东家庭文明建设焕发生机》，载《中国妇女报》2017年2月26日第A3版。
② 江泽民：《全面建设小康社会，开创中国特色社会主义事业新局面——在中国共产党第十六次全国代表大会上的报告》，人民出版社2002年版，第39页。

第四章 思想道德建设的价值凝练

育中华民族精神这一战略任务的具体行动。广东处于改革开放的前沿，对世界局势变幻有着更为直接、更为敏锐的感受，对弘扬和培育中华民族精神的现实意义有着更为亲切、更为深刻的认识。广东改革开放的物质成果蕴含着、凝聚着伟大的精神力量和宝贵的文化价值。在百舸争流、群雄逐鹿的新一轮改革发展巨潮中，广东要不负党中央重托，加快发展、率先发展、协调发展，争当改革开放和社会主义现代化建设的排头兵，就必须大力弘扬这种深深植根于广东改革开放生动实践的"新时期广东人精神"，使之成为广东加快建设经济强省、文化大省的重要精神力量和文化基因。①

"新时期广东人精神"大讨论是在抗击"非典"斗争中启动的。2003年4月，在抗击"非典"斗争的关键阶段，中共广东省委宣传部、广东省文明办下发了《关于在全省开展"新时期广东人精神"大讨论活动的通知》，并组织开展一系列活动，成立专家指导小组，撰写《"新时期广东人精神"大讨论活动导引》材料，组织社会各界人士开展讨论，组织媒体宣传，结合实际把活动扩展到基层。广州市开展了"新时期广州人精神"征文和"我心目中的广州人精神"评议活动，汕头、云浮、揭阳、东莞等市也开展了广东人精神和本市人精神大讨论。在广东全省抗击"非典"的紧要关头，把"新时期广东人精神"大讨论与宣扬中华民族万众一心抗击"非典"的精神结合起来，极大鼓舞了全省人民夺取抗击"非典"胜利的斗志，同时也深化了全省人民对"新时期广东人精神"的认识和理解，从而更好地展开了讨论，展示了广东人民的精神风貌。②

从根本上讲，弘扬"广东人精神"，是广东生存发展的现实需要。开展"新时期广东人精神"大讨论，弘扬"广东人精神"，是弘扬和培育民族精神的具体行动，是为广东新一轮改革发展提供精神支撑的现实需要，是发展先进文化、建设文化大省的内在要求。要准确把握和提炼"新时期

---

① 《一项长期的战略任务——蔡东士就弘扬和培育"新时期广东人精神"答记者问》，载《南方日报》2003年12月18日第A2版。
② 《一项长期的战略任务——蔡东士就弘扬和培育"新时期广东人精神"答记者问》，载《南方日报》2003年12月18日第A2版。

广东人精神",必须体现先进性、时代性、现实性、传承性、群众性、实践性。①"弘扬广东人精神,是广东人生存和发展的内在需求。""要建设经济强省、文化大省、法治社会、和谐广东,实现富裕安康,都迫切需要弘扬广东人精神。"当今时代,文化与经济、政治相互交融,文化的力量深深熔铸在民族的生命力、创造力、凝聚力之中;而民族的生命力、创造力、凝聚力,正是一种"民族精神"最生动、最深刻的存在。所以,"从理论意义上讲,弘扬广东人精神,是充分发挥精神能动作用的客观需要"②。

(二)关于"广东人精神"的诸多见解

"新时期广东人精神"大讨论开展以后,广东方方面面的人士积极参与,提出了各自的见解。张汉青说,"新时期广东人精神"可用四句话表达:敢为人先,坦然面对,兼容务实,关爱为怀。蓝红认为,"新时期广东人精神"可概括为:敢为人先、兼容开放、求真务实、奋发图强、一往无前。张磊认为,"抗非"中形成的大公无私的奉献精神、一往无前的大无畏精神、探索未知的进取精神,是"新时期广东人精神"的瑰宝。颜泽贤认为,"新时期广东人精神"必须是科学精神与人文精神。关飞进认为,"广东人精神"可以归结为八个字:开放务实、敢为人先,或者:与时俱进、敢为人先。徐南铁认为,求真务实是广东人精神的核心。李宗桂认为,"新时期广东人精神"可以概括为:开拓创新、务实进取,效率优先、诚信守法,重商尚文、崇德重义,平易朴实、开放兼容,念祖爱乡、团结奉献。田丰认为,"新时期广东人精神"是一种体现中国主流文化,阔步迈向世界主流文化的主体意识,一种海纳百川的世界眼光,一种冲破一切现代教条主义以及形而上学的创新思维。③ 上述人士分别来自广东党政机

---

① 钟阳胜:《在"新时期广东人精神"大讨论活动启动仪式上的讲话》,见胡中梅主编《弘扬和培育新时期广东人精神》,广东人民出版社2004年版,第4—9页。

② 朱小丹:《弘扬广东人精神 建设和谐广东——序〈广东人精神丛书〉》,见董玉整、程潮、董莉著《春华秋实:广东人的学术精神》,广东人民出版社2005年版,第1—2页。

③ 胡中梅:《弘扬和培育新时期广东人精神》,广东人民出版社2004年版,第193、205—206页。

关、文化宣传部门、高等院校、社科研究机构，他们的思考更多的来自理论的层面，注重理论与实践的统一、历史文化传统与时代精神的统一。

（三）"广东人精神"的共识

经过全省大半年广泛而热烈的讨论，2003年9月23日，时任中共广东省委书记张德江在全省文化大省建设工作会议上明确概括了"新时期广东人精神"的内涵。他说："'敢为人先、务实进取、开放兼容、敬业奉献'的广东人精神，激励着广东人民在改革开放中杀出一条血路，创造了一个又一个奇迹。"同年11月11日，广东省精神文明建设委员会召开全体会议，一致确定用"敢为人先、务实进取、开放兼容、敬业奉献"作为"广东人精神"的规范表述。① 2004年2月11日，这一表述首次写进政府工作报告。

"敢为人先、务实进取、开放兼容、敬业奉献"这个概括，虽说是在总结、提炼全省"新时期广东人精神"大讨论各种见解的基础上提出来的，但事实上"广东人精神"早有其实，集中反映了改革开放以来广东人精神的基本内容和本质特征，因而受到学术界和社会人士的广泛认同。广东40年来的持续高速发展，其重要的动因之一便是"广东人精神"的支撑。没有"广东人精神"，广东不可能在经济社会的发展上一路高歌猛进。

1. 敢为人先

这指的是广东人反对守旧、力主开新的精神。近代以来，广东率先接受西方新思想和新观念的熏陶，由昔日的"蛮荒之地"一跃成为引领时代风气的先行地。党的十一届三中全会以来，广东在中央的支持下，率先启动改革开放步伐，揭开中国现代化建设的新篇章。改革开放初期，广东大胆冲击计划经济体制及其思维模式，破除唯政治思维的弊端，明确提出"时间就是金钱，效率就是生命"的口号，石破天惊，开启了当代中国现代化进程中尊重经济规律、按照价值规律办事的先河。20世纪90年代，深圳万丰村破除旧体制的弊端，大胆实行"共有制"，为农村经济体制改

---

① 参见朱小丹《弘扬广东人精神 建设和谐广东——序〈广东人精神丛书〉》，见董玉整、程潮、董莉著《春华秋实：广东人的学术精神》，广东人民出版社2005年版，第3页。

革创造了一个范例。在公路和桥梁建设方面，贷款修路、修桥，收费还贷，也是在全国开先例的举措，既为国家减轻了负担，又加快了经济建设的步伐。广东的敢为人先不是乱闯蛮干，不是搞形式主义的花架子，而是以实事求是的态度、以讲求实效的精神为根基。

2. 务实进取

广东人不务虚名，讲求实效。在岭南文化崇尚实用思想的熏染下，广东人摒弃了中原文化中"耻言利"的传统观念，普遍具有强烈的功利主义意识，形成了重利、务实的精神气质，养成了不事声张、埋头苦干的良好品格。正如汪洋所说："由于广东人做事务实低调，不事张扬，导致'会生小孩不会取名字'的现象比较普遍。如'香云纱'是广东一宝，其原产地珠三角最初把它叫作'黑胶绸'，产品后来销售到了上海，上海人把它改名'香云纱'，结果风靡全球。"广东人务实低调、不事张扬的这一风格，在改革开放新时期表现得淋漓尽致。无论政治生活、经济生活，还是文化生活、日常生活，广东人历来反对空谈、重视实干、重视实效，当其他地方还沉浸在要不要发展商品经济、是计划还是市场、是公有还是私有的争论的时候，广东人已经埋头苦干、先行一步了，而不把时间与机遇浪费在无谓的争论之中，用生动实践诠释了"发展才是硬道理"这个平凡的真理。

3. 开放兼容

广东容易接受不同意见，能够对外开放，兼容不同人群，吸纳外地优秀人才。从整体上看，岭南文化还是从属于中原文化；但相对于其他地域文化，它又具有远儒性的特征，在古代交通和通信不便的情况下，接受正统思想的束缚较少，易于接受新事物、吸收新思潮，呈现出"不拘一格、不定一尊、不守一隅"的文化个性。近代广东又成为东西方文化交流的桥头堡，"西学东渐"的文化热潮正是由西方传教士从澳门引入广东，并逐步在全中国传播开来的。无论是洪秀全的"中国式的上帝"、康有为的改良纲领，还是孙中山的三民主义思想，也无论是近代以来广东的科技、教育，还是文学、绘画，无不是中国本土文化与西方文明交融创造的结果，都体现着广东文化的开放与兼容精神。改革开放以来，广东秉承岭南优秀文化传统，以开放兼容的胸怀吸引四方人才，以博大宽广的心态接纳各种思想潮流，保持了广东文化的生机与活力。从思想理论界来说，"左"、中、右思想在这里碰撞；从大众文化视角看，中西潮流、南北文化在这里交汇。在长期的经济、文化交流与传播进程中，广东给世人形成了一个多种异质文化同时并存并不断交流、碰撞的文化形象。

4. 敬业奉献

广东有悠久繁荣的商业活动，不仅从商氛围在广东相当浓烈，而且商品意识已渗透于整个广东社会之中。长期的商业贸易，培育了广东人的商业精神，蕴含着无私奉献、敬业创新的理念。广东人认真负责，忠于工作，干一行，爱一行，专一行，精一行，在工作中埋头苦干，用辛勤的汗水铸就丰硕劳动成果。这种传统在改革开放中焕发出新的精神，他们团结一心，勇于拼搏，为把广东率先建成社会主义现代化家园而无私奉献。

五、"广东精神"的培育和践行

培育和践行新时期"广东精神"，是广东省委、省政府贯彻党的十七届六中全会精神、推进社会主义核心价值体系建设、满足广东人民精神文化需求的重要战略举措。2012年5月9日，时任中共广东省委书记汪洋在全省第十一次党代会报告中郑重提出，要大力宣传和实践"厚于德、诚于信、敏于行"的新时期"广东精神"。这是"广东精神"表述语首次向全社会正式发布，揭开全省培育和践行新时期"广东精神"的序幕。

提炼"广东精神"是时代和实践的需要。首先，是社会主义核心价值体系建设的需要。党的十七届六中全会提出要深入推进社会主义核心价值体系建设，巩固全党全国各族人民团结奋斗的共同思想道德基础。中央要求全国各地先行提炼富有地方特色的价值精神，在此基础上概括和提炼社会主义核心价值观。广东省按照中央要求，把"广东精神"的提炼培育工作作为学习贯彻党的十七届六中全会精神的主要任务之一，作为自觉践行社会主义核心价值观的重要载体，以此提升广大人民群众的思想道德水平。其次，是时代发展的需要。在经济社会发生深刻变化的背景下，核心价值理念的引领、激励作用显得越来越重要。近年来，随着经济社会的发展，北京、上海等地相继开展了地方精神大讨论活动，并引导市民大力践行弘扬，对推动当地经济社会发展都起到了积极促进作用。广东正处于经济社会转型期,面对一系列新的阶段性特征,要完成"加快转型升级、建设幸福广东"这一贯穿"十二五"时期的核心任务,面临着一系列困难和挑战,需要有强大的精神动力和强有力的道德支撑。提炼概括新时期"广东精神",并引导广大干部群众大力践行和弘扬,就显得尤为迫切。最后,是加强公民思想道德建设的需要。社会的变革转型、人们利益诉求和价值观念的日趋多元化,要求我们不断提高思想道德建设的水平。广东改革开放走在全国前列,改革转型也走在全国前面,这一方面使得经济社会发展取得了显著成效,另一方面也使得思想道德领域存在的问题更加集中叠加,道德建设面临的挑战更加严峻。特别是"小悦悦事件"发生后,更是引发了全社会关于加强思想道德建设的讨论和反思。提炼概括和宣传实践"广东精神",就是要以此为契机进一步提升广大干部群众的思想道德水平,为建设幸福广东、构建和谐社会提供强有力的思想保障和道德支撑。

"广东精神"的概括提炼有深厚的群众基础,是集体智慧的结晶。2011年10月20日,中共广东省委召开常委会议,传达学习党的十七届六中全会精神,研究广东贯彻落实意见。会议提出,要切实推进文化强省建设,着重突出提炼打造"广东精神"。根据汪洋的要求和粤委办〔2011〕66号文件精神,中共广东省委宣传部自2011年11月初开始至2012年4月底,在全省范围内组织开展了5轮新时期"广东精神"征集讨论活动。征集讨论活动引起了强烈的社会反响,省内外先后有近150万人次参与了各种形式的讨论活动,共征集到"广东精神"表述语1100多条,这些表述语贯通古今、融汇中外。"广东精神"征集讨论活动受到中共广东省委的高度重视,省委常委会曾两次听取征集讨论活动情况汇报。中共广东省委书记汪洋两次做出专门指示,强调"广东精神"的概括必须体现社会主义核心价值体系的要求,彰显主流价值引领;必须体现"社会思想道德最大公约数",得到群众广泛认可,并强调要把征集讨论的过程变成宣传"广东精神"的过程。省委常委会还对征集讨论和宣传实践活动提出了明确要求。在近6个月的时间里,省委宣传部围绕新时期"广东精神"表述语的征集讨论活动开展了系列工作。一是对珠三角、粤东、粤西和粤北地区的广东居民进行抽样问卷调查,了解群众的精神价值取向。二是召开5

第四章　思想道德建设的价值凝练

次专场座谈会,与会者引经据典,旁征博引,奉献真知灼见,讨论的热烈程度超出预料。三是组织专家学者撰写理论文章,发动网友撰写博客和评论等,讨论涉足哲学、历史、文学等众多领域,多角度对"广东精神"的内涵与外延进行了诠释。四是利用中国移动广东分公司与中国联通广东分公司的短信平台,向客户发送征集短信并收集反馈信息。五是在南方日报、羊城晚报、南方网、奥一网等媒体面向社会开展5轮新时期"广东精神"表述语征集讨论活动。六是发文要求各地市党报参与开展征集活动。这些举措使征集讨论活动既贯彻了中共广东省委的意图,体现了顶层设计的要求,又体现了广大群众的愿望,具有坚实的群众基础。①

"广东精神"具有丰富内涵、鲜明特色和内在逻辑。"广东精神"虽然只有简短的三句话九个字,但作为对广东人民长期发展建设实践所形成的精神财富的概括和总结,每句话都有丰富内涵。

1. 厚于德

"厚德"出自《周易》:"天行健,君子以自强不息;地势坤,君子以厚德载物。""厚于德",即具有像大地一样宽厚的美德,容载万物,仁爱奉献。"厚于德"既是中华民族美德的一种概括,也代表了广东人的道德情怀和价值追求。一是体现了源远流长的岭南历史文化传统,具有深厚的文化底蕴;二是体现了广东人的现代道德情怀,展现了广东人尚德、乐善、好施的精神品格;三是体现了广东未来的价值追求,有利于推动全体社会成员树立"做人德为上、做事德为先"的道德理念,使广东人既富于物又厚于德。

2. 诚于信

"诚信"出自《逸周书》:"成年不尝,信诚匡助,以辅殖财。""诚于信"就是要严格地遵守待人处事的信誉和信用,积极履行自己的责任和义务,做到真诚、有信、无欺,它是为人处世之根本、企业生存之基础、社会和谐之基石。"诚于信"植根于广东人悠久的商业文化传统,展现出广东人"诚待四方、信义天下"的精神风范和讲诚信、守规则、善合作的精

---

① 蒋斌:《"广东精神"具有丰富内涵、鲜明特色和内在逻辑》,见中共广东省委宣传部编《"广东精神"名家谈》,广东教育出版社2012年版,第3—8页。

神特质。"诚于信"也成就了广东改革开放的辉煌，正是"诚于信"的文化精神，使得广东在改革开放过程中，能够吸引、汇聚全国乃至世界各地的资源推动经济社会发展。当前，广东要坚持社会主义市场经济的改革方向，必须进一步弘扬诚信精神，深入开展"三打两建"活动，加强社会诚信体系建设，营造重信誉、守信用、讲信义的良好社会环境，促进社会主义市场经济体制进一步完善。

3. 敏于行

"敏于行"出自《论语》："君子欲讷于言而敏于行。"即要注重实干，敏动善行。"敏于行"是广东引以为豪的地域精神特质，主要包括三层含义：一是敢为人先，勇于探索，先行先试；二是善于把握发展先机，把先进的思想及时转化落实到行动上，注重实干、敏于行动、务实不张扬；三是善于应变、灵活变通。每当面临重大的历史转折，广东人总能及时把握和顺应时代潮流，解放思想，更新观念，大胆创新，解决发展难题。

"厚于德、诚于信、敏于行"作为"广东精神"表述语，既体现了中华民族的传统道德精华，又体现了当代中国时代精神的要求；既包含社会主义核心价值观的总体要求，又体现了岭南历史文化的特征，具有鲜明的广东特色；既立足现实，又指向未来。表述语句式工整、朗朗上口、简单明了、易记易传，而且使用三字句的表述方式，在形式上富有新意。"广东精神"表述语的三句话是一个有机、有序的整体，三者紧密相连，不可分离或缺位。其中，"厚于德"是广东精神的灵魂，"诚于信"是广东精神的根本，"敏于行"是广东精神的特质。"德"重修养，侧重于对优秀道德文化的传承和弘扬；"信"重人事，侧重于对以诚信为主要内容的现代市场经济伦理的融合和坚守；"行"重实践，侧重于对广东人求真务实精神品格的秉承和彰显。三者相互联系、相互促进，共同构成"广东精神"的有机整体。

广东相关部门努力做好"广东精神"的宣传实践工作，充分发挥其在加快转型升级、建设幸福广东中的导向、凝聚、激励作用。中共广东省委宣传部下发文件，对各地市宣传实践活动提出明确要求，推动全省各地迅速行动起来，大力宣传践行和弘扬"广东精神"。一是加强社会宣传，全省各地在重要公共场所竖立"广东精神"公益广告牌，发布一批宣传标

第四章　思想道德建设的价值凝练

语，张贴一批宣传画。二是加强新闻宣传，制作电视广告宣传片和音频公益广告，在电视台、电台高频率播出，并在各级各类主流媒体开设专栏专版，刊（播）发"广东精神"的系列文章。三是加强新媒体宣传，各级政府网站开设"广东精神"专题网页，制作关于"广东精神"的短信和红段子发送给广大用户。四是加强理论研究，组织专家学者撰写重点理论文章，编撰出版普及读物，并广泛开展巡回宣讲活动。五是广泛开展主题教育实践活动，推动党政机关、工会、团委、妇联、学校等不同行业、不同领域、不同社会群体开展各具特色、形式多样的主题教育实践活动。六是推动各地市结合实际大力宣传实践和弘扬"广东精神"。通过这些措施，"广东精神"家喻户晓，深入人心，内化为广大群众的精神价值追求，凝聚广东推动科学发展、促进社会和谐的强大精神力量，再次从思想层面凝聚了改革发展的共识，激发了干事创业的热情。

六、社会主义核心价值观的精心建设

党的十八大以来，中央高度重视培育和践行社会主义核心价值观。习近平总书记多次做出重要论述、提出明确要求，指出："核心价值观是文化软实力的灵魂、文化软实力建设的重点。这是决定文化性质和方向的最深层次要素。一个国家的文化软实力，从根本上说，取决于其核心价值观的生命力、凝聚力、感召力"；"把培育和弘扬社会主义核心价值观作为凝魂聚气、强基固本的基础工程，作为一项根本任务，切实抓紧抓好"。[①] 广东围绕突出培育和践行社会主义核心价值观这一"灵魂主线"，重点打造"六个一"工程，为营造创建培育和践行社会主义核心价值观的浓郁舆论氛围，充分发挥先进典型的示范引领作用。

1. 开展社会主义核心价值观基层千场宣讲活动

2014年6月20日，广东省培育和践行社会主义核心价值观基层首场宣讲报告会在广州市图书馆举行，拉开了全省社会主义核心价值观基层千场宣讲活动的序幕。社会主义核心价值观基层千场宣讲活动，旨在向广大

[①] 习近平：《把培育和弘扬社会主义核心价值观作为凝魂聚气强基固本的基础工程》，载《人民日报》2014年2月26日。

基层群众讲清楚、讲透彻社会主义核心价值观，使核心价值观内化为人们的精神追求，外化为人们的自觉行动。宣讲活动采取上下结合、虚实结合、一市一团、巡回宣讲的形式进行。每个宣讲团由1名政工专家、1名先进典型和1名基层示范点代表组成，共有21个分团。通过政工专家讲理论、先进典型讲故事、示范点代表讲经验的方式，围绕社会主义核心价值观的主要内容和当前广大干部群众关心的问题开展宣讲，动员大家从身边小事做起、从一点一滴做起，自觉参与培育和践行社会主义核心价值观。宣讲团成员以自身感人事迹生动诠释社会主义核心价值观的丰富内涵，引导广大干部群众深刻感知领悟核心价值观。

2. 培育和践行社会主义核心价值观示范点社区

广东省确定了101个培育和践行社会主义核心价值观示范点社区。各社区借鉴优秀社区的长处，找准自身定位，从社区实际出发开展创建工作，通过张贴宣传画、善行义举榜和举办道德讲堂等措施，让社区居民讲述身边的事，以身边事教育身边人。充分发挥社区党组织的战斗堡垒作用和社区党员先锋模范作用，持之以恒地开展创建工作。大力宣传先进典型，做好示范和推广工作。通过充分发挥先进典型的示范引领作用，推动社会主义核心价值观创建工作落细、落小、落实。例如，深圳市龙岗区坂田街道四季花城社区，把图书驿站作为提高文化素养的重要阵地和居民品德的检测器，图书驿站全天候对居民开放，并实行无人管理，让居民自行登记借阅和还书，图书驿站自成立以来，2000余册图书无一丢失。广州市越秀区北京路街道盐运西社区，利用广府文化广泛开展群众性活动，并结合社区邻居节、幸福社区文化节、社区敬老节、社区书香节和社区广府庙会，大力宣传和培育社会主义核心价值观。江门市新会区会城街道北门社区，坚持创新管理、志愿服务、重点人群服务的理念，构建文明和谐社区，形成"社区工作者＋社工＋义工"相结合的服务方式，解决社区民生热点难点问题。

3. 推出社会主义核心价值观解读丛书

2014年12月，广东出版界推出"弘扬社会主义核心价值观系列读物"（广东人民出版社出版），包含《汉字说核心价值观》《成语说核心价值观》《格言说核心价值观》三部图书。该丛书以党的十八大报告关于社会主义核心价值观的表述为主线,围绕建设"富强、民主、文明、和谐"的社会主义现代化国家和"自由、平等、公正、法治"的美好社会,以及培育"爱国、敬业、诚信、友善"的公民基本道德规范这三方面的内容,利用对与核心价值观有关的汉字的拆解,结合成语、格言来进行延伸、展开,为当代中国社会提供了基本的价值遵循。

4. 打造 100 个社会主义核心价值观主题公园

2015 年是宣传文化系统"基层工作加强年",广东省制定了《社会主义核心价值观主题公园(广场)建设指导方案》,提出在全省打造 100 个社会主义核心价值观主题公园,要求每个地市、每个县区至少打造 1 个特色主题公园。为了保证公园建设的质量,广东省财政划拨 500 万元专项经费,带动地市财政投入,重点打造东莞市长安公园、广州市文化公园、广州市白云山风景名胜区、深圳市莲花山公园、珠海市海滨公园、韶关市中山公园等 10 个人流量大、地方特色明显的主题公园,以带动其他公园的建设。比如,东莞市长安镇以"法治"为特色,把长安公园打造成为东莞市首个以"法治"为主题的社会主义核心价值观主题公园,公园采用和融入了主干道命名、雕塑、书法篆刻、成语故事等元素,在长廊、亭阁水榭、灯柱旗、小广场、喷泉等场地展示主题内容。广州市文化公园充分利用园内的宣传栏、文化长廊、公园围墙等宣传资源,广泛宣传"24 字内容",融汇具有本地特色的价值观宣传公益广告、广州好人、荔湾好人等内容,使核心价值观的宣传氛围"像空气一般无处不在"。

5. 发布弘扬社会主义核心价值观十大典型案例

2016 年 10 月 24 日,广东省高级人民法院首次发布弘扬社会主义核心价值观十大典型案例。十大典型案例涵盖民事、刑事、行政三大审判,内容涉及社会公德、诚实守法、诚信诉讼、诚信经营、家庭美德、和谐社会等各个层面,涵盖了社会生活中的许多热点问题。其中,既有老百姓常有切肤之痛的网络购物纠纷、因"路怒症"不文明驾驶行为引发的纠纷、家庭成员间抚养及赡养关系纠纷等,也有影响社会诚信体系构建、对正常经济社会生活秩序造成严重干扰的虚假诉讼、合同诈骗、在国家考试中组织他人舞弊等违法犯罪行为,体现了社会主义核心价值观的价值目标、价值取向和价值准则。

6. 举办社会主义核心价值观主题微电影大赛

2016年7月28日上午，广东省社会主义核心价值观主题微电影大赛启动仪式在广州举行。该活动旨在通过微电影的方式传播弘扬社会主义核心价值观，引导社会各界尤其是广大青少年拿起手中镜头，形象生动讲述群众身边的感人故事，积极向社会传递正能量。此次微电影大赛主要围绕核心价值观24字主题，从不同侧面、角度，以电影故事形式反映生活中的感人事迹。征集作品要求紧扣社会主义核心价值观，通过多样化的题材样式和风格流派，唱响时代主旋律，传递社会正能量。征集的作品范围包括剧情微电影（微视频）、纪实微电影和动画微电影。根据网络投票和专家专业评审确定优秀获奖作品，并将优秀作品作为我省重点推荐作品选报给中宣部宣教局。通过电视台、车载移动电视、户外LED和网络等媒介平台播出优秀作品，并对优秀作品进行表彰奖励。

7. 社会主义核心价值观动画短片创作活动

2017年，广东省新闻出版广电局联合广东省教育厅、中共茂名市委宣传部共同启动社会主义核心价值观动画短片创作活动，促进专业高等教育和影视动漫行业的优势互补，开拓培育和践行社会主义核心价值观新途径与新方向。该活动通过成果反馈刺激原创生产的闭环式发展机制，实现三大目标：一是聚焦传承中华优秀文化，借动画语言积极讲好中国故事和广东故事。将传承中华优秀传统文化与推动岭南文化创新发展有机结合，运用好当代动画创作的特点、方式和技巧，打造具有鲜明中国风格和岭南特色的优秀动画作品，擦亮广东动画品牌。二是创新优质动画生产模式，以精品创作有效坚定文化自信。采用每年选择一个具有典型意义的创作主题的形式，推动省市联合，有侧重地逐步挖掘和打造全省的优秀历史文化资源。三是深入发掘青年动画精英，用人才培养持续推动行业发展。在深入挖掘优秀人才、积极谋篇名家培养的同时，充分对接专业高等教育和市场发展需求，进一步发挥动画专业高等教育与广播影视人才互通优势，联合探索复合型动画人才的培养路径。

第五章　文学艺术繁荣发展

"文艺是时代前进的号角。"① 坚持以人民为中心的创作导向，坚定人民信心、振奋人民精神，是新时期文艺创作的重要内容。在丰富的广东文化系统中，广东文学艺术结合岭南独特的文化传统，汲取来自中原和世界各地的文化资源，在改革开放的伟大实践中逐渐兴盛起来，成为南国艺苑的一颗璀璨明珠。在文学艺术发展的过程中，广东得风气之先，又开风气之先，一度成为全国大众文化的发源地和风向标。以精品建设和人才建设为抓手，以服务意识、品牌意识和交流意识为指引，广东文艺创作和文艺活动日益繁荣。广东文艺的发展并非一路凯歌、一帆风顺，也曾徘徊低回，只是广东人"敢为人先、务实进取、开放兼容、敬业奉献"的精神，以及岭南文化特有的开放、务实、兼容、创新特质，始终引导着广东文学艺术曲折前进，最终形成了以通俗文学、流行音乐和影视作品为代表的流行文化，以及近年来以网络文学和网络音乐为代表的网络文艺在全国的风靡盛行。

一、时代精神引领下的广东文艺

习近平同志《在文艺工作座谈会上的讲话》指出："文艺事业是党和人民的重要事业，文艺战线是党和人民的重要战线。"优秀的文艺作品，总是代表着一个时代的审美高度和思想深度，体现着一个国家、地区或城

---

① 习近平：《坚持以人民为中心创作导向　坚定人民信心振奋人民精神》，载《人民日报》2017年9月28日第1版。

市的文化底蕴和软实力水平。广东处于岭南文化中心，具有深厚的文化底蕴和基础；开放包容、海纳百川的文化特质，又使得广东历来成为各地思想文化频繁碰撞、交流的地带；风雷激荡的改革开放和现代化建设，在这里也有着最具代表性、最感触人心的伟大实践历程。这些都为打造人民群众喜爱的高质量、高品位的文艺作品，提供了非常深厚的先天优势和丰富的创作素材。

一般认为，"文艺"是文学和艺术的统称。本章提及的广东文艺，系指广东省境内存在的表现出鲜明岭南文化特色的文学艺术形式，包括语言艺术（文学）、造型艺术（绘画、雕刻等）、表演艺术（音乐等）和综合艺术（戏剧、电影等）。有人说，广东贡献给全国的是文化。"广东人所创造的文化对全国有巨大的贡献，形成了一些适应时代所需、符合我们国情的新的文化理念。"广东创造的先进文化理念"是一种紧跟时代的发展、适应社会主义市场经济需要的改革开放和创新精神，这是最鲜明的时代精神"。[1] 在这种时代精神的引领之下，广东文艺为繁荣社会主义文艺事业、建设广东文化强省做出了积极的贡献。

（一）"朝阳文化""巨人精神"的熔铸

恩格斯曾把文艺复兴时期称为"需要巨人而且产生了巨人的时代——在思维能力、热情和性格方面，在多才多艺和知识渊博方面的巨人的时代"。中国的改革开放时期，同样是这样一个需要巨人、呼唤着巨人的时代。时任中共广东省委宣传部副部长的著名作家刘斯奋在长文《朝阳文化、巨人精神与盛世传统——关于社会主义新文化建设的几点思考》中提出，改革开放以来的中国社会处于文明质的飞跃时期，文化应当调整自身的价值取向和行动模式，才能适应时代发展的要求，承担起历史所赋予的使命。他从文化性质、文化精神、文化传统三个方面阐发了自己对于新时期文化建设的见解，主张拥抱"朝阳文化"，光大"巨人精神"，弘扬"盛世传统"。

刘斯奋在该文中认为，随着现代化进程的加速推移，固有的一套文化

---

[1]《文化部部长孙家正：广东对全国贡献的核心是文化》，载《南方日报》2015年4月13日第6版。

第五章 文学艺术繁荣发展

观念和思想文化已经越来越不适应大幅发展了的时代，面临必须变革的历史课题。社会变革呼唤一种适应社会主义市场经济体制、充满活力、勇于通过竞争来开拓局面、求得生存和发展的文化。这种文化朝气蓬勃，奋发进取，乐观昂扬，对人生充满热爱，对国家、民族和人类的前途充满信心；这种文化承认社会的每个阶层、每个人员都有权利分享人类文明的成果，并以最大限度满足人民群众日益增长的文化需要为旨归；这种文化有着博大的胸怀和广阔的视野，既不放弃神圣的原则，又有最大包容性和宽容精神；这种文化对于社会变化发展和科学技术的进步抱有充分的敏感和高度的热情，能够通过对自身的改造和革新，积极主动地做出回应，力求做到与时俱进、与世俱新。总之，这是一种摒弃因袭的沉重传统，摆脱"咀嚼着千年不复的悲欢"的怪圈，能够体现从农业文明向工业文明飞跃的时代需求的文化，这就是"朝阳文化"。我们应当热情地拥抱"朝阳文化"。

刘斯奋还认为，迎接、拥抱"朝阳文化"，需要提倡"巨人精神"。"巨人精神"以改革开放为时代背景，包含巨人式的对祖国和民族的坚定信念，自信、自主、自强的精神；巨人式的压倒一切的勇气和信心，百折不挠的毅力；巨人式的顶天立地的耿耿正气，疾恶如仇的铮铮铁骨；立足于改革开放的现实和中国国情的高度自觉，弃旧图新的非凡勇气。"巨人精神"文化是民族的社会精神的载体，社会走向兴盛，文化精神就强大；社会走向没落，文化精神就趋于萎缩。"巨人精神"，一言以蔽之，就是一个社会进入大变革、大创造、大发展时代必然出现并且最终成为主流的精神。这种"巨人精神"是与"侏儒精神""痞子精神""阿Q精神""虚夸精神"对立的。这种"巨人精神"敢于正视矛盾、直面人生，并通过不屈不挠的努力，去实现崇高的理想，具有无比丰富的内涵和纷繁绮丽的色彩。"巨人精神"终将成为我们时代文化的主流。从文化传统的层面，文化的继承应当继承中华民族精神的最健康、最积极的"盛世传统"，而非精神日渐萎缩并且最终陷入绝望困境的、发出痛苦呻吟的"衰世传统"。

应当说，这种文化思路及其价值理念是积极的、健康向上的，是适应改革开放的时代步伐的。正因为如此，刘斯奋关于"巨人精神"的观点被广东文化界认为是在"精神失望"的年代，高燃"时代精神圣火"，是对西方文艺思潮的廓清和阐析,也是对中国文化传统继承的补偏救弊。①

与"巨人精神"的论说相呼应或者说互为表里的,是广东学者对"新文化精神"的呼唤和阐扬。有学者提出,广东文化的创新,应当是把传统的"务实"融进新时代的"创新",在原生的"感觉"中,契入现代的"理性",让古老的"兼容"加上今天的"全球意识"。②

显然,广东文化界关于"朝阳文化""巨人精神"的阐释,适应了当代中国改革开放后现代化的进程,反映了得风气之先的广东这块改革开放热土的精神需求,提炼了新的文化精神,昭示了当代广东文学艺术的精神方向。

(二)从"拿来"到"创新"的大众文化

大众文化是一种现代消费文化,是指"兴起于当代都市的,与当代大工业密切相关的,以全球化的现代传媒(特别是电子传媒)为介质大批量生产的当代文化形态,是处于消费时代或准消费时代的,由消费意识形态来筹划、引导大众的,采取时尚化运作方式的当代文化消费形态"③。同全国其他地方一样,广东在"文革""左"倾思想的影响下,大众文化一度非常贫乏。改革开放后,利用地理位置的优势以及与港台存在的文化势差,广东在不断借鉴港台先进经验和技术的基础上摸索创新,推动大众文化较早走上正常的发展道路,并取得可喜成绩。这一过程大致经历了四个阶段,即1978—1985年的乘势而起阶段、1986—1996年的高歌猛进阶段、1997—2001年的徘徊调整阶段以及2002年至今的整合创新阶段。

1. 乘势而起

1978年前后,全国文化工作在揭批"四人帮"及其文化政策的危害中逐步走向正常化,相关文化机构和文化组织也逐渐恢复工作。1977年下半年,广东便在全国率先恢复文联和作协等文学艺术团体活动,同时还

---

① 黄树森:《〈叩问岭南〉大型理论书链总序》,见杨苗燕《别等我在老地方——转型期文化景观》,花城出版社1995年版,第15—16页。
② 杨苗燕:《别等我在老地方——转型期文化景观》,花城出版社1995年版,第23—24页。
③ 金元浦:《定义大众文化》,载《中华读书报》2001年7月25日第20版。

恢复了文学、电影、戏剧等文艺作品的出版、演出活动。"文革"之后，全国出现了文化消费日趋高涨和资源相对匮乏的矛盾，对大众文化的发展提出更高要求。

此时的港澳均已形成现代意义的大众文化。人民群众切实的文化需求与港澳的文化优势一起，促使广东充分发挥与港澳文化同根同源和地理位置邻近的优势，通过对港澳大众文化的学习，在全国率先迈开发展大众文化的步伐。"拿来"，是这一时期广东大众文化发展的典型特征。

在流行文化方面，风靡一时的"伤痕文学"通过对"文革"的反思、对人生的思考，满足人们思想初解放的需求，成为广东大众文化乘势而起的开始。反映时代精神的"打工文学"也在这一时期进入人们的视野。广东不仅发掘出港台通俗文学和流行音乐的优势，在全国掀起"新武侠小说热"和"流行歌曲热"，更打造了一批非常受欢迎的杂志和靠模仿起家的流行歌手。1979年，广东太平洋影音公司成立，它是新中国第一家拥有整套国际先进水平、全新录音录像设备和音像制品生产线的音像企业，出版了新中国第一盒立体声盒式录音带《朱逢博独唱歌曲选》、第一张激光唱片《蒋大为金曲》、第一盒录像带《中国录影集》等，开创了新中国音像事业先河，见证了中国影音事业的发展。1985年，广东成功举办了"红棉杯"新歌新风新人大奖赛。同时，广东还利用港澳的时尚信息与资源，将广州迅速变成全国的时尚之都，在服饰和发型方面引领全国。1979年，高第街诞生了广州第一家个体发廊——"罗维丽莎"。

总之，广东以开放的胸怀、兼容的气度、务实的作风，将得天独厚的地理位置优势和国家给予的政策优势发挥得淋漓尽致，率先以港澳为榜样，通过大量引进相关资源和经验技术，促进了大众文化的恢复和发展。

2. 高歌猛进

1986年是全国文化建设的一个关键点。重视精神文明建设，是文化建设新生面、新思路的体现。1992年邓小平同志南方视察和中国共产党第十四次全国代表大会的召开，解决了改革开放以来困扰人们的一些重要理论问题，并把市场经济体制确定为中国经济体制改革的目标，这就为广东大众文化的活跃发展提供了契机。而在"拿来"基础上进行的综合创新，最终促使广东大众文化向全国一路高歌猛进。

国内文化市场逐渐形成和广东大众文化优势凸显，是这一阶段大众文化能够高歌猛进的主要原因。20世纪80年代末，国内文化市场逐渐形成，不仅为大众文化的蓬勃发展奠定了基础，而且也为地方性文化间的竞技提供了舞台。广东大众文化的乘势而起和充分利用发展先机，使它在同港澳学习和交流的过程中脱颖而出，对内地形成明显的优势和吸引力。

在通俗文学方面，继"武侠小说热"之后，花城出版社对琼瑶小说的推广又在全国掀起了"琼瑶热"，"打工文学"在这一时期获得较大发展，"热潮诗"也在这一时期登场。在影视精品的带动下，广东大众文化席卷全国。20世纪90年代中期，广东电视剧《情满珠江》在中央电视台第一套黄金时段播出，在全国产生巨大影响，获得第三届中宣部精神文明建设"五个一工程"入选作品奖、第十二届大众电影"金鹰奖"长篇电视剧一等奖、第十四届全国电视"飞天奖"一等奖；广东策划创作电视剧《和平年代》《英雄无悔》，歌曲《弯弯的月亮》《涛声依旧》《小芳》等传唱大江南北……广东大众文化在各个领域都有长足发展，呈现出全面繁荣之势。

广东大众文化在经过一段时间照搬照抄之后，逐渐具备了自主创新的条件。通过发挥自身优势，发掘本地特色，努力创新，广东大众文化出现了空前的繁荣。文化市场的形成和文化势差的存在，使广东文化一路高歌涌向内地，并在全国掀起粤文化流行潮，确立了其在国内当之无愧的主导地位。

3. 徘徊调整

在1997—2001年期间，中国经济社会在持续发展的同时出现了较大变动。首先是国内经济由于前一时期的过热，出现了一定程度上的起伏；其次是香港和澳门的相继回归、1998年东南亚爆发的波及广泛的金融风暴；最后是我国最终加入世界贸易组织（WTO），成为成员国。由此带来的经济增长模式的转换需要，以及国内文化市场竞争的升级，促使广东大众文化在多数领域出现大幅度调整，从而出现了暂时的徘徊。

与前一时期相比，广东大众文化的发展势头明显减缓，有影响的作品较少。国内外经济环境变化和创作人才的缺失，是这一时期促使广东大众文化调整的主要因素。广东作为中国改革开放的前沿和窗口，不仅较全国

第五章 文学艺术繁荣发展

其他地方更容易受到国家政策和国外经济环境变动的影响,而且由于广东与港澳及东南亚地区经济关系日趋紧密,国际经济环境的变化对广东大众文化的影响尤其明显。而大众文化作为商业文化和工业文化,本身比其他形态的文化更容易受到经济环境的影响。因此,伴随着国内外经济大环境的变动,感知一向敏锐的广东大众文化首当其冲。

调整发展,是这一阶段广东大众文化的主要特征。发展思路上的调整,首先表现在广东省政府相继启动"南粤锦绣工程"和"山区文化建设工程",以努力完善基础文化设施建设,为大众文化的发展提供坚实的基础。其次表现在文化企事业单位开始谋求相互合作和规模发展,在国家文化体制改革试点省的有利条件下,较早呈现以集团化为方向的发展趋势。最后是促使各种文化消费形式之间的不断整合,如数码文化等的出现。①

广东大众文化在这一时期出现的调整性徘徊,主要是由于经济环境的影响。因此,在经济持续高速发展的总体走势以及广东应对国际经济环境变动能力不断增强的情况下,徘徊是暂时的。而且,由于其调整的方向符合文化发展的大方向,也为下一阶段在更高基础上的整合创新奠定了基础。

4. 整合创新

2002年至今,是广东大众文化崭新的发展时期。自2002年起,随着全面建设小康社会战略任务的提出和认识的逐渐深化,国家对文化建设和文化体制改革的支持力度不断加大,这就为大众文化的发展和繁荣提供了良好的政治大环境。与此同时,广东先后提出的建设文化大省和建设文化强省的发展战略,最终促使广东大众文化在创新与整合中开始了新一轮的快速发展。

政策扶植力度逐渐减弱,也是这一时期广东大众文化走上整合创新之路的主要因素。广东依靠经济特区的窗口优势和先行一步的政策优势,能够率先从港澳台和欧美国家引进具有推广潜力的文化消费品。然而,随着

---

① 孔杰、曾维和:《广东信息产业的"核心竞争力"——数码文化》,载《特区经济》2003年第11期。

港澳回归、内地大众文化水平逐渐与港澳持平，尤其是其他沿海城市同样拥有了引进的权利，使得广东地缘优势逐渐淡化，广东大众文化发展上的优势遭到全面挑战。这就迫使相应的文化企事业单位不得不在自主创新上苦练功夫，最终走向以创新求生存的发展道路。

综合开发各种资源并进行有效整合，是这一时期广东大众文化发展的亮点。一方面，随着广东经济社会的持续、高速发展，生活节奏明显加快，人们对生活质量、生活品位的要求越来越高，于是对文化产生了越来越强烈的精神需求；另一方面，随着互联网技术的发展、成熟及互联网覆盖面的迅速扩张，网络文化的兴起成为另一个亮点，综合开发和有效整合各种文化消费资源成为可能。精品建设、人才建设以及服务意识、品牌意识、交流意识，成为广东大众文化再次繁荣的基础。

总之，自2002年以来，广东大众文化在自主创新中开始了新的征程。通过资源和优势的有效整合，形成了良好的发展态势，促成了大众文化的整体兴盛。

二、文艺创作日益繁荣

（一）精品建设

优秀的文艺作品，总是代表着一个时代的审美高度和思想深度，体现着一个国家、地区或城市的文化底蕴和软实力水平。党的十八大提出，建设社会主义文化强国，广大文艺工作者要不断创作出为广大人民群众所喜闻乐见的文艺力作。习近平同志在《在文艺工作座谈会上的讲话》中也指出："没有中华文化繁荣兴盛，就没有中华民族伟大复兴。"在广东建设文化强省的新征程中，文艺工作者立足本土特色、讲好"广东故事"、大力推进原创性文艺精品的创作生产，让多个艺术门类的创作实力保持全国领先水平。

20世纪80年代，广东精品佳作频频问世，明星荟萃，新秀辈出，展示了文艺创作的累累硕果。例如，章以武、黄锦鸿描绘在改革开放背景下的广州市井风景小说《雅马哈鱼档》，钱石昌、欧伟雄的商战小说《商界》在国内引起强烈反响。戏剧创作方面，林骥的《特区人》，欧伟雄、

第五章 文学艺术繁荣发展

杨苗青、姚柱林的《南方的风》等以改革开放为题材的话剧,受到广泛好评;许雁的以反腐败斗争为主题的话剧《情结》,成为廉政建设的形象教材。贺梦凡和张磊编剧、丁荫楠导演的电影故事片《孙中山》,陈自强的新编历史粤剧《三脱状元袍》等都是这个时期的优秀作品。美术创作活动活跃,尤其是雕塑艺术。广州地区的雕塑家把雕塑创作与城市建设结合,与塑造城市文明结合,开创了令人鼓舞的新局面,涌现出潘鹤的《开荒牛》、唐大禧的《猛士》、俞畅的《挑战》等大批优秀作品。广州市的城市雕塑建筑有长足发展,大中型纪念雕塑、园林雕塑,从1978年前的10多座增加到现在的40多座。在表演艺术中,杂技艺术的创新成绩最为突出,戴文霞演出的《滚杯》、严志诚等演出的《钻地圈》等一批优秀节目在国内外均享有较高的声誉。

1987年,在各地民间艺术活动蓬勃开展的基础上,广州举办了首届"广东民间艺术欢乐节"。全省定期举办的群众性文化活动还有三年一届的"广东省群众戏剧花会""广东省少儿艺术花会";各市县和部分乡镇年年都有地方特色浓郁的文化活动,如"荔枝节""风筝节""山歌节",等等。出现了粤剧《魂牵珠玑巷》、潮剧《陈太爷选婿》、舞剧《南越王》、现代舞《夜叉》等获奖作品。

到20世纪90年代,一部部精品佳作被创作出来:风靡全国的图书《新三字经》发行量达3500万册,一时洛阳纸贵;广东组织了省内外一批优秀的社科工作者,历时近三年精心撰写而成《邓小平在广东》;电影《花季·雨季》发行收入创下当年国产片的发行纪录;歌曲《春天的故事》《走进新时代》唱红全国;长篇小说《白门柳》首开广东获全国茅盾文学奖的记录;《外来妹》《情满珠江》《英雄无悔》《和平年代》《安居》等影视作品不仅夺得"五个一工程"奖,还分别摘取飞天奖、金鸡奖等中国影视最高奖;《星海·黄河》公演50多场,大多是观众自己掏腰包看的,该剧还被指定为国庆50周年晋京演出的5部献礼戏剧之一。

《广东省建设文化强省规划纲要(2011—2020年)》强调,全面实施文艺精品战略,构建科学的文艺创作生产体制机制,使广东成为引领时代潮流的文艺精品生产基地。通过文艺精品工程、繁荣文艺创作专项资金等体制机制,培育催生在国内外领先的文艺现象、文艺形式、文艺流派。稍早的《广东省建设文化大省规划纲要（2003—2010年）》强调充分发掘广东历史文化资源，发展特色文化，打造具有现代岭南风格和广东气派的文化精品，树立广东文化形象，提升广东文化地位，提高广东省文化发展水平。

近年来，广东重点开展了岭南文化题材和现代题材的创作，艺术佳作不断涌现。广东本土制作的文艺精品在中宣部"五个一工程"等全国性文艺评奖活动和专题创作征集活动中频频亮相，其入选和获奖数量均稳居全国前列。在第十届中国艺术节上，东莞原创音乐剧《钢的琴》夺得"文华奖"优秀剧目奖，并成为5项国家级文化大奖的"单打冠军"。与一度风靡全国的广东流行音乐相呼应，近年来，在历次全国性歌曲征集活动中，广东的入选和获奖作品都占一席之地，如《走向复兴》《迎风飘扬的旗》再度唱响大江南北。与之相比，广东摄影领域的表现也毫不逊色，在全国摄影作品展览和中国国际摄影作品展览两项中国摄影界顶级展赛中，广东作品连续13年获总成绩第一。在民间文艺方面，仅2013年度广东就有7个优秀项目摘得"山花奖"。同时，广东涌现出的多种文化精品积极"走出去"，提升了岭南文化的感染力、传播力和影响力。2011年，中共广东省委宣传部、省文化厅、省文联联合主办了中华人民共和国成立以来规模最大、影响最大的广东民间工艺晋京展览。该展览汇集了150位民间工艺大师将近400件精品，吸引到5万人次到馆参观，有力提升了岭南文化的影响力。①

（二）人才建设

文化大师、文化名人、文化领军人物往往是一个民族、国家或地区的"名片"，代表着一个时代的文化水平、人文精神。广东文艺的蓬勃发展，有赖于一批文化名家的重要影响，更有赖于优秀人才的培养规划。

改革开放以来，广东涌现出不少在国内产生很大影响的艺术家。作家刘斯奋和陈国凯、雕塑家潘鹤、美术家杨之光、音乐家郑秋风、书法家陈

---

① 侯斌雄：《岭南民间工艺十年溢彩》，见和讯网（http://news.hexun.com/2012 - 11 - 01/147459686.html）

第五章 文学艺术繁荣发展

永正、戏剧家红线女等,都是广东文艺界各领域的重要代表,同时也是在全国文艺界有着重要影响的艺术名家。刘斯奋的长篇小说《白门柳》、潘鹤的雕塑《齐白石头像》和《刘大千头像》、杨之光的画作《雪夜送饭》和《不灭的明灯》、郑秋风的歌曲《我爱你中国》、刘长安的歌曲《我爱五指山 我爱万泉河》、红线女的粤剧《珠江礼赞》和《昭君出塞》等作品,不仅是这些杰出艺术家们自己的代表作,更是整个广东文艺界乃至全国文艺界的璀璨明珠。

然而,在名家大师焕发光彩的同时,广东文艺也不免面临后继无人的尴尬局面。时任中共广东省委书记的汪洋同志就曾直言,广东文艺界在全国有影响的名家大师不多,领军人物更是缺乏,与时代的要求、与广东改革开放排头兵的地位很不相称。伴随着广东建设文化大省乃至建设文化强省的规划,广东文艺人才培养机制、引进工程的启动,为广东文艺的蓬勃发展奠定重要的人才基础。

首先,大力培养领军人物和专业人才。《广东省建设文化强省规划纲要(2011—2020年)》提出,用10年左右的时间,把广东打造成为富有吸引力、竞争力和创造力的文化人才聚集地。实施宣传思想文化战线优秀人才"十百千工程"项目,逐年加大文化专业技术和经营管理杰出人才的培养资助力度。鼓励支持各类民间文化团体发展,评选民间文化技艺大师,培养非物质文化遗产技艺传承人才。健全人才选拔培养工作机制,探索实行党政人才、文化经营管理人才、文化专业技术人才交流和挂职锻炼制度,打通体制外人才吸收渠道,推进人才合理流动。

其次,积极引进高端人才。面向国内外重点引进社科理论和文学艺术名家大师、文化创意和文化产业领军人物。创新人才引进合作机制,鼓励文化行业以调动、岗位聘用、项目聘任、客座邀请、兼职、定期服务、项目合作等多种形式引进或使用高端人才及其团队。定期编制文化人才引进需求名录。同时,通过提供优惠的经济政策、提供落户生活便利、建立优秀文化人才引进"绿色通道"等园区引才政策,使广东成为富有吸引力的文化人才洼地。

最后,建立完善文化专业技术人才评价体系。对为广东文化发展做出突出贡献者以及重大文化成果进行奖励。实施特级专家聘任制度,实施首席专家、文化大师工作室制度。建立省级文化荣誉制度，评选"广东优秀社会科学家""广东广播影视名家"，设立广东文艺"终身成就奖""德艺双馨奖"。

在一系列人才培养与激励机制的带动下，近年来，广东省的文艺工作开创出新局面。广东美术近两年在全国异军突起，以晋京展览为跳板，不断向全国推出"岭南名家"，巩固广东美术强省的格局。2012年被全国美术界称为"广东美术年"。岭南画派两大前辈名家黎雄才、关山月的回顾展《百年雄才——黎雄才艺术回顾展暨作品捐赠仪式》和《山月丹青——纪念关山月诞辰100周年艺术展》先后在北京中国美术馆举办，引发了京城艺术评论界的高度关注。林墉、杨之光、许钦松、陈金章、陈永锵等著名艺术家先后赴北京中国美术馆举办专题展，在国家最高艺术殿堂掀起了新一轮"广东热"。将一批广东艺术名家推向全国，发出"广东美术"的强大声音，也展示了岭南画派焕发出的源源不断的时代活力。

2012年，广东省文学艺术联合会和广东省民间艺术家协会启动了三年一次的"广东省民间文化技艺大师"评选活动，以树立行业标杆，鼓励更多的民间工艺大师坚守传统行当。这些"技艺大师"都是经过层层选拔、从过百位候选人中筛选诞生的，国内牙雕翘楚李定宁、享誉海内外的端砚大师黎铿、广绣大师陈少芳、南派玉雕领军人物高兆华等人当选。

在戏剧界方面，广东的演员素质在全国也是有口皆碑的。广东历年获评中国戏剧梅花奖的演员共有30多位，位居全国前列。其中，第25届中国戏剧梅花奖得主蒋文端、黎骏生，第26届中国戏剧梅花奖得主崔玉梅，都是广东中青年演员中的佼佼者。

在遴选出一批批技艺精湛的文艺名家之余，广东文艺界还开展了"广东文艺终身成就奖""中青年德艺双馨文艺工作者"等一系列奖项的评选，杂技家李亚萍获第三届全国中青年德艺双馨文艺工作者称号，电影家李亚威获第三届全国道德模范评比提名奖，展示了广东文艺家德艺双馨的模范风尚。

此外，为给文艺界培养源源不断的后备人才，广东文艺界全面开展了面向青少年的音乐、舞蹈、美术、摄影、书法、曲艺等一系列业余艺术培训和考级认证服务，举办了少儿"小梅花"荟萃、少儿美术优秀作品展

第五章 文学艺术繁荣发展

览、青少年书法大赛、少儿舞蹈大赛、"明日之星"曲艺比赛等全省性活动,推动文艺人才培养从少儿抓起。

通过文化强省建设,广东正在逐步成为在全国具有重要影响力以及特色鲜明、优势明显的区域文化中心,整体文化生态环境不断改善,文化市场日益成熟发展。

三、流行文化引领潮流

标准化、程式化和机械复制的制作方式,[①] 以及在消费意识引导下的时尚化运作机制,使大众文化以流行文化的形态在社会上传播开来。通俗文学、流行音乐、影视作品等流行文化,是改革开放后广东大众文化孕育出的一支"轻骑兵"。它们以前沿的观念、平民的姿态、雅俗共赏的内容,在大众传媒的推波助澜下异军突起,不仅促成了广东大众文化发展的一个高峰,也一度引领全国大众文化发展的潮流。

（一）通俗文学

通俗文学在全国流行是改革开放初期特有的现象,这不仅与当时人们的精神文化生活相对贫乏有关,更与通俗文学对社会和人生的温情关注分不开。通观曾经流行一时的作品,探究其掀起热潮的根源,莫不是它们道出了人们的心声,唤起了潜藏在人们内心深处的某种情愫。改革开放先行一步的优势、浓郁商业氛围和敏锐市场眼光的共同作用,使广东不仅助力通俗文学在全国的流行,甚至成为潮流的重要引领者。

开始掀起通俗文学风潮的,是港台新武侠小说的传入,这一风潮的开创正始于广东。有人曾言:"从上世纪80年代走过来的人,尤其是所谓生于70年代者,大概没有一个人未曾受到武术狂热的洗礼。"[②] 此说虽然夸张,但也基本反映了20世纪80年代新武侠小说对人们的影响。因为地缘

[①] 大众文化标准化的、程式化的和机械复制的作品,被认为是文化商品化以后的必然结果。参见陆扬、王毅《大众文化与传媒》,上海三联书店2000年版,第20页。

[②] 《新派武侠小说传入内地,南风窗开新武侠长驱直入》,载《南方都市报》2004年3月26日第D92版。

与历史的关系，广东成为港台新武侠小说进入的第一站，不仅率先以连载的形式向人们推荐了梁羽生的《白发魔女传》和金庸的《射雕英雄传》，而且还出版了内地第一本新武侠小说《萍踪侠影》。当时《南风》盛极一时和《武林》1983年高达350万册的发行量，① 不仅表明人们对新武侠小说的接受和喜爱程度，也显现出新武侠小说在全国强劲的流行势头，从一个侧面反映出广东对这一流行的导引作用。

如果说新武侠小说的引入主要满足了男性读者群的需要，那么以琼瑶为代表的言情小说的传入，则迅速受到年轻女性的青睐。随着国家对港台文学作品出版管制的放宽，早在1986年，花城出版社就推出了琼瑶小说《菟丝花》，反复重印多达几十万册。此后花城出版社不仅连续几次获得琼瑶的出版授权，而且在1996年较早获权出版琼瑶作品全集，并取得巨大成功。仅1986年，就有超过20家出版社在同时出版琼瑶的言情小说，而流传最广的正是花城出版社所出版本。至于"二十几家出版社到底印了多少本，每本印了多少册，已经无从计算"，再加上"那个年代租书店很多，小说的传阅率很高，读过琼瑶作品的人数大概要以千万计，说琼瑶在一夜之间红遍中国，并不算是夸张"②。一时间，"从初中生到中年人对于她的言情小说都痴迷不已，很多母亲对琼瑶又爱又恨，在严禁子女看琼瑶小说的同时，自己的枕头下却放着一本琼瑶的书"。所以有人说，琼瑶"已不单是个女性的名字、某个作家的名字，它变成几代中国人不可抹杀的集体记忆符号"③。广东以对人们文化需求的敏锐把握和出版之力，在"琼瑶热"扩散的过程中起到了重要的推动作用。

就读者群而言，诗歌本不在通俗文学之列，但鉴于其在20世纪80年代后期至90年代前中期曾风行一时，因此讲到流行文化也不能不提及。《南方都市报》在2004年4月9日《诗歌曾经的"黄金"年代》一文中坦言，改革开放以来，在诗歌界曾有一个不被认同的"黄金"时期，即

---

① 《〈武林〉杂志二十三年侠客梦 中国功夫天下名》，载《南方都市报》2004年4月28日第D104版。
② 《几度琼瑶红》，载《南方人物周刊》2007年第21期。
③ 刘琨亚：《琼瑶，不老的传奇》，载《深圳晚报》2007年9月3日第B15版。

第五章 文学艺术繁荣发展

"凭借诗歌获得经济效益的时期"。这一时期,席慕蓉的纯情、汪国真的小哲理、洛湃的"浪子"情结,风行于少男少女之间。而这段"黄金"时期的筑成,与广东编辑兼诗人杨光治的发现与推广紧密相连。可查的资料显示,正是由于他独具慧眼的推荐,席慕蓉的《七色香》、汪国真的《年轻的心》和洛湃的《浪子情怀》才走入人们的视野,从此广袤的中华大地相继掀起了"席慕蓉热""汪国真热"和"洛湃热",同时还创造了诗集销售超过百万册的出版神话。

事实上,在这些强劲的流行风背后,更多的作品虽在当时掀起了波澜,引起了关注,但影响略有不及,如以吕雷《海风轻轻吹》为代表的爱情题材小说,以郭小冬《中国知青部落》为代表的知青小说,以《中国铁路协奏曲》《中国高第街》《没有家园的灵魂》《天地男儿》为代表的报告文学,以《新三字经》为代表的道德教育读本,以郁秀《花季·雨季》为代表的学生题材小说,以安子《青春驿站——深圳打工妹写真》为代表的打工小说,以及以张欣、张梅等为代表的新市民小说、女性小说等,无不如此。还有一些作品虽然影响够大,但因属于严肃文学,影响面有限,无法形成流行的趋势,如广东首获茅盾文学奖的历史小说《白门柳》,以及《商界》《世纪贵族》《大风起兮》《国运》等改革小说,《艺海拾贝》《当你还是一朵花》《雾失楼台》《珍藏起一个名字:母亲》等散文,等等。

综观40年的发展历程可以发现,广东通俗文学除了一般通俗文学所具有的平民性、世俗性和商业性等特征之外,还具有如下明显的特征:

第一,敏锐的风向感。广东素有的重商传统,地缘上与港澳毗邻,再加上是改革开放的前沿地,广东文学界人士的思想相对比较开放,思路也相对比较开阔,所以,在国内文学界尚不活跃的情况下,广东以其敏锐的触角,不仅在第一波文学思潮中挺立潮头,而且还开启了新武侠小说在全国的一路畅销,推动了以琼瑶为代表的言情小说在国内的传播,一手缔造了新潮诗在全国的流行,同时也造就了广东在知青小说、报告文学、打工文学以及道德教育读物等方面的宏阔视野和超前意识,而这正是广东通俗文学能够风行全国的有力保障。

第二,广泛的包容性。虽然有"自古文人相轻"的俗语,但在广东文学界，包容的态度不仅为外国、港台和国内其他地方的作品提供了同台竞技的平台，也使各种文学体裁都有自己的生长空间，各种题材的作品都能得到重视。典型的如打工文学在广东的出现。早在1984年，深圳《特区文学》就开始发表一些反映打工者生活的作品。1988年，《大鹏湾》杂志开始明确关注打工文学，随后，不但广东主要报刊开辟有打工文学专栏，佛山文艺还专门举行过打工文学小说征文，并刊登其中的作品。

第三，积极的价值取向。通俗文学由于通俗而易于为人们所接受，但也容易因此而流于低俗。广东作为改革开放的窗口，在引进优秀作品的同时，也不可避免地为低俗文学提供了市场。但综观广东倡导和推动的全国通俗作品热，其价值取向无一例外是积极健康的，并在一定程度上符合人们对真、善、美的追求。以新武侠小说为例，新武侠小说之所以备受人们的关注和喜爱，其中一个重要原因就是它在内容上突破了传统武侠小说或为朝廷服务、或快意恩仇等种种局限，"往往充满了爱国、民族、正义这样的积极感情，而且能够表现丰富的人性和文化内涵"[1]。

机遇与挑战从来都是双生子。改革开放催生的巨大市场需求，一方面为广东通俗文学注入了新的活力，另一方面必须面对市场求生存的现实，也使文学创作遇到了前所未有的挑战。进入21世纪之后，广东通俗文学在不断调整的基础上出现了百花齐放的局面，但在文化消费日趋多元和文化市场逐渐兴盛的今天，任何一种消费文化都已难以雄视天下，通俗文学也不例外。如何在现有的格局中保持和发扬特色，不仅事关当下的生存，也关涉长远的发展，值得业界继续探索和努力。

（二）流行音乐

流行音乐是流行文化中的灿烂奇葩，也是紧随通俗文学之后广东在全国影响最大的文化。它以清新欢快、雅俗共赏的特色，在中国流行音乐史上写下了浓重的一笔。从最初由港台引入，到本土歌曲风靡全国，再到最后铅华洗尽，广东流行音乐大致经历了从引进模仿到自主创新，从本土推

---

[1] 《新派武侠小说传入内地，南风窗开新武侠长驱直入》，载《南方都市报》2004年3月26日第D92版。

第五章 文学艺术繁荣发展

广到向全国的探索与发展过程。

改革开放初期,与港台的往来使广东音乐爱好者最早接触到了与当时内地风格迥异的音乐。音乐界的注意力就此开始转移。随着第一个音乐茶座出现,诸如刘欣如、李华勇、吕念祖、张燕妮等靠模仿起家的歌手,开始以"广州邓丽君""广州罗文""广州刘文正""广州苏芮"等名义迅速走红。在有意识地模仿港台歌手,并源源不断地转手"兜售"从港台引入的流行音乐之余,广东音乐人开始感到"写自己的歌,走自己的路"①的必要,由模仿转向创作的序幕就此拉开。

1985年的"红棉杯"新歌新风新人大奖赛,既是广东流行音乐本土创作的一次检阅,也是其走向全国的一次集结。这次大赛不仅使刘欣如、安李、吕念祖、唐彪等流行歌曲歌手获得音乐界的认可,而且也使陈小奇、李海鹰、解承强、兰斋等优秀音乐人脱颖而出,显示了广东流行歌坛的实力,也为其向内地进军准备了条件。②

1986年是广东流行音乐成功向内地进军的开始,也是广东流行音乐被内地认可和接受的开始。这一年发生了一件中国流行音乐史上的大事,即"让世界充满爱"第一届中国百名歌星演唱会在北京工人体育馆举行,这是全国歌手首次出现在同一个舞台上。广东在这次演唱会上出尽风头,送出了刘欣如、吕念祖、陈汝佳、张燕妮、曾咏贤、王强、彭萍和音乐人歌唱组合"新空气"的毕晓世、解承强、张全复等实力派歌手,同时庞大的阵容也使广东成为北京以外出席歌手最多的地区。③ 在1990年全国第四届"中国青年歌手电视大奖赛"和北京亚运征歌等活动中,广东的创作实力开始得到了全面展示。④

在20世纪90年代初成功包装并捧红杨钰莹之后,广东开始了声势浩大的造星运动。"从1993年到1998年,广东流行乐坛在五年间成就了数十位'星级'歌手,同时也向广大乐迷贡献了无数传唱至今的经典金曲。

---

① 《(音乐作曲人)写自己的歌 走自己的路》,载《南方都市报》2004年2月12日第D89版。
② 《流行音乐大奖赛刺破养成冬幕的春歌》,载《南方都市报》2004年2月20日第D89版。
③ 《(广州歌手)他们让回忆变得灿烂无比》,载《南方都市报》2004年2月18日第D88版。
④ 《(音乐作词人)月落不闻乌啼,涛声何以依旧》,载《南方都市报》2004年2月13日第D89版。

这个时段,大部分音乐人都进入了创作的高潮期,每人每年平均能够推出30首知名歌曲。"① 强劲的实力,最终使广东流行音乐风靡全国。

广东流行音乐之所以能够风靡全国,得益于如下特点:

首先,曲调轻快清朗,旋律优美。从早期的《我爱你中国》,到第一首原创流行歌曲《请到天涯海角来》,广东流行音乐的轻柔欢快、清新明朗以及旋律的优美婉转就已经呈现了出来。后来风靡一时的《蓝蓝的夜,蓝蓝的梦》《为我们的今天喝彩》《轻轻地告诉你》《我不想说》《真的好想你》《小芳》《爱情鸟》《蓝精灵之歌》等,无不反映出广东流行音乐清新婉约的南国风情。

其次,歌词富有诗意,朗朗上口。孔子说:"言之无文,行而不远。"这对流行音乐也一样适用。同今天流行音乐在歌词创作上的整体世俗化、"口水化"不同,广东流行音乐的取胜,在于歌词既简洁凝练、朗朗上口,同时也文气十足、富于诗意。从家喻户晓的《在希望的田野上》,到后来的《涛声依旧》《晚秋》《弯弯的月亮》,广东流行音乐雅俗共赏的一面得到了很好的演绎。因此,人们从广东流行歌曲中听到的往往不仅有清新的曲调和优美的旋律,而且还有美好的意境、时代的声音,以及运用现代手段演绎的古典文化魅力。

最后,内容富有强烈的时代感。有人说:"几乎是广东的改革开放发展到哪一步,都有一部较优秀的电视剧起了档案的作用,一个记录了真实的社会现象且有待深入其中的社会档案,或者也可称为'平民的传记'——平民第一次以自己的生存、自己的奋斗、自己的力量写就了历史。"② 其实在流行音乐发展的过程中也是这样。从早期反应环保题材的《一个真实的故事》,到以打工为背景的《你在他乡还好吗》《一封家书》,再到直面反映改革的《春天的故事》《走进新时代》,人们从广东流行歌曲中即能感受到时代的强音和历史的变迁。

事实上,广东流行音乐得益于港台流行音乐的启蒙,但在发展的过程

---

① 《〈音乐作曲人〉写自己的歌 走自己的路》,载《南方都市报》2004年2月12日第D89版。
② 钟晓毅:《"头啖汤"效应与"边缘"文化挑战——论广东现实题材电视剧》,见钟晓毅《穿过林子便是海——漫步"边缘文化"》,花城出版社1995年版,第199页。

第五章 文学艺术繁荣发展

中也受到相应的挤压,之所以能够在港台流行音乐的夹缝中异军突起,首先源于自觉的音乐创新追求。从20世纪80年代中后期到90年代初,"当内地许多城市还在'配音'的港产电视剧和粤语歌中想象香港的时候,广州人已经开始思考怎样从亦步亦趋的'港式'文化模式中找到属于自己的发展之路"①。"唱自己的歌,走自己的路"较早成为广东音乐界的共识。

其次得益于广东集聚了一批富有责任感、开拓精神和文化底蕴的音乐人。从听港台歌曲到走上独立创作之路,广东音乐界在这一过程中逐渐汇集了吕念祖、廖百威、汤莉、麦子杰等本地歌手,杨钰莹、毛宁、林萍、甘苹、程琳、光头李进、李春波等签约歌手,解承强、李海英、毕晓世、张全复等音乐作曲人,陈小奇、陈洁明、杨湘粤、李广平等词作人,以及陈珞、朱德荣、许建强等制作人。这批音乐人的共同特点,就是既有深厚文化底蕴和对流行音乐的挚爱,又具有开拓精神以及对流行音乐发展的责任感。

再次得益于运作机制领先的优势。在探索流行音乐创作的过程中,广东音乐人在借鉴港台流行音乐制作推广经验的基础上,摸索出能够灵活操作并推动原创音乐发展的运行机制。20世纪80年代末90年代初,从出现音乐制作人开始,广东音乐界的运作机制便悄然发生变化,首先是签约歌手制的出炉,接着成立企划部,随之便是声势浩大的"造星"运动,最终形成了"签约歌手—音乐制作人—唱片公司—歌迷的艺术生产和艺术消费的良性循环机制"②。

最后是与传媒的通力合作。大众传媒在广东流行音乐的传播发展过程中起到了至关重要的作用。第一,电子传媒推出的歌榜,如"广东创作歌曲排行榜""岭南新歌榜""广州新音乐十大金曲排行榜"以及"歌坛新人榜"等,对原创音乐鼎力支持;第二,《南方日报》《羊城晚报》《南方周末》《粤港信息日报》《广州青年报》《舞台与银幕》《新舞台》《声报》等报纸对原创流行音乐的推介和提升。因此,有人直言:"广东的流行音

---

① 《流行文化:广州从复制"港式"到找回自我》,载《信息时报》2007年6月29日第A20版。

② 《(音乐制作人)带来新空气 开创新时代》,载《南方都市报》2004年2月11日第D88版。

乐如果没有传媒的鼎力相助、推波助澜，恐怕还在襁褓中嗷嗷待哺呢，哪有今天飘满祖国大地的风光？"①

自20世纪90年代末以来，广东大批音乐人或北上、或出国、或转行，推动流行音乐发展的创作基础随之消失，广东原创流行音乐也随之淡出人们的视野。2003年，全国音乐界综合性专业大奖"金钟奖"永久落户广州，这又为广东音乐的再次崛起提供了难得的契机。

（三）影视作品

自1896年电影引入中国后，岭南电影与20世纪中期勃兴的本土电视一起，竞争交融、互惠繁荣，在既显出荣耀与辉煌也挥落泥沙和沉渣的漫长的发展过程中成长，其所创造的举世瞩目的艺术成就，是中华灿烂文化宝库的珍藏。岭南影视的历史，正是众多岭南影视人披荆斩棘、奋力创业，寻求社会容纳和群众认可的历史。它继承了中华民族文化的优良传统，在长期艰辛的艺术实践中，高扬爱国主义旗帜和勇于探索的精神，逐步形成了自己丰富的影片样式和鲜明的艺术风格，创作了数量几乎占中国影视作品之一半的大量作品。②

1. 南国电影的黄金时代

珠江电影制片厂是我国华南地区历史最早、规模最大、实力最强的综合性电影企业。从1958年投产以来，它摄制出许多脍炙人口、为广大群众喜爱的优秀影视作品，成为我国南方影视创作生产的重要基地。曾经的辉煌让南国电影在中国电影史上赢得一席之地，"珠影"也因此成为岭南文化的一块响亮品牌。

1979年以后，处于改革开放前沿阵地广东的珠影，开创了南粤电影事业的高峰，摄制了《春雨潇潇》《与魔鬼打交道的人》《海外赤子》《乡情》《寡妇村》《逆光》《乡音》《廖仲恺》《雅马哈鱼档》《孙中山》《心香》《情满珠江》等影视作品，它们无不风靡大江南北，广受观众欢迎。

---

① 杨苗燕：《轻轻地告诉你——一份对广东流行乐坛的关注和理解》，见杨苗燕《别等我在老地方——转型期文化景观》，花城出版社1995年版，第103页。

② 柯可：《中国岭南影视艺术史》，中国电影出版社1999年版，第7页。

第五章 文学艺术繁荣发展

与此同时,很多对珠影充满爱慕之情的电影人才也从全国各地汇聚到广州,到珠影实现自己的淘金梦和明星梦。

当时的珠影集合了一批相当成熟、有水准的创作力量。以孙周、张泽鸣等导演为代表的"后第五代导演"在中国影坛上掀起了一股旋风,其拍摄的影片表现出与《黄土地》《红高粱》等西部影片截然不同的特质。这种被业内称为"南国电影"的作品一开始就融在南方的都市文明、市井文明里,以更多的包容和反思面对当时中国狂风暴雨般的裂变,通过市井的心态、都市人的心态,去接受和创造新价值观念。

就具体的作品而言,《雅马哈鱼档》1985年获文化部优秀故事片二等奖和第五届中国电影金鸡奖最佳美术奖,随后珠影又连续拍摄了《给咖啡加点糖》《太阳雨》《街市流行曲》《女人街》《商界》《特区打工妹》等极富岭南都市风情的影片,在全国影坛引发了一场关于岭南都市片的热烈讨论,其影响波及大江南北,为中国电影如何表现当代都市生态特别是青年心态提供了宝贵的启示。

在主旋律精品影片方面,珠影也取得了相当出色的成绩:1996年的《军嫂》、1997年的《安居》、1998年的《龙飞凤舞》、1999年的《赛龙夺锦》、2000年的《走出硝烟的女神》和2002年的《荔枝红了》6部影片,先后6次获得中国电影政府最高奖——华表奖优秀故事片奖。如此成绩,在国内电影制片厂中实为凤毛麟角,为中国电影事业的繁荣和发展做出了积极的贡献。

行内人士认为,珠影在20世纪90年代以前的成功,主要经验在于创造并坚持了自己的岭南风格,多数影片都扎根于本土文化,表现具有浓郁岭南特色的故事,富有生活气息和地域色彩,为老百姓所喜闻乐见。这些岭南都市片具有浓郁的地方色彩,集中反映了时代精神和岭南都市的个性,是岭南电影人将地方性、思想性、艺术性做最佳整合,同时满足观众娱乐需要和市场商品需求而推出的新片种,因此,推出后在全国引起了强烈的反响。同时,在改革开放初期,珠影的创作经营理念也走在全国前列,它是国内最早改建公司的电影制片厂,较早地向市场靠近,并造就了强劲的市场竞争力。

20世纪90年代以后,国家对电影发行体制进行了重大改革,珠影在

广东文化改革发展 40 年

转型的探索中未能跟上产业化发展的新形势，缺乏市场竞争力，严重制约了影视创作和生产经营的发展。近年来，在广东省致力于建设文化强省、大力发展文化产业的背景下，广东电影迎来了新的发展机遇：《走路上学》等一批电影作品喜获华表奖、金鸡奖和平壤国际电影节大奖等重要奖项，《喜羊羊与灰太狼之兔年顶呱呱》则开创了国产动画电影票房"十日过亿元"的记录，在奖项和市场方面颇多收获。广东电影具备的丰富资源和雄厚实力，在新时期文化强省建设的推动下，必将走出困境、重振辉煌。

2. 广东电视剧的风生水起

电视剧是公众了解和透视一个地区政治、经济、文化等特点的最佳视窗。与其他文化形式相比，广东电视剧是当代岭南文化的最直观的表征，也是改革开放以来广东文化最亮眼的一张文化名片。从 20 世纪 90 年代中期开始，广东电视剧异军突起，在连年获得奖项认可的同时，屡屡创下收视率和广告收入的新高，取得了主旋律叙事和市场效益的双丰收。广东电视剧的一次次成功，极大地丰富了广东文化的内涵，同时在很大程度上帮助改变了广东"文化沙漠"等种种偏见。

广东电视剧起步于 20 世纪 80 年代，在与香港电视剧激烈的市场争夺战中逐渐确立起独特的艺术风格。由于特殊的地缘环境，广东是全国唯一公开对外开放天空的省份，观众们坐在家中即可收看到来自香港乃至境外的电视台。在成熟的工业制作体系中输出的香港电视剧集曾将广东电视剧压得几乎无还手之力。据时任广东电视台电视剧部主任的张木桂回忆，1986 年播放的香港电视剧《流氓大亨》在广东收视率高达 76%，甚至出现剧集播放时间刑事作案率都会大幅下降的咄咄怪事；几乎与此同时，另一部国产电视剧在广东电视台播放时，竟无一家商家愿意投放广告。对珠三角地区观众的调查也显示，收看广东电视与收看香港电视的比例是 2∶8。①

面临"收复空中失地"的巨大压力，广东电视台确立了借鉴香港电视剧成功经验，以制作长篇通俗电视剧为主、适量制作高品位艺术片的方针，甚至提出在不违反四项基本原则的前提下，将收视率放在特殊重要的地位，在经济政策、管理权等方面下放权力，最终形成像香港电视那样的

---

① 张木桂：《广东电视风雨十八年》，载《粤海风》1997 年第 1 期。

第五章　文学艺术繁荣发展

成熟的工业生产模式。新的发展思路带来了新的活力,从 1987 年开始,广东电视台制作了反映改革开放后广东人传统道德伦理受到冲击的《家庭》,以及直接描写改革开放生活的《公关小姐》等一系列剧目。这些用通俗剧形式作为载体的长篇连续剧收视率良好,《公关小姐》的收视率竟然达到 90.99%,比《流氓大亨》76% 的收视率高出 14.99 个百分点,送十多个省台作为交换节目,播出后也收视火爆,好评如潮。接着《公关小姐》又被香港亚视及澳门电视台购买版权在港澳播出。中央电视台甚至打破不播出曾在五个省台播放过的剧目的惯例,在第一套节目的黄金时间播放《公关小姐》,在全国再次掀起收视高潮。有学者认为:"《公关小姐》的成功之处,远远超出了剧目本身的存在,它的意义在于《公关小姐》的实践找到了大陆电视剧与海外电视剧的某个共同点。这是由广东处于内地与港澳之间的地域文化所决定的。这些年,广东电视台一直在寻找这种文化特征,这部剧就是这个证明。"[①]

在初步实现"突围"后,随着客观形势的变化,广东电视台将发展的重点放在制作精品这一目标上。时任中共广东省委书记的谢非同志曾在研究电视剧制作的会议上提出,广东的影视制作力量应联合起来,把电视剧当作一个文化工程来抓,电视台要广纳广东乃至全国的艺术精英,树立全国意识,夺取全国大奖。从 1994 年起,广东电视剧《情满珠江》《农民的儿子》《英雄无悔》《和平年代》《军嫂》4 年内连获 5 个国家最高级大奖"五个一工程"奖,同时几乎囊括飞天奖、金鹰奖,并创下了中央电视台黄金时间段收视率的最高纪录。主旋律叙事和市场效益两方面的良好平衡日益成为广东电视剧的独特风格。

近年来,广东电视剧延续了主旋律叙事与市场效益兼顾的风格,继续推出一系列精品电视剧。《潜伏》(2009)、《五星红旗迎风飘扬》(2011)、《毛泽东》(2015)等电视剧在口碑和市场方面的双赢反映了广东电视剧良好的发展趋势。

有学者认为,通俗文学、流行音乐和影视作品等代表的大众文化的发展,代表着中国社会转型期文化发展的路向,因为中国文化的生机与出路

---

① 张木桂:《广东电视风雨十八年》,载《粤海风》1997 年第 1 期。

取决于能否高扬每个人的力量，承担并肯定每个人的独特价值，从以群体的本位转到以个体的本位。而大众文化发展的前提和结果都是尊重并肯定每个人的情感存在，它给每一个体自由地表现自己提供了相对平等的机会，它的发展显示了一切的人性，光荣的和耻辱的，智慧的与庸俗的，勇敢的与懦弱的。① 大众文化的意义在于让每一个体相对平等地参与文化休闲，相对民主地显现情感个性。由此，我们有理由认为，流行于当代岭南社会的大众文化的发展，代表着中国社会转型期文化发展的路向，其所具有的渗透力度和意义，随着中国社会现代化运动的深入，必将得到进一步的确认。

四、网络文艺异军突起

网络文艺是呈现于网络媒介上的一切文艺样态的作品，它托生于网络，依赖网络受众的观赏和阅读，却未必是网络自身独有的文艺样式。② 网络文艺的形态主要有文字类、音频类、视频类、游戏类及其他类等，它们的生存取决于网络媒体的生产操作模式。近年来，多种形态的网络产品不但造就了网络文艺多元互渗的文化景观，也开始规模化地在传统媒体衍生并扩大影响。文艺反映时代，文艺引导时代，从"推出更多反映时代呼声、展现人民奋斗、振奋民族精神、陶冶高尚情操的优秀作品"③ 的角度出发，网络文艺潜力巨大，更善于把握时代的脉搏。在开风气之先的广东，网络文艺基础优势明显，起点颇高，无论在设施建设、内容生产还是产业开发方面，都处于全国领先地位。

（一）网络文学

承载在网络媒体平台之中，反馈当下社会图景，表达群体性价值观，在内容层面，首推文艺；而文艺之中，文学是基础且十分重要的方面。网

---

① 吴重庆：《当代岭南文化评析》，载《开放时代》1993 年第 1 期。
② 北京师范大学课题组：《中国网络文艺的构成景观与发展问题》，载《艺术百家》2016 年第 4 期。
③ 习近平：《在中国文联十大、中国作协九大开幕式上的讲话》，人民出版社 2016 年版。

第五章 文学艺术繁荣发展

络文学是一个相对而言比较宽泛的概念,既可以从狭义上指称以网络为载体而发表的文学作品,也可以从广义上指称以网络为基础而又溢出网络本身、贯穿于全媒体传播样态下的文化产业链条。相关数据显示,2015 年国内网络文学用户达到 3.5 亿人,网络文学市场规模增长至 70 亿元,环比上涨 25%①;以各种形式在网络上发表过作品的人数多达 2000 万人,注册网络写手达 200 万人,每年有六七万部作品被签约。② 从接受人群构成来看,大致可判断网络文学是非精英化而具有大众审美品位的文化形式。③

广东的网络文学产业一直引领风气之先。从平台载体的角度看,中国当前最大的网络文学企业阅文集团隶属于广东企业腾讯集团,根据 Frost&Sullivan 的数据,在 2016 年,按照所产生的在线阅读收入计算的五大网络文学公司中,阅文集团以 43.2% 的市场份额占据近半壁江山;从内容生产的角度看,在所有省份中,广东省的网文作者数量最多,占比超过 12%,也诞生了当年明月、天下霸唱、南派三叔、慕容雪村等一批知名"大神"。④

广东网络文学发展史,就是中国网络文学发展史的缩影。2001 年,广东阳江的林庭锋和长居中山的台湾籍人士罗森等全国各地共 56 位玄幻文学爱好者,在"西陆"BBS 一同发起成立中国玄幻文学协会(CMFU)。次年,林庭锋用"宝剑锋"的笔名发表玄幻小说《魔法骑士英雄传说》。该小说甫一推出即受到读者和出版商的追捧,随后实体书由台湾上砚出版社出版。林庭锋成为第一位在台湾出版作品的网络作家,同时也跻身最早的网络文学畅销书作家之列。

2002 年 5 月 15 日,中国玄幻文学协会筹备成立文学网站。6 月,林

---

① 李国琦:《速途研究院:2015 年网络文学市场年度综合报告》,见速途网(http://www.sootoo.com/content/661067.shtml)。
② 宋宇晟:《中国网络作家达 2000 万人 每年有六七万作品签约》,见中国新闻网(http://www.chinanews.com/cul/2013/12−23/5653250.shtml)。
③ 北京师范大学课题组:《中国网络文艺的构成景观与发展问题》,载《艺术百家》2016 年第 4 期。
④《广东网文市场作者读者数量均居国内首位》,见金羊网(http://culture.ycwb.com/2018−01/20/content_ 25911449.htm)。

庭锋在广东阳江成立起点文化传播公司。在阳江注册的"起点中文网"第一版网站（www.cmfu.com）推出，开始试运行。初期的网络书站主要以转载为主，版权意识薄弱。部分网站是通过将武侠、言情等实体书扫描到网上来充实网站内容。而在随后的发展中，起点中文网逐渐发展为以推动中国原创文学事业为出发点、致力于发现和挖掘优秀的原创文学作者的文学平台，也从此开启了中国网络文学商业化运作之路。期间，起点中文网创立了中国网络文学史上一个极其重要的概念"VIP"，通过在线收费阅读模式，确立了网络文学商业化道路。从广东出发的起点中文网逐渐壮大，不断发展。而中国网络文学从最初的默默无闻快速成长，作品数量、创作者人数、用户覆盖面、版权影响力等持续高速增长，如今已成为产值高达数百亿元的重要互联网产业。

借助起点中文网的平台，一些著名的网络作家如当年明月、南派三叔、天下霸唱、慕容雪村、李可等均由广东起步，尔后名闻全国。

2001年，旅居广东的作家郝群以"慕容雪村"为笔名，发表小说《成都，今夜请将我遗忘》，随后在2003年发表姊妹篇《天堂向左，深圳往右》，在广大网民中引起强烈反响，并迅速走红，与李寻欢、安妮宝贝、今何在一起，被推举为"网络四大写手"之一。

从2004年起，深圳作家梅毅以"赫连勃勃大王"为笔名，开始"中国历史大散文"的写作，相继出版有长篇历史散文集《隐蔽的历史》《历史的人性》等，并于2010年在台湾出版了繁体字版十卷本《赫连勃勃大王历史文集》。

2005年，广东揭阳的阿菩在幻剑书盟网站首发长篇历史神话小说《桐宫之囚》。该小说经过阿菩的重新润色加工，改名为《山海经密码》，于2011年由凤凰出版社出版，甫一出版即登上畅销书榜榜首，更由广东省作协推荐，获得第九届（2009—2011）广东省鲁迅文学艺术奖。广东也成为第一个把省级最高文学奖颁发给网络作家的省份。

2006年，顺德海关工作人员石悦以"就是这样的吗"的ID在天涯社区的"煮酒论史"栏目发表《明朝的那些事儿——历史应该可以写得好看》的帖子。随后，石悦将ID名称由"就是这样的吗"改为"当年明月"，并开始在自己的新浪博客连载《明朝的那些事儿》，博客点击量迅速达到830万。该小说于2009年3月连载完毕,并出版了实体书,累积销量超过1000万册,成为大陆通俗类历史著作经典之一。当年明月也成为"草根说史"的代表作家。

2007年,广东作家李可的《杜拉拉升职记》被出版商挖掘出版,后又被改编为电影和电视剧。该作品开启了"女性职场文"写作潮流。

广东的网络文学也很早就进入了文学研究者的视野。2003年4月,广东省作协联合有关文化单位举办"新文学、新媒体、新人类"研讨会,进行了国内首次触及网络文学的探讨。全国第一家开通的省作协网站"广东作家网",曾经为了孵化本地网络作家,开通了"文学风"论坛供本土作家发表作品,并出版了论坛作品集《被照亮的世界》。

2009年5月,在广州召开了"广东网络文学座谈会",慕容雪村、求无欲等知名网络作家出席。就是在此次座谈会上,慕容雪村提出"网络文学百分之九十九是垃圾",引发激烈争论,经媒体的渲染推波,"网络文学是否垃圾"的争论漫延到整个文学界乃至全社会。

2010年5月,全国范围内第一次大规模、高规格的网络文学研讨活动"网络文学研讨会"在京隆重召开,由广东作协与中国作协联合主办,国内各大型文学网站主要负责人、关注网络文学的数十位评论家、各网站知名网络作家出席并发言,经数十家传统媒体和数字媒体报道后在社会上产生广泛影响。7月,中国作协首次将网络文学纳入重点扶持作品范畴,首批扶持三部网络文学重点作品,广东作家作品《昼的紫 夜的白》入选。广东省作协首次发展一批10多位网络作家入会,广东文学院吸收了3名省内网络作家成为签约作家。从2010年始,广东每年都有10位以上网络作家加入省级作家协会,此后不断有广东网络作家加入中国作家协会。

2011年3—9月,8场"广东网络文学十年精品回顾"论坛活动和主题座谈会在全国掀起了研究网络文学的热潮。12月,"广东网络文学十年精品回顾"峰会在广州市珠岛宾馆隆重举行,同时宣告全国第一家网络文学院"广东网络文学院"成立、全国第一份网络文学研究杂志《网络文学评论》出版发行。该峰会回顾和展望了广东乃至中国网络文学的发展历程和未来趋向,中国作协领导,中共广东省委宣传部领导,有影响的文学网站负责人侯小强、童之磊等,网络文学评论家欧阳友权、马季、邵燕君

广东文化改革发展 40 年

等,以及网站版主编辑、在艺术上达到较高水平并在读者中有广泛影响的网络作家等参加了这次峰会。而广东网络文学院的成立,也被广东省政协记载入《敢为人先——改革开放广东一千个率先》一书,该书于 2015 年 9 月出版。

近年来,广东网络文学的发展略显后劲不足,不但缺少有影响力的作品,有影响的网络文学"大神"也纷纷出走广东。广东省作家协会专职副主席杨克不无遗憾地表示,广东作为最早兴盛起来的网络文学大省,先行一步却又后劲不足。① 随着广东建设文化强省的规划出炉以及广东文化产业的整体腾飞,业内人士认为,广东网络文学出现了二次腾飞的机会。②

(二) 网络音乐

在广东网络文艺的构成中,除了网络文学占据影响力的大端以外,网络音乐同样展示出蓬勃发展的活力与朝气。

2006 年 11 月 20 日,文化部公布《文化部关于网络音乐发展和管理的若干意见》,首次对网络音乐进行了界定:音乐产品通过互联网、移动通信网等各种有线或者无线方式的传播,形成了数字化的音乐产品制作、传播和消费模式。

一般认为,1997 年上传到网络的《惠多》是中国第一首网络原创歌曲,自 2001 年 Flash 版的 MTV《东北人都是活雷锋》始,网络音乐开始流传。2004 年是网络歌曲流传的标志年,《老鼠爱大米》《两只蝴蝶》等奠定了网络音乐的独特大众风格。和互联网结缘的网络音乐,使艺术形态的音乐得以更为迅捷传播,互联网的海量存储和多元文化共享等特点,使得网络音乐呈现出其他媒介所不具备的多样性。网络音乐形式包括 Flash 音乐、MIDI 音乐、电子贺卡音乐、网络游戏音乐、网络广告音乐、网站背景音乐、网络 MP3 音乐、视频音乐、彩铃音乐等,同时几乎涵盖了所有的音乐类型,如古典音乐、民族音乐、现代音乐、舞蹈音乐、器乐曲、

---

① 《网络文学"大咖"纷纷北上》,载《信息时报》2015 年 5 月 7 日。
② 《广东网文市场作者读者数量均居国内首位》,见金羊网(http://culture.ycwb.com/2018 - 01/20/content_ 25911449.htm)。

声乐曲、通俗音乐等。

在新媒体时代,广东流行乐坛率先完成音乐文化的载体革命,再度引领中国流行音乐潮流。回首2004—2005年大热的网络歌曲,绝大多数走红的网络歌手和网络歌曲都是由广东制造和推广:广东飞乐唱片公司的《老鼠爱大米》《猪之歌》,大圣先之唱片公司的《别说我的眼泪你无所谓》,以及委婉悠扬的《丁香花》都是从广东飘向全国的。此后,广东音乐人再次抓住时机,推出了《一万个理由》《月亮之上》《你到底爱谁》《不要再来伤害我》《那一夜》《秋天不回来》《求佛》《回心转意》《狼爱上羊》《QQ爱》等热门歌曲,以"市场触觉敏锐"著称的广东流行乐坛,又一次站在了中国流行音乐的潮头。

网络音乐多具有平民化、草根化、真实的表达与宣泄的特点,因此,曾有音乐评论家忧虑其格调不高、审美性和艺术性较差的问题。但是,基于数字技术的网络音乐改变了音乐存在的方式,进而影响用户音乐产品的消费模式,最终广泛而深刻地影响了整个社会的音乐生产和音乐审美。

以网络文学和网络音乐等形态为代表的网络文艺以其海量的作品、经济便捷的使用、新颖的视听感受和开放互动,用群众能够接受和喜欢的形式为广大人民提供休闲娱乐,在短短的时间内焕发出强大的生命力和影响力,重塑了文艺的版图,并开始改变文艺发展的方式和方向。《广东省建设文化强省规划纲要(2011—2020年)》提出,创新网络文化形式,实施网络文化精品工程,培育有广东特色的网络文学、网络音乐等网络文化产品,加大原创网络文化产品扶持力度。在业内人士看来,广东网络文艺正在迎来黄金时代。①

五、文艺活动丰富多彩

做好文艺工作、繁荣文艺事业是加快建设广东文化软实力的重要内容,是满足人民群众日益增长的精神文化需求的迫切需要,是实现文化跨越发展的必然要求。改革开放以来,广东文艺界在传承岭南文化的基础上坚持改革创新,以高度的服务意识、品牌意识和交流意识,激发促进文艺

---

① 《广州有多少网络文艺品牌?》,载《南方日报》2016年4月8日第A8版。

繁荣发展活力。

（一）服务意识

2016年，习近平总书记在中国文联十大、中国作协九大开幕式上的讲话中，向文艺界工作者提出希望：用文艺的力量温暖人、鼓舞人、启迪人，引导人们提升思想认识、文化修养、审美水准、道德水平，激励人们永葆积极向上的乐观心态和进取精神。形态多样的文学艺术为人民服务、为社会主义服务，是党在十一届三中全会以来一直坚持的文艺政策。广东文艺始终把人民群众作为文艺的服务对象和表现主体，坚持把不断满足人民群众日益增长的精神文化需求作为繁荣文艺的根本出发点和立足点，把专业创作和丰富多彩的群众文化活动更紧密结合起来，推动文化发展成果惠及全省人民。

2006年，广东省先后组织开展了"优秀电影进社区"和"百部电影进农村"的公益放映活动，仅"优秀电影进社区"的活动就放映5799场，观众达325万人次，放映的影片超过200部。至2006年年底，广东省实施东西两翼文化扶持工程，已投入4900万元，扶持建设了167个公共文化项目。至2006年年底，"广东流动博物馆"网络成员单位52个，覆盖了全省大部分地区，共组织制作了28个展览，巡回展览75场次，参观人数达230万人次。"广东流动演出服务网"2006年为各地农村群众送戏下乡15000多场次，并在此基础上组织了"广东流动演出节目网上大汇演"活动，以互联网为媒介进行创新，进一步扩大流动演出的受众范围，收到了很好效果。① 2009年，广东组织一批近年得国家大奖、有相当影响的舞台精品到各地进行巡演，让广大群众共享广东文化发展成果。

文艺要服务人民，意味着文艺工作者要创作一批人民喜闻乐见的作品。文艺工作者深入基层成常态，广东省文联、广东省文艺志愿者协会、广东文艺名家志愿服务团开展"到人民中去——广东省文联文艺志愿者深入基层惠民服务暨精品创作采风活动"，一批具有鲜活时代特征的文艺作品展现在群众面前。以《沙湾往事》为例，2014年10月8日，由广东歌

---

① 《公益文化滋润城乡百姓生活》，载《南方日报》2007年4月22日第4版。

第五章 文学艺术繁荣发展

舞剧院重点打造的舞剧《沙湾往事》在广州大剧院首演,反响热烈。此后,该剧又在当年 11 月 11 日开始的第十二届广东省艺术节开幕式上演出,同样引发喝彩声一片。在 2014 年 9 月举行的全国"五个一工程"评选中,中共广东省委宣传部获得"组织工作奖",广东选送的 8 部作品获优秀作品奖。这些"广产"文艺精品,都富有时代精神,艺术风格独特,在形式和内容方面都有创新,题材方面也都贴近实际、贴近生活、贴近群众,真正成为群众喜爱的"叫好又叫座"的作品。

文艺要服务人民,同时也包括文化惠民工程的推进。根据《广东省建设文化强省规划纲要(2011—2020 年)》,近年来,广东省财政安排专项资金支持开展全省群众文化活动。"开心广场·百姓舞台""百歌颂中华合唱大赛""省群众艺术花会"以及广东社区文化节等导向性、示范性、制度化的大型群众文化品牌活动开展得如火如荼,很多地方甚至形成了自己的文化新特色。例如,在外来打工人员相对集中的东莞,就已经形成了以"打工文化"为主题的公共文化活动品牌体系,推出了全国打工歌曲创作大赛、"同饮一江水"广东省打工者歌唱大赛、"我们的节日——东莞市系列文化活动"、"百场培训、千场演出、万场电影"进基层等一系列品牌活动,特别是"越唱越红"农民工歌手演唱大赛,目前已经成为由东莞塘厦发起、遍布全省的一项文化活动。

(二)品牌意识

近年来,广东省把打造品牌、扩大影响作为重要发展目标,在提高区域文化影响力方面有了新的突破和发展。鲁迅文艺奖、中国音乐金钟奖、华语传媒系列盛典、大学生电影节、广东省艺术节、百歌颂中华、广东省群众艺术花会、广州国际粤剧节、中国梅州(国际)客家山歌节、汕头潮剧节、禅宗六祖文化节、连州国际摄影年展、阳江(中国)国际风筝节、中国江门华侨嘉年华活动、新世纪之星、"中山杯"华侨文学奖等文化活动,粤港澳青年电影节、孙中山文化节、岭南民俗文化节、广东社区文化节等节庆活动,不但是弘扬广东优秀文化、丰富群众文化生活的平台,更日益成为广东文艺活动的文化地标和文化品牌。

"鲁迅文艺奖"设立于 1981 年,是广东省最高综合文学艺术评奖,迄今为止已成功举办8届。鲁迅文艺奖设有戏剧、音乐、美术、舞蹈、电影、曲艺等12个类别的奖项,对改革开放以来广东文艺的繁荣起到了巨大的推动作用,不少获奖作品后来在全国性奖项中也大放异彩。例如,刘斯奋的长篇历史小说《白门柳》,先是获得鲁迅文艺奖,之后又一举获得全国长篇小说最高奖——第四届茅盾文学奖,成为广东文学界的一大标志性成果。

"中国音乐金钟奖"是经中宣部批准的、中国音乐界唯一的综合性专家大奖,旨在表彰和奖励有突出贡献的音乐家和在音乐创作、表演、教育、理论研究、评论、编辑出版等方面成绩卓著、贡献突出的个人和单位。2003年,金钟奖组委会决定永久落户广州,这不仅大大增强了音乐艺术对广东的影响力,而且也使广东音乐因金钟奖的落户而得到各界的广泛关注。

"华语文学传媒大赏"由《南方都市报》主办,自2003年创立以来,每年举办一届,是目前中国年度奖金含金量最高的纯文学大奖,也是国内第一个有国家公证人员参与评选全过程的文学大奖。凭借开放的公正性和纯粹的民间性,华语文学传媒大赏不仅逐步奠定了自己在华语文学界的地位,并且已经成为广东文艺界的重要品牌。

(三)交流意识

广东省是改革开放的先行地,是经济建设强省,也是对外和对港澳台文化交流的排头兵。近年来,广东省文化厅围绕国家外交大局以及广东省委、省政府中心工作要求,大力推动广东文化"走出去",完成了多项高规格、影响大的涉外文化项目,文化产品及文化服务的竞争力显著增强。2011—2015年,广东省对外和对港澳台双向文化交流共计3300余批、5.5万多人次。尤其是2015年,双向文化交流创下历史新高,达到1024批、1.59万人次,继续领跑全国。① 一批批来自广东的文艺团队充当文化大使,在国际上唱出好声音、讲述好故事、传播正能量,树立了文化广东的

---

① 李再炎、庞力、谭志红:《推动广东文化走出去 打造文化广东新形象》,载《中国文化报》2016年1月29日。

第五章 文学艺术繁荣发展

新形象。

2015年7月,广东省出台了改革开放以来的首个专门针对对外和对港澳台文化工作的重要文件,明确了文化交流工作的近期目标和长远目标,为进一步加强对外和对港澳台文化工作提供政策保障,推动对外和对港澳台文化工作进入更加规范有序的发展轨道。省内各地市积极落实文件精神,进一步完善对外和对港澳台文化工作的制度建设,部分地市已采取有效措施并取得初步成效,如广州市文化广电新闻出版局设立了文化交流合作处,为加强对外和对港澳台文化工作的领导管理、统筹协调提供了组织保证。同时,省主管部门要求各地对外和对港澳台文化活动归口管理,增强了各地市申报对外和对港澳台文化交流活动项目的意识。另外,专门设立了对外和对港澳台文化工作专办员、联络员制度,及时发布相关信息,交流工作经验,形成了更紧密的工作氛围。

同时,广东省文化厅积极与外事、财政、商务、金融、经贸、侨务、台务等部门合作,积极争取各地级以上市文化行政部门将对外和对港澳台文化工作所需经费列入本部门年度预算,积极申请设立地方对外和对港澳台文化工作专项经费,出台鼓励更多以民间和商业的方式"走出去"的政策措施,探索建立以政府为引导、以企业为主体、以市场化运作为主要方式的工作机制,重点扶持表演艺术、艺术品与工艺美术、动漫、游戏等领域的文化企业和产品走向世界。

作为"中华风韵"2016年开场戏之一,由广东歌舞剧院创排的大型舞剧《沙湾往事》于2016年1月7—10日登陆有"世界艺术殿堂"之称的美国纽约林肯艺术中心,连演4场,征服了挑剔的纽约观众。《沙湾往事》用轻妙的广东音乐、优美的民族舞蹈表现了岭南文化的魅力,展示了广东省实施文艺院团改革、建设文化强省以来在文艺创作、创新方面的新成果、新风貌,吹响了广东在"十三五"规划时期加强对外文化交流合作的号角。

广东艺术团所到之处,"中国""广东"成为热门词汇,所到国家和地区政府首脑、各国使节、海外侨领等亲自接见主要演员和观看演出。特别是广东省连续11年赴法国海外省留尼汪及毛里求斯举办大型综合性文化活动,活动区域横跨留尼汪的5个城市及毛里求斯路易港区,成为当地中国新年期间最盛大的庆祝活动,在当地已形成"春晚"效应,是民众喜闻乐见的标志性节庆盛会。

  这些文艺活动的频频推出,既充实了广东文学艺术作品库,又丰富了广大群众的文学艺术生活,还增加了文艺作品的演出收入,取得了良好的社会效益和经济效益。

第六章　新闻媒体引领潮流

做好党的新闻舆论工作，事关旗帜和道路，事关贯彻落实党的理论和路线方针政策，事关顺利推进党和国家的各项事业，事关全党全国各族人民凝聚力和向心力，事关党和国家的前途命运。信息化社会中，文化的生命力、凝聚力、创造力、影响力在很大程度上取决于大众传媒的实力。在中国共产党第十九次全国代表大会上的报告中，习近平同志强调要坚持正确舆论导向，高度重视传播手段建设和创新，提高新闻舆论传播力、引导力、影响力、公信力。改革开放以来，特别是党中央、国务院《关于深化文化体制改革的若干意见》颁布以来，广东新闻媒体在坚持正确的舆论导向的前提下，通过一系列具有突破意义的体制机制改革，利用得天独厚的文化优势、经济优势和地缘优势，抢得先机，蓄势而发，创造了中国传媒界多个标志性的第一，获得了社会效益和经济效益的"双赢"。近年来，在文化强省的建设目标和《广东省建设文化强省规划纲要（2011—2020年）》的指引下，广东新闻媒体迎来了新的发展机遇。

一、改革创新焕发媒体生机

"市场化"是广东传媒体制改革的中心词。一方面，发生在中国社会各个层面的市场化转型对媒体改革的影响无可回避，在开改革风气之先的广东地区，这种影响尤为明显；另一方面，媒体改革的过程中，市场机制日益成为媒体资源配置的重要手段。在市场化改革观念的引导之下，广东传媒体制改革经历了以"事业单位，企业化管理"为开端的管理体制改革,以"经营与采编剥离"为开端的经营体制改革,以及以市场为主导配置资源的扩张机制改革。40 年的改革与发展历程中,广东已成为全国新闻媒体竞争最激烈也是市场化程度最高的地区之一。

(一) 管理体制改革

中国传媒第一次体制变革始于《人民日报》等 8 家中央级报刊联合要求实行"事业单位,企业化管理"。此前相当长的时期内,新闻媒体——在当时的技术条件下,占据主导地位的媒体类型主要是报纸——的市场属性基本被否认,实行严格的党的办报模式:创办报纸由国家严格审批,经费由政府财政拨款,印刷物质由计划统一分配,发行由邮局包揽,订阅由单位公费支付,党委包揽新闻业务、事业发展、人员管理等一切事务,报社自身成了纯粹的事业单位,任何市场的因素都被否定和排除。作为省委机关报、市委机关报的《南方日报》和《广州日报》就是在这种管理模式下创办的。这一时期的新闻媒体是党组织的一部分,作为党的喉舌,传达党和政府的方针、政策,发挥宣传与组织的功能。

改革开放后,随着计划经济向商品经济转变,以及对党政权力过分集中问题的改革,传统的党政化传媒体制也面临着调整与变革。1978 年,以《人民日报》为首的 8 家中央级大报联名向中央财政部报告,要求实行"事业单位,企业化管理",希望通过适度的自主经营获得一些经济收入,以弥补政府财政补贴的不足。无力为报业增加拨款的财政部批准了这一报告,同意新闻机构(报社)在保持其"事业单位"的基本属性不变的前提下,即保持其原有的所有制、政治立场、编辑方针的前提下,在经济管理体制上采取"企业化"的运作方针,自主经营、独立核算、自负盈亏、依法纳税。报纸可以从事一定的经营活动,经营所得的一部分用以增加职工收入和提高职工的福利待遇,也可以用于改善报社的办公条件和技术设备。"事业单位,企业化管理"政策的实行,是新闻媒介从完全的计划运作逐步走向市场运作的重要转向,是政府鼓励媒介走向市场的重要举措。

混合型体制的建立激发了传媒自身的经营积极性,确立了市场化发展的合法性,极大地解放了传媒的生产力。以报业为例,1989 年年底,全国各级各类 1459 家报社中,有 188 家实行了企业化管理,占总数的

12.9%。据财政部文教司提供的数据,1989年全国文教企业所属报社产品销售收入20.33亿元,实现利润4.13亿元,留利4.62亿元,向国家上缴所得税4187万元。按照中国报纸行业经营管理协会的匡算,1993年,全国报纸发行流转额79亿元,围绕报纸经济活动的数额达到138亿元。① 广东报纸总数则由1979年的8种发展到2003年的165种,此外还有内部资料性出版物1130种,② 仅次于云集了所有中央级报纸的北京市而位居全国其他省(自治区、直辖市)之首。10年之后,广东电视台作为电子媒介的试点,获得了"事业单位,企业化管理"的开放倾斜政策,广东新闻媒介踏上了"自主经营、自负盈亏、自我积累、自我发展"的企业化发展之路。

随着市场化的深入和市场竞争的日趋激烈,传媒开始遭遇更深的体制障碍。仅从经济运行方式和经济核算制度来看,"事业单位"和"企业化管理"两者之间存在巨大差异,甚至是根本矛盾:"事业单位"意味着报社以国家预算拨款为活动资金来源,不进行成本核算,不上缴利润,不缴纳税金,履行的是社会公共机构的职能;而"企业化管理"则要求进行生产经营活动,并且在生产经营活动中遵循企业经营管理的基本经济规律,遵循市场原则,以最小的成本获取最大的收益,并且必须向国家缴纳税金和向投资者回报收益。由于当时实行"企业化管理"更多的是出于缓解传媒单位财务压力,而且受新闻媒体长久以来被视为主流意识形态宣传"工具"与"部件"的思维惯性影响,新闻媒体是"事业单位"的基本认知并未撼动,传媒业的产业属性也未得到普遍承认。新闻媒体体制的具体发展方向有待进一步明朗。

(二) 经营体制改革

1992年,邓小平南方谈话的发表与党的十四大召开,不仅解除了把计划经济和市场经济看作属于社会基本制度范畴的思想束缚,还建立起

---

① 屠忠俊:《当代报纸经营管理》,华中理工大学出版社1999年版,第22—23页。
② 此数据由广东省新闻出版局报刊处提供,转引自林如鹏《广东报业竞争三十年》,暨南大学出版社2008年,第1页。

"社会主义市场经济"的改革目标,从而将传媒体制改革及其观念变革带入新的历史阶段,市场化逐渐成为人们在传媒体制改革方向上的共识。"采编与经营相剥离",成为新的经营管理体制的核心。

采编与经营的剥离始于20世纪80年代,这标志着中国传媒经营体制的重大突破,催动了媒介产业的高速发展,也加速了传媒市场主体地位的确立。传媒经营的改革实践,逐步对传统媒介的经营和管理体制提出了改革的要求。在计划经济体制下,媒介的经营管理体制以服务宣传为主,侧重于总编辑负责制或社长、总编辑分工负责制。总体来说,存在重采编而轻经营的缺陷。1987年,羊城晚报社率先实行社长领导下的总编辑、总经理分工负责制,社长总揽全局、总编辑和总经理并驾齐驱,被称为"三驾马车"体制,开新闻媒体领导体制改革风气之先。这种新型领导体制的核心就是通过采编和经营的剥离,提高分管经营管理总经理的地位,一方面加强了报社对经营管理工作的领导,另一方面也确保了新闻报道的公信力,从而在体制上为报社走向集团管理和集团经营打下良好的基础。1995年5月,南方日报社也将总编辑领导下的编委会负责制改为社长领导下的总编辑、总经理负责制。1995年12月,广州日报社由原编委会领导下的总编辑负责制改为社委会领导下的社长负责制,负责经营管理的中层机构从经理部、发行处增设为计财处、发行处、广告处、管理处、经营处、技术处6个部门,大大增强了经营管理部门的力量。此后,"三驾马车"的新型报社领导体制从广东走向了全国。

采编和经营"两分开"的媒介管理体制,"就是在由出资人对报纸的宣传业务和经营业务部门的干部人事、资产财务、考核监督等实行统一领导、统一管理的前提下,将宣传业务和经营业务在人员、机构方面彻底分离,做到业务不混合,人员不混岗。但两者之间要互相负责,一方面,采编部门负责宣传,办好宣传主业,为经营业务提供内容支撑,创造优质经营载体;另一方面,经营公司负责经营业务,为宣传业务提供经费支撑,承担媒体经济保障责任,形成宣传和经营相互促进的良性机制"[①]。最初的"两分开"是指新闻业务层面的两分开,慢慢地发展成为媒介管理与经

---

① 张殿元:《中国传媒体制创新》,南方日报出版社2007年版,第75页。

第六章 新闻媒体引领潮流

营体制层面的"两分开"。改革后,采编部门的职责和性质基本保持不变,负责报纸内容采编,提高新闻报道的质量,接受党和政府主管机关的管理和领导;分离出来的经营部门,则按照现代企业制度进行改造,组建新的新闻发展总公司。由公司的董事长担任总经理,总经理负责处理日常的经营事务,不能干预新闻的采编。这种采编与经营剥离的新尝试使得处于事业单位和企业双重身份之间倍感尴尬的媒体有了新的发展契机,带来了媒体产业的高速发展。

采编与经营相剥离的一个重要发展阶段是传媒集团化的开启。在对全国多家地方党委机关报进行调查研究、详细分析国内报业发展的最新态势后,国家新闻出版署最终选定《广州日报》作为全国第一家报业集团试点单位。1996年1月15日,国家新闻出版署在给广东省新闻出版局的《关于同意建立广州日报报业集团的批复》中说:"广州日报经过几年的思想理论、物质条件、运行机制等方面的准备,已经具备了较有影响力的传媒实力、较雄厚的经济实力、较充足的人才实力、较先进的技术实力、较灵活畅通的发行实力,在社会效益和经济效益两个方面都取得了较好的成绩。由广州日报组建中国首家报业集团,条件已经成熟。"

从1996年5月正式挂牌到1998年1月,在两年的试点运营期间,广州日报报业集团广告营业额从1996年的5.1亿元增长到1998年的7亿元。在集中精力办好主报《广州日报》的同时,发挥集团整体协作、资源共享的优势,主办和经营了一大批系列报刊,拥有13家报纸、1个出版社、1家网站、3家杂志社。在广州日报报业集团成功试点两年的基础上,1998年5月18日,南方日报报业集团、羊城晚报报业集团正式挂牌成立。1999年11月,深圳特区报业集团成立,成为广东省第四家报业集团。

在报业领域进行集团化的同时,广播、电视、出版等领域的结构调整和集团化转型也陆续拉开帷幕。2004年1月18日,南方广播影视传媒集团正式挂牌成立,是全国第一个由省、市、县广播电视系统企事业单位联合组成的全省性事业集团,被称为"南方模式"。集团化的发展模式使处于混合型体制之中的传媒获得了新的发展空间,带来了传媒产业的新的高度发展。

在传媒体制改革的采编与经营"两分开"之后,传媒体制改革逐渐与文化体制改革产生了汇流。2003年，广东率先成为全国第一批文化体制改革的试点地区，在文化体制改革的政策框架下，新闻出版体制改革与广播影视体制改革随之展开，在分类改革的基础上，非时政类报刊社、重点新闻网站、广播影视企业集团与出版社纷纷踏上了"转企改制、重塑市场主体"的路途，从而在由事业单位到企业主体的身份转型与市场化运作实践中，实现对传统传媒体制的突破与革新。

（三）扩张机制改革

在传媒管理经营体制变革的基础上，新闻媒体的运作机制也在进行相应调整。21世纪以来，以市场为主导力量配置传媒资源的扩张机制逐步得到确认，传媒产业的扩张不再是行政捏合的结果。广东新闻媒体同样走在这次改革的前列。

自1996年广州日报报业集团成立以来，新闻媒介的集团化过程主要是由行政力量主导的。这种权力扩张模式对于媒介产业的建立是有积极意义的，但其局限性也不可忽视。原因在于，权力扩张模式存在以下问题：第一，权力扩张模式是出于社会稳定、利益平衡、占有资源、便于管理等行政目的，而不是以调整产业结果、提升产业效率、降低产业运作成本、扩大产业影响力等市场要求作为价值趋向。因此，这样的媒介集团化过程，与按市场要求进行资源的优化配置有着本质的区别，由于是行政强行捏合，最后的实践效果不尽如人意是可想而知的。第二，权力对媒介市场的边界跟权力的疆界的规定性对集团化的发展是一种极大的约束和限制。我国的报业资源一直按地域或行政划拨，有着浓厚的计划经济的意味。媒体集团化应当遵循的路径是打破行政对市场的干预，以市场为导向，走跨地区、跨媒体的路子。这样才有利于传媒业市场、人才、资金、产品等资源的优化配置。

从2003年开始，政府和相关主管部门相继批准了一系列媒介跨地区、跨媒体经营的申请。这是中国媒介集团新一轮扩展的信号和新的特征。2003年12月30日，国家广电总局颁布《关于促进广播影视产业发展的意见》，指出："要以资产和业务为纽带，整合广播和电视经营性资源，推进广播电视经营性资源的区域整合和跨地区经营，培育发展广播电视产业集团公司。广播电视产业集团公司作为广电集团（总台）或电台电视台的经营实体。"同年，由光明日报和南方日报两大报业集团联合主办的综合类大型城市日报《新京报》创刊，这是中国第一次由两个党报报业集团合作办报，《新京报》成为中国第一家得到国家有关部门正式批准的跨地区经营的报纸。2004年，国家新闻出版总署又批准了上海文广集团和广州日报报业集团、北京青年报社合作主办《第一财经日报》。该报是中国第一张跨地区、跨媒体的全国性财经日报，打破了广电与报业两大系统之间的界限，完成了跨媒体财经资讯传播平台的初步搭建。

二、传统媒体开辟新路

"传统媒体"是一个相对的概念。随着时代的发展和技术的进步，媒体的形式和涵盖内容也不断发生变化。这里所说的"传统媒体"，指的是报纸、杂志、广播、电视等形式的大众媒体；下文提到的"新型媒体"，则是指以互联网和移动互联网为技术平台的各种媒体形式。按照传播学者的经典描述，传统媒体和新型媒体同样拥有守望环境、协调社会、传承文化和娱乐大众的功能，但不可否认，相较于新型媒体，传统媒体更多地被视为"主流媒体"而得到更多的政策资源和经济资源的扶持。作为中国总体改革开放的一部分，与广东省经济实力的大幅度提升相适应，广东传统媒体也同样发生了翻天覆地的变化。在40年的改革发展中，新闻媒体已经成为广东重要的"文化名片"之一。

（一）广东传媒的竞争优势

改革开放以来，广东传媒抢得先机，蓄势而发，逐渐形成了独特的模式，显示出强大的竞争力和超前意识，为全国传媒业的改革与发展提供了重要借鉴。40年的发展使得广东传媒无论是经济效益、发展规模还是发展程度，都处于领跑者的位置，是当代中国传媒业发展最迅猛、实力最雄厚的第一方阵。这一切很大程度上得益于广东传媒独具一格的竞争优势。

1. 文化优势

新闻媒介作为文化产业重要组成部分之一，它的发展离不开当地历史文化传统和社会文化心理的积淀，离不开一定的文化氛围和文化生态。以珠江三角洲为主要发源地的岭南文化，是以本地文化为基础、以中原文化为主干，融合外域文化而逐渐形成的地域文化。在广东传媒的崛起与发展进程中，广东传媒深得岭南文化的滋养和熏陶，从中获得了创新与发展的直接动力。

岭南地处祖国边陲，南临大海，早在2000多年以前，这里就有世界上最发达的造船业，在20世纪末发掘出的南越王墓葬中，就有不少船模；在广州地铁动工之际，同样发掘出有相当规模的船台。由于航海和商贸的关系，岭南人很早就与外域发生联系，最早开拓出海上丝绸之路；在对外交往的过程中，珠江三角洲也成为西方文化最早登陆的地方。商贸往来地带来的流动的、开拓的精神，使岭南人具有很强的生命力；外来文化的滋养，也使岭南人少有保守性而崇尚创新和革命。在多元文化的融合下，近代岭南形成了兼容并蓄而又敢于开拓的岭南文化，成为近代中国史上新思潮、新运动的重要发源地。

受岭南文化的影响，广东报业在近代史上就在全国先行一步。鸦片战争前的1822年，在广东省南端的澳门，葡萄牙殖民者创办了中国境内的第一份外文报纸——《蜜蜂华报》。1838年，以钦差大臣身份到广州查禁鸦片的林则徐，在广州创办了《澳门月报》，该报成为中国人最早创办的近代报纸。岭南文化的开放多元和兼容并蓄孕育了广东传媒开放的理念，同时为报业的发展营造了平等、自由、竞争、民主、宽松、和谐的文化氛围，这在具体的办报（刊、台）过程中体现为两个方面：一是开放性，立足广东、面向全国、放眼世界，报道空间广阔，突破地域界限，不仅有丰富的本地信息，更有大量国内外信息，的确做到了"一报在手，尽览五洲风云"；二是务实性，广东新闻媒体的报道更注重经济内容，更注重实际效果，因此关注民生、传达民意，加强服务性、实用性和贴近性，使广东传媒赢得了广泛的受众基础。

"敢为天下先，喜赶潮流早"，岭南文化的进取性、开创性孕育了广东传媒开拓创新的办报（刊、台）理念。因此，在新闻改革的大潮中，广东传媒一马当先，领跑全国，体现出敏锐的超前意识和远见卓识。《南方日报》首创《南方周末》，使办周末版成为潮流；《羊城晚报》首创港澳海外版，带头开辟署名专栏评论，全国报纸纷纷仿效；《深圳特区报》首创

第六章　新闻媒体引领潮流

英文版;《广州日报》组建全国第一家报业集团……凡此种种,无不是岭南文化与人文环境使然。

总之,岭南文化以其不拘一格、经世致用、开放多元的风格为打造广东传媒的竞争优势营造了良好的文化环境,同时也形成了思想观念开放创新的先发优势,这是广东传媒生存发展十分可贵的文化生态。

2. 经济优势

经济基础决定上层建筑。在传媒业的战略环境要素中,经济环境对报业发展具有决定性影响。"世界各地区的新闻事业总是如影随形地跟随着经济实力的兴衰而兴衰,生产力水平和新闻事业的发展水平有着直接的因果关系。"① 传播学学者认为,一个国家或地区的经济增长和大众传播的发展有着紧密的联系,经济增长对传媒的发展起着召唤催生的作用,这不仅体现在媒介经营新思想、新观念的导入上,而且体现在媒介为适应经济的发展而实现的经营机制以及媒介内容与形式的转变上,更重要的是,经济的发展为大众传媒的繁荣奠定了良好的物质基础,大众传媒的发展水平已成为一个地区经济发展状况的晴雨表。对此,法国传播学家阿芒·马特拉写道:"传播推动着进步。随着电子技术和计算机技术的奇迹般飞跃,'传播'在80年代成为进步和'信息社会'的技术网络的突出部位,成为经济增长和民主发展的测量仪。"②

1978年,广东全省的国内生产总值为184.73亿元,城市居民人均收入401.88元,低于全国人均收入17.8%。改革开放为广东经济的发展注入了活力,其经济发展水平从落后于全国平均水平一跃为全国前列,取得了举世瞩目的成就。近40年来广东经济持续高速增长,从1989年起全省生产总值一跃位居全国首位,从2001年起突破了万亿元大关,2017年达到了8.99万亿元,经济总量占全国的10.5%。③ 广东在实施改革开放的过程中,一个极为鲜明的特点是从改革开放之初就明确改革的市场取向,

---

① 李良荣:《新闻学导论》,高等教育出版社1999年版,第77页。
② [法]阿芒·马特拉:《世界传播与文化霸权:思想与战略的历史》,陈卫星译,中央编译出版社2001年版,第2页。
③ 《广东省统计局:2017年广东GDP达8.99万亿元 同比增长7.5%》,见金羊网(http://news.ycwb.com/2018-01/25/content_25931362.htm)。

把经济体制逐步改革成社会主义市场经济体制，这是广东改革开放比全国先行一步的基本特征。广东以市场为导向的经济体制改革，对广东传媒的发展产生了深刻的影响，正是在市场经济观念的影响下，广东传媒市场迅速地发育成长起来。早在20世纪80年代初，广东各大报社已纷纷实现财政"断奶"，走上了一条自收自支、自负盈亏、自我积累、自我发展的道路。

随着市场经济的迅速发展，广东经济实力大大加强，社会发展进程不断加快，对社会的整体需求状况产生了变革性的影响。仅仅依靠人、财、物的支撑已经不能满足高度发达的商品经济社会的需要，信息成为一种庞大的社会需求。巨大的信息需求刺激了传媒业的空前繁荣，一方面为传媒培养了广泛的受众群体，另一方面也为传媒业广告市场培养了肥沃的土壤。已有的研究结果表明，传媒广告业的增长与国民经济的增长关系非常密切。根据国泰君安研究所的研究人员对1990—2002年中国传媒广告行业收入增长与国内生产总值（GDP）增长速度的相关性分析，二者的相关系数为0.82，确定系数达到0.66，表明二者高度正相关，传媒广告业增长速度的变化66%是因为GDP增长的变化而产生的。由此可见，稳定的宏观经济增长环境是传媒广告业增长的基础。① 40年来，随着广东经济持续快速发展以及商品经济的观念日益深入人心，广东省广告业的发展突飞猛进。以2003年为例，全省广告营业额达到165.9亿元，其中报纸、杂志、电视、电台广告营业额占94.8亿元。

以广东雄厚的经济实力做后盾，广东传媒业广告营业额多年来位居全国传媒业之首。大幅度上升的广告收入，成为广东传媒业扩大规模、深化发展的巨大经济支撑，同时也使广东传媒业能够竞相实施大手笔策划、大规模扩版的经营策略，在科技创新和品牌经营方面先拔头筹。随着传媒业市场的日渐成熟，传媒发展已进入深度开发与规模竞争阶段，与传统意义上的新闻竞争相比，强大的经济支持在这一阶段更显示出举足轻重的作用。

---

① 谭晓雨：《中国传媒广告业2002年回顾及2003年展望》，载《传媒》2003年第6期。

3. 地缘优势

作为我国改革开放的窗口，广东毗邻港澳，与海外文化的交流十分频繁，因此，客观上看，广东传媒与全国其他地区相比较，受到的外来冲击是最早的，冲击的力度也是最大的。发展较快、市场化程度较高的港澳媒介，无论在内容上、形式上还是在传播观念上，都不断对广东的传媒提出挑战。早在 20 世纪 80 年代初，广东的机场、码头、星级酒店等地，已开始零售港澳的报刊，而省内接入有线电视的广大用户，都可以自由地收看多个港澳电视频道的节目。就信息交流的开放度而言，广东走在全国的前面。凭借这种地缘优势，广东传媒在接受外来信息和经验方面更为便利，获得了更多的学习和借鉴的机会。与此同时，外来媒介产品进入较早、影响较大，也在相当程度上促进了广东传媒业的改革，因此，广东传媒业的改革力度大、步伐快，对外来文化的承受能力和消化能力更强，这是国内许多省份远远不及的。

新时期广东媒体新闻报道的开放性，就是在港澳媒体的冲击下形成的一大特色。改革开放以来，到内地采访的港澳记者日益增多，这一切无形中对广东新闻媒体的生存与发展造成了威胁。为了抵御港澳媒体的入侵，广东媒体都把加强开放性作为改革的重要措施之一，除了开设专版加大对港澳地区的新闻报道之外，对内地发生的各种突发事件、重大事件和自然灾害等，都在第一时间内进行详细报道，以防境外媒体"先入为主"或者"出口转内销"后，造成新闻宣传上的被动。新闻报道的空间广阔、内容详尽、开放度高，广东媒体新闻报道的这些特点都是在对外交流的过程中逐步形成的。

（二）广东传媒的崛起

1. 舆论监督助推社会善治

党的十一届三中全会以来，处于改革开放前沿的广东新闻媒体，率先冲破思想禁区，重新按照新闻规律进行新闻报道，也使党的新闻舆论监督的优良传统得以恢复并不断地向纵深发展。善待媒体、善用媒体，借舆论监督改进工作，是这片改革开放热土的品格特质，是广东引领风潮的特有精神禀赋。

（1）率先恢复新闻批评的优良传统。党的十一届三中全会以来，以《南方日报》为代表的广东媒体率先恢复了我国新闻媒体开展新闻批评的优良传统，并专门设立言论性批评专栏，使新闻批评成为一项日常性工作。《南方日报》设立了专栏"南海潮汐"和"批评与建议"，前者以读者来信为主，追踪报道群众反映的问题；后者则经常性地反映人大代表与政协委员的意见和建议。《羊城晚报》复刊以后，开辟了个人署名新闻评论专栏——"街谈巷议"以反映民间声音。这些创举在全国新闻界引起了强烈反响，由此开始，以《南方日报》为代表的广东新闻媒体率先恢复了我国新闻媒体开展新闻批评的优良传统，成功地实践了舆论监督和满足受众知情权的社会职能。

（2）率先使用调查性报道和深度报道。由于党和政府的重视支持与人民群众的迫切需要，20世纪90年代，舆论监督逐渐成为新闻媒体经常性的工作，以《南方周末》《南方都市报》为代表的广东新闻媒体采用调查性报道与评论相结合的方式，通过对教育、医疗、法治及行政官员的批评等公共议题的媒体呈现，在一定程度上反映了转型期中国的基本矛盾与社会问题，并在死刑核准权的收回、人权保障、看守所制度的改革等法治建设议题以及教育资源的公平分配等议题领域实际推动着广东社会乃至中国社会的进步和发展。

（3）率先实现舆论监督体系的建构。党的十四大、十五大政治报告，均提到要重视传播媒介的舆论监督，发挥舆论监督的作用；党的十五大报告中还将舆论监督与党内监督、法律监督、群众监督并列为社会主义民主监督制度的重要组成部分。1996年8月，中共广东省委发布了《中共广东省委关于进一步加强依法治省工作的决定》，充分强调了舆论监督在实现依法治省目标上的重要作用，并提出要建立舆论监督与党内监督、法律监督、群众监督相结合的强有力的监督体系。在这样的背景下，广东的新闻舆论监督获得了飞跃性的发展，涌现出一些相关监督性节目或栏目。如《广州日报》开设了《人大代表之页》专栏，广州电视台、广州电台与广州市政协办公厅合作开办了《政协委员之声》《政协之声》等专栏、专题节目。其中，广州电视台于1992年5月与广州市人大常委会联合创办了国内第一个大型政论性电视公开论坛——《羊城论坛》，这是整合新闻媒

第六章 新闻媒体引领潮流

体、社会舆论与人大工作职能的民主表达方式,为广州市形成和谐的政治气氛做出了重要的贡献。

综观改革开放以来广东新闻舆论监督的发展历程,不难看出其发展轨迹与改革开放步伐息息相关。一方面,改革开放极大地促进了广东市场经济和传媒市场的发展,给广东民主法制的建设带来了长足进步,从而为广东新闻媒体创造了一个宽松而富有活力的生存环境,使舆论监督工作得以不断地向纵深发展;另一方面,舆论监督挟社情民意之力,涤荡社会不良风气,弘扬社会正气,匡扶先进,鞭挞落后,反过来又促进和保障了改革开放的顺利进行。广东的舆论监督已经形成一个明确的路线图:以政治自觉推动官员善待舆论监督,以制度安排约束官员接受舆论监督,以整改实效引导官员善用舆论监督,进而在各方的良性互动中走向善治。

2. 舆论引导凝聚改革共识

在社会转型期,除了媒体监督、舆论批评之外,凝聚社会共识、弘扬社会主义核心价值观也是新闻媒体义不容辞的职责。在人心浮躁、戾气充斥的社会环境中,利用媒体渠道,聚集社会各种利益要求和利益表达,促使多方意见的交流,最终实现社会共识的凝聚,是广东新闻媒体在40年的改革发展中担负起的另一项重要职责。

(1) 促进阶层对话。有研究者认为,一切新闻实践都应致力于建构公共对话平台,反映多元声音,促进各阶层、社团和文化间的交流与理解,而不仅仅是反映客观世界。① 例如,《南方都市报》的言论版邀请了专家、学者、媒体人、企业家这样的精英阶层,同时也设置"读者来信"等栏目来为"草根"创造发言空间,为来自不同领域、不同职业、不同社会地位的人提供属于自己的意见表达平台,台上发言者之间、台上与台下之间的互动,化解群体固化带来的一系列偏见,不断增强社会活力。

(2) 丰富民众视野。"大多数人具有看问题易于'一边倒'的积习,随着社会的转型和文化的变迁,越来越多的矛盾和问题浮出水面,公民这

---

① 李习文:《对话新闻:立项、契机与障碍》,载《南京政治学院学报》2010年第1期。

种看问题的旧思维方式显然不能与现代社会的发展相协调。"① 选取不同的切入角度来对事件进行价值判断,从政治、经济、文化、历史等方面多维度分析问题,有助于丰富人们的视野。例如,2013 年,城市雾霾问题成为各大媒体热议的话题,舆论猛烈批评预警体系滞后、地方官员不作为、油气质量低下等问题。而《南方都市报》则发表了《走出雾霾,用行动让人民看到生态文明希望》的社论。文章在肯定舆论反映的问题后,又从更深层面指出,空气质量的下降是源于我国高能耗增长的发展模式,从而道出生态文明建设在改革发展过程中的重要性和紧迫性。

(3)凝聚价值共识。2009 年 10 月,胡锦涛在新华社承办的世界媒体峰会开幕式上,为媒体的未来指明了方向:"媒体要切实承担社会责任,促进新闻信息真实、准确、全面、客观传播。"凝聚价值共识正是新闻媒体最重要的社会责任。新闻媒体受众范围之广、传播速度之快、信息量之大,都是其他影响因素所不能比拟的。2013 年前后,《南方日报》等广州纸媒分别发表了《坚持推动社会主义司法制度改革》《废劳教彰民权,要果断下大决心》《改税负繁重局面,亟待全方位税制改革》《收入分配改革关键在"方案"之外》等涉及多方面改革的文章,努力营造改革共识。在反腐问题上,广州媒体更是凸显出建设理性的特色,《广州日报》等刊发的《惩治违规户口要拿出反腐决心》《官员财产公开:"制度反腐"不容再等》《反腐立法,期待广东先行先试》《把权力关进笼子,把权利放出笼子》等反腐社论,紧扣改革主旋律,突出反腐紧迫感,在将高层领导的改革决心传达至民众的同时,也将普通百姓的改革期待表露无遗。此外,《南方日报》还专门开辟了名为"防腐前沿"的专栏,报道各类反腐成果。在改革攻坚期,广州纸媒凭借旗帜鲜明的舆论导向,为重振信心、凝聚共识、深化改革提供了良好的舆论环境。

3. 民生关怀凸显粤地特色

2000 年前后,以《晶报》在深圳的创刊为标志,广东新闻媒体的报道范式呈现出从时政新闻向民生新闻转型的趋势;以粤语为特色的广州电

---

① 翟兰兰:《在嬗变与创新中呈现价值——论凤凰卫视论辩式新闻评论栏目的意义》,载《媒体时代》2010 年第 9 期。

视台《新闻日日睇》民生新闻节目的大受欢迎,则标志着广东新闻媒体本土民生关怀意识的确立。通过题材选择上的民生内容、报道立场上的平民视角、价值取向上的民本意识以及报道方式上的民众话语,广东媒体立足本地,彰显出强烈的人文关怀特色。

20世纪90年代,伴随着我国政治经济体制的深化改革,各大新闻事业单位遵循"事业单位,企业化管理"的双轨标准,大刀阔斧地进行了一系列改革,逐渐摆脱了政府的绝对控制圈,走上了经济独立的经营之道,报道内容开始转向平民百姓。近年来,党中央进一步强调坚持以人为本,树立全面、协调、可持续的发展观,促进经济社会和人的全面发展,要求新闻工作者必须坚持以"贴近实际、贴近生活、贴近群众"的"三贴近"方针为工作准则,新闻报道开始不断向"人民生计"倾斜。而民生新闻更是将服务意识和互动观念引入新闻中,不仅拉近了媒体和受众的距离,还重塑了主流媒体亲民有信的形象。

在广东,相继出现的以广州电视台的《新闻日日睇》、广东电视台的《今日关注》、南方电视台的《今日一线》及各市地方电视台的电视民生新闻节目等为代表的一批关注百姓生活、反映百姓生活的新闻节目,在收视率和社会反响上都取得了不俗的成绩。以《新闻日日睇》为例,在语言上,该节目使用地道的广州话,词汇生动传神、亲切自如;在内容上,节目贴近生活、贴近实际、贴近群众;在选材上,群众的柴米油盐、生老病死、衣食住行,政府的市政交通、医疗卫生等与人民生活息息相关的问题都在节目选题范围之内,形成了浓厚的粤味和岭南特色。节目从最初的读报节目发展为一个电视杂志节目。2005年的收视调查显示,《新闻日日睇》的平均收视在5~7点之间,平均每天有50万人次的观众通过各种方式收看,成为广州电视台新闻频道的拳头节目。《新闻日日睇》的成功,证明了民生新闻采取平民视角、以民生为报道内容、以民生价值为取向、反映老百姓生活状态的新闻传播范式具有强大的文化吸引力。

党的十九大报告强调提高保障和改善民生,抓住人民最关心、最直接、最现实的利益问题,完善公共服务体系,保障群众基本生活,不断满足人民日益增长的美好生活需要,不断促进社会公平正义,形成有效的社会治理、良好的社会秩序,使人民获得感、幸福感、安全感更加充实、更有保障、更可持续。广东新闻媒体关于民生新闻的实践，构成了具有中国特色的新闻传播范式，帮助公共生活走向更加美好。

（三）新时期传统媒体的再出发

1. 广东传媒面临的挑战

先行一步带来了广东传媒业的辉煌，经济持续快速发展和现代化进程的全面加速，给广东新闻媒体的发展带来了难得的机遇。然而也正因为先行一步，广东传统媒体面临的危机和挑战已开始显山露水。居安思危、未雨绸缪，及早做好应对策略，是广东传统媒体继续保持竞争优势的关键所在。

（1）境外媒体的进入给广东传媒造成强有力的挤压。为履行中国"入世"承诺，实现传媒领域的部分放开，改革开放的前沿省份广东再次扮演了"桥头堡"的角色，率先成为境外媒体进入的传媒特区。2001年10—12月，中国政府先后批准4家境外电视频道在广东落地，分别是美国在线—时代华纳、凤凰卫视、阳光卫视和美国新闻集团的中文节目。从2002年4月26日起，维亚康姆集团全天候播出的MTV音乐频道正式获准通过广东省有线电视网进入广东的千家万户。2002年12月31日，经国家广电总局批准，包括彭博财经台、凤凰资讯台、美国有线电视新闻网（CNN）、BBC World等在内的30家境外频道在中国有限度落地（三星级以上宾馆和涉外社区可以收看）。广东有线电视用户只要加装一个机顶盒，就可以收看所有的节目，加上早先已经落地的香港本港台、国际台、明珠台和翡翠台，广东观众可以收看的香港和境外电视频道已接近40个。虽然广东媒体与香港媒体尤其是电视媒体已竞争多年，具备了较强的防御能力，但是，境外媒体涌入的大幕瞬间拉开，对广东传媒仍造成了巨大的冲击和压力。受众的分流、广告市场的分割、西方价值观的影响，都在一定程度上制约着广东传媒的发展。

在境外电视媒体大举入侵的同时，一大批中外合资的纸质媒体也开始抢占广东各大报摊，如美国时代华纳用版权合作形式在中国发行的《商业周刊》和《财富》中文版、日本杂志《瑞丽》、法国杂志《ELLE世界时装之苑》等数十种具有外资背景的刊物都在争抢广东的发行和广告市场。

同时，因为这些境外媒体进入时多采取了本土化战略，本地传媒面临着精英被高薪挖走的危险，广东媒体不得不大幅提高员工的待遇，这也大大增加了人力成本。

（2）同质等效产品的大量重复导致市场的相对饱和。广东传媒虽然已经总体上进入战略性集团化竞争阶段，但从产品角度来看存在同质化竞争。在局部市场上，这种同质化现象还十分严重。目前，广州三大报业集团下辖报纸数十种，不仅集团与集团之间产品"撞车现象"十分严重，就是在同一家集团内，产品边界模糊的现象也十分明显。广州一城拥有《广州日报》《信息时报》《羊城晚报》《新快报》《南方日报》和《南方都市报》6家综合性日报。虽然这6家报纸定位不尽相同，但从总体情况来看，内容和读者对象大量重复，发行的主要区域也都在以广州为中心的珠三角区域。这种同质化现象的存在导致新闻资源的严重浪费。在提供报纸生存支撑的经济总量一定的前提下，激烈竞争导致的成本增加，使各家媒体的相对利润明显减少，这一点从2005年广东省广告营业额增长放缓的现实中就可以看清楚。2004年，广东全省广告营业额增幅达27.55%，2005年的增幅只有10.88%，2006年、2007年更是连续两年跌至个位数，落后于同期GDP的增长水平。通过创新和市场的细分，进一步展开差异化竞争，从而寻求新的增长点，对今后广东传媒的发展来说具有十分重要的意义。

（3）新兴媒体的挑战。新的媒介渠道分食了传统媒体原有的市场份额，导致其市场占有率持续下降。人们越来越多地从新的媒介渠道获取信息，年轻人更是如此，传统媒体受众呈现老龄化趋势。即使是老年人，也都减少了对传统媒体的接触。广州社情民意调查中心的抽样调查显示，近40%的人"基本不看报纸"，61%的人"基本不听广播"。根据世纪华文公司对全国70个城市的报纸零售终端的持续监测，2015年，全国各类报纸的零售总量相比2014年下降了47%。报纸的阅读率也从2012年开始一路走低，从2011年的65.7%下降到2015年的38.4%，4年共下滑了41.6%，近乎"腰斩"。[①] 报纸以广告作为营业收入主要来源，最能体现

[①] 崔保国：《中国传媒产业发展报告（2016）》，社会科学文献出版社2016年版。

报业经营状况的是广告刊登额。从 2012 年以来，报纸广告刊登额遭遇"断崖式下滑"，2012 年报纸广告营收从 2011 年的上升 11.2% 陡然变成下降 7.3%；2013 年又继续下降 8.1%；到 2014 年报纸广告营收的降幅很快就成了两位数，为 -18.3%；2015 年的情况更是严重，下滑达 35.4%；2016 年上半年的报纸广告营收同比下降 41.4%，广告资源量同比下滑了 40%。而同期网络广告营收则飞速发展，艾瑞咨询发布的 2014 年度中国互联网经济核心数据显示，2014 年中国网络广告营收超过 1500 亿元，年度增长规模达到 40%。①

种种危机显示，广东传媒业需要加快发展的步伐，才能在国内同行业区域竞争中继续维持优势，延续广东传媒的品牌效应。

2. 文化强省建设背景下的媒体创新发展实践

当前传统媒体面临的困境，很大程度上来源于传媒功能职责与社会角色背离：一方面，传统媒体通过在新媒体的渠道拓展而使影响力、传播力大大增强；另一方面，朝向新媒体的渠道拓展并没有给传统媒体带来相应的营收增量，导致传统媒体出现了"涨跌互现"的矛盾局面。究其本质，是现有体制机制难以维持改革开放以来传媒业形成的社会效益与经济效益"两个效益"并重的运营格局。在传统媒体遭遇体制性瓶颈障碍的时候，国家关于文化体制改革的战略和思路却逐渐清晰。作为文化产业最为重要组成部分的传媒业，文化体制改革的思路和战略无疑指导和规制着传媒体制改革，为传媒体制改革提供了战略思路和现实可能性走向。

2002 年，党的十六大报告中对文化体制改革的目的、意义、主要任务和实施重点进行了详尽的论述，第一次在党的正式文件中将文化分成文化事业和文化产业，强调要积极发展文化事业和文化产业。"文化产业"概念的提出，明确了整个文化体制改革的方向和目标，指出要根据文化产业建设的特点和规律，适应经济发展要求和市场竞争的需要，推进文化体制改革，把深化改革、调整结构和促进发展等多方面的任务结合起来，理顺政府和文化事业、产业的关系。2012 年，党的十八大报告首次将"构

---

① 《2014 年网络广告营收超过 1500 亿元，同比增长 40%》，见艾瑞网（http://news.iresearch.cn/zt/247017.shtml）。

建和发展现代传播体系"作为文化强国战略的重要内容,提出增强国有公益性文化单位活力,完善经营性文化单位法人治理结构,繁荣文化市场。

2006年,广东省将着力推进文化大省建设当作广东省"十一五"期间的奋斗目标和主要任务。2010年,广东省进一步提出建设文化强省,计划用10年左右时间,达到与广东经济社会发展相适应的文化发展水平,把广东建设成为在全国具有重要影响力的区域文化中心、发展社会主义先进文化的排头兵、提升我国文化软实力的主力省、中国文化"走出去"的生力军及率先探索中国特色社会主义文化发展道路的示范区。《广东省建设文化强省规划纲要(2011—2020年)》提出了"建设传媒强省"的发展目标,巩固提高党报党刊、广播电视、重点新闻网站在多元传播格局中的优势地位,加快网络媒体和数字出版业发展,促进网络文化健康繁荣,建设国际性新闻传播平台,打造一批具有国际竞争力的传媒集团。

在文化强省的建设目标和《广东省建设文化强省规划纲要(2011—2020年)》的指引下,广东传统媒体迎来了新的发展机遇。近年来,广东新闻媒体围绕媒体融合发展的主题,探索实践的一系列探索性创新型做法初见成效。

(1)优化媒体发展战略布局,构建全媒体平台。《广东省建设文化强省规划纲要(2011—2020年)》提出,鼓励和支持我省主要媒体在国内跨地域、跨行业、跨媒体发展经营,鼓励和支持我省主要媒体集团和地级以上市媒体之间战略整合,支持报业、广播电视、出版、互联网等不同业态的媒体之间重组合作,打造数家资产超百亿、国内一流、国际知名的大型传媒集团,培养一批在国内有广泛影响力的传媒集团。2016年,经中宣部批准,国内首家全媒体集团——南方财经全媒体集团挂牌成立,该集团整合了南方报业传媒集团和广东广播电视台两家传媒单位旗下优质的财经媒体资源和经营性资产,实施跨介质、跨单位、跨业态战略重组,大力发展"媒体""数据""交易"三大核心业务,以"媒体+金融""媒体+技术"思路探索破解传统媒体发展难题。该集团初步形成了一批财经全媒体集群,正在启动粤港澳大湾区研究院、中国自贸区信息港等重大项目,打造大数据产业新高地,努力向国内领先、国际知名,拥有强大实力和传播力、公信力、影响力的财经媒体集团与金融资讯综合服务商迈进。①

（2）强化品牌意识，培育"融媒"拳头产品。广东传媒业一向拥有较强的品牌意识，在"终端随人走、信息围人转"的信息传播新态势下，传统媒体同样强调龙头意识、拳头意识。近年来，南方报业传媒集团、羊城晚报报业集团、广东广播电视台等媒体着力打造自主可控、传播力强的新型传播平台，推出了一批有影响力的移动端拳头产品。南方财经全媒体集团所属 21 财经 App 下载量超过 4000 万次，稳居全国财经媒体客户端首位。深圳"读特"等省内一批形态多样、特色鲜明的新型媒体平台正在不断发展壮大。

从长远来看，在全省文化资源大整合的制度安排下，在宣传文化主管部门积极推动跨媒体、跨行业合作，加大市场整合力度的前提下，广东新闻媒体必将迎来更加广阔的发展前景。

三、新型媒体蓬勃发展

新媒体，已经成为新闻竞争的主战场，也是党的舆论工作的新阵地。党的十八大以来，以习近平同志为核心的党中央高度重视新兴媒体的建设以及传统媒体和新兴媒体的融合等问题。2014 年 8 月，在中央全面深化改革领导小组第四次会议上，习近平同志明确提出加快传统媒体和新兴媒体融合发展，充分运用新技术、新应用创新媒体传播方式，占领信息传播制高点的创新发展思路。广东是中国互联网的摇篮之一。20 世纪国内的第一代互联网企业中有超过半数注册于广东。这里产生过中国大陆第一家网络服务提供商（ISP）——深圳讯业金网，第一家网络内容提供商（ICP）——深圳万用网，第一家公众网络论坛——"一网情深"BBS，第一家网吧——卡萨布兰卡电子咖啡屋……横向来看，广东的网络与新媒体企业有四类：首先是渠道型的传统门户网站和政府机构网站，其次是内容型的网络新闻媒体，再次是应用型的垂直门户、综合应用和软硬件平台厂商，最后是资源型的电子商务和在线共享网站。纵向来看，广东新媒体则

---

① 慎海雄：《广东媒体融合发展探索性创新型做法已现成效》，载《南方企业家》2017 年第 9 期。

第六章 新闻媒体引领潮流

经历了三个阶段：平台创建期、内容拓展期以及媒体融合期。整体而言，基于独特的政策条件、市场环境和技术氛围，广东互联网与新媒体领域的产业化程度之高，居全国之首，它的发展史既是一部以新闻传播为主的内容史，更是一部科技与文化高度融合的产业史。

（一）平台创建

中国面向公众的互联网服务始于 1995 年。1995 年 9 月，在深圳电信的积极推动下，深圳正式成为国内继北京、上海之后第三个开通互联网节点的城市。同年 10 月，国内首家获得计算机信息网络国际联网业务批文的单位深圳讯业金网集团开通了中国在线（China Online，模仿美国在线 American Online），成为中国第一家专业互联网接入服务提供商（ISP）。同年 11 月，中国电信旗下的深圳万用网（即"深圳热线"和"深圳之窗"的前身）正式并入互联网，成为国内最早的专业互联网内容服务提供商（ICP）。随着第一批渠道服务商和终端服务厂商的涌现，广东新兴媒体发展的序幕缓缓拉开。

1995 年年底，深圳电信局员工张春晖用"记事本"程序制作了深圳第一个公共 Web 站点"环球新天地"，随后很快更名为"深圳之窗"，这是中国互联网史上最早和最有影响力的新闻资讯平台。由于当时电信行业之外的人对互联网领域还相当陌生，所以"深圳之窗"出自电信技术人员之手，也属顺理成章。这一时期的网站模式具有明显的技术主义风格，缺乏专业网络媒体的新闻敏感和民营企业的内容创新意识。1997 年 11 月，深圳电信旗下的万用信息网公司又推出另一个地区门户站点"深圳热线"，即"南都奥一网"的前身，明显加大了新闻内容的比重。1998 年 8 月，"深圳热线"推出国内网站的第一个在线新闻杂志——"大近视"栏目。"大近视"栏目的推出，使"深圳热线"影响力迅速攀升，栏目的访问流量也一度超过网站总流量的 1/3。直到"深圳热线"被南方报业传媒集团并购改组为"奥一网"之后，多数早期网民仍对"大近视"栏目保持着极高的忠诚度，这也为后来风起云涌的网络议政大潮提供了雄厚的民意基础。

1998 年 10 月，"深圳热线"派编辑采访并发布了《泣血的诉讼》系列纪实报道，引起《中国青年报》、美国《新闻周刊》和《华尔街日报》等国内外几十家媒体和几乎所有中文网站的报道或转载。这一事件堪称中国互联网新闻原创采访的鼻祖，是早期互联网行业还未进行新闻刊登资质发放、处于自发状态时期最耀眼的创举。

此外，网络社区也在这一时期出现。早在互联网正式接入中国之前，各地已经出现了几十家通过电话线拨号连接的电子公告板网站（BBS）。1996年4月，中国互联网史上第一个公众论坛产生于深圳，即深圳电信旗下基于互联网的电子社区"一网情深"BBS。"一网情深"社区最初仅有"新手上路""站务管理""知性感性"三个板块，更多的是出于满足网民情感性互动需求而没有清晰的定位和运营方向，这也是很多早期网络社区的共同特点。2002年之后，"一网情深"BBS的内容被完全整合到"深圳之窗"网站，变成其网络虚拟社区的系列栏目之一。"深圳之窗"与"一网情深"BBS的合并，意味着国内第一批地方电信门户网站"新闻+社区"经典模式的形成。

（二）内容拓展

如果说1998年之前广东的互联网发展史属于以简单技术应用为技术平台的创建阶段，那么1998年之后，这种情况发生了质的改变，一大批民营互联网内容服务商（ICP）迅速涌现，广东互联网进入了内容创新时代，真正成为关于社会人文的新闻媒体与生活媒体。这种创业环境催生了以腾讯OICQ（即QQ的早期名称）为代表的本土化网络即时通信服务（IM），将中国互联网领域带入了一个全民互动的新纪元。

作为门户网站的腾讯网（www.QQ.com）是腾讯公司从即时通信系统向内容生产媒体进化的重要尝试。2003年12月，腾讯网上线，以服务于全球华人用户，致力于成为最具传播力和互动性，权威、主流、时尚的互联网媒体平台为目标。通过强大的实时新闻和全面深入的信息资讯服务，腾讯网迅速发展壮大。2004年悉尼奥运会期间，腾讯网通过QQ终端进行即时消息发布，采用迷你首页、系统消息、新闻直投等形式，将奥运赛事资讯第一时间送到QQ用户桌面，充分发挥互联网即时性和互动性的特点，取得了很好的效果。有数据显示，在2008年北京奥运会期间，腾讯网平均日流量为 10 亿人次，51% 的网民通过腾讯网获悉中国首枚金牌的信息。① 2006 年，根据艾瑞和 Alexa 的流量排名，腾讯网是中国流量排名第二的网站，在全球范围内排名第十。2008 年北京奥运会期间，腾讯网在流量、影响力、速度、互动、新闻总量、视频覆盖率和冠军访谈 7 项奥运门户报道关键指标中名列前茅，成功地突围而出，走上了通向第一门户的征途。②

随着宽带无线接入技术和移动终端技术的飞速发展，人们迫切希望能够随时随地乃至在移动过程中都能方便地从互联网获取信息和服务，移动互联网应运而生并迅猛发展。2014 年 4 月，我国移动互联网用户总数达 8.48 亿户，在移动电话用户中的渗透率达 67.8%；手机网民规模达 5 亿，占总网民数的八成多，手机保持第一大上网终端地位。我国移动互联网发展进入全民时代。腾讯再次走在了时代的前端。2011 年 1 月 21 日，腾讯广州研发中心产品团队推出微信（WeChat）。作为一个为智能终端提供即时通信服务的免费应用程序，微信支持跨通信运营商、跨操作系统平台通过网络快速发送免费（需消耗少量网络流量）语音短信、视频、图片和文字，同时，也可以使用通过共享流媒体内容的资料和基于位置的社交插件"摇一摇""漂流瓶""朋友圈""公众平台""语音记事本"等服务插件。截至 2016 年第二季度，微信已经覆盖中国 94% 以上的智能手机，月活跃用户达到 8.06 亿人次，用户覆盖 200 多个国家、超过 20 种语言。2018 年 2 月，微信全球用户月活数首次突破 10 亿大关。③

2013 年 10 月 29 日，微信发布了新版公众平台，微信公众号成为重要的自媒体表达渠道。自媒体（WeMedia）又称"公民媒体"或"个人媒体"，是指私人化、平民化、普泛化、自主化的传播者，以现代化、电子化的手段，向不特定的大多数或者特定的单个人传递规范性及非规范性信息的新媒体的总称。自媒体的兴盛在很大程度上颠覆了传统话语权掌握在

---

① 刘妙佳：《腾讯网的超越之道》，载《互联网周刊》2008 年第 18 期。
② 《腾讯网完胜奥运报道 成为 2008 网络第一主场》，见腾讯网（http://tech.qq.com/a/20080827/000209.htm）。
③ 《2018 年微信用户突破 10 亿大关》，见搜狐网（https://www.sohu.com/a/224849404_519996）。

大众媒体和社会精英群体手里的状况，随着原创性微信公众号的受欢迎程度逐渐攀升，人们对其新闻资讯的功能依赖也越来越强。

自媒体的内容生产既包括个人用户的内容生产，也包括专业自媒体团队的内容生产。前者通过收集、分类、归纳国内外热点事件，高效快速地形成文字、图片、音视频信息内容，与用户群体进行线上线下的互动交流，形成同步的、完全不受权威媒体约束的新型报道方式；后者则表现为专业化、垂直化、团队式的信息生产。同时，传统媒体则以专业主义的媒体生产成为自媒体平台的内容提供商。

任何一种媒体在推广的早期通信渠道，往往要发挥更直接和更关键的作用，因此有所谓"渠道为王"的阶段，这也是国内第一个互联网公众站点"深圳之窗"产生于深圳电信局数据通信部门的原因。随着渠道市场的规范和独立内容盈利模式的成熟，广东新兴媒体逐渐从"渠道为王"迈向"内容为王"。

（三）媒体融合

移动互联网的迅速发展促进了电信网、互联网与广播电视网在渠道层面的媒体融合，即所谓"三网融合"和"三屏融合"。在更广泛的意义上，媒体融合不仅包括新闻媒体、娱乐媒体与通讯媒体等领域的"三网融合"，更包括日常生活应用和社会公共事务等领域的数字化融合。

广东再次走在"三网融合"实践的前列。2010年6月，深圳市作为全国第一批三网融合试点城市，率先进入媒体融合发展的快车道。同年，广东省委、省政府颁布的《广东省建设文化强省规划纲要（2011—2020年）》中，提出加快推进广东省电信网、互联网与广播电视网"三网融合"，2020年全面建成数字化、全功能的广播电视综合传输覆盖网络。2013年3月，广东南方广播影视传媒集团、中国网络电视台和中国电信股份有限公司广东分公司在广州正式签署《广东省三网融合IPTV业务合作协议》。广东是国家基础通信运营商——中国电信集团公司的重点业务省份，在通信业务上无论是用户规模还是业务创新都走在全国前列，尤其是宽带业务具有全国领先的渠道、用户、营销等优势资源。这次三方合作必将促进电信宽带业务的规模发展以及宽带提速，同时也必将对IPTV业务的创新起到极大的推动作用,将对广东地区的用户乃至全国产生深远影响。

从媒体内容与社会生活的关系来看,媒体融合亟须解决的最大问题是传统主流媒体如何在新媒体环境及由新技术推动的传播生态格局中进一步创新发展。广东报业文化发达,曾经缔造"二十年辉煌"。而在媒体融合的进程中,广东媒体也较早就展开积极探索,特别是自 2015 年以来,广东媒体融合的步伐加快、亮点颇多,战略性构想纷纷落地,不仅以资本之力驱动媒体融合,还跨界与大型互联网平台合作,最终初步形成了融媒体传播矩阵,涌现出不少优秀典型案例。南方报业传媒集团打造的新媒体龙头产品"南方+"客户端和"并读"APP,羊城晚报报业集团跨界与多个互联网平台合作,广州日报报业集团全媒体传播的"1+N"矩阵,广东广播电视台的全媒体融合实现"弯道超车"等都是有代表性的媒体融合范例。2016 年 8 月,在国家新闻出版广电总局公布的"全国报刊媒体融合创新案例 30 佳"名单中,有 5 家广东媒体入选,广东成为全国除中央媒体外入选案例最多的地区。

在近 10 年的媒体融合探索中,广东媒体从以"内容为王"的"全媒体"转型,逐步过渡到以用户为导向"垂直深耕"的服务思维,利用服务来聚合用户,重掌话语权的同时也助力政府提升传播力和执政能力。在全面转型的过程中,广东媒体拥抱互联网,朝着"融媒体"3.0 的时代迈进。总体来说,广东媒体融合转型的经验为全国其他媒体转型提供了参考经验。

1. 精准传播

广东媒体的实践将"互联网+服务"和"媒体融合"相结合,"互联网+服务"是政府提升传播能力和服务水平中不可缺少的一环,而"媒体融合"是互联网时代下,党和政府继续占领舆论高地的重要举措。二者结合起来,地方政府可以依托本地主流媒体机构作为运营主体,借助其已有的媒体平台和用户优势,接入智慧政务入口,提升政府的传播能力;而传统媒体则可以聚集更多用户,同时也获取了政府在长期政务活动中采集的大量用户数据信息,提高用户黏性,为传统媒体掌握"话语权"奠定基础。

2. 全面转型

在平台建设上，为争取移动端的话语权，广东媒体通过两种方式构建平台：一是加强自有的"两微一端"建设，但并非仅仅照搬原有内容，而是从多角度进行内容的"再生产"；二是选择与互联网平台合作，传统媒体提供内容，依托已有技术和用户基础的互联网平台来寻求新的变现模式。从内容上来看，广东各媒体集团纷纷运用全媒体多样化的传播形式，注重全媒体产品的生产，如羊城晚报报业集团大力推进音视频平台建设，在 2016 年里约奥运会期间，《羊城晚报》成立了 20 多人的奥运视频采编制作团队，推出全新视频"YoungTV"，在里约奥运期间每天制作《约么？里约》视频栏目，栏目共推出 17 期，每期约 5 分钟，在《羊城晚报》"两微一端一网"及各大视频平台播发后，每条平均点播量 135 万以上，单期节目最高点播 450 万以上，多次出现百万级播放量的爆款，尽管视频总时长仅约 90 分钟，却获得 2300 万以上的点播量。同时，《羊城晚报》还通过"两微一端一网"等，推送了近 2000 个图文、视频、音频、H5 小游戏①等媒体产品，流量破 1 亿。②

3. 政策驱动

从媒体的角度来看，用好资本平台是推动媒体融合发展的重要途径。媒体融合作为一个系统性工程，融合期长，既需要打造全新的互联网平台，又需要优化升级现有业务平台，这些无疑都需要巨额的资金支持和大量的资本投入。2016 年 3 月，在时任中共广东省委常委、宣传部部长慎海雄的大力推动下，广东南方媒体融合发展投资基金成立；7 月，广东省新媒体产业基金成立，这两个融资规模分别达到百亿的投资基金为广东媒体融合发展提供了强大的资金保障，在"文化＋科技""文化＋金融"中推进包括媒体在内的广东文化产业发展，以资本杠杆撬动媒体融合，借助政府和市场两种力量，实现文化与金融、文化与资本的"联姻"。

---

① H5 是一系列制作网页互动效果的技术集合，简言之，H5 就是移动端的 web 页面。而 H5 游戏可以看作是移动端的 web 游戏，无需下载软件即可体验，这就是 H5 在传播上的优势。

② 《新媒体环境下传统媒体转型突围之路》，载《传媒评论》2016 年第 12 期。

四、网络问政的"广东经验"

"网络问政"是政府与网民以网络为平台、以沟通为手段、以共识为目的而进行的一种互动行为,是政府和网民通过民主互动以期达到科学决策的一种政治举动。① "惟问政于民方知得失,惟问需于民方知冷暖,惟问计于民方知虚实。"网络技术日渐发达,得以传播社会不同阶层的声音,这为"网络问政"奠定了广泛的民意基础,也为中国的政治生态环境增添了一抹新绿。

网络问政是网络社会发展的产物,是政府和民众借助互联网络进行的一种互动行为,其迅猛发展已成为近年来中国政治发展中的一大亮点。网络问政的关键是"问",对于广大民众来说就是向政府表达利益诉求和反映问题,对于政府而言就是了解民意和发现问题,无论广大民众借助网络问政于政府,还是政府借助网络问政于民,都产生了深刻影响。作为我国改革开放最早、网民人数最多的省份,广东省在网络政治文明的构建方面走在了全国的前列。

网络问政的雏形发轫于广东。2006 年、2007 年深圳"两会"期间,奥一网和《南方都市报》连续推出"有话问市长"大型互动平台,主要反映的是民生民情问题,聚合了市民的各种意见,形成主流民意,被报纸放大,深圳市市长几乎都进行了回应,部分问题也得到解决。随后的广东省"两会"期间,乃至全国"两会"期间,奥一网和《南方都市报》继续推出栏目"有话问黄华华省长""有话问总理",跟帖均在 1 万条以上,通过《南方都市报》向有关部门转达。

在 2008 年胡锦涛同志通过人民网"强国论坛"问候网友并同网友在线交流,实现了党和国家领导人与网民的"第一次亲密接触"后,网络问政的理念和实践得到国家最高领导人的肯定,被舆论视为"彰显社会主义民主政治建设新进展的标志性事件之一"②,国际舆论也纷纷予以好评。网

---

① 陈纯柱、樊锐:《"网络问政"的价值及制度化研究》,载《社会科学研究》2013 年第 1 期。
② 鲁宁:《"网络问政"更利于公民有序参与民主政治》,载《东方早报》2008 年 7 月 30 日第 A22 版。

络问政平台在网络问政实践得到肯定后也逐步搭建起来。在网络问政发源地广东，奥一网经过两年的努力培育，通过微博问政、企业问政等多个路径的搭建，最终完善奥一网"网络问政平台"（http://wen.oeeee.com），逐渐被官方和民间接受，成为政府与社会互动的典范。

《岭南十拍》特刊成为具有里程碑意义的网络问政事件。2008年1月广东"两会"期间，奥一网用户发帖，希望有机会能与汪洋书记平等网聊。2008年春节前夕，南方遭遇了历史罕见的灾难，汪洋和黄华华向广大网友发出一封拜年信，邀请网友为"广东如何进一步解放思想谋求发展"建言献策。两天后，政治学博士黄岩针对汪洋提出的问题，应约在奥一网实名发出4000字长帖解读"网拜"。《捎给汪洋书记的话》专题引来了高质量帖子，广大网友就广东如何进一步发展提出许多建议，《南方都市报》将其整理并归纳为《岭南十拍》。之后，《南方都市报》策划组织了省委领导与网友的见面会，26名网友参加座谈会，省委书记和省长从网上走到网下，与广东网民代表恳切座谈，虚心倾听了网友的建议并表示将意见纳入决策思考。这次座谈会成为推动网络民主建设的划时代事件。在会上，汪洋书记还诠释了网络问政的理念，认为党委、政府作为社会的管理者，不能高居于网络社会之上，而要平等地深入到网络民主之中，及时听取网络上的民意反应、合理建议、群众意见，从而吸取营养、改进工作，充分发挥网络民主对公共环境权力的监督作用，构建充满活力、和谐有序、建设性的网络民主平台。①

《民间拍案》特刊成为另一个具有代表性的网络问政案例。2009年春节前夕，汪洋书记和黄华华省长再次向广东网友发表拜年信，呼吁广大网友一起"顶"起一个富有建设性的网络社会，欢迎网友为《珠三角规划纲要》"盖高楼"。在这种背景下，网络意见领袖集中一起召开5场"拍砖会"，对《珠三角规划纲要》的意见进行完善补充，推出大型特刊《民间拍案》。由于领导人的开明与宽容，网络问政屡屡获得广东省委、省政府的积极回应，官民之间的良性互动愈发深入。2009年，广东省15个省

---

① 任天阳：《从岭南十拍到文以载粤——广东网络问政的实践与走向》，见21CN网站（http://news.21cn.com/domestic/yaowen/2010/07/21/7675462.shtml）。

第六章　新闻媒体引领潮流

直单位全部设立"网络发言人";10月,广州市财政局应网民要求在网站上公开114个政府部门财政预算,这是中国第一份网上公开的政府预算报告。越来越多的地方领导大胆试水"网络问政",深圳、惠州、佛山、云浮等城市先后召开网民见面会,广东地市级的网络问政发展迅速。2009年11月18日,新华社播发长篇通讯《解读网络问政的"广东经验"》;2010年4月21日,《人民日报》以一个整版报道《网络问政的"广东样本"》。在这两家权威媒体的报道中,都对广东网络问政的探索和实践给予高度评价,一时间在全国引发强烈反响。从广东发源的网络问政引领了中国网络民主进程,正以前所未有的力量及方式深刻影响着中国社会。

(一)创新沟通机制

网络问政作为新型的政治参与形式,为广大公众提供了良性的利益诉求机制和社会心理疏导机制,缓解了社会转型带来的心理动荡,避免了群体性事件的爆发。网络问政以一种主动沟通的姿态,以和谐疏导为目的,一方面,拓宽了公众的知情权、参与权、表达权和监督权,使公众从传统的间接参与政治生活转变为直接参与政治讨论;另一方面,网络问政的有问有答,也在一定程度上解决了老百姓的困惑和不满,舒缓紧张心理和矛盾情绪,对于形成理性的社会大众心态具有重要作用。

典型案例就是2008年6月广东代课教师龙剑喜在平台上发表的帖子。龙剑喜是一名来自广东贫困山区怀集县桥头镇六竹小学的代课教师,当晚用"龙剑"的网名在网上给省委书记发帖吐苦水:"守夜一晚上补助1元钱,一天只吃4元钱,一周要上22节课,月工资仅有450元,甚至低于当地最低工资标准580元……"汪洋看到龙剑喜反映的情况,又了解到全省一些中小学校因编制不足或地方财政困难招不到公办教师,不得不临时聘请代课教师。这些代课教师像公办教师一样承受着压力和责任,而待遇却与公办教师却有着天壤之别。汪洋要求广东省经济发达地区用一年时间、经济欠发达地区用两年时间,解决全省代课教师的问题。2010年7月,龙剑喜通过考试成为一名公办教师,月收入从450元提高到近2000元。据统计,经过两年的努力,广东共有25849名代课教师成功转为公办教师，占总数的 44.1%。① 互联网的出现和发展，为人们参与公共事务的讨论、表达自己的利益和要求提供了重要载体。

互联网技术的便捷性、平等性、互动性的特质，在很大程度上促成了网络问政的诞生与成长。互联网的便捷性，为广大民众参与政治、发表自己的政治观点提供了便捷手段。网民一般通过论坛、博客、播客和新闻跟帖等互动技术表达个人意见及利益要求，进行民主议政参政。网络参政相对于传统代议制而展现出独特的优势，它是一种直接性的参政，通过网络，人们可广泛、方便和快捷地参政，突破了传统代议制民主的缺陷和不足。这种便捷的参政方式，降低参与政治、表达利益诉求的成本，为广大民众参与政治提供几乎"零门槛"限制。在网络问政中，网民所关注的问题能够得到相关政府部门的及时回应，具有相同意愿的网民可以就某一问题进行深入讨论，促进了不同观点的人更好地交流，避免了传统参政方式的弊端。

（二）提升治理能力

网络问政的出现对既有的政府工作模式提出了很大的挑战，一些地方政府或部门官员对于来自网络的政治参与方式相当不习惯，甚至认为互联网上的言论和意见都是非理性的冒犯之举、违法之举。无论是要求关闭全国社会网吧的"最'雷人'议案"，还是因发帖遭遇"跨省追捕"，都脱胎于对网络媒介的强烈的怀疑情绪和防御性立场。事实上，在国家提出治理体系和治理能力现代化的背景下，网络问政带动了政府治理模式的优化、治理体系的深刻变革，对于推进服务型政府的建设、实现政府治理能力的现代化具有重要作用。广东网络问政经历了一个"听""答""办""实""督"的过程，其一系列网络化的举动，自上而下，自下而上，由点到面，从线上到线下，呈现扁平化的发展走势，由此形成了更高效、更直接的网络问政"广东范式"。

1. 自上而下的示范效应

近年来，广东省政府大力推进网络参政问政制度化，建立常态化的网

---

① 范以锦、肖文舸：《特色鲜明的〈网络问政平台〉》，载《新闻战线》2010 年第 11 期。

第六章 新闻媒体引领潮流

络问政平台,每年召开两次网友集中反映问题交办会暨网上在线接访会制度、网友反映问题日常交办机制、网络发言人制度等。以上种种举措表明,政府领导干部站出来广泛征求社会各界群众的意见和建议,自上而下地组织讨论、征集意见,从而实现了政府与网友的良性互动,促进了决策的科学化、民主化。中共中央党校原教育长郝时晋认为,广东提出新一轮思想大解放以来,高度重视网络对社会建设的作用,"领导干部定期在网上与网友交流,还有微博直播党政干部述职述廉,通过网络'问需于民、问政于民、问计于民',这是党政领导的率先垂范"①。

2. 自下而上的群策群力

广东网络问政实践的另一个重要成果,就是民间智库的兴起。2009年11月1日的首届"潮涌珠江——广东网民论坛"上,南方报业传媒集团社委、《南方都市报》总编辑、奥一网副董事长曹轲宣布"南方民间智库"成立,这是由南方报业传媒集团推动,由《南方都市报》与奥一网联合多位民间思想者发起的民间组织,目的是将广东的民间力量组合在一起,成为中国民间思想集散地,让"民间智库提升广东软实力"。在曹轲看来,"民间智库"和"网络问政"是相辅相成、合二为一的辩证统一关系,前者偏重主体及内容属性,后者侧重平台及新媒体属性,但内核是同样的东西——民间智慧、民间力量。网络问政对于政府治理模式的重要功能之一,就是汇聚民间力量,为社会发展建言献策。

3. 线上线下的密切配合

"线上听民声"的落脚点在于"线下办民事"。互联网络技术不是万能的,不能自动实现网络民主,这就需要现实制度改革配套推进,需要线上线下有效配合。这也是推进网络问政、切实推进互联网民主和民主政治建设的主要途径。建立政府与人民之间良性的民主政治互动制度,将网上舆论要求落实在现实当中,这是推动中国民主政治制度创新与发展的重要途径,也是广东网络问政实践的努力方向。

---

① 《网络问政"广东样本"引关注》,载《南方日报》2012年9月24日第A4版。

第七章 优秀传统文化的传承与发展

文化是一个国家、一个民族的灵魂。文化兴则国运兴，文化强则民族强。文化自信是更基本、更深沉、更持久的力量。没有高度的文化自信，没有文化的繁荣兴盛，就没有中华民族的伟大复兴。岭南文化①是中华民族文化的重要组成部分，改革开放 40 年来的发展既为广东经济带来了生机与活力，又为岭南文化的传承和创新注入了新的元素。在广东各界的共同努力下，岭南文化资源不仅得到了很好的挖掘和保护，更在此基础之上，结合新时代要求进行传承和创新，在广东经济文化建设中发挥着越来越重要的作用。

一、岭南文化大放异彩

岭南地区历史悠久。"马坝人"②"新人"③ 等遗迹的发现，证明岭南的历史可以上溯到原始社会。在古代文献中，不乏对于岭南地区的记载。早在《史记·五帝本纪》④ 中即有关于岭南这一地区的记载，晋朝裴渊有

---

① 岭南地区的范围因时代发展而有所不同，今一般指广东地区。"岭南，本指五岭以南地区⋯⋯后人沿用岭南为广东地区的代称。"见陈永正主编《岭南文学史》，广东高等教育出版社 1993 年版。岭南文化历史悠久，内涵十分丰富，本章重点介绍的岭南文化主要指以广东省为主的岭南精神文化。
② 蒋祖缘、方志钦：《简明广东史》，广东人民出版社 1993 年版。
③ 邱立诚等：《广东封开发现的人类牙齿化石》，载《人类学学报》1986 年第 4 期。
④ "帝颛顼高阳者，皇帝之孙而昌意之子也。静渊以有谋，疏通而知事；养才以任地，载时以象天，依鬼神以制仪，⋯⋯北至于幽陵，南至于交阯。"交阯即交州。见［西汉］司马迁撰《史记》（第一卷），中华书局 1959 年版，第 11 页。

第七章 优秀传统文化的传承与发展

《广州记》，唐代刘恂有《岭表录异》，宋代王象之有《舆地纪胜》，清代屈大均更著有《广东新语》等。上述不同时代的文献对广东的气候地形、物产民俗等方面进行了较为详细的记载。岭南地区不仅有悠久的历史，更有灿烂的文化。一般认为，岭南文化是岭南人民在长期的社会实践中创造的物质文化和精神文化的总和，是中华民族优秀文化的重要组成部分。岭南文化不仅包括广府文化、客家文化和潮汕文化三大支系，更有异彩纷呈的存在形式，尤其是岭南文化中内涵丰富的精神文化发展，使得新时代岭南文化的发展大放异彩。

（一）三大支系

岭南文化在历史发展过程中，逐渐以区域为基础，形成了包括广府文化、客家文化和潮汕文化在内的三大支系。三大支系文化同根同源又各有特点，共同构成了异彩纷呈的岭南文化。

1. 广府文化

广府文化是岭南文化的主体，指广府民系的文化，以广州为中心，通行广州方言，主要分布在珠三角和粤中、粤西、粤西南、广西南部等地。因早在南北朝时期，梁、陈两朝已设广州都督府，隋、唐设广州总管府，明、清又设广州府，故俗称广州为广府。广府人主要是由早期移民与古越族杂处同化而成。因为广州在历史上一直作为对外贸易的重要港口，所以广府人乐于接受外来新事物，勇于探索，视野宽广，思想活跃。广府文化展现出明显的重教、助学之风，各行各业人才辈出。广府文化不仅有很强的商品意识和价值观念，更有冒险、抗争和创新的气质。近代以来，广府人在反帝反封建、建立新中国的革命斗争中，在全面建成社会主义现代化强国、实现中华民族伟大复兴的道路中，显现出了一种"敢为人先"的宝贵的精神特质。广府文化是岭南文化内涵最集中、最典型的代表，在广东各区域文化支系中占有突出的地位，其文化特质常被作为岭南文化的代称。

2. 客家文化

客家文化在这里是指广东地域范围内客家民系的文化，以客家方言为界定依据。客家民系①分布范围极为广泛，遍布广东、广西、江西等地，广东是全国客家民系居民最密集的省份。客家文化是岭南最富中原文化特色的文化②，客家人在长期的历史迁徙过程中，亦逐渐形成了鲜明的精神品质。"客家人刻苦耐劳，具有鲜明的开拓意识，不少人离乡别井，创业营生，甚至远走海外，谋求发展，对文化教育很重视，尊师重道，勤奋读书。"③ 改革开放以来，国内外掀起新的客家研究、联谊活动热潮。客家人居住集中的地区，努力打客家文化的品牌，以振兴地方经济。梅州市地方政府倾力打造"世界客都"，以此来巩固梅州作为闽粤赣边区域经济文化中心的地位，促使梅州的经济文化更快地与世界接轨。1994年12月，梅州市举办了世界客属第12届恳亲大会（世界客属第29届恳亲大会于2017年10月在香港举办），这对于联络乡情、增进友谊、弘扬客家精神、推动客家经济文化的发展起到了一定的促进作用。客家人口众多的河源市，亦于2010年11月承办了主题为"古邑情，客家亲"的世界客属第23届恳亲大会。除此之外，河源市从建设文化大省的工作重点出发，大力弘扬客家特色文化。从2004年4月河源市举办"河源首届客家文化旅游节"起，至今已举办十几年。每届客家文化旅游节均有不同主题，推出不同系列的客家民间文艺演出、民俗风情展示活动，以此带动地方旅游经济的发展。

3. 潮汕文化

潮汕文化是指潮州方言区福佬民系的文化，是潮汕先民把中原文化同本土文化、海外文化相结合而形成的地域文化。潮汕文化主要分布在韩江三角洲地区，其中心有两个：古为潮州，今为汕头市。古代潮州地处今潮安县，西汉初为揭阳县地，历史悠久，而汕头市则为新兴海港城市。潮汕文化与闽南文化关系密切，宋代《舆地纪胜》曾有"虽境土有闽、广之异，而风俗无漳、潮之分"的记载。潮汕文化的鲜明特色主要表现在：一

---

① 罗香林在《客家研究导论》中较为详细地介绍了客家先民的迁徙历史。见罗家林《客家研究导论》，上海文艺出版社1992年版，第37页。
② 李权时：《岭南文化》，广东人民出版社1993年版，第64—65页。
③ 袁钟仁：《岭南文化》，辽宁教育出版社1998年版，第19—20页。

第七章 优秀传统文化的传承与发展

是强烈的商品意识,这是潮汕人一种颇具优势的文化潜质。潮汕人在商业上精打细算,极善经营,闻名海内外,有"中国的犹太人"之称。潮州早在唐代即为对外通商口岸,早期潮商经营多采取家族管理的方式,现代潮汕商经营,则逐渐采用现代化的股份制管理形式,企业管理模式更加开放,经营领域不断拓展。二是手工业、工艺品十分发达。潮汕地区自古就是主要的工艺美术出口地和口岸,工艺品中尤以瓷器和刺绣享誉最高。三是饮食文化极富特色。潮州稀饭、潮州菜和潮州工夫茶在国内外享有盛名。[①] 四是宗族观念浓厚。现代潮汕人已摆脱了那种"小群可合,大群不可合"的狭隘观念,而将对宗族成员的爱转化对家乡、对祖国的爱,将宗亲之间的互帮互助拓展为热心于公益事业,形成了高度的凝聚力。

从中国传统文化的总体特征来说,因受儒家"述而不作"和"夷夏之辨"观念的影响,特别强调文化的正统性和继承性要求,而在文化的兼容性和变革性方面显得相对不足。不过,在岭南文化的发展历程中,兼容性和变革性表现得非常突出。历史上的岭南文化有着重商性、开放性、兼容性、多元性、享乐性、直观性和远儒性等特点[②]。对中原文化和海外文化的大胆吸收,反映了岭南文化具有很强的开放性和兼容性。正是由于这种开放性和兼容性,岭南文化不断地进行变革,使其从最初的落后状态逐渐成为中华文化中的重要组成部分。岭南文化之所以在各种强大的文化(如中原文化、西方文化)的冲击中"凤凰涅槃"般地获得新生,并显示出强大的生命力,就在于它以开放兼容的姿态不断吸收异质文化,以求实现自我变革、自我完善,岭南文化正在演绎着广东这个经济大省的"老兵新传"[③]。改革开放40年来,广东继续传承着岭南文化"开放兼容、勇于变革"的历史传统,在中国特色社会主义进入新时代的背景之下,结合中国特色社会主义新的发展阶段和我国社会主要矛盾的新变化,将新时代精神融入传统的岭南文化中,广府文化、客家文化和潮汕文化的发展呈现新

[①] 李权时主编,岭南文库编辑委员会、广东中华民族促进会编:《岭南文化》,广东人民出版社1993年版,第67—68页。

[②] 李权时主编,岭南文库编辑委员会、广东中华民族促进会编:《岭南文化》,广东人民出版社1993年版,第22页。

[③] 孔菲菲:《文化大省演绎着"老兵新传"》,载《民营经济报》2007年9月25日第A7版。

气象，焕发出新的生机与活力。

(二) 存在形式

在漫长的历史长河中，岭南人民在这片土地上辛勤耕耘、劳动生息，创造了灿烂辉煌的文化，留下了丰厚的历史文化资源。从目前已经发掘出来的岭南文化资源来看，岭南文化的存在形式主要包括：岭南物质文化遗产、岭南非物质文化遗产和岭南人文精神①。

1. 岭南物质文化遗产

根据《保护世界文化和自然遗产公约》的界定，物质文化遗产主要包括从历史、艺术或科学角度看具有突出的普遍价值的建筑物、碑雕和碑画、具有考古性质的成分或构造物、铭文、窟洞以及景观的联合体，从历史、艺术或科学角度看在建筑式样、分布均匀或与环境景色结合方面具有突出的普遍价值的单立或连接的建筑群，以及从历史、审美、人种学或人类学角度看具有突出的普遍价值的人类工程或自然与人的联合工程以及包括有考古地址的区域。

截至 2017 年 7 月，广东省有 8 座国家历史文化名城，与四川省并列全国第三名。这 8 座城市分别为广州、潮州、佛山、肇庆、梅州、雷州、中山和惠州。截至 2014 年，广东省有 15 个国家历史名镇，分别为吴川市吴阳镇、广州市番禺区沙湾镇、开平市赤坎镇、珠海市唐家湾镇、陆丰市碣石镇、东莞市石龙镇、惠州市惠阳区秋长镇、普宁市洪阳镇、中山市黄圃镇、大埔县百侯镇、珠海市斗门区斗门镇、佛山市南海区西樵镇、梅县松口镇、大埔县茶阳镇和大埔县三河镇。有 22 个国家历史文化名村，分别是佛山市三水区乐平镇大旗头村、深圳市龙岗区大鹏镇鹏城村、东莞市石排镇塘尾村、开平市塘口镇自力村、佛山市顺德区北滘镇碧江村、广州市番禺区石楼镇大岭村、中山市南郎镇翠亨村、东莞市茶山镇南社村、恩平市圣堂镇歇马村、连南瑶族自治县三排镇南岗古排村、汕头市澄海区隆都

---

① 严格说来，所谓"观念形态的文化总是受制于并附丽于一定的物质条件"（冯天瑜等：《中华文化史》，上海人民出版社 2010 年版，第 15 页），本书在此分类阐述意在强调类别，但物质文化和观念形态的文化并不能完全割裂开来。

第七章 优秀传统文化的传承与发展

镇前美村、仁化县石塘镇石塘村、梅县水车镇茶山村、佛冈县龙山镇上岳古围村、佛山市南海区西樵镇松塘村、广州市花都区炭步镇塱头村、江门市蓬江区棠下镇良溪村、台山市斗山镇浮石村、遂溪县建新镇苏二村、和平县林寨镇林寨村、蕉岭县南礤镇石寨村和陆丰市大安镇石寨村。此外,广东还有省级历史文化名城16座,分别为高州、连州、新会、平海、佗城、碣石、揭阳、揭西、惠州、南雄、罗定、德庆、韶关、英德、海丰和东莞。

据了解,我国评选和确立历史文化名城、名镇和名村的重要标准之一是文物古迹的丰富程度和历史文化价值。从全国范围来看,广东省有着数量较多的历史文化名城、名镇和名村,充分展现了广东物质文化遗产的丰厚性。广东省的8座国家历史文化名城均有着丰富的历史文物古迹,如:广州市有光孝寺、南海神庙、六榕寺花塔、镇海楼等;潮州市有开元寺、葫芦山摩崖石刻、凤凰塔、韩文公祠、涵碧楼等;肇庆市有崇禧塔、梅庵、七星岩摩崖石刻等;佛山市有祖庙、孔庙、黄公祠等;梅州市有千佛塔、灵光寺等;雷州市有雷祖祠、三元塔、真武堂等;中山市有孙中山故里、石岭山海蚀遗址、茶东陈氏宗祠群等;惠州市有平海古城、淡水祖庙等。上述8座城市作为历史文化名城是当之无愧的,在政府的有效引导和民众的积极参与之下,这些文物古迹得到了妥善的开发、保护和研究。经过第三次全国文物普查,全省核定公布不可移动文物2.5万处,其中全国重点文物保护单位98处,省级文物保护单位613处,市县级文物保护单位4000多处。在2012年10月—2016年12月期间进行的第一次全国可移动文物普查工作中,查明广东省有可移动文物418个(《第一次全国可移动文物普查工作报告》),不仅新发现一批重要文物,广东省亦积极配合健全了国家文物资源管理机制,广东省文物局综合处和东莞市文化广电新闻出版局还获评第一次全国可移动文物普查工作先进集体。

在改革开放40年来的物质遗产发掘和保护工作中,广东省成绩斐然。1983年发现的西汉南越文王墓,是迄今岭南地区发现的规模最大、随葬品最丰富的一座汉墓,是我国汉代考古的重大发现。另外,1987年在阳江海域被发现,2007年12月打捞出水的南宋时期的木质古沉船"南海Ⅰ号",是目前世界上发现年代最早、船体最大、保存最完整的远洋贸易商船。"南海Ⅰ号"承载着数量众多的珍贵文物,蕴含着大量历史文化信息,是世界文化遗产中璀璨的明珠。截至2016年1月5日,"南海Ⅰ号"出水文物总共14000余件套、标本2575件、凝结物55吨,其中瓷器13000余件套、金器151件套、银器124件套、铜器170件、铅锡器53件、铁器11件、竹器13件、木器46件、漆器28件、石器25件,还有铜钱约17000枚以及大量动植物标本、船木等①。2007年6月,广东南澳海域又发现了藏宝沉船"南海Ⅱ号"。2010年,广东省文化厅与中国文化遗产研究院决定联合组成"南澳Ⅰ号"("南海Ⅱ号"于2009年9月25日改称为"南澳Ⅰ号")考古工作队,完成"南澳Ⅰ号"明代古沉船第一阶段发掘任务,出水文物11248件,其中瓷器10624件、陶器145件、金属器113件、其他器型54件,以及铜钱312件(154串+158枚,15000余枚)。发掘出水的比较特别的文物有青花开光五彩花卉纹碗、青花底款刻暗花白瓷碗、3件一套的套装青花瓷盖盒、五彩盖盒、白瓷盖盒、白瓷大盘、金属戒指、锡壶、木秤杆等②。"南海Ⅰ号"和"南澳Ⅰ号"均有大量出水遗物,其中瓷器数量很多,一方面展现了历史上岭南手工业的精湛工艺,说明这些中国产品在海外有销路;另一方面则显示实用性产品在宋代海外贸易中占有不可忽视的地位。发现的大量宋钱,亦表明沟通东西方的"丝绸之路"沿途国家和地区,甚至形成使用国际货币的流通区,中国钱币在东南亚乃至印度洋一些国家和地区大行其道,充当了国际通用货币的角色。根据新发现的属于生活用品的遗物,亦可以了解南宋岭南地区异彩纷呈的海洋社会生活。"南海Ⅰ号"和"南澳Ⅰ号"的出水发掘、保护和研究,呈现出历史上广东地区甚至整个中国经济社会发展深刻变迁的历史进程。③

---

① 艳丽:《考古进行时:南海Ⅰ号又有最新发现》,见国家地理中文网(http://www.ngchina.com.cn/science/archaeology/4821.html)。

② 详见广东省文物考古研究所、广东省博物馆、国家文物局水下文化遗产保护中心编著《孤帆遗珍·南澳Ⅰ号出水文物精品图录》,科学出版社2014年版。宋中雷、黎飞艳:《南澳Ⅰ号明代沉船2010年出水陶瓷器》,载《文物》2012年第3期。

③ 李庆新:《南宋海外贸易中的外销瓷、钱币、金属制品及其他问题——基于"南海Ⅰ号"沉船出水遗物的初步考察》,载《学术月刊》2012年第9期。

第七章 优秀传统文化的传承与发展

值得一提的是，2007年6月，在第三十一届世界遗产大会上，"开平碉楼与古村落"项目获得通过，成为广东省第一个世界文化遗产项目。开平碉楼是中国乡土建筑的一个特殊类型，是一种集防卫、居住和中西建筑艺术于一体的多层塔楼式建筑。[①] 开平碉楼是开平政治、经济和文化发展的见证，它不仅反映了侨乡人民艰苦奋斗、保家卫国的一段历史，同时也是活生生的近代建筑博物馆，是一条别具特色的艺术长廊，因而，它是开平作为华侨之乡、建筑之乡和艺术之乡的鲜明体现，亦是岭南物质文化的重要代表。

2. 岭南非物质文化遗产

非物质文化遗产指各族人民世代相承的、与群众生活密切相关的各种传统文化表现形式和文化空间。广东岭南风情浓郁，有着非常丰富多彩的民间艺术、民间口头文学、民间工艺和民间习俗，非物质文化遗产项目繁多，且富有特色。非物质文化遗产是岭南文化不可或缺的重要组成部分。2009年10月，粤剧被联合国教科文组织列入"人类非物质文化遗产代表作名录"。2011年7月29日，根据《中华人民共和国非物质文化遗产法》等有关法律、法规，结合广东省实际，广东省第十一届人民代表大会常务委员会第二十七次会议通过了《广东省非物质文化遗产条例》。该《条例》对继承和弘扬优秀传统文化，加强对非物质文化遗产的保护、保存工作提出了明确的要求，广东的非物质文化遗产传承和保护工作发展到新的阶段。

从2008年起，在中共广东省委宣传部和南方出版传媒股份有限公司的共同策划之下，广东教育出版社分批出版了"广东非物质文化遗产丛书"。丛书共50册，涵盖粤剧、咸水歌、瑶族耍歌堂、广州说书、中山醉龙舞等民间表演艺术，牙雕、玉雕、刺绣、剪纸、石湾陶瓷等民间工艺，以及广州迎春花市、瑶族盘王节、观音诞等民间习俗。编辑出版"广东非物质文化遗产丛书"的宗旨，不仅在于系统地梳理广东的非物质文化遗产，更在于挖掘和展现岭南文化的深厚底蕴与优秀精华。这有助于进一步传承、保护和研究岭南文化，开发岭南文化资源，弘扬与传播优秀的传统

---

① 梁雄飞等：《开平碉楼与村落防御功能格局的时空演变》，载《地理研究》2017年第1期。

文化，亦带来关于如何更好保护广东非物质文化遗产的进一步思考。

目前，广东省已有四批项目入选国家级非物质文化遗产名录，广东省人民政府已批准并公布七批省级非物质文化遗产名录（第七批名录于2018年5月公布）。名录项目涵盖民间文学、传统音乐、传统舞蹈、传统戏剧、曲艺、传统体育、游艺与杂技、传统美术、传统技艺、传统医药和民俗等方面。具体包括梅州客家山歌、中山咸水歌、广东音乐、潮州音乐、广东汉乐、龙舞、狮舞、英歌、潮剧、正字戏、粤剧、西秦戏、白字戏、花朝戏、皮影戏、木偶戏、龙舟说唱、佛山木版年画、剪纸、粤绣、象牙雕刻、潮州木雕、灯彩、石湾陶塑技艺、端砚制作技艺、凉茶、瑶族盘王节、小榄菊花会、瑶族耍歌堂以及"佛山剪纸""广东音乐""滚地金龙""广绣""新会葵艺""雷州歌""麒麟舞""抽纱""潘高寿中药文化""东坑卖身节""疍家婚俗"等。广东省各市、县也大多公布了相应层级的非物质文化遗产名录。例如，广州市第一批市级非物质文化遗产名录有"五羊传说""沙坑醒狮""广彩""沙湾飘色""迎春花市"和"凉茶"等36项，目前已公布六批名录。这些项目之所以入选非物质文化遗产，是因为其均有突出的历史、文化和科学价值，有在一定群体中世代传承的特点，在当地有较大影响，而且处于濒危状态。近年来，广东越来越重视非物质文化遗产的保护工作，从广东省非物质文化遗产的数量及其在全国所占的比重，可以反映出广东省既是历史文化资源大省，又在岭南文化的传承和保护工作上取得较为显著的成绩。

3. 岭南人文精神

有观点认为，人文精神指的是关于人的精神生活的方式、态度、思想、观点。① 另有观点强调，人文精神不仅是理论成果，更是实践精神；不仅限于交往方式、生活方式和思维方式，还在制度、体制、伦理和价值等方面进行着渗透。② 在内涵丰富的岭南文化中，精神文化是岭南文化中最为持久、最具生命力的文化。岭南的精神文化是指岭南人民在其长期的

---

① 方立天：《国学之魂：中华人文精神》，载《新华月报》2007年第12期。
② 钟南山等：《人文新走向：广东抗非实践中人文精神的构建》，花城出版社2007年版，第16页。

劳动实践中积淀并流传下来的具有稳定结构的思维方式、价值取向、伦理观念、理想人格和审美情趣等精神现象和精神成果的总和。

岭南人文精神首先反映在岭南文化遗产之中。可以说，岭南物质文化遗产是岭南人文精神的外化，是岭南人民集体智慧的结晶。例如，通过开平碉楼，可以展现出岭南人的开放性和兼容性。众多岭南非物质文化遗产反映、体现和传递了岭南人文精神。

岭南人文精神其次体现在岭南文化支系当中。根据《广东人精神丛书》所论：广府人文精神表现为以"乐天务实"为核心的"敢为人先，生猛不拘""实干兴业，重商崇利""海纳百川，雅俗一体"的精神；客家人文精神表现为以"厚德载物"为核心的"勤劳勇敢，强悍正义""崇文重教，耕读为本""民风朴实，精诚团结"和"开放兼容，务实创新"的精神；潮汕人文精神表现为以"自强不息"为核心的"拼争与重商""求精又求美""奇特且儒雅"和"古朴兼淳厚"的精神。

岭南人文精神还体现在岭南文化历史名人之中。2007年5月，广东省评选出了116位广东历史文化名人，在广东省博物馆举行图片展览。之所以将他们选为广东历史文化名人，是因为他们不仅在政治、思想、教育、文化、经济和艺术等方面对广东的发展做出了重要贡献，而且给后人留下了宝贵的精神财富。例如，岭南文化精神中的开放性、包容性、创新意识、务实精神、大局意识等，与赵佗这位"南下干部"体现的精神相一致[1]；冼夫人精神是冼夫人文化的牢固基石，主要表现在爱国主义精神、爱护人民精神、民族团结精神、改造社会精神四方面[2]。从2000年起，广东中华民族文化促进会每年备下一枚纯金奖章，用以礼赞一位文艺界翘楚，并让其留名于"广东文化人物"的名人堂内。广东历史文化名人和广东文化人物等的评选和宣传，不仅进一步传承和展现了岭南文化的人文精神，更树立了榜样，在培育和践行社会主义核心价值观，培养担当民族复兴大任的时代新人方面，发挥了重要的作用。

---

[1] 方正、甘超强：《让沉睡的南越之王"复活"》，载《南方日报》2004年3月29日。
[2] 吴兆奇：《打响冼夫人文化品牌》（上），载《南方论刊》2004年第3期。

（三）发展阶段

在岭南文化的整体发展过程中，改革开放是最为重要的历史因素之一。岭南文化的挖掘、保护和传承、创新均在改革开放的大背景下展开。改革开放40年来，岭南文化历经之前30年的稳步振兴发展，在近10年以来取得更为辉煌的成就，大放异彩。

改革开放40年来，岭南文化的振兴发展大体可以分为三个阶段，分别是：第一，20世纪70年代末到90年代初是岭南文化初步振兴阶段。历史上的岭南地区，在文化上是相对落后的。黄尊生先生在《岭南民性与岭南文化》一书中有言："我们在上面虽然讲了一大堆的话，但无论如何，都不足以掩饰岭南在学术上文化上之落后，之贫乏。……从学术文化上来讲，广东在国内是绝无地位的。"[1] 一改岭南文化的落后之境，实现岭南文化的初步振兴是在改革开放的时代背景之下进行的。改革开放以来，作为改革开放的排头兵、先行地和实验区的广东省，在我国改革开放和社会主义现代化建设的大局中发挥了十分重要的作用。广东省的经济得到了快速的发展，文化建设亦稳步前进，岭南文化在这一阶段，实现了初步振兴。

第二，20世纪80年代末到90年代末是岭南文化振兴的第二阶段，这是岭南文化进入广东学者的视野，从历史和现实相结合的双重角度开展系统研究的阶段。广东人民出版社从1980年开始，陆续推出了《广东地方文献丛书》20余种。广东省高教厅组织成立了《岭南丛书》编辑委员会，编辑出版岭南文献近40部。《岭南文库》和《岭南文丛》两套大型系列丛书的问世，将岭南文化的整理、发掘、研究和弘扬推向一个新的高度。《岭南文化知识书系》《广东历史文化名人丛书》和《广东人精神丛书》三套丛书的推出在岭南文化的普及工作方面做出重要贡献。除此之外，广东省各界还专门成立了相关的学术团体和研究机构。从学术团体来说，"广东炎黄文化研究会""梅州客家研究会""华南师范大学岭南近现代思想文化研究中心""嘉应大学客家研究所""汕头大学潮汕文化研究中心"

---

[1] 黄尊生：《岭南民性与岭南文化》，民族文化出版社1941年版，第39页。

第七章 优秀传统文化的传承与发展

"广州师范学院岭南历史文化研究中心""华南师范大学岭南文化研究所"和"广州市社会科学院岭南文化研究院"等机构的成立进一步推动了岭南文化研究和发展的进程。

第三，21世纪初至今是岭南文化振兴的第三个阶段，这是岭南文化进入广东政府的开发领域、作为构建文化大省的重要资源的阶段。[①] 在此期间，广东既有对"广东文化正在'沙漠化'"[②]和"只会生娃娃，不会取名字"的警示和反思，亦有从岭南文献整理到各界研究、讨论再到自成一格、大力发展的岭南文化发展之路。21世纪后，在《中共广东省委、广东省人民政府关于加快建设文化大省的决定》和《广东省建设文化大省规划纲要（2003—2010年）》等文件中，都将"拥有独具特色的岭南文化"作为文化大省建设的一个重要目标。党的十七大以后，广东的发展既强调要继承广东先人、先辈在"面向世界、开拓开放"上留给我们的宝贵经验，又强调对待传统文化要在继承中创新，在创新中发展，不断提高广东文化软实力。

尤其是党的十八大以后，岭南文化走向创新发展新阶段。在中国特色社会主义伟大事业取得了飞速发展，经济建设、政治建设、文化建设、社会建设和生态文明建设进行"五位一体"总体布局的时代背景下，中国特色社会主义文化的发展方向得到进一步明确。2017年4月，习近平总书记对广东工作做出重要批示，充分肯定党的十八大以来广东各项工作，希望广东坚持党的领导、坚持中国特色社会主义、坚持新发展理念、坚持改革开放，为全国推进供给侧结构性改革、实施创新驱动发展战略、构建开放型经济新体制提供支撑，努力在全面建成小康社会、加快建设社会主义现代化新征程上走在前列。2018年3月，习近平总书记在参加十三届全国人大一次会议广东代表团审议时强调，发展是第一要务，人才是第一资源，创新是第一动力。要求广东省进一步解放思想、改革创新，真抓实干、奋发进取，开创广东工作新局面。岭南文化于改革开放40年间，在广东省

[①] 李宗桂等：《文化精神烛照下的广东：广东文化发展30年》，广东人民出版社2008年，第244页。

[②] 田丰、谢名家：《广东文化发展前瞻》，载《广东社会科学》1989年第2期。

党政领导的高度重视和积极推动下，在广东各界群众的热情参与下，从基础文献整理和出版到"百花齐放、百家争鸣"的研究、讨论，再到紧跟时代精神，在创造性转化和创新性发展过程中自成一格，在广东文化大省建设中发挥了重要作用。随着中国特色社会主义建设进入新时代，处于新发展阶段、发展环境和发展条件的岭南文化需进一步创新，在习近平新时代中国特色社会主义思想的指导之下，继续走出一条异彩纷呈的发展道路。

二、传承优秀传统文化

中国特色社会主义文化，源自中华民族5000多年文明历史所孕育的中华优秀传统文化。坚持中国特色社会主义文化发展道路，需传承和弘扬优秀传统文化。改革开放40年来，广东各地坚持用社会主义核心价值观凝心聚力，全面发掘和整理地方文化资源。2017年1月，中共中央办公厅、国务院办公厅印发了《关于实施中华优秀传统文化传承发展工程的意见》，2017年9月7日，中共广东省委办公厅、省政府办公厅印发《贯彻落实〈关于实施中华优秀传统文化传承发展工程的意见〉工作方案》，全面落实广东传承中华优秀传统文化的工作，提升广东文化形象，探寻本地文化亮点，更好地为地方建设服务。

（一）阐发优秀传统文化精髓

所谓中国优秀传统文化，是指中国传统文化的精华所在、精神所在、气魄所在，是体现民族精神的价值内涵。它在中华民族发展历程中，在中国思想文化发展历史上，曾经起过积极的作用，迄今仍有合理价值，能够为中华文化的现代传承和创新发展起到积极作用，能够促进社会进步和民族发展，并主要体现于思想文化的层面。质言之，所谓中国优秀传统文化，就是中华民族长期发展过程中形成的有着积极的历史作用、至今具有重要价值的思想文化。① 中国优秀传统文化的评价标准并不是随意的，而是有着内在的价值理念的引领，有着互为关联、相辅相成的思想逻辑。

中国优秀传统文化的评价标准是：适应时代要求，推动社会发展，经

---

① 李宗桂：《试论中国优秀传统文化的内涵》，载《学术研究》2013年第11期。

第七章　优秀传统文化的传承与发展

受实践检验,有助文化认同,促进民族团结,提供精神支撑,助力民族复兴,有益世界文明。① 习近平总书记在党的十九大报告中指出:"推动中华优秀传统文化的创造性转化、创新性发展,继承革命文化,发展社会主义先进文化,不忘本来、吸收外来、面向未来,更好构筑中国精神、中国价值、中国力量,为人民提供精神指引。"这段论述深刻指明了结合新时代要求,对中华优秀传统文化进行创造性转化、创新性发展,构筑当代中国精神是新时代中国特色社会主义文化建设的重要内容。中华优秀传统文化的发展与坚定文化自信有密切关联。有学者认为,当代中国文化的文化自信,建立在对中华民族文化传统真切认识的基础之上,亦奠定在近现代中国发展出的现代文化传统的基础之上。②

中华优秀传统文化是构筑当代中国精神的历史底蕴。习近平总书记在党的十九大报告中指出:"中国特色社会主义文化,源自于中华民族五千多年文明历史所孕育的中华优秀传统文化。"习近平总书记的论断,既表明中华优秀传统文化是中华民族五千多年文明历史的智慧结晶,又指出了中华优秀传统文化和新时代中国特色社会主义文化的历史渊源。当前,推动中国特色社会主义文化繁荣兴盛的主要内容之一是培育和践行社会主义核心价值观。无论是国家层面的富强、民主、文明、和谐,还是社会层面的自由、平等、公正、法治,或是个人层面的爱国、敬业、诚信、友善,均体现出深厚的优秀文化传统。例如,"大道之行,天下为公"的大同追求,"仁者,爱人"的仁爱精神,"民为贵,社稷次之,君为轻"的民本思想,"天行健,君子以自强不息"的奋斗精神,"是故诚者,天之道也"的诚信主张,"中庸之为德也,其至矣乎"的尚中思想,"礼之用,和为贵"的贵和传统等。除此之外,优秀传统文化的核心理念,如"五常"(仁、义、礼、智、信),"八德"(孝、悌、忠、信、礼、义、廉、耻),"己欲立而立人,己欲达而达人","己所不欲,勿施于人","老吾老以及人之老,幼吾幼以及人之幼","亲亲而仁民,仁民而爱物",以及天理人

---

① 李宗桂:《试论中国优秀传统文化的评价标准》,载《社会科学战线》2017年第8期。
② 吴根友:《试论当代民族文化自信与传统优秀文化的内在关系》,载《新东方》2015年第3期。

心、良知良能、知行合一、天人合一、道法自然①等，均为社会主义核心价值观和当代中国精神的构筑提供了丰富的优秀传统文化资源。

（二）融入生产生活

广东省历来重视优秀传统文化研究阐释工作，广东学界亦对中华文化、岭南文化的历史渊源、发展脉络和基本走向进行热烈的讨论，除了数量较多的高质量的学术论文和专著发表及出版之外，更组织多场相关学术会议，积极探寻如何构建有中国底蕴、岭南特色的学术体系和话语体系，如何将传承和弘扬中华优秀传统文化贯穿于国民教育始终。这种探讨并未止步于学界，对于如何将学界阐发的关于中华优秀传统文化的成果推广开来，融入各界的生产生活，以便更好地弘扬和传承优秀传统文化，广东省进行了积极的尝试，并结合新时代的变化和要求进行创新。

融入生产生活指注重实践与养成、需求与供给、形式与内容相结合，把优秀传统文化内涵更好更多地融入生产生活各方面。优秀传统文化融入生活是十分必要的，其既可作为精神的土壤和思想的基础，作为独特的文化氛围而存在，又是新变发展的动力与价值取向。② 在弘扬优秀传统文化的过程中，学界积极配合，发挥了较为重要的作用。广州市文化馆与中山大学哲学系、中山大学禅宗与中国文化研究院共同主办了国学讲堂，讲堂计划在 2018 年 3—12 月的每个周六开讲，邀请知名高校、专业团队的专家学者到场，以"专题讲座""经典精读"等形式研读国学经典，内容包括中国哲学、中国文化、古典诗词等。讲座第一讲由广东省优秀社会科学家、中山大学哲学系教授冯达文教授主讲"中国哲学与中国的文化精神"。市民使用手机关注相应的公众号即可报名参与，非常便捷。这种形式既引领广大市民走进优秀传统文化，了解传统文化精髓，又沟通了学界与民间，进一步传承和弘扬了优秀传统文化。另外，在广东省文化厅的指导之下，多地结合自身特色，举办了各具特色的文化节活动，在宣传和弘扬优

---

① 郭齐勇：《优秀传统文化的传承与发展》，载《孔子研究》2017 年第 1 期。
② 梁凤莲：《岭南文化的历史与现实视界》，载《暨南大学学报（哲学社会科学版）》2003 年第 5 期。

第七章 优秀传统文化的传承与发展

秀传统文化上起到了重要的作用。例如,云浮市提出了通过弘扬优秀传统文化促进社会治理创新的思路,以传统文化培育多元治理主体、开发多样治理手段、夯实社会治理基础,探索了弘扬优秀传统文化的新路子,找到了破解农村社会治理难题的抓手,促进了农村社会的和谐稳定,为治理能力的现代化提供了如何从优秀传统文化中汲取精神滋养的实践支持。[1] 中山市举办多届文化消费节,其中第四届文化消费节首次引入部分优秀非物质文化遗产名录项目,包括广州市的广彩瓷烧制技艺、核雕,汕头市的内画和太安堂中药文化,佛山市的木版年画、剪纸、石湾陶塑技艺、九江双蒸酒酿制技艺,河源市的客家娘酒酿制技艺,江门市的新会葵艺、白沙茅龙笔制作技艺、新会陈皮,潮州市的潮绣、大吴泥塑、抽纱刺绣,阳江市的漆器、风筝,惠州市的罗浮山百草油,肇庆市的裹蒸制作技艺,揭阳市的酱油酿造技艺、贵政山茶叶陶罐制作技艺和普宁豆酱制作技艺,等等。亦包括中山市本地的传统制作技艺等一大批国家级、省级和市级非物质文化遗产名录项目,以图片展览、代表性传承人现场制作、产品销售等形式,全面展示了岭南传统文化的独特魅力。

除此之外,广东省非常重视通过各种形式,将中华优秀传统文化、岭南优秀传统文化全方位融入教育的各个环节和各个阶段,这种重视是非常必要的。陈卫平在《"国学热"与当代学校传统文化教育的缺失》一文中指出:社会层面的"国学热",映照出当代学校教育的一大明显缺失,即缺少良好的传统文化教育。离开传统的书院制度、缺乏良好的教材、传统礼仪教育在当代学校里几近空白等,是造成当代学校缺失良好传统文化教育的主要原因。目前的"国学热"对于普及传统文化是有促进作用的,但是,如果学校不能成为进行传统文化教育主渠道的话,那么"热"很快就会变"冷"的。上述观点既指出了学校传统文化教育缺失的原因,又强调了在学校进行优秀传统文化教育的必要性。

2014 年,教育部印发了《完善中华优秀传统文化教育指导纲要》,要求把中华优秀传统文化融入课程和教材体系,有序推进中华优秀传统文化

---

[1] 张造群:《从社会治理实践看优秀传统文化的弘扬——以广东省云浮市的实践为例》,载《广东行政学院学报》2015 年第 4 期。

教育。在该纲要的指导之下，广东省逐渐推进传统文化进校园工作。2017年，广州市在30所中小学开展首批"中医药文化进校园"的试点。学校将中医药传统文化融入校园特色课程里，使学生了解传统文化，培养学生的文化认同感，坚定文化自信。除了中医药文化之外，传统文化以丰富多彩的形式走进校园文化生活。例如，将诗词、书法和"非遗"项目等融入校园课程；结合校报和校园微信公众号等平台，鼓励学生进行原创；通过组织"诗歌节"等活动，提高学生参与的热情，激发学生学习传统文化的兴趣。另有不少学校通过举办活动月的形式来进一步推动传统文化进校园。例如，在中国传统佳节较为集中的9—10月举行传统文化月活动，在活动中，学生积极参与，举行形式多样的活动，既体会到岭南传统节日中蕴含的古典文化内涵，又进一步学习民族文化，对民族文化的生命力和创造力充满信心。

（三）保护文化遗产

广东省有着较为丰富的物质文化遗产和非物质文化遗产，这些文化遗产是岭南文化的重要载体。对文化遗产，广东省始终坚持保护为主、抢救第一、合理利用、加强管理的方针。在文物保护工作、抢救保护濒危文物和推进文物数字化体系建设等方面，广东取得了一系列的成绩。另外，广东亦十分重视海上丝绸之路史迹的保护与研究，水下文化遗产抢救保护工程，革命文物保护，历史文化名城名镇名村、历史文化街区、历史建筑的保护与管理工作，在这些工作中亦取得了较大的进展。

2003年，广东从化广裕祠修复工程获得了联合国亚太地区文化遗产保护奖第一名，也即最高奖——杰出项目奖，这是自2000年联合国教科文组织设立文化遗产保护奖以来，我国第一次获得该奖项的头名。从化广裕祠修复工程获奖原因有三点：第一，祠堂建筑物延续了自宋代以来历史上各次大修的记载，如实反映了各时期的历史信息；第二，祠堂修复忠实地贯彻了"不改变文物原状"的原则；第三，项目贯彻经济节约原则，以

第七章 优秀传统文化的传承与发展

有限的资金完成了基本的修复工程。① 从化广裕祠修复工程获得肯定,既体现出政府部门有效领导、民众积极参与配合所发挥的重要作用,又展现出广东省在文化遗产修复和保护工作中的优势地位。

2008年2月,文化部公布第二批国家级非物质文化遗产项目代表性传承人,广东省有31名传承人名列其中。同年,国务院公布第二批国家级非物质文化遗产名录项目,广东省共有45项名列其中。此外,《广东省非物质文化遗产名录图典》已于2010年出版发行。该图典介绍了广东省入选国家级非物质文化遗产名录的74个项目、入选省级非物质文化遗产名录的182个项目,以及已经确定的这些项目的235名传承人,是广东非物质文化遗产挖掘、整理、保护与传承工作取得的具有里程碑意义的重要成果。另外,广东各地进行了多处文物保护维修工程,包括深圳南头古城东城门修缮,潮州开元寺方丈厅下厅修缮,佛山市石湾镇南风古灶、高灶陶窑维修,广州陈家祠西、北面围墙维护加固,佛山市顺德区乐从陈氏大宗祠修缮,韶关南雄市三影塔修缮,深圳大鹏所城赖信杨将军第等重点建筑修缮,深圳大鹏所城粮仓修缮,佛山祖庙万福台及东西两廊、东西厢房修缮,中山市陆皓东故居维修,广州国民党"一大"旧址(包括革命广场)修缮,广州三元里平英团旧址防护加固,广州怀圣寺光塔修缮,潮州涵碧楼修缮,佛山市禅城区简氏别墅结构基础勘测,广州沙面大街10—12号前座修缮,广州沙面大街14号修缮,梅州谢晋元故居修缮,等等,并完成广州纶生白公祠、梅州石寨土楼、佛山市顺德区西山庙、佛山市顺德区九列故居和云浮罗定学宫等文物保护维修工程的验收工作等。

另外,广东省秉承创新发展理念,运用现代科技信息手段保护与展示文化遗产,建立全省不可移动文物电子地图和数据库,实现文物资源数字化、文物管理和信息传播网络化,从"文物保护"走向"文化遗产保护"②。2010年,广东省文化厅完成省级非物质文化遗产数据库建设,实现全省非物质文化遗产文化资源数字化管理,使广东省在文化遗产创新保

---

① 陆元鼎、廖志:《广东从化广裕祠修复工程为何获联合国文化遗产保护大奖》,见《亚洲民族建筑保护与发展学术研讨会论文集》,中国民族建筑研究会2004年版。

② 张景华:《广东从"文物保护"走向"文化遗产保护"》,载《光明日报》2010年5月4日。

护方面走在全国前列。除此之外，开展以广府古民居、客家古民居、潮汕古民居为突出代表的岭南传统村落保护与利用，工艺美术品种和技艺保护抢救，建设广东省非物质文化遗产展示馆、广东戏曲博览馆、广东曲艺非物质文化遗产数据库、岭南方言文化博物馆、广东音乐博物馆和广东工艺美术珍品馆等，进一步推动了文化遗产保护的可持续发展。除上述项目外，广东亦加大水下文化遗产保护工作，对"南海Ⅰ号"和"南澳Ⅰ号"抢救性发掘等项目进行重点规划，并推动南越国遗迹和海上丝绸之路广东段申报世界文化遗产①，在广东海域启动文化遗产保护执法行动②，等等。

历史文化遗产的保护工作逐渐得到民众的关注。早期的历史文化遗产保护被视为政府的事务，由政府、文物保护专家和规划师等少数人员来推动，后来出于文化认同的需要，历史文化遗产保护开始受到第三方组织、社区居民乃至市民的关注，启动了自下而上的社会参与，广东民间文化保育组织逐渐发展，形成了广东社会参与网络，这在一定程度上推动了文化遗产保护工作。③

（四）进行文艺创造

文艺是时代前进的号角，最能代表一个时代的风貌，最能引领一个时代的风气。习近平总书记在党的十九大报告中指出："社会主义文艺是人民的文艺，必须坚持以人民为中心的创作导向，在深入生活、扎根人民中进行无愧于时代的文艺创造。"岭南优秀传统文化是广东文艺创造的重要历史资源宝库。广东的文艺创造不断挖掘利用岭南文化资源，紧抓源头和原创，坚持以人民为中心的创作导向，弘扬社会主义核心价值观，尊重和遵循文艺规律。在《广东省建设文化强省规划纲要（2011—2020年）》出台后，广东省加大对文艺精品创作的扶持力度，设立专项扶持资金，对全省重点文艺项目的前期剧本打磨、中期生产扶持和后期推广宣传进行支

---

① 张景华、刁定宏：《广东强化水下文化遗产保护》，载《光明日报》2010年2月17日。
② 杨逸：《广东海域启动文化遗产保护执法》，载《南方日报》2012年9月5日。
③ 袁奇峰、蔡天抒：《以社会参与完善历史文化遗产保护体系——来自广东的实践》，载《城市规划》2018年第1期。

第七章 优秀传统文化的传承与发展

持,打造具有岭南特色的精品佳作。

岭南文艺的发展异彩纷呈。《中国岭南影视艺术史》以近40万字篇幅,详叙了数量几乎占全国影视作品一半的百年以来的岭南电影和40余年以来岭南电视的发展过程,较详尽地分析、评论了岭南影视领域的主要艺术家及重要作品,为岭南影视研究奠定了重要的基础。① 粤剧的发展尤为引人注目。作为广东最大的剧种和岭南文化的重要代表之一,粤剧在改革开放40年间既面临着发展机遇,又遇到了多种挑战,学界亦有诸多相关讨论。有观点认为,粤剧的发展面临的问题主要有观众数量较少、优秀的编剧人才和表演人才缺乏、经典创新节目青黄不接等。粤剧的语言必须结合粤剧的乐曲,从语音、词汇、语法、修辞等方面进行改良与创新,提升粤剧语言的艺术含量和感染力。② 另有观点主张粤剧的改革应考虑克服方言障碍,在保留粤剧的本质特征——粤曲的前提下,在对白中加入类似京、昆剧种的韵白,以利于非粤语方言区的广大观众接受和认同,"戏棚官话"的历史为这一改革提供了可行性。③ 众所周知,粤语是粤剧的特色所在,但粤语又限定了粤剧的受众,不懂粤语就无法很好地欣赏粤剧。再加上粤剧的表演形式和传统曲目的内容所限,年轻一代对粤剧普遍热情不高。粤剧的传承、保护和发展既需要改革④和创新,又需注重在创新中保留岭南特色。对此,广东相关各界进行了积极的探索和尝试。

2006年,中山大学中国非物质文化遗产研究中心与广东汉剧院在中山大学举行了"合作打造汉剧《白门柳》精品工程签约仪式",走出了戏曲理论研究与舞台实践相结合的第一步。理论研究与舞台实践相结合,既能将学界研究成果转化为实践,又能依托实践,在实践基础上进行更深入的理论阐发。另外,广东省文化厅与中山大学合作制定"非物质文化遗产保护年度报告"课题方案,通过搜集全省非物质文化遗产信息和典型案

---

① 单世联:《中国地方文艺史著的成功模式——简评〈中国岭南影视艺术史〉》,载《广东文艺》2000年第6期。
② 蒋书红:《论粤剧的危机与粤剧语言艺术的创新》,载《文化遗产》2010年第3期。
③ 康保成:《从"戏棚官话"到粤白到韵白——关于粤剧历史与未来的思考》,载《江西社会科学》2006年第1期。
④ 张景华:《粤剧要吸引观众,改革是唯一出路》,载《光明日报》2008年12月15日。

例，实地调查和深入分析，形成调研报告，为非物质文化遗产的保护工作有序开展提供依据。2015年，广东省接连举办"粤剧进校园"、粤剧研讨会、粤剧交流演出等活动。广东省艺术研究所与广东粤剧院开展多场"粤剧进校园"演出，广东省非物质文化遗产保护中心与广东粤剧院青年团亦开展多场"粤剧进高校"巡演，并与中山大学中国非物质文化遗产研究中心共同召开粤剧传承与改革发展研讨会。除此之外，关于"粤剧表演艺术的数字化建设"方案亦在稳步推进。早在2005年，学界就探讨过关于文化信息资源共享工程下建设"粤剧数字资源库"的积极意义，亦对数据库建设过程中的相关问题进行了分析。① 目前，在新的科技手段之下，人们可通过运用计算机技术、人体工程技术，对传统戏曲表演的各个方面进行数字化采集分析，建立传统戏曲标准化数据库，为各学科研究介入提供数字化标准，实现传统戏剧从感性研究传承到量化理性研究传承的跨越。

随着人民美好生活需要的日益增长，对文艺作品的质量、品位和风格等要求越来越高，文艺创作应跟上时代发展，把握人民需求。新时代的广东文艺创造以推动社会主义文化繁荣兴盛为己任，创造出更多有筋骨、有道德、有温度的优秀作品。

三、创新性发展优秀传统文化

改革开放40年来，岭南文化在被深入挖掘和保护的基础之上，结合时代要求进行传承和创新。2010年7月，中共广东省委、广东省人民政府印发了《广东省建设文化强省规划纲要（2011—2020年）》。在该纲要的指导下，岭南文化的发展迈向新的阶段，取得新的成绩，将弘扬中华传统文化和岭南优秀历史文化与吸收外来文明成果有机结合起来，形成特色鲜明的岭南文化和现代开放型文化体系。

---

① 符国伟：《彰显地方特色，弘扬粤剧文化，实现资源共享——谈文化信息资源共享工程下建设粤剧数字资源库的构想》，载《图书馆界》2005年第4期。

第七章 优秀传统文化的传承与发展

（一）岭南文化与其他文化成果的多元融合

开放性与兼容性是岭南文化显著的特点[①]和特有的优点，亦是岭南文化不断创新发展的内在动力。20 世纪 70 年代末，与岭南地区生产、生活方式和内容上的相关性与相似性，使得港澳文化尤其是港澳的工商文化较为迅速地被岭南文化吸收融合，在此基础之上，岭南逐渐形成独具特色的工商文化。20 世纪末期，中原文化对岭南文化亦产生重要的影响。中原文化对岭南文化产生影响的历史可以追溯到公元前 214 年，《史记·秦始皇本纪》中有"南取百越之地"[②] 的记载。根据《史记》的记载，岭南百越之地至此被置于秦王朝的统一政令之下，这是岭南文明史的真正开端。自此以后，中原文化和岭南文化相互渗透、兼容并蓄，岭南文化逐渐自成一格并开始超越岭南而逐渐影响中华民族的主流文化，并在中华文化发展中取得了一席之地。岭南文化的内涵亦在时代背景的变化之下，不断吸取时代精神的精华得以继续丰富和发展。例如，在"非典"时期铸就的"抗非精神"使岭南文化绽放异彩，是新时期广东人精神的充分展现，将"抗非精神"与"岭南文化"相联结，赋予了岭南文化新的时代内涵。[③]

岭南优秀历史文化是中华传统文化的重要组成部分。岭南文化将坚守中华文化立场与弘扬岭南优秀历史文化二者相结合，既传承中华传统文化，又凸显岭南特色。中华传统文化是中华民族 5000 多年文明历史的智慧结晶，从子学时代的"百家之学"到两汉时期以注述之业为主的经学，从魏晋"贵无""崇有"的玄学到宋明理学等，均蕴含着中华民族优秀文化传统。它们与岭南优秀历史文化有着密切关联，亦是新时代岭南文化建设的重要历史资源。

中华优秀传统文化的创造性转化、创新性发展是构筑当代中国精神的重要途径之一，其关键是结合新时代要求。习近平总书记强调："深入挖

---

① 覃辉银、符妹：《岭南文化多元融合的特点探析》，载《华南理工大学学报（社会科学版）》2015 年第 1 期。
② ［汉］司马迁撰，［宋］裴骃集解，［唐］司马贞索隐，［唐］张守节正义：《史记》，中华书局 1959 年版。
③ 《率先现代化，当好排头兵》，载《广州日报》2003 年 5 月 31 日。

掘中华优秀传统文化蕴含的思想观念、人文精神、道德规范，结合时代要求继承创新，让中华文化展现出永久魅力和时代风采。"上述论断有三层含义：首先，对待传统文化，既不能全面接受，亦不能片面否定。既要认识到传统文化产生的时代与当下时代的本质区别，从历史思维出发去把握问题，又要考虑到文化传承的一贯性和连续性，重视优秀传统文化对建设中国特色社会主义文化事业的给养作用。其次，学习和研究中华优秀传统文化主要从思想观念、人文精神和道德规范三个层面递进展开。其中，解读思想观念是基础，既要重视文献考据，论从史出，史论结合，又要结合当下社会实际，为中国特色社会主义文化建设而服务。提炼人文精神是理论升华，践行道德、遵守规范是动力和目的。最后，中华优秀传统文化的继承和创新重在结合时代要求。当下中国特色社会主义的发展已经进入新时代，我国社会主要矛盾已经转化为人民日益增长的美好生活需要和不平衡不充分的发展之间的矛盾。我国稳定解决了十几亿人的温饱问题，总体上实现小康，不久将全面建成小康社会，人民美好生活需要日益广泛。美好生活需要不仅指对物质文化生活提出了更高要求，而且在民主、法治、公平、正义、安全、环境等方面的要求日益增长。在中国特色社会主义发展进入新时代的大背景之下，中华优秀传统文化的创造性转化、创新性发展需遵循以下几个方向。

第一，坚持以马克思主义为指导。近代以来的中国历史表明，只有中国共产党才能带领中国人民谋求民族独立、人民解放，实现国家富强、人民幸福，中国共产党始终以实现共产主义作为党的最高理想和最终目标。将植根于中华民族的中华优秀传统文化与马克思主义相结合，共同推进马克思主义中国化、时代化、大众化，发挥优秀传统文化的重要作用，可以增强社会意识形态的凝聚力和引领力。

第二，重视社会主义核心价值观的引领作用。社会主义核心价值观是当代中国精神的集中体现，凝结着全体人民共同的价值追求。中华优秀传统文化的划分标准和具体内容的进一步弘扬，应着眼于当代中国所处新时代的实际，在社会主义核心价值观的引领之下对其挖掘、继承和创新。

第三，中华优秀传统文化的创造性转化、创新性发展应着眼于我国社会主要矛盾，重点考虑民主、法治、公平、正义、安全、环境等方面的需

第七章 优秀传统文化的传承与发展

求。当下我国社会主要矛盾的双方分别是人民日益增长的美好生活需要和不平衡不充分的发展。对于人民日益增长的美好生活的需要方面，既要看到随着经济、社会、精神文明等方面的发展，人民对生活要求的全方位提升的正当性，又要注意汲取优秀传统文化中寻求个人安身立命之道的精神滋养，减少困惑，安顿心灵。

中华优秀传统文化历经数千年的发展和传承，好比一座丰厚的宝藏，为当下中国特色社会主义建设提供不竭的文化资源。我们应在肯定中转化、在发展中创新、在新时代下继续传承中华优秀传统文化，共同推进新时代中国特色社会主义文化事业繁荣发展。

广东注重对外来文明成果的吸收，紧跟时代发展步伐，形成现代开放型文化体系。岭南地区自古因沿海地区的优势，在对外开放、吸取外来文明成果上，一直走在前列。从海上丝绸之路到佛教和伊斯兰教思想的传入，再到近代西学东渐①，岭南文化从未停止与外来文明成果的交流和吸取的步伐。改革开放以后，岭南地区的多方面发展均重视国际交流与合作，岭南文化对广东的改革开放起着极大的推动作用。岭南文化的开放、务实、敢为人先的精神品格，推动着广东的思想解放和观念先行，推动着广东勇于创新和大胆改革。② 在与外来文明成果的交流过程中，岭南文化注重立足自身，拓宽视野，在文化全球化时代，实施全球化和区域合作战略，形成历史人文资源保护与开发的开放格局，提高历史人文资源的保护、利用和开发水平，提升岭南文化的国际价值。③ 各行各业亦积极开展国际交流与合作，如广州中医药大学近年来提出"传承岭南特色、深化国际合作"的中医药人才培养新思路，在强调"重经典、强临床"④ 的岭南医学特色的基础之上，吸取借鉴国际医学人才培养先进经验，进一步深化教育教学改革，创新人才培养模式。除此之外，改革开放以来，随着广东经济的快速发展，大量外省人口赴粤工作，外来人口与原住居民的文化碰撞不可避

---

① 李锦全：《从开放性与兼容性看岭南文化的发展历程》，载《岭南学刊》1999年第2期。
② 霍秀媚：《广东的改革开放与岭南文化》，载《岭南学刊》2008年第5期。
③ 钟晓毅：《在开放格局中提升岭南文化的国际价值》，载《南方日报》2007年6月13日。
④ 许能贵：《传承岭南特色 深化国际合作 着力推进中医药高等教育改革》，载《中医教育》2016年第5期。

免。值得关注的是，外来文化与岭南文化除了碰撞之外，更有交融。① 在多元文化的碰撞和融合之下，在时代背景的转换之下，岭南文化不断地进行着创新和发展。

（二）打造研究基地，实现创新发展

岭南文化历史悠久，名家众多，如孙中山、康有为、容闳、梁启超、冼星海、黄遵宪、六祖惠能和张九龄等。广东省历来重视对岭南文化中杰出代表人物的宣传和研究工作。2010年，为贯彻落实《广东省建设文化强省规划纲要（2011—2020年）》，突出工作重点，广东省制定并实施《广东文化强省建设十项工程》。该文件的第二部分为"实施哲学社会科学提升工程"，以构建具有世界视野、广东特色的哲学社会科学创新体系为目标。

《广东文化强省建设十项工程》提出打造广东地方特色文化研究基地，扶持培育具有岭南特色的社会科学类学术社团，每年举办一次岭南学术国际论坛、中国（南方）智库论坛，实施哲学社会科学服务中心计划和发展支撑计划等；着力打造以历史文化名人和岭南民俗文化为代表的全国学术研究中心，在高校和社科研究机构设立岭南文化研究的学科和学院，实施岭南学术大师培育工程，努力建设岭南文化人才高地，为培育岭南文化当代名家大师营造良好的环境。

早在1978年，中山大学历史学系就成立了孙中山研究室，这是当时中国大陆高校第一个专门研究孙中山的学术机构，主要研究方向为孙中山与近代中国，招收中国近现代史硕士、博士研究生。1986年，孙中山研究室更名晋升为孙中山研究所。多年以来，在陈锡祺、陈胜粦、林家有和桑兵等几辈学者的共同努力下，孙中山研究所围绕孙中山展开近现代中国政治、思想研究，在国内外学术界居领先地位。

孙中山研究所集体合作编著的《孙中山年谱长编》②，获国家教委优

---

① 黄晓娜、许敏琳、陈忠暖：《珠江三角洲外来文化与岭南文化融合的实证研究》，见《中国地理学会百年庆典学术论文摘要集》，中国地理学会2009年版。

② 陈锡祺等：《孙中山年谱长编》，中华书局1991年版。

第七章 优秀传统文化的传承与发展

秀社会科学成果一等奖、国家优秀图书一等奖和孙中山基金会优秀著作一等奖。自 1996 年以来，孙中山研究所完成了"孙中山与中国近代化道路"等国家社科基金重点项目的研究，出版了以"孙中山与近代中国研究系列"图书为代表的专著多部，参与组织了多次孙中山学术讨论会。以 2009 年为例，林家有等合著的《孙中山社会建设思想研究》①，共计 62 万余字，对孙中山的社会建设思想做了较为系统的梳理与阐发。另外，林家有主编了《孙中山与中国社会博士论坛论文选集》，论文集收录文章 40 余篇；《孙中山研究（第二辑）》，收录论文共计 22 篇。此外，该研究所还陆续出版了一系列较有影响力的学术专著，如黄珍德的《官办自治：1929—1934 年中山模范县的训政》② 和黄健敏的《翠亨村》③ 等。《陈锡祺先生追思录》④ 一书以独特的视角，展示了广东孙中山研究老一辈学人的思想与治学风貌。黄彦、萧润君主编"孙中山著作丛书"中的《论军事及对军人演讲》⑤ 和《论农民与工人》⑥ 相继出版。另外，还有《孙中山移植西方代议民主制的历史考察》⑦《孙中山经济建设思想中的外国因素》⑧《和谐共融：孙中山民生主义的文化引喻》⑨ 和《论辛亥革命时期的孙中山国家结构观》⑩ 等一系列论文陆续发表。2010 年，为纪念辛亥革命 100 周年，以"弘扬中山精神，共同振兴中华"为主题的孙中山学术论坛在广州召开，论坛就"中山思想与中华民族复兴""中山思想与黄埔精神"和"中山思想与现代化建设"等议题展开研讨，不仅在孙中山学术思想研究方面取得了较为丰硕的成果，亦凝聚两岸新共识，推动了两岸关系和平发展。

---

① 林家有：《孙中山社会建设思想研究》，中山大学出版社 2009 年版。
② 黄珍德：《官办自治：1929—1934 年中山模范县的训政》，文物出版社 2009 年版。
③ 黄健敏：《翠亨村》，文物出版社 2009 年版。
④ 孙中山故居纪念馆、中山大学历史系合编：《陈锡祺先生追思录》，中山大学出版社 2009 年版。
⑤ 孙中山著，黄彦编注：《论军事及对军人演讲》，广东人民出版社 2009 年版。
⑥ 黄彦编注：《论农民与工人》，广东人民出版社 2009 年版。
⑦ 刘曼容：《孙中山移植西方代议民主制的历史考察》，载《广东社会科学》2009 年第 1 期。
⑧ 邵雍：《孙中山经济建设思想中的外国因素》，载《广东社会科学》2009 年第 1 期。
⑨ 王杰：《和谐共融：孙中山民生主义的文化引喻》，载《广东社会科学》2009 年第 3 期。
⑩ 张继才：《论辛亥革命时期的孙中山国家结构观》，载《广东社会科学》2009 年第 3 期。

另外，2005 年 9 月，华南师范大学成立岭南文化研究中心，主要研究岭南文学与艺术、宗教与思想、方言与民俗、岭南学理论与实践。岭南文化研究中心的前身是 1986 年成立的岭南近现代思想文化研究中心。2011 年 8 月，广东省禅宗文化研究基地成立，同时举办禅宗文化大讲坛。对于禅宗文化的研究进一步发扬了广东历史文化资源优势，推动了禅宗文化的创新发展。

改革开放 40 年来，陆续成立的各岭南文化学术研究机构在岭南文化的研究上取得了较为丰硕的成果，在更好地保护、传承和创新岭南文化，进一步弘扬岭南文化精神方面做出了重要的贡献。在广东省政府的引导和扶持之下，岭南文化学术研究有效整合省内外的文化资源和研究力量，科学规划和有序发掘广东的各种文化资源，推动岭南文化研究的持续向前发展，使广东成为岭南文化研究的高地。

（三）古村落的保护和修复

对于文化遗产来说，创新性发展的前提是得到有效的保护和修复。改革开放 40 年来，广东在物质文化遗产与非物质文化遗产的保护方面成绩斐然。"开平碉楼与村落"申报世界文化遗产项目在第 31 届世界文化遗产委员会会议上表决通过，正式成为世界文化遗产，填补了广东在世界文化遗产方面的空白；广州南越国遗迹被国家文物局列为中国申报世界文化遗产保护的预备项目；东莞市在 300 多个城市参与评选的国际花园城市评比中，荣获"最佳文化遗产保护管理奖"；广州市从化区广裕祠获联合国教科文组织亚太地区文化遗产保护杰出项目第一名；佛山市兆祥黄公祠保护项目获得联合国教科文组织亚太地区文化遗产保护奖；等等。这一系列成就均是对广东省一直以来的文化遗产保护工作的肯定。除此之外，近年来发掘的深圳屋背岭遗址、广州南汉二陵、深圳咸头岭遗址和高明古椰鲤岗遗址等，均位列当年的全国重大考古新发现之列。广东省公布的首批 182 个省级非物质文化遗产保护遗产项目之中，有 29 个项目入选第一批国家级非物质文化遗产代表作名录，另有 29 个单位被文化部命名为"中国民间艺术之乡"和"中国民间特色艺术之乡"。此外，粤港澳联合推动粤剧申报"人类口述和非物质文化遗产"的工作也在推进当中。

第七章　优秀传统文化的传承与发展

值得关注的是广州市黄埔古港古村的保护工作。相较于全国范围而言，广州市在过去对古村落的研究相对不足。在20世纪80年代以后，才陆续有文章研究黄埔古港古村的保护和修复问题，但并未成为学界讨论热点，亦未引起足够的重视。直至20世纪末、21世纪初，黄埔古港古村的保护工作才重新被提及，政府陆续出台了相应的保护措施。1998年，中共广东省委对广州市提出城市环境面貌"一年一小变，三年一中变，到2010年一大变"的要求。2000年，广州市出台《黄埔村整治和保护规划》；2004年，制定《古黄埔港景观区整治与建设详细规划》；2005年，提出《黄埔村主要旅游路线两侧景观整治规划》；2009年，颁布《黄埔古港古村历史文化景区近期建设方案》；等等。通过规划整治和改造，拆除大量的不协调建筑，疏通环村护城河，通过连接大量的古祠堂、古民居形成主要旅游线路，使得黄埔古港、古村成为有机的整体，初显岭南古村落风貌，吸引了大量的游客。① 另外，黄埔古港古村的改造工作秉承"抽疏保旧""修旧如初"和"市政优先"的理念，成为广州市旧村保护的范例杰作。黄埔古港古村改造后，其旅游开发优势逐渐凸显，在遗产保护、市场营销与运营模式等方面均可创新发展。黄埔古村的旅游规划，除了要充分发挥其悠久的古港文化资源之外，还要注重将地方化、本土化特色与广州的国际化、全球化相结合，实现旅游休闲产业化。② 2011年，黄埔古港黄埔村研究会筹备委员会成立，黄埔古港古村将与中山大学展开深度合作，继续发掘黄埔古港古村的人文宝藏。③ 2013年，广州市黄埔古港古村被评为第二批"中国传统村落"，这标志着对黄埔古港古村十几年的保护工作获得了高度的认可，黄埔古港古村的发展进入了一个新的阶段。

除广州市以外，广东省各地也积极开展文化保护工作，取得了较为显著的成效。2011年，中山市城乡规划局开展了《中山市历史文化名城保护规划（2013—2020年）》编制工作，经广泛咨询社会群众和相关部门意

---

①　陈达良：《历史文化街区保护与更新——"中国第一村"黄埔古村重现岭南古村落风貌》，见《2014（第九届）城市发展与规划大会论文集》，2014年。
②　肖佑兴、杨宏烈：《广州黄埔古村文化遗产开发初探》，载《现代城市》2011年第4期。
③　廖靖文、邓莉：《走三公里麻石路　读黄埔古村传奇》，载《广州日报》2011年7月12日。

见、专家评审、公示、规划委员会审议等环节，于2015年9月获广东省人民政府批准实施。《中山市历史文化名城保护规划（2013—2020年）》提出了中山市历史文化名城保护的重点，对历史文化价值与特色、市域历史遗存保护、历史城区保护、历史文化街区保护、文物古迹保护、非物质文化遗产保障措施等方面进行分类规划管理，为历史文化名城保护提供科学指引。《中山历史文化名城保护规定》于2016年10月以市政府第5号令公布，并于11月24日起实施，是中山市历史文化领域首部政府规章。2017年，包括邓小平题词"珠海经济特区好"、珠海渔女雕像、中国国际航空航天博览会、容闳、情侣路、中国历史文化名镇唐家湾镇、格力电器、珠海长隆国际海洋度假区、珠海大剧院和珠海国际沙滩音乐节在内的十个项目获评"珠海十大文化名片"。随着改革开放的深化和广东经济、社会等方面的不断发展，广东省文化遗产保护工作全面推进，各类非物质文化遗产保护区、示范基地、博物馆遍布广东城乡。为组建文化遗产保护工作人才队伍，广东省采取多级培训、实践锻炼、交流提高等方式，初步建起以市、县两级文化机构业务干部为骨干的非物质文化遗产保护工作队伍。目前，全省专、兼职"非遗"保护工作者近900人。从2008年起，广东省财政每年安排1000万元专款用于非物质文化遗产的保护工作。从2012年起，专款增至每年1700万元。[①] 另外，广东省推进文物保护重点项目建设，关注水下文化遗产保护，近年来，"南海Ⅰ号"保护发掘和"南澳Ⅰ号"文物整理工作均有新的突破。

综观改革开放40年来的广东文化遗产保护工作，政府的有效引导、各行业的协同钻研和民众的积极参与是广东省在文化遗产保护工作上取得显著进步的重要原因。在这个过程中，既体现出政务有效性的进一步提升，又展现出广东各行业在其专业领域不断精益求精的发展，这种专业基础和工作精神是文化遗产得以更好保护和修复的重要基础。更为关键的是，民众对于文化遗产保护工作的支持、配合和积极参与。岭南文化是岭南人民的智慧，岭南文化的保护亦需依靠人民共同的力量。在文化遗产保护上，广东从改革开放之初的观念淡薄、研究有限到现今的协同努力，成

---

① 刘泰山：《走出历史 活在当下》，载《人民日报》2015年11月15日。

第七章　优秀传统文化的传承与发展

绩突出，不过40年的光阴。文化遗产保护工作的发展是广东改革开放40年来全面发展的缩影。历史悠久、底蕴深厚的岭南文化在改革开放的进程中，既保留了文化精髓，发扬了岭南文化特质，又在新的历史潮流中接受了洗礼，在改革开放的进程中实现了创新和升华。

四、国学弘扬的反思与前瞻

一般来说，国学是中国传统文化的统称。章太炎曾道："夫国学者，国家所以成立之源泉也。"[①] 国学的内容亦包括很多方面，如称谓及谦辞等常识层面、学术与技艺层面、道德与意义层面和民族精神层面等。[②] 从20世纪80年代的"文化热"到20世纪90年代的"国学热"，这种热度由学术界逐渐扩展到民间。"国学热"的出现有多层次因素，其中较为重要的因素就是中国崛起、经济发展、国民文化自信的增强和社会对文化的需求及认识。[③] 自中国人民大学率先成立国学院后，很多高校也成立了国学研究机构，广东高校及科研院所亦积极研究国学，取得较为显著的成果。除了学界的研究之外，城市社区、企业儒学和乡村儒学等均得到了不同程度的发展。国学在广东得到了积极的弘扬，在弘扬国学的过程中，亦有许多问题值得反思。

（一）国学的积极弘扬

广东省各界积极弘扬国学，国学已走进百姓的日常生活，为新时期文化认同和民族凝聚力的增强提供给养。国学的弘扬体现在学术层面的探讨、城市社区的普及、企业国学的建设和乡村国学的开展四个方面。

1. 学术层面的探讨

学界是国学研究的主要阵地，一直以来对国学的诸多方面进行了深入的研究，取得了较为显著的成果，如对国学的界定、国学与时代的关系、

---

① 章太炎：《国学讲习会·序》，原载《民报》第七号。转引自汤志钧《国学概论》（章太炎演讲、曹聚仁整理、汤志钧导读），上海古籍出版社1997年版，第6页。
② 郭齐勇：《国学与文化软实力》，载《文化软实力研究》2016年第1期。
③ 陈来：《新世纪国学热的发展》，载《北京大学学报（哲学社会科学版）》2011年第6期。

国学与文化认同、国学的类型和特点、国学中所蕴含的文化精神、人文精神和民族精神等诸多问题进行了探讨。值得关注的是，国学在当代有怎样的意义和其应以怎样的形态出现。袁行霈《国学的当代形态与当代意义》一文的观点对这一问题提供了有意义的启示。他认为，当代的国学应当立足现实，服务于振兴中华、增强民族凝聚力、实现现代化的伟大历史任务；当代的国学应当建立在对传世文献和出土文献、文物认真整理的基础之上，并在此基础上建立具有中国特色的理论体系；当代的国学应当注意普及，在广大人民群众中弘扬中华民族优秀的传统文化；当代的国学应当吸取人类一切优秀的文化成果，同时要确立文化自主的意识与文化创新的精神。① 这些观点不仅指出了国学在当代应有的形态和国学在当代的意义，亦提出了当代国学应夯实对传世文献、出土文献和文物的整理基础。广东始终将对传世文化、出土文献和文物的保护和整理作为工作重点。2008年，广东省立中山图书馆、中山大学图书馆入围首批51家"全国古籍重点保护单位"。在文化部颁布的首批《国家珍贵古籍名录》中，广东省有50部古籍入选。其中，《临川先生文集一百卷》按文化部颁发的《古籍定级标准》被定为一级丙等，《伊洛渊源录》被定为一级乙等；《泥版试印初编十一卷》从某种意义上来说，填补了泥活字印体古籍收藏方面的空白。除了发表论文、出版专著和整理及保护传世文献外，广东学界亦展开学术研讨会，对国学相关问题进行积极研讨。2014年3月，广东省社会科学院哲学与宗教研究所国学研究中心、广东省文化传播学会、广东教育杂志社和广东高等教育出版社等单位联合主办的"传承国学·创新国学·发展国学"研讨会在广东省社会科学院召开；2018年1月，由中共广东省委宣传部、广东省社会科学界联合会指导，广东省文化传播学会、广东省国学教育促进会主办的"第79期岭南学术论坛：中华传统美德传承与国学文化传播"于广州、东莞两地召开；等等。这些学术研讨会和学术论坛，进一步深化了国学的研究和发展，从不同角度和程度上积极弘扬国学。

---

① 袁行霈：《国学的当代形态与当代意义》，载《北京大学学报（哲学社会科学版）》2008年第1期。

第七章　优秀传统文化的传承与发展

2. 城市社区的普及

20世纪兴起的"国学热"逐渐从学界拓展至城市社区，广东省各地以不同的形式弘扬国学。2004年，《广州日报》刊文《大学生为何要补"童子功"》①，并与全国25家媒体联合发出倡议，推广国学基本功，推进国学的未成年人教育。2008年，深圳市福田区图书馆开设专门的国学研究室。2011年，广州市农讲所纪念馆在"明伦课堂"开设《弟子规》经典导读班，诵读学习《弟子规》。广州文化馆也开展了一系列国学公益项目，邀请众多专家名师为群众授课，解读中华优秀传统文化经典。云浮市图书馆亦开展"经典诵读"进社区活动，社区成员诵读《三字经》《百家姓》《论语》《孟子》等传统国学经典，实现国学进社区。中山市在"全民修身行动"中推动国学传统教育，进行传统文化弘扬行动。中山市"全民修身行动"贯穿整个"十二五"时期，从2011的"启动年"，至2012年的"规范年"，再到2013年和2014年的"提高年"，实施包括国学在内的文化普惠工程。2013年，东莞厚街设立"鳌台大讲堂""厚街道德讲堂""厚街历史名人馆""文化艺术展示厅"，重建陈琏"万卷堂"等文化场所，开展国学传统文化启蒙和爱国主义教育等活动。2014年，茂名市文化馆"国学文化志愿服务队"在茂名文化广场、人民广场组织举办"快乐早读——国学朗读"活动，带领青少年儿童及市民群众诵读《弟子规》。2015年，首个"越秀区国学教育基地"在广州粤秀书院设立，书院启动"粤秀书院国学讲堂"活动，围绕国学精义讲授国学课程，并开展国艺（琴棋书画等）及识字读经（经典诵读等）等课程。除了上述途径之外，作为各社区联结重要枢纽的广州地铁，从2014年起开展"搭地铁·赏国学"系列活动。广州地铁日均客流量超过620万人次，年均客流量高达20亿人次，广州充分利用地铁平台传播国学经典，取得了很好的效果。

3. 企业国学的建设

国学走进企业，成为企业文化建设的重要组成部分。企业国学既宣传、普及传统文化，又与企业的发展相结合，打造企业自身的文化品牌，如广药集团打造"三大基因文化""博馆方阵文化"和"故事特色文化"

---

① 秦晖、邱瑞贤：《大学生为何要补"童子功"？》，载《广州日报》2004年9月23日。

三大文化品牌。另外，广药集团的官方网站开辟"广药故事"专栏，既展现岭南医药的发展历史，又宣传岭南中医药文化，其讲故事特色文化入选"广州市企业文化建设优秀成果"，广药集团也于2017年获评"广东省企业文化建设示范基地"。东莞一些企业设立了企业国学成长计划，员工晨读经典，有的企业还开办国学堂，进行员工的传统文化教育等。

4. 乡村国学的开展

乡村国学的开展与祠堂的发展紧密结合。祠堂是乡村传承文化、孕育文明的重要载体，祠堂既是姓氏之根，又是宗族之脉。2007年，有500多年历史的屈氏大宗祠开始进行全方位的修缮，当地欲将其打造成屈大均和岭南文化的展览馆，合作开办成国学讲学基地。江门乡村亦组织青少年入祠堂查阅族谱，学习讨论家史、族训，传承宗族文脉。2015年9月，江门市举办了5.2万人参与的"开笔礼"，学生身穿汉服，进行正衣冠、拜先师、朱砂启智、击鼓鸣志、开蒙描红、诵《弟子规》、行谢礼等传统仪程。另外，江门还在陈白沙祠、新会学宫、"外海五大祠"等开设"国学堂"，定期为民众义务授课。村民接受国学教育，感受时代变迁和传统文化的魅力。① 2017年，佛山南海西樵镇松塘村在"明理养德、翰林松塘"思想的指导下，开设传统文化系列课程，村民热情积极参与，不仅少年儿童能坚持上完课程，家长亦加入义工队伍协助维持课堂秩序。

（二）反思与前瞻

"国学热"的兴起及广东各界对国学的弘扬，在宣传中华优秀传统文化、建设文化强省、提升文化软实力方面做出重要贡献。在肯定弘扬国学积极意义的同时，亦要看到国学在其民间化和大众化的过程中所存在的问题。学界对"国学热"所存在的问题亦有较多的探讨。有观点认为，当代"国学热"存在在性质上鱼目混珠、在目的上功利至上、在内容上主次不

---

① 《江门创建"祠堂文化示范工程"传承文化凸显侨乡特色》，见中国文明网（http：//www.wenming.cn/lianmeng/lmwz/201509/t20150918_ 2865415.shtml）。

分[1]的问题;有观点认为,当下需警惕因对国学的热情和判断力不足而将国学变成捞取名利的工具,以国学的名义兜售假冒伪劣的文化产品和文化糟粕[2];亦有观点认为,对待国学、对待经典,要有文化的态度,要有一种精神信念,要有一种欢喜心和敬畏心,不能抱着功利主义的态度,不能将其工具化,更不能把它变成一种商业行为,应该警惕变味的"国学热"[3];等等。只有不断地反思问题,才能够对国学的弘扬进行客观、理性的认识,更好地推动新时代国学的传播和发展。

  首先,弘扬和宣传国学所选择的文献较为单一。通过上文可知,除学术界对国学的研究和交流之外,民间弘扬国学所选择的文献是较为固定和单一的。不论是城市社区的国学普及,还是企业国学的建设,抑或乡村国学的发展,其选用较多的文献是《三字经》《百家姓》《千字文》《千家诗》和《弟子规》等蒙学读物。这些蒙学读物在国学传播中的作用是较为显著的。例如,王应麟《三字经》的首句"人之初,性本善。性相近,习相远",将以孔子和孟子为代表的儒家思想以简明扼要的语句表述出来,相对《论语》和《孟子》而言,更能被大众所理解和接受。《弟子规》亦是民间弘扬国学所选取的主要文献,在清朝已受到推广。《弟子规》主要的纲目均来自《论语》,其内容中对孩童的行为举止多有训诫,如对站立姿态、对待长辈的礼仪、与兄长相处的方式等方面有诸多要求,这是其成为国学传播尤其是针对青少年的国学课程所选择的重要文献的主要原因。《弟子规》中所提倡的行为礼仪,大部分与当下社会的文明礼仪要求相符合,在一定程度上起到了弘扬传统文化、进行道德和守礼修身教育的作用。可以说,《三字经》《弟子规》等文献在国学的民间弘扬过程中,因其难易适中、朗朗上口、适于诵读而被普遍接受和使用。但是,这种蒙学读物在国学弘扬中的广泛传播亦产生了许多问题,其中,最为显著的问题是国学的片面化和浅薄化。

---

[1] 李承贵:《专题研讨:当代"国学热"的反思与检讨》,载《福建论坛(人文社会科学版)》2013年第1期。
[2] 李中华:《理性看待"国学热"》,载《人民日报》2010年6月29日。
[3] 袁跃兴:《谨防"国学热"变味》,载《光明日报》2007年8月3日。

国学是个内涵十分丰富的概念。李宗桂教授曾指出:"近年所谓国学,本质上就是传统文化。就时限而言,包括古代传统文化和近现代传统文化(不包括当代文化);就学科门类而言,包括人文社会科学和自然科学;就国别而言,相对于西学而言是中学,相对于世界而言是国学;就内容而言,"十三经"、《诸子集成》、《黄帝内经》、《本草纲目》、《周髀算经》、《孙子兵法》、《孙膑兵法》、"二十四史"等是国学,民俗风情、元宵节、春节、清明节、端午节等也是国学。"① 根据上述界定可知,国学的内涵十分丰富,包罗万象,既包括以古代文献为基础的思想内容,又包括民俗风情、地方历史特色,更蕴含传承千年的中华民族精神。在其庞大的内容体系中,作为基础与核心的是中国传统哲学。中国传统哲学兼含儒、释、道三家,以儒家思想为主流,有着独有的发展脉络与精神特质。从先秦诸子争鸣,到两汉注疏业盛,到魏晋玄学兴起,至宋明理学的发展,再到清代朴学的出现,中国传统哲学成为国学坚实的思想基础与内核。中国传统哲学有着大量的文献,蕴含着丰富的思想内容,体现着中华民族精神,这些博大精深的内容仅凭《三字经》《百家姓》《千字文》《千家诗》和《弟子规》等读物远远无法得以全面地展现。《三字经》虽概括了孔、孟、荀的思想,《弟子规》虽依托《论语》而成,但《三字经》毕竟不是《论语》《孟子》和《荀子》,《弟子规》亦非《论语》,二者只能浅显地概括,而不能阐发其思想精髓。将《三字经》和《弟子规》等读物与国学画等号,实为对国学的片面化和狭隘化的理解。

其次,重形式、轻内容,对中华传统文化的内涵存在误读。当下弘扬国学主要有读经、抄经、传统服饰和传统礼仪的展示及相关课程的讲授等形式。不论以何种形式弘扬国学,其目的始终是学习中华优秀传统文化的思想内容,体会及传承其中所蕴含的中华民族精神特质,而非诵读和抄写经典等形式本身。形式虽是通达内容的重要途径,但如果只重形式而轻内容,在技艺层面进行繁杂的重复,而未深入内容和精神本身,则实为背离了弘扬国学的初衷。诵读经典虽是弘扬和学习国学的好方法,但在诵读经典的同时是否真正领会了经典的内容,在抄写经典的同时能否深入获得经

---

① 李宗桂:《国学与时代精神》,载《学术研究》2008年第3期,第21页。

第七章 优秀传统文化的传承与发展

典所蕴含的精髓,穿着传统服饰、还原传统礼仪能否学习到中华礼乐文明的精神实质,这些是更为重要且值得反思的。

2008年2月1日,《广州日报》上一则新闻引起了较为广泛的关注。新闻的主题是"广东一企业逼员工每日晨读15分钟国学经典"。文章中写道,每天早上9时到9时15分,该企业中的所有员工都要读书15分钟,几十人围在一起大声朗读《弟子规》。报道一出,此举引发了广泛的争议。有观点认为,《弟子规》是管理的圣典,超越了其他的企业文化,读国学经典对修身做人起着潜移默化的规范作用,该企业的做法值得学习;另一些观点认为,该企业大力倡导朗读《弟子规》是奴化人性,与现代社会基本精神相违背。上述报道及其所引发的争议既表现出广东企业对国学学习的积极和热情,又暴露出弘扬和传播国学过程中所存在的重形式而轻内容的问题。弘扬国学的重点不是诵读了多少和多久的经典,而是是否能够理解其中的思想内涵,能否体会到中华民族精神的特质。强制读经,虽口中大声诵读经典,但经典未入心中,读过之后既不理解经典之意,又不能转化为实践,实为浪费时间之举。

另外,某些国学课堂在阐释中华传统文化时也存在误读现象。2014年,《南方周末》记者卧底东莞蒙正"女德班",依据所听所学,发表题为《"女德班":教现代女性守妇道》的报道,引起热议。在报道中,"女德班"的学员要背诵的婚姻基本原则是"打不还手,骂不还口,逆来顺受,绝不离婚";同时,提出"如果要做女强人,你就得切掉子宫、切掉乳房,放弃所有女性特点"。上述观点显然与当下社会对相关问题的认知相违背。当下社会主张男女平等,恋爱、婚姻自由,女性并非男性的附属之物,女性是有思想的独立的个体。"女德班"借国学之名,宣扬"夫为妻纲",对传统文化中的内容不加筛选、判断和转化地武断运用,实为对中华传统文化的误读。国学的弘扬需要加强对传统文化内容的甄别和引导,剔除糟粕,取其精华。

最后,在国学的弘扬过程中,还存在商业氛围浓厚、质量参差不齐的问题。近年来,层出不穷的国学讲座、国学班和国学培训等受到追捧,这些与国学相关的学习班针对不同群体需求,衍生出不同的内容。例如,企业管理人员有"管理国学班",中老年人群有"养生国学班",另外还有周岁礼、开业礼、汉服婚礼、"二十四节气游学"等五花八门的国学项目。除了各种国学班外，还有数量较多的民间书院。目前，很难统计到底有多少主打国学品牌的民间书院，这类书院兴起虽主要是文化传承需求的体现，但亦不排除个别机构打着国学的旗号，歪曲中华传统文化。综上可见，在国学的弘扬过程中，政府的政策制定和监督管理、学界对于具体理论解读的正确引导都是十分重要的。

在新时代的背景之下，国学的弘扬和发展亦进入新时期。在当下新媒体快速发展的时代，丰富的传播手段为国学的弘扬提供了新的平台和机遇。微博和微信公众号等成为学习国学经典、交流国学经验的重要途径。另外，国学的传播亦有了新的形式，如借助漫画、动画乃至流行音乐等手段辅助讲解儒家经典。这些形式在保持学术严谨性的同时，将知识变成了鲜活的体验，将严谨的国学声音更好地传播出去。"国学热"在过去发展阶段中所暴露出来的问题将逐渐得到有效的解决，各种民间国学机构亦会在政府的监督和规范之下整合发展。虽然国学的弘扬方式和途径在不断变化，但是，传承中华优秀传统文化，推动中华优秀传统文化的创造性转化、创新性发展，坚守中华文化立场、坚守学术的底线是始终不变的。

第八章　先行一步的文化体制改革

　　文化体制改革是我国全方位改革事业的重要组成部分。广东文化体制改革起源于 20 世纪 80 年代的以营业性舞会和音乐茶座为发端的文化市场的兴起，先后经历了"以文养文""面向市场，自收自支""事业单位，企业化管理"等改革阶段。2003 年，广东被确定为全国文化体制改革试点省份，文化体制改革进入积极探索、大胆推进、不断深入阶段。到 2017 年，广东文化体制改革取得了突破性的进展和成就，创造了许多全国闻名的经验。40 年来，广东的文化体制改革坚持"把握好意识形态属性和产业属性、社会效益和经济效益的关系，始终坚持社会主义先进文化前进方向，始终把社会效益放在首位"①。文化体制改革极大地解放和发展了文化生产力，文化事业不断繁荣，文化产业蓬勃发展，在全省产业结构中的比重不断上升。2002 年，广东文化产业增加值为 668.93 亿元，占全省生产总值的比重为 5.7%；到 2016 年，广东文化产业增加值为 4256.63 亿元，占全省生产总值的比重为 5.26%，约占全国文化产业总量的 1/7，遥居全国各省份首位，文化产业已成为广东国民经济重要支柱性产业。②

一、创新性开展的文化体制改革

　　改革开放以来，伴随着经济体制及其他领域改革的推进，广东文化体

---

　　①　中共中央文献研究室编：《习近平关于社会主义文化建设论述摘编》，中央文献出版社 2017 年版，第 185 页。
　　②　王莹：《十六大以来广东文化体制改革的过程与经验》，载《红广角》2013 年第 6 期。

制改革也率先在全国破局，由点到面，由浅入深，由先行先试到全面推广，从计划经济体制逐渐转变到今天社会主义市场经济条件下充满生机活力的文化生产、经营和管理体制。

（一）先行一步、探索初创阶段（1979—2002年）

改革开放初期，凭借毗邻港澳的地缘优势和中央赋予的特殊政策，广东率先突破计划经济模式的束缚。1979年，广州东方宾馆成立了全国第一支由企业办的专业文艺团队，开办了全国首家经营性音乐茶座；江门市台山冲蒌镇文化站则在全国首开"以文补文"发展文化产业的先例，被文化部誉为"全国以文补文的第一只春雁"。这些新鲜事物的出现，打破了计划经济时代文化由国家独办的传统模式，为开辟新的文化发展格局打下初步基础，对文化产业的兴起起到了良好的示范作用。1980年2月，全国文化局长会议认为，艺术表演团体的体制和管理制度方面的问题很多，严重地影响了表演艺术的发展和提高，需要进行合理的改革；会议明确提出，要坚决地、有步骤地改革文化事业体制，改革经营管理制度。1983年5月，广东省人民政府批转了广东省文化局《关于文化艺术单位管理体制改革问题的报告》，报告指出：文化艺术单位管理体制改革工作先在艺术表演团体、电影发行和放映单位中进行，由国家经营的艺术团体可以改为集体经营、自负盈亏，可以实行定项或定额承包，也可以实行按基本工资的一定比例承包；要坚决改变"吃大锅饭"的平均主义做法，积极推广浮动工资制，实行基本工资加岗位补助、基本工资加分红等办法；要逐步扩大艺术团体的人事管理自主权；等等。从1984年起，广东开始致力于文化体制改革，相继探索和实行了事业双轨制、政企分开、绩效挂钩、成本核算、院线改革、全员聘任制、项目法人制、演出经纪人制、经营者选任考核外部化、任期目标责任制、资本经营等一系列新的管理体制和经营机制。1986年，广东又在全国率先按市场规律放开了电影放映和艺术演出的票价。随后，全国文化系统第一家音像出版单位——广东音像出版社和第一家音像批发市场在广东诞生。1988年，广东率先对文化艺术院团进行"放水养鱼"式的文化体制改革，优化组合艺术生产经营实体，实行聘任合同制，下放管理权限，使各级文艺团体生产力得到极大解放。

第八章 先行一步的文化体制改革

进入 20 世纪 90 年代，随着社会主义市场经济体制的建立和不断完善，广东文化体制改革尝试向分类改革推进。1993 年 2 月，羊城晚报社在全国报业中率先实行社长领导下的总编辑、总经理负责制，在管理体制上实行"事业单位，企业化管理"，采编部门及财务、技术等部门采取管理中心制，广告、发行、网络、物业管理等全部实行公司化管理。随后，文化艺术、新闻出版、广播电视等事业单位纷纷转制，并逐步实现企业化经营和市场化运作。1994 年，由广东省新华书店牵头组建了全国新华书店系统第一家股份企业——广东省新新图书股份有限公司。到 1995 年，广东的文化体制改革初显成效，文化市场逐步完善，文化管理体制基本理顺。同时，为加强文化市场管理，广东省相继颁发了《广东省关于开办音乐茶座、群众舞会的暂行规定》（1980）、《广东省营业性电子游戏机室管理规定》（1993）、《广东省营业性歌舞娱乐场所管理条例》（1994）、《广东省书报刊市场管理条例》（1994）、《广东省营业演出管理条例》（1996）等法规和规章，在全国率先将文化市场引入法治轨道。在前一阶段改革基础上，广东进一步拓宽文化体制改革范围，开始从试点到全面铺开，组建文化产业集团成为这一阶段文化体制改革的重点。1996 年 1 月 15 日，全国首家报业集团——广州日报报业集团正式成立，标志着广东报业开始向集团化建设迈出重要一步，同时也为做大做强广东文化产业起到了良好的示范效应。此后，全省陆续组建了南方日报报业集团、羊城晚报报业集团、深圳报业集团和家庭期刊集团等集团企业。以广东报业为代表的媒体产业逐渐进入了集团化、产业化、规模化的经营阶段。[①] 2000 年，广东省作家协会在全国率先打破专业作家终身制，实行签约作家制，带来了文学创作的活跃和繁荣。2000 年 6 月，深圳粤剧团作为试点单位，实施"只养项目不养人"政策，力图更公平地分配劳动所得，建立起人才激励机制，推动演员在演出和创作中不断超越自己。

回看这 20 多年的历程，一方面，尽管广东在文化体制改革中已领先一步，但文化体制改革落后于经济体制改革步伐仍是不争的事实。文化管

---

① 吴向红：《广东文化体制改革回顾与文化产业发展模式评述》，载《新经济》2014 年第 10 期。

理仍以行政手段为主,文化产业的发展停留在计划经济体制的框架内,与文化市场结合得不紧密,文化体制的落后依然束缚了文化生产力的发展。2002年,广东全省"国有"专业文艺表演团体有142个,2002年平均每个团体仅演出124场,平均每个团体由财政补助文化事业费162万元,经费自给率仅为30%;而省内93个民间职业剧团却都做到了经费全部自给和盈利,平均每团一年演出250场左右,演出场次多出专业团体1倍。另一方面,广东的经济总量领先于全国各省份,但在文化方面就消费总量和影响力来说,却占不到全国前列。2002年,广东国内生产总值达11674亿元,占全国的1/9,但文化产业在全国各省市的位次却在第10位之后。广东文化产业虽然具有了一定的规模,但文化产业的发展速度低于整个经济的发展速度。在2000年前后,广东经济增长率每年均高于10%,但文化产业增加值的年增长率只有5%~6%。2002年,广东文化产业出口总额不到6亿美元,仅占全省出口总额的0.5%。①

(二)积极试点、大胆创新阶段(2003—2008年)

2002年11月,党的十六大提出,文化生产力是综合国力的重要标志,对深化文化体制改革、加快发展文化事业和文化产业做出重大部署。同年12月,中共广东省委九届二次全会贯彻落实党的十六大精神及重大举措,提出建设文化大省,旨在"经济和技术发展中,将文化和人的价值恢复到中心的位置上来"。

2003年年初,中共广东省委开始筹备召开文化大省建设工作会议。3月,广东省委、省政府有关部门开展了14个专题调研,形成了14个调研报告,从全球文化力竞争和国内文化建设态势上分析了广东省文化发展的形势,指出广东既有独特的和综合的优势又存在明显的不足和差距,要努力实现广东文化建设跨越式发展。5月,召开文化建设和文化体制改革研讨会,吸收专家学者对文化体制改革的意见。6月,全国文化体制改革试点工作会议在北京召开,专门部署文化体制改革试点工作,决定选择北京、上海、浙江、广东、深圳、丽江、重庆、西安、沈阳9个省、市和35

---

① 参见顾万明《广东:文化体制改革四大思路》,载《今日浙江》2003年第17期。

第八章　先行一步的文化体制改革

家国有文化单位进行文化体制改革试点。7月,广东省成立了文化体制改革试点工作领导小组,与原已成立的文化体制改革和文化大省建设领导小组合二为一,既负责改革试点工作,又负责文化大省建设工作。7月9—10日,领导小组成员第一次会议召开。会议提出,广东要争当文化体制改革排头兵。8月,张德江、黄华华分别就文化大省建设问题到省级和市级文化、新闻、出版、影视等单位考察调研;省委、省政府领导先后带队赴文化建设先进省市考察学习。9月21日,中共广东省委办公厅、广东省人民政府办公厅正式印发《广东省文化体制改革试点工作方案》,明确广东文化体制改革试点工作的指导思想、基本要求和工作目标,提出了改革文化管理体制、转换微观运行机制、加快文化市场建设、制定和实施相关配套政策、优化文化资源配置、提升对外文化交流水平6项改革试点工作主要任务,确定广州、深圳、东莞为省文化体制改革试点地区,南方日报报业集团等12个单位为省文化体制改革第一批试点单位。9月23日,广东省文化大省建设工作会议召开。张德江在讲话中指出:"加快建设文化大省,要以深化改革为突破口,破除束缚文化生产力发展的体制性障碍,广东要做文化体制改革的先行者。"并提出改革的基本思路:"遵循社会主义精神文明建设特点和规律,按照发展社会主义市场经济的要求,围绕面向群众、面向市场,对公益性文化加大投入、转换机制、加强管理、增强活力,促进事业繁荣;对经营性文化实行企业化、市场化、社会化改革,发挥市场在资源配置中的基础性作用,促进产业发展;推动文化与经济的融合,应用现代科技武装、改造、提升文化产品,不断推进文化内容和形式的创新,增强文化的感染力、穿透力和影响力。"[①] 会后,出台了《中共广东省委、广东省人民政府关于加快建设文化大省的决定》《广东省建设文化大省规划纲要(2003—2010年)》,强调要深化文化体制改革,解放和发展文化生产力;要以广东省列入全国文化体制改革综合试点省为契机,尽快建立党委统一领导、政府依法管理、行业自律、企事业单位自主经营有机统一的文化管理体制,实行政事分开、政企分开、管办分开,为

[①] 张德江:《加快文化大省建设 促进我省经济社会全面协调发展——在全省文化大省建设工作会议上的讲话》,载《南方日报》2003年9月25日。

文化事业和文化产业的发展提供良好的体制环境；改革政府对文化事业的投入方式，由"养人"变为鼓励"干事"，由"养机构"变为"养项目"。这次大会后，广东的文化体制改革和文化建设进入了高速发展的轨道。12月17日，广东省人民政府办公厅印发《关于深化文化体制改革建设文化大省的若干配套经济政策》，要求文化经营要"退"，文化事业要"扶"，文化投资要"引"，文化市场要"管"，使政府不再是包办文化的"婆婆"，而是做自己该做的事。

2005年4月，全省文化体制改革试点工作会议召开，制定下发《关于进一步扩大文化体制改革试点范围的意见》，改革试点范围扩大，进一步向面上拓展，新增珠海、佛山、惠州、中山、江门、肇庆、汕头、韶关、湛江9个市和岭南美术出版社、广东教育书店等9个单位为广东省第二批文化体制改革综合性试点市和试点单位。2006年3月，广东省政府发布《广东省人民政府办公厅关于进一步明确我省文化体制改革试点中经营性文化事业单位转制为企业有关问题的通知》，针对在试点工作中遇到的一些影响试点工作顺利推进的、需要进一步明确和解决的问题，尤其是经营性文化事业单位转制为企业的有关问题，进行详细解释。同年4月，广东省委、省政府召开全省深化文化体制改革工作会议，进一步学习贯彻中央精神，总结交流改革试点工作经验，全面部署深化文化体制改革和文化发展工作。会后出台了《中共广东省委、广东省人民政府关于深化文化体制改革，加快文化事业和文化产业发展的决定》。相关部门组织省内各大主要媒体开展了以"文化大潮涌珠江"为主题的文化体制改革系列宣传报道活动，对中央和广东省关于深化文化体制改革的精神和全省文化体制改革试点工作成果进行了滚动式、全方位的宣传报道，为全面深入推进广东省文化体制改革营造了良好的舆论氛围。

2007年4月，广东省人民政府办公厅印发《广东省文化事业发展"十一五"规划》，明确深化文化体制改革，加快政府职能转变，推动政企分开、政资分开、政事分开、管办分离；推动经营性文化事业单位转企改制，完善法人治理结构；不断完善文化市场综合执法的体制机制，进一步加强文化市场综合执法；提出在"十一五"期间实现全省文化产业力争实现年均增长15%以上、到2010年达到3000亿元的总目标。

第八章　先行一步的文化体制改革

（三）全面攻坚、重点突破阶段（2009—2011年）

2009年，按照中央的部署和要求，文化体制改革全面提速，按照既定的文化体制改革的"路线图""时间表"和"任务书"，推进改革取得明显成效。广东省的文化体制改革由试点铺开转入全面攻坚，在试点经验的基础上，通过一系列政策法规的推动，改革不断深化；随着转企改制工作的推进，在重点领域和关键环节不断取得突破，催生了一批颇具实力的国有文化企业，地方出版发行和省级电影制作发行放映单位转企改制任务基本完成，文化体制改革中最难啃的骨头文艺院团的改革也向纵深推进；文化建设从起步发展向快速发展转变，已经由发展经济的"配角"转换为"主角"。2009年7月，中宣部、文化部《关于深化国有文艺演出院团体制改革的若干意见》要求"对市场发育相对成熟的歌舞、杂技、曲艺、话剧、地方戏曲等方面的国有院团，要确定转企改制工作进度，加大改革力度"。同年11月，广东省文化厅开始启动广东歌舞剧院、广东话剧院和南方歌舞团转企改制各项工作。

2010年6月，汪洋组织召开了文化界知名人士、文化企业代表和文化体制改革等三次座谈会。6月4日，在广东省文化体制改革座谈会上，汪洋强调："文化体制改革的目的是满足人民群众日益增长的精神文化需求。改革既要巩固传统又要培养新锐，既要在国有体制内改革又要创造新的文化艺术形式产生、培育、壮大的条件，掌握文化发展和文化传播的主动权。"[①] 7月，中共广东省委召开十届七次全会，专题研究文化强省建设，审议通过《广东省建设文化强省规划纲要（2011—2020年）》，对全面深化文化体制改革、推动社会主义文化大发展做出部署。以省委全委会的形式来研究文化工作，这在广东省是前所未有的，这比党的十七届六中全会专题讨论文化体制改革要早一年多。为保障文化强省建设顺利推进，广东省委、省政府制定文化强省建设综合评价指标体系、《广东省建设文化强省规划纲要（2011—2020年）》分工方案，并实施文化强省建设"十大工程"。

按照《广东省建设文化强省规划纲要（2011—2020年）》，广东建立

---

① 汪洋：《掌握文化发展文化传播主动权》，载《南方日报》2010年6月5日。

健全建设文化强省财政保障机制,计划在2011—2015年全省财政投入250亿元以上用于支持文化强省建设。党的十七届六中全会召开后,广东省委、省政府又按照"补短、扬长、创新"的思路,决定重点抓好文化改革发展的14项重点项目,在财政投入基础上,从2012年至2015年再增加25.6亿元专项资金给予重点支持。2011年11月28日,广东省文化改革发展工作会议召开,学习贯彻党的十七届六中全会和胡锦涛讲话精神,总结一年多来文化强省建设的成效和经验,分析新形势下推进文化强省建设的新挑战、新机遇、新目标和新任务,并对下一步广东省文化改革发展工作做出新的部署。汪洋指出,进一步推进文化强省建设必须坚持社会主义核心价值观,不断加强公民道德和社会心态建设,营造美好的精神家园;必须坚持改革开放,不断完善文化改革发展体制机制,切实增强文化建设的活力和动力;必须坚持创新引领,做大做强文化产业,切实增强文化经济的整体实力和竞争力;必须坚持以人为本,充分发挥人民群众在文化建设中的主体作用,切实提高公共文化服务水平和文化精品创作生产能力。①

(四)深化改革、稳步推进阶段(2012年至今)

党的十八大以来,在以习近平同志为核心的党中央坚强领导下,按照中央全面深化改革的总体部署,宣传文化战线高举改革旗帜、聚焦"四梁八柱"、锐意攻坚克难,推动文化体制改革在新的起点上纵深拓展,制定《深化文化体制改革实施方案》,编制《国家"十三五"时期文化发展改革规划纲要》,出台"两个效益"相统一、媒体融合发展、特殊管理股试点、新闻单位采编播管岗位人事管理制度改革、采编和经营两分开、文艺评奖改革、构建现代公共文化服务体系、实施中华优秀传统文化传承发展工程、国际传播能力建设等40多个改革文件,细化了改革的路线图、时间表、任务书,取得一批开拓性、引领性、标志性的制度创新成果,搭建起文化制度体系的"梁"和"柱",文化体制改革主体框架基本确立,进一步激发了文化创新创造活力。广东宣传文化系统深入学习、宣传、贯彻习近平总书记系列重要讲话精神和治国理政新理念新思想新战略,在广东

---

① 汪洋:《进一步掀起文化强省建设新高潮》,载《南方日报》2011年11月29日。

第八章　先行一步的文化体制改革

省委、省政府的坚强领导和大力推动下，以新发展理念为引领，加快推进文化领域供给侧结构性改革，深入实施创新驱动发展战略，现代公共文化服务体系不断完善，文化产业转型升级取得重要进展，为满足人民群众精神文化需求、推动经济社会转型发展做出了新的贡献。

广东深化文化领域行政审批制度改革，编制权责清单，推行行政审批标准化，网上办事大厅建设不断完善；积极落实《国家"十三五"时期文化改革发展规划纲要》，编制了《广东省"十三五"时期文化改革发展规划纲要》，并出台《关于加快构建现代公共文化服务体系的实施意见》（2015）、《广东省电影发展规划（2015—2020年）》（2016）等系列专项规划；积极落实文化领域改革发展重点任务，以推动公共文化服务标准化、均等化、社会化、数字化为主要内容的重大惠民工程正式启动，国家标准化改革试点东莞市、国家基层综合性文化服务中心试点中山市和国家法人治理结构改革试点广东省博物馆、深圳市福田区图书馆均顺利通过评审验收，其中，东莞市和中山市分别成为相应的全国示范点；推进公共文化服务的社会化发展，倡导"文化慈善"，探索开展世界文化遗产开平碉楼认养、设立文化艺术发展基金会等文化投入新模式；成立广东舞蹈戏剧职业学院，并走上了稳步发展轨道；通过健全文化产业政策体系、壮大文化市场主体、推动融合发展、推进供给侧结构性改革、促进民间投资等方式推动文化产业发展迈上新台阶，成效显著。

作为全国文化体制改革试点省，广东在文化体制机制改革创新方面抓住关键环节、解决主要矛盾、破解难点问题，进一步引入市场机制深化文化体制改革，完善文化管理体制和运行机制，鼓励社会力量投入文化建设，激发文化繁荣发展活力。广东文化产业连续13年领跑全国[①]，其中很重要的一点是立足自身特色和优势，坚持走融合发展之路。近年来，广东推动"文化+"持续发力，以金融、科技等为杠杆的跨界融合取得快速进展；发挥互联网大省优势，建设大数据、云服务平台，加大数字出版等行业的扶持力度，多项文化新型业态领跑全国；以空前力度推动传统媒体和

---

① 黄宙辉：《广东文化产业实力持续提升 增加值连续13年全国第一》，见金羊网（http://news.ycwb.com/2017-05/10/content_24797940.htm）。

新兴媒体融合，打造媒体深度融合标杆项目，打造新型主流媒体集团，重塑全省文化产业格局。自 2016 年以来，在中共广东省委宣传部的谋划推动下，借助政府和市场两种力量，相继发起成立了广东省新媒体产业基金、广东南方媒体融合发展投资基金和全媒体文化产业基金等 3 个百亿元量级的产业基金，以机制创新有效破解了媒体融合发展和文化产业转型升级的资金瓶颈。

广东文化体制改革获得了中央认可，为全国的文化体制改革探索了道路、积累了经验。自 2003 年全国首批文化体制改革综合试点工作以来，深圳、广州等先后被评为"全国文化体制改革工作先进地区"，其中深圳 4 次、广州 2 次获得这一殊荣。

二、文化管理体制日益完善

新中国的文化体制是在新民主主义革命时期解放区文化体制的基础上建立的，这种体制主要参考了苏联的模式，与当时的计划经济体制相适应，在历史上发挥了积极作用，产生了许多优秀作品和优秀人才。但是，这种体制的弊端也很明显：在总体布局上，与行政管理体制相对应，层层建立专业文艺团体，重复设置，人、财、物浪费；在结构上，实行单一公有制，全部文艺团体由国家财政包起来；在分配上，实行严重的平均主义"大锅饭"，演不演戏、演多少场戏、演出水平的高低（作品水平的高低）与收入没有联系；在人事制度上，没有正常的人员流动和淘汰机制，机构臃肿，冗员过多，管理行政化、机关化，文化工作者的积极性很难发挥；等等。针对旧体制的弊端和问题，文化体制改革的重点和难点是全民所有制单位；改革的关键是打破"铁饭碗"，到市场"找饭吃"，建立与社会主义市场经济相适应的管理模式，改变束缚文化活力的体制机制，解放和发展文化生产力。

随着文化体制改革的逐步深化，广东积极寻找改革突破点，坚持以转变政府职能为中心，着重破解文化管理体制方面长期存在的关键难题，进行一系列大刀阔斧的改革。在充分调研的基础上，明确以理顺党政、政事、政企、事企关系为重点，建立促进产业发展的文化管理体制。理顺党政关系是明确党委和政府在领导与管理文化中的职能分工，理顺政、事、

第八章 先行一步的文化体制改革

企关系是明确政府和企事业单位在文化产业发展中的角色分工。按照党委领导文化主要是管决策、管导向、管干部、管资产的原则,通过国有资产管理部门把文化资产经营权授予文化经营主体,明确产权关系,实现责权利统一。实行政企分开、政事分开、管办分开,政府管理文化主要是管规划布局、管法规政策、管市场秩序。经营性文化单位为生产经营主体,实行自主经营、自我发展。①

(一)加快转变政府职能,大力推进政事分开、政企分开和管办分离,确保政府文化行政管理部门职能到位

广东针对经营性文化事业单位全面推进转企改制,实现职能分开,机构分设,政企、政事分开和管办分离,同时又将经营性业务剥离出来的体制改革,转变了行政部门政企不分、事企不分、管办合一的管理模式。2004年1月,南方广播影视传媒集团成立,与省广电局实行机构分设、管办分离,理顺局与集团的管理和营运架构,走在全国前面。2005年1月,南方广播影视传媒集团将经营性业务剥离出来,成立南方传媒控股有限公司,实行企业化、市场化运作,进行频道制改革,被誉为广电集团化改革的"南方模式",按照"一个主体、两个板块"的架构,坚持一手抓公益性事业,一手抓经营性产业,"两分开、两加强",两个轮子一起转。2005年,作为政府文化行政主管部门之一的广东省出版局果断"瘦身",将原来直接管办的13家出版社及广东发行集团的国家股划归广东省出版集团主管主办,成为全国最早完成所属出版社、公司改制的出版集团;从"管单位"转向"管社会",并及时调整内设机构和职能,下放部分行政审批权,强化宏观管理和公共服务职能。截至2012年,广东省经营性文化事业单位转企改制工作全面完成,省直和各市党报、党刊、电台、电视台等单位也全面完成了经营性业务剥离转制为企业的任务。深圳市以职能转变为推手,通过改革使政府实现由"办文化"向"管文化"转变,由"管脚下"向"管天下"转变,由单纯行政手段管理向综合运用行政、经济、法律等手段转变,创造良好的市场环境。通过转变政府职能,广东理顺了

---

① 顾万明:《广东:文化体制改革四大思路》,载《今日浙江》2003年第17期。

文化行政管理部门与文化企事业单位的关系，管理模式逐步由"办文化"向"管文化"转变，由微观管理向宏观管理转变，由直接管理向间接管理转变，呈现了由管办一体到管办逐步分离，由管直属单位兼管行业，到由行业管理转向社会管理的新变化。

（二）大力推进文化市场综合执法机构组建工作，调整归并市（县）文化、广电、新闻出版局

在改革之前，广东各地文化市场执法队伍主要以文化稽查队为主，其中有的文化稽查队是经编制委员会办公室批准成立的事业单位，而相当多的则是处于或无编制、或有编制无经费、或只是内部挂个牌子的杂乱状态；稽查人员更是集"准公务员"、事业编、合同制乃至临聘人员于一体的"杂牌军"。特别是在执法行动中，由于执法主体不清，经常出现部门之间互相推诿、重复执法、多头执法的情况，对文化市场的管理十分不利。2005年10月，全省21个地级以上市全部按照"三局合一"的架构，把原来分散在文化局、广电局和出版局的稽查队合并，成立文化市场综合执法机构，完成了定编、定职能、定内设机构工作，广电系统实现了政事、政企分开和管办分离，行政职责明确，行政效能增强，初步建立了调控适度、运行有序、促进发展的文化行政管理体制，文化行政管理的力量得到大大加强，在全国率先完成市、县两级组建文化广电新闻出版局和文化市场综合执法机构工作。此后，2010年5月，广东省文化市场综合执法局正式挂牌成立，在国内率先组建省级文化市场综合执法机构，全省统一、高效的文化市场综合执法体系基本形成，多头执法、职责不清的局面得到彻底改变，执法力量和监管力度明显增强，执法效能显著提高，保证了文化市场的正常秩序。党的十八大以来，在文化综合体制改革的推动下，2013年10月，广东省新闻出版广电局（广东省版权局）正式挂牌成立，宣告广东省广播电影电视局和广东省新闻出版局（版权局）初步完成机构改革和职能转变的相关工作，开始履行新的职能，标志着广东省深化文化行政体制改革、转变政府职能进入了新阶段。新挂牌的广东省新闻出版广电局（广东省版权局），通过加强新闻出版广播影视领域公共服务，促进城乡公共服务一体化；通过优化配置新闻出版广播影视资源，实现业

态整合，促进综合集成发展；通过整合管理职能，统筹管理资源，推进大文化和新闻出版广播影视领域体制机制改革；通过强化对数字出版、网络视听节目服务、公共视听载体的规划指导和监督管理，推动网络及公共视听领域的健康发展；通过突出对著作权的保护、管理和服务，加大反侵权盗版工作力度；通过促进新闻出版广播影视对外传播能力建设，推动新闻出版广播影视及版权领域"走出去"工作。可以说，通过机构归并和整合，进一步理顺了省、市、县（市、区）文化管理体制和行政执法体制，将政府部门制定政策、审查审批等职能与监督检查、实施行政处罚、行政强制等职能相对分开，解决长期存在的文化多头管理、效率低下的问题。

（三）创新国有文化资产管理体制，实现管人、管事和管资产有效结合

国有文化资产，既有事业性文化资产，也有经营性文化资产。广东在文化管理转轨变革过程中，始终把建立与市场经济体制相适应的文化管理体制作为方向，不仅寻求公益性文化单位机构的运营机制、经费供给模式、人员管理等的社会化、多元化、适度市场化改革，而且推动建立新型国有文化资产管理体制，从宏观到微观不断完善国有文化资产管理制度建设；制定各种法律与制度规范，明确文化类企业国有资产监督管理职责、管理程序等，保障国有资产出资人合法权益，不论是事业性文化资产还是产业性文化资产，都必须按照市场化要求，明细功能、统一归属、分类统筹；明晰政府文化行政部门、资产管理机构、事业企业单位各自间的角色关系，不同性质国有文化资产的功能定位、出资人与经营者的权利义务、微观企业主体的开放性内部治理结构；等等。2009 年，在全国率先成立了广东省国有经营性文化资产监督管理办公室。2010 年 8 月 5 日，由南方广播影视传媒集团和 19 个地级市电视台以联合发起、资产入股方式组建的广东省广播电视网络股份有限公司仅用半年多的时间便挂牌成立，创造了独具特色的"广东模式"和"广东速度"，在全国广电行业引起了较大反响。截至 2011 年，广东全面完成全省 50 家图书、音像和电子出版单位，104 家新华书店，2 家电影制片厂，3 家国有电视剧制作机构，省和 21 个地级以上市电影公司、有线广电网络机构的转企改制任务。据统计，

全省完成转制的经营性文化事业单位近 300 家，核销事业单位编制 7000 多个。

（四）探索创新"放管服"改革新路，提升行政审批制度改革水平

2012 年，广东省文化厅率先实行文化市场审批制度先行先试。2013 年，广东省新闻出版广电局（广东省版权局）成立，重新规范整合了原广东省广播电影电视局和广东省新闻出版局（版权局）的行政职责，取消"设立出版物全国连锁经营单位审核"等 21 项行政职责，下放"电子媒体非卖品、计算机软件复制核准"等 16 项行政职责，新增"电影制片单位以外的单位独立从事电影摄制业务审批"等 10 项行政职责。近年来，广东省按照统一部署，不断改革文化领域行政审批与监管方式，依法精简、转移、下放文化行政审批事项，规范行政审批行为；进一步促进中国（广东）自由贸易试验区文化行政审批和管理制度创新、先行先试，向广州南沙、深圳前海、珠海横琴下放更多的省级文化管理权限；探索创新"放管服"改革的新路，通过降低准入门槛、规范审批流程、缩短审批时限，不断激发文化市场活力。在不改变现有制度的情况下，从加大放权、强化监管、提升服务三个方面，采取委托、转移、下放等方式，将省级行政审批权限委托、下放给地方实施。例如，取消"文物商店销售文物审核"；推动取消"设立经营性互联网文化单位审批"，在未取消前委托给广州、深圳实施；放宽市场准入门槛，先后取消对上网服务场所和游戏游艺场所总量和布局规划的行政性规定，取消设立经营性互联网文化单位最低注册资本 100 万元、从事网络游戏经营活动最低注册资本 1000 万元的限制。在权力下放的同时，强化监管，放管结合，分类施策，建立落实"一事一备案"制度，实现审批事项实时报备，加强对地方和受委托单位的审批管理。此外，着力优化服务，对仍需审批的项目通过减少申请材料份数、减少群众跑动次数、压缩办理天数，提升优化审批事项服务水平。加大行政审批涉企收费和中介机构清理力度，所有行政审批事项全部免费。通过推进文化领域"放管服"改革不断深入，广东省文化厅职能范围文化市场领域所涉及的行业已全部向非公有制企业开放，不同所有制企业

第八章 先行一步的文化体制改革

享受一视同仁的审批管理政策，同时通过放宽准入、简化审批流程，激发了广大文化企业发展活力。目前，全省文化产业法人单位11万家，从业人员340多万名（不含个体劳动者），产业体系健全，产业链条完整。

三、文化事业单位改革不断深化

广东关于公益性文化事业单位改革的思路是：以增强文化单位的活力为目标，改变文化单位事业机关色彩过浓的状况。改革的办法是"抓住一块，扶持一块，搞活一块，放开一块"。"抓住一块"是对党的喉舌性质的文化单位主要是事业单位的企业化管理，把宣传业务与经营业务分开，对宣传业务部门实行事业管理，确保导向正确；同时剥离经营性资产，组建经营性公司，实行企业管理。"扶持一块"是对公益性文化事业单位保证得到国家重点扶持，借鉴经济管理经验建立新的事业单位形式，使扶持"养人"变为鼓励"干事"，建立社会文化基金，鼓励社会捐助，用市场经济办法扶持公益文化。"搞活一块"是具有经营能力又带有公益性质的文化单位，逐步改制为经营性事业单位，在保持必要投入的同时，支持搞活经营管理，创造条件改制为企业。"放开一块"是在完全经营性的文化单位建立现代企业制度，放开发展，通过市场竞争实现优胜劣汰。[1] 对于公益性文化事业单位的改革重点主要通过优化内部管理和运营机制，增强其发展活力。例如，从提高效能着眼的劳动、人事和分配制度的改革，以提升公共文化服务水平为目标，推进公共文化服务方式诸种创新。

（一）加快构建现代公共文化服务体系，提升城乡基层公共文化服务能力和水平

广东省委、省政府先后出台《广东省建设文化强省规划纲要（2011—2020年）》（2010）、《关于加快构建现代公共文化服务体系的实施意见》（2015）等重要文件，广东省人大常委会制定《广东省公共文化服务促进条例》（2011），在公共文化服务立法方面首开全国先河。按照改革部署，广东在全国率先建立了覆盖城乡的"流动图书馆""流动博物馆""流动

---

[1] 顾万明：《广东：文化体制改革四大思路》，载《今日浙江》2003年第17期。

演出网"三大流动服务网络，促进公共文化资源跨地区流动，实现了文献信息、演出资源和文物资源在全省内流通共享。2003年，在文化大省建设中启动的"广东流动图书馆"建设，由广东省立中山图书馆牵头，通过在粤北、粤东、粤西等贫困地区县图书馆建立分馆，由省财政每年拨500万元给中山图书馆为各分馆购置1.2万册图书，半年将书相互流动一次。拟在10年时间内，用政府的本来只能建一座1万平方米图书馆的5000万元钱，建成100个"流动"分馆，等于每年投入1亿元的效果。通过"流动图书馆"的建立，在基层群众中掀起读书热潮，使广东成为全国农村公共文化建设的先行者。广东大力推进文化资源数字化，目前已开通"广东数字文化网"，初步形成了覆盖全省的省、市、县（区）、乡镇（街道）、村（社区）五级公共文化设施网络，文化信息资源共享工程实现所有县、镇、村级网络100%覆盖；探索建立以群众需求为导向的公共文化服务机制；组建省文化志愿者总队，带动全省建立各级文化志愿者服务队伍；深入推进公益性文化事业改革，提高公共文化服务水平，构建覆盖全社会的公共文化服务体系。例如，深圳市探索出一条"公益性文化社会办、经营性文化市场化"的新路子，先后出台了重大公益文化活动社会化的一系列办法和举措，对"深圳读书月""鹏城金秋社区文化艺术节""市民文化大讲堂"等文化品牌活动以及各种文艺展演和节庆文化活动，采取政府采购、社会团体承办的社会化运作办法。同时，大力推进公共文化服务体系建设，保障市民文化权益，比如在全国首创图书馆、博物馆等公益性文化场馆免费向公众开放，对高雅艺术进行票价补贴，基本打造成"十分钟文化圈"和"一公里文化圈"，让所有市民都能方便地享受到基本文化服务，把人民群众当作和谐文化建设的主体，建立文化参与服务体系。

（二）对公益性文化事业单位进行多方面改革创新，优化内部管理和运营机制

在2003年广东被列为全国文化体制改革试点后，广东粤剧艺术大剧院、星海演艺集团等省直公益性文化事业单位就重点深化劳动、人事、分配三项制度改革，服务能力和水平明显提高。2003年12月，由广东粤剧院和广东粤剧学校合并组建广东粤剧艺术大剧院，将艺术教育与演出衔接

第八章　先行一步的文化体制改革

起来，谋求共同发展之路，从体制上摆脱了以往相对封闭的管理模式，为文化发展注入了新的活力。2004年12月，由广州交响乐团、广东星海音乐厅、广东现代舞团、广东星海演艺发展有限公司按照"团厅合一，产销一体"的思路，组建了广东星海演艺集团。广东星海演艺集团是公益性与经营性双重体制并存的集约化经营演艺实体，实行"一个集团，多种体制"。公益性事业单位为广州交响乐团和广东星海音乐厅，乐团与音乐厅通过优化人才配置，集中使用精简重组后的项目策划、宣传推广、行政管理及后勤服务机构，实行一体化经营，乐团负责提高演出质量，音乐厅负责宣传推广，各司其职，集中人、财、物资源优势，降低经营成本，提高政府资助效益。"团厅合一"之后，2005年广东星海音乐厅全年经营收入创历史最高水平，在广东省各艺术表演单位中名列前茅。广州交响乐团在演出季平均有六七成的上座率，雄踞全国同行之首。广州市在推进文化体制改革中提出将广州大学城打造为文化之城的建设思路，通过整合广州市文化局下属的广州文艺创作研究所、广州画院、广州雕塑院与广州市文联下属的广州文学创作研究所、广州书画院研究院等"三院两所"的资源，组建广州文学艺术创作中心。该项目于2006年6月奠基，2015年3月，广州雕塑院、广州画院、广州市文学艺术创作研究院以及广州话剧艺术中心4家文化艺术创作单位首批入驻。2000年，广东省作家协会文学院在全国率先取消了专业作家体制，以签约方式聘任作家。中山市孙中山故居纪念馆在全国同行业中率先引进ISO9001：2000管理体系，提高了管理水平，增强了发展活力。

在前期改革的基础上，广东省于2015年出台的《关于加快构建现代公共文化服务体系的实施意见》提出，强化公共文化服务功能，深化文化事业单位改革，以公共图书馆、博物馆、文化馆、美术馆等为试点，建立事业单位法人治理结构，落实公益性公共文化事业单位法人自主权。到2020年，全省县级以上较大规模的文化事业单位基本建立法人治理结构。同时，全面推进公益性文化事业单位人事、收入分配、社会保障、经费保障制度改革，加强规范管理，明确职能定位，科学设置岗位，增强活力。《广东省文化事业发展"十三五"规划》则进一步提出，分类推进文化事业单位改革，明确不同类型文化事业单位功能定位，完善绩效考核机制，继续深化文化事业单位人事、收入分配、社会保障制度改革；建立并逐步推广文化事业单位法人治理结构，进一步完善公共图书馆、博物馆、文化馆、美术馆理事会制度。

（三）激励社会力量积极参与，依靠多种经营和各方支持建设公益文化

长期以来，公益性文化事业在人们的印象中是"国字号"，主要由"政府买单"，而民间的力量一直被忽略。2011年11月，汪洋在广东省文化改革发展工作会议上指出："发展文化事业，不能停留在传统思维方式，而是要积极创新公益性文化事业运营模式，用市场经济的人才去投资或经营博物馆、美术馆、文化馆等公共文化活动场所，还可引入一定的商业模式运作获得市场价值，使得这些文化经营人才在获得名誉的同时还能获得适当利益回报，从而调动全社会参与文化建设的积极性。"调研数据显示，在"富而崇文"的广东，民办博物馆已达50余家。从全国的背景来看，民间博物馆举步维艰，难于运营已成不争的事实，然而，顺德的南国丝都丝绸博物馆却独闯出一种模式自负盈亏，既实现了文化的公益性，又保证了资金链的持续。该博物馆门票不贵，对许多团体和学生都免费开放，单一的展览式经营难以维持日常开支，主要依靠产业链经营，靠销售桑叶、桑葚开发出的日用品等维系下去。"与民间参与文化事业的文化自觉相配套的，是政府鼓励社会力量参与公共文化设施建设的种种优惠措施。《我省公共文化服务体系建设情况调研报告》中提出，落实公共文化捐赠的税费减免措施，制定出台吸引社会力量参与公共文化服务的鼓励措施，如冠名、表彰、政府购买服务等，拓展社会力量参与公共文化服务的渠道，形成'文化慈善'氛围。设立由政府支持、发动社会募捐建立的文化发展基金。鼓励社会力量捐助建设公共文化设施，或自建面向公众开放的、非营利的图书馆、博物馆等文化设施。"[①] 为鼓励民办博物馆发展，提高民办博物馆公共文化服务水平，2014年8月，广东省文化厅、财政厅印发了《广东省鼓励民办博物馆建设专项资金管理办法》，设立专项扶持资金，主

---

① 吴敏：《创新体制机制 打造文化"航母"》，载《南方日报》2011年11月29日第A3版。

要用于资助符合条件的民办博物馆实行免费对外开放、陈列展示、开展公共文化教育和公众服务等相关支出,获得审核通过的项目可获得20万~40万元不等的扶持资金。东莞市政府更是提出大力发展民办博物馆,设立民办博物馆发展补助经费,从2015年至2017年,每年拨款130万元专门扶持补助2014年至2016年新建成开放的民办博物馆,并按《东莞市民办博物馆发展规划(2014—2016年)》,稳步推进民办博物馆建设发展。

四、现代企业制度的逐步建立

文化体制改革后,文化企业成为文化生产、传播与经营的主体。适应建立社会主义市场经济体制的需要,文化企业也要建立现代企业制度。科学的制度、规范的管理,是文化企业长期健康发展的保障,也是改革的核心任务所在。广东在文化体制改革中,以集团化建设为突破口,整合产业资源,壮大产业实力。组建和完善省级文化集团,进一步做大做强省级报业集团、广电集团、出版发行集团和电影集团。以省级集团为核心组建全省性集团,逐步实现跨地区经营,建立全省性的广电集团。图书发行集团则借鉴国外经营方式,建立集中配送、跨地区设点的文化产品流通企业集团。推动各集团间建立产业联合体,实现跨行业联合经营,促进广播电视融合,支持和鼓励传媒业与娱乐业联合。在此基础上,构建更大规模的全省性文化产业集团。同时,按照创新体制、转换机制、面向市场、增强活力的要求,推动国有文化企业进行规范的公司制或股份制改造,健全董事会、监事会和经营管理层,明确所有者、经营者各自的职责,建立权力机构、决策机构、监督机构和经营管理者之间的制衡机制,形成符合现代企业制度要求、体现文化企业特点的资产组织形式和经营管理模式。

(一)加快国有文化企业集团化建设步伐,做大做强一批文化产业集团

文化体制改革过程中,国有或民营文化企业都面临如何做大、做强、做优的问题。2011年11月,汪洋在广东省文化改革发展工作会议上指出:"要积极实施扶优扶强战略,把省广电有线网络公司、南方报业传媒集团、南方广播影视传媒集团、广州传媒控股公司、深圳广播电影电视集团、广

东新华发行集团、深圳华强文化科技集团公司一批文化企业打造成为全国一流的文化'航母'。"在文化体制改革中，广东对经营性文化企业单位加快了转制为规范公司制企业的力度，对文化资源、文化产业结构进行了全面的调整优化配置，整合重组，使之形成竞争力强的文化产业集团。传统文化行业如广电、出版、报业、演艺等纷纷打破地区和行政限制，通过兼并、联合、重组、参股等资源整合形式，提升企业运行效率，做大做强文化企业，陆续实现产业联合，实现跨行业、跨媒体、跨地区发展，成立了若干个以广州或深圳为基地、辐射国内外的大型传媒集团。1998年5月，由《南方日报》及其创办的系列报刊重组而成的南方报业传媒集团成立。南方报业传媒集团强化"南方"以文化为脉络，由报刊向多媒体发展，形成品牌集群和人才集群，发扬在创业中持续创新的传统，致力于高效整合配置资源，实现跨媒体、跨地区、跨行业经营，实现集团整体效益最大化。该集团现拥有"十一报"、"八刊"、五个网站、一个出版社①。2001年12月，依托南方报业传媒集团，联合羊城晚报报业集团、南方广播影视传媒集团、广东省新闻出版局、广东省出版集团等单位共同出资成立的南方新闻网正式开通，该网整合了省内各报业集团和省电台、电视台等媒体的信息资源，整合全省21个地级市30多家主流报纸、电台、电视台的新闻信息，成为华南地区最大的网络新闻媒体之一。2004年，全国第一个由省、市、县三级广电系统联合组成的南方广播影视传媒集团成立，开创了具有广东特色的广电体制改革新模式——以联合发展、联合经营为核心内容的"南方模式"。2006年，该集团在广州地区电视收视市场的份额上升到65%，彻底打破了境外电视20多年来对广州地区收视市场的垄断，全省广电总资产、净资产、总收入、广告收入、有线电视用户数连续5年位居全国各省市之首。2006年9月27日，中共中央政治局常委

---

① 南方报业传媒集团现拥有"十一报"：《南方日报》《南方周末》《南方都市报》《21世纪经济报道》《南方农村报》《南都周刊》《风尚周报》《理财周报》和与光明日报报业集团合办的《新京报》、与西江日报社合办的《西江日报》、与云南出版集团合办的《云南信息报》；"八刊"：《南方月刊》《城市画报》《南方人物周刊》《21世纪商业评论》《商旅周刊》《南方第一消费》《鞋包世界》以及《名牌》杂志；五个网站：南方网、南方报业网、奥一网、凯迪网、番茄网；一个出版社：南方日报出版社。

第八章 先行一步的文化体制改革

李长春同志做出批示:"广东省广电改革有大突破,实力大大增强,两年来的实践检验效果是好的。"同年,整合广州交响乐团、星海音乐厅、广东实验现代舞团,组建具有较强影响力和竞争力的大型演出公司——广东星海演艺集团,开创了"团厅合一,产销一体""一个集团,多种体制"的文化产业新模式。2008年,整合省直广电、珠江电影制片厂等影视产业,组建了集影视制作、发行、放映于一体的珠江电影集团。2005年1月,佛山市整合全市广播、电视、平面媒体和文化团体,成立了佛山传媒集团,并组建了佛山珠江传媒集团有限公司,在全国首创了地级市组建多媒体集团的改革经验。经过数年的改革探索,佛山传媒集团已经成为国内最具竞争力的跨媒体传媒集团之一。截至2006年,广东省拥有12个大型文化集团,名列全国榜首。其中南方广播影视传媒集团、南方报业传媒集团、广东星海演艺集团、广东省出版集团有限公司各项经济指标都有大幅度增长。近年来,广东全面推进"文化+",优化整合媒体资源,打造新型主流媒体集团,于2016年11月17日组建全国首家全媒体集团——南方财经全媒体集团,以财经市场为突破方向,对南方报业传媒集团与广东广播电视台优质资源进行战略重组,发展"媒体、数据、交易"三大核心业务,打造拥有强大实力和传播力、公信力、影响力的财经媒体集团与金融资讯综合服务商。

(二)尝试文化产业的现代企业治理模式

长期以来,我国大多数经营性文化事业单位都采用"事业企业双轨制"的管理模式,随着文化体制改革快速向纵深推进,这种"事业企业双轨制"管理的运营模式引发了一些共性的问题。以报业集团为例,由于报业集团属于事业性质,不是独立经营的市场主体,导致市场运作效率低下,有的集团只是形式上的拼合,存在着"统多分少"的局面。因此,针对"事业单位,企业化管理"模式存在的弊病,以南方报业传媒集团为代表的传媒行业创立了集团党委领导与法人治理结构相结合的领导体制:实行宣传与经营"两分开",剥离南方报业传媒集团所属经营性部门和资产,集团下属的报、刊社分别成立经营公司,实行"一媒体一公司"的经营方式和以各报刊、各企业为责任主体的"有统有分、统分结合"的经营管理模式，创造了以"媒体多品牌战略""报系结构"为集团理念的现代企业制度，形成规范的公司治理结构。当前，南方报业传媒集团已经基本实现采编和经营的两分开，采编人员留在事业单位，经营实行公司化运作。这样，采编人员能够专心致志地搞采编；经营人员实行专业化运作，开拓市场。经过改革，从根本上确立了媒体经营单位的市场主体地位，使集团得以按照法人治理的要求建立和完善管理制度和运行机制，通过现代企业制度和子公司专业化经营的制度安排，更好地参与市场竞争；为集团进一步明确战略发展方向、科学选择和优化产业发展模式提供了保障，促进了集团从报业集团向全媒体集团转型，以及报业规模的扩大和跨地域、跨媒体、跨行业发展，推动了集团初步实现从裂变式发展模式向聚合式发展模式转型、从"规模经济"向"影响力经济"转变。改革为南方报业传媒集团带来了良好的社会效益和经济效益，广东省报刊业的快速发展使其成为广东省文化产业发展的龙头之一。2008年，中宣部、文化部、国家广电总局、国家新闻出版总署联合授予南方报业传媒集团"文化体制改革优秀企业"称号。2009年，南方报业传媒集团上了由世界品牌实验室和世界经济论坛联合发布的"中国500最具价值品牌"排行榜，旗下的《南方日报》《南方都市报》《南方周末》《21世纪经济报道》4家报纸品牌价值共达158.63亿元，是品牌入围最多、价值总额最高的平面媒体集团。广州市从文化企业内部制度建设入手，按照现代理念塑造市场主体，不断完善法人治理结构，建立健全现代企业制度。广州传媒控股有限公司、广州广电传媒集团、广州新华出版发行集团等10余家转制企业建立了董事会，其中三大集团的监事会也相继成立。科学发展、活水养鱼，提高推动文化科学发展能力，广东省在推动文化体制改革方面又一次走在全国前列。

（三）对国有文化企业启动股份制改造

在转企改制的同时，采用股份制改造等方式，扩大融资渠道，实现投资主体多元化，促使国有文化资产保值增值，从而夯实国有文化企业的长远的发展基础。2007年11月，广州日报报业集团借助"粤传媒"在深圳证券交易所正式上市，成为全国报业集团经营性资产整体上市第一例。重组上市第一年就扭转了亏损的局面，实现了10%的盈利承诺。2012年6月，"粤传媒"向广州日报社下属全资子公司"广传媒"发行3.42亿股股票，购买其持有的广州日报报业经营有限公司、广州大洋传媒有限公司及广州日报新媒体公司三家企业100%的股权。至此，广州日报除采编业务外，基本已经实现整体上市。2008年，新组建的珠江电影集团积极吸纳社会资本和外资，建立出资人制度，改写了"政府是投资主体"的旧机制，实现了投资主体多元化。2010年5月，由广东省出版集团联合南方报业传媒集团发起的股份制公司南方出版传媒股份有限公司正式挂牌，"标志着广东出版界的股份制改革已经完成"①，实现了从国有出版集团到现代股份企业的转变。此后，又于2016年2月15日成功登陆A股，意味着"南方传媒"获得资本市场认可。此外，深圳、广州等一大批文化企业也纷纷挂牌上市。2008年5月，深圳市天威视讯股份有限公司在深圳证券交易所上市，成为深圳第一家文化产业上市公司。2012年5月，广州珠江钢琴集团股份有限公司在深圳证券交易所挂牌上市。他们的成功上市，对国有文化企业充分利用国内外资本市场、拓展文化产业投融资渠道、实现投资主体多元化具有重要的示范效应。

（四）积极发挥市场机制的作用，培育出一批具有市场竞争力的文化市场主体

早在2012年8月，广东省人民政府就发布了《广东省文化产业振兴规划（2011—2015年）》，提出到2015年文化产业将成为广东省重要的支柱产业，要求文化服务业增加值达到2200亿元，重点发展传媒出版、创意设计等八大产业，尤其是要打造资产和销售过百亿元、核心竞争力强的龙头文化企业。广东文化产业的总体数量和质量持续逐年增长，其中，民营文化企业更是成为产业主力军。从文化产业规模总量看，广东国有、民营各占半壁江山，民营文化企业和从业人员数量占到全省总数的80%，在数字出版、动漫游戏、网络音乐、印刷复制、文化用品制造、影视节目制作、演出娱乐等行业所占比重超过80%。腾讯QQ、雅图视频、A8音乐、

---

① 陈小庚：《打造最具成长性的出版传媒企业》，载《南方日报》2010年5月26日第A10版。

华强文化科技等一批民营文化科技集团迅速崛起。据统计，2009—2012年，广东文化产业法人单位增加值年均增长15.04%，高出同期全省生产总值增长率，占全省生产总值的比重由4.33%增加到4.74%，为拉动经济增长和推动全省产业转型升级做出了贡献。有21家文化企业被评为"国家文化产业示范基地"，7家企业先后被评为"全国文化体制改革优秀企业"，连续有多家企业入选全国"文化企业30强"，数量均居全国各省市前列。① 这得益于广东多年来以体制创新为关键，通过放宽市场准入、加大对文化企业培训力度、开展政策宣传、鼓励行业组织发展、推进政府向社会力量购买公共文化服务等多种措施，鼓励和吸引各类社会资本发展文化产业，民间投资文化产业热情旺盛。在国家政策引导和宏观经济形势的影响下，文化产业高附加值的特性吸引了投资者的目光，成为各类资本投资热点。投资资金特别是民间资本投资到位率高，投资结构优化提升，一批有影响的文化产业投资项目已经建成或即将建成投产。

---

① 周豫：《文化产业"粤军"崛起正当时》，载《南方日报》2014年5月15日。

第九章　别具一格的对外文化交流

广东省是改革开放的先行地,是经济建设强省,在对海外和对港澳台的文化交流方面始终走在全国前列。对外文化交流是传播当代中国价值的重要途径之一。当代中国价值,是中国特色社会主义价值观念,代表了中国先进文化的前进方向。近年来,广东省的对外文化交流工作有序开展,在"以我为主,兼收并蓄"方针的指导之下,大力推动广东文化"走出去",完成了多项规格较高、影响较大的涉外文化项目,拓展对外传播平台和载体,逐步形成了别具一格的对外文化交流局面。

一、广东文化"走出去"的历程

广东有着较为悠久的文化交流历史。一个国家或民族只有善于吸收外来的优秀文化,才能使自己的文化结出灿烂的硕果。广东地区早在2000多年前就已进行对外文化交流,因而今日的广东文化,乃是长期以来在吸收内地文化和对外进行文化交流中形成的。① 中华人民共和国成立以后,广东省的对外文化交流活动起步较早。20世纪50年代和60年代初期,广东的对外文化交流活动已得到较为活跃的开展。早在1953年,广东省就曾派出广东音乐队和潮州音乐队参加第四届世界青年联欢节。60年代中后期至70年代中期,广东省的对外文化交流基本处于停顿状态。党的十一届三中全会以后,改革开放为广东省的对外文化交流活动注入了新的生

---

① 袁钟仁:《对外文化交流与广东文化的发展》,载《学术研究》1986年第2期。

机与活力。从改革开放至今，广东文化"走出去"的历程大体可分为三个阶段。

（一）打开新局，奠定基础

从20世纪70年代末期至90年代初期，是广东文化"走出去"的第一个阶段。这一时期广东文化的对外交流活动可以总结为：打开新局，奠定基础。在改革开放的影响之下，广东文化的对外交流活动不仅得到了恢复，更注入新元素，打开新的局面，为日后蓬勃发展的对海外及港澳台的文化交流工作奠定了重要的基础。

20世纪70年代末，广东省恢复派出艺术团体到海外和港澳演出。1979年5月，广东粤剧团首次赴香港演出。1980年，国务院批准广东省可自行派出表演艺术团赴香港、澳门演出，为广东省开展与港澳地区的文化艺术交流创造了十分有利的条件，亦为粤港澳文化交流的深入发展奠基。20世纪80年代以后，广东省的对外文化交流日趋活跃，派出访问、演出、展览、讲学、考察的文化艺术团体逐年增多。这些文化艺术团体有省属艺术团，也有市、地、县级艺术团；有粤剧、潮剧、琼剧、汉剧四大剧种，也有正字戏、杂技、音乐、曲艺、舞蹈等具有广东特色的艺术品种。在对外交流的过程中，广东文化丰富多彩的表现形式受到较为普遍的欢迎。1987年2月，广东歌舞团赴泰国曼谷等地演出，观众达10万人次，在泰国产生较为广泛的影响。在此期间，广东文化"走出去"的步伐遍及世界大部分国家和地区，除了上述提及的港澳地区和东南亚各国外，1986年3月，由汕头杂技团和歌舞团组成的广东艺术团赴非洲的埃塞俄比亚、肯尼亚、坦桑尼亚、马达加斯加、毛里求斯、留尼汪等6个国家和地区做友好访问演出，历时2个月。

1989年2月，肇庆粤剧团应邀前往英国伦敦演出，这是粤剧首次赴西欧演出。1990年11月，广东粤剧演出队赴美演出，恢复了曾一度中断的广东粤剧的在美演出活动。

值得一提的是，20世纪80年代末期，广东省派艺术团在香港海洋公园集古村轮换演出一年，这是广东省首次在香港建立的长期的、固定的演出。这一举措标志着粤港文化交流进一步发展，走向深入交流的新阶段。

第九章 别具一格的对外文化交流

(二) 增速发展，初具特色

从20世纪90年代初期至21世纪初期，是广东文化"走出去"的第二个阶段。这一时期的广东文化的对外交流活动可以总结为：增速发展，初具特色。在过去10年的对外交流工作基础之上，广东文化的对外交流活动不仅打开新的局面，更进入一个飞速发展的时期。这一期间的文化对外交流活动，对比上一阶段不仅在数量上有显著的增长，而且逐渐发掘并发挥了广东文化的特点，在中国文化的对外交流方面发挥着越来越重要的作用。

20世纪90年代以来，广东文化对外交流活动从数量上看，体现出明显的增速过程，整个90年代的对外交流活动在数量上总体呈上升趋势。例如，1991年，广东省官方和民间的对外文化交流项目205个，比上年增加了46%；1992年，广东省承办官方和民间的引进及派出文化交流项目共386个、5115人次，比上年增加了87.8%；1993年，广东省同五大洲37个国家和地区，通过官方或民间的渠道引进及派出文化艺术交流活动项目共479个、7078人次，分别比上年增加23%和37%等。① 在这一期间，广东的企业亦积极支持文化建设，赞助对外文化交流活动，使得广东出访参加文化交流活动的规模和数量进一步增长，对外交流活动的形式亦进一步多样化，主要艺术品种有粤剧、潮剧、话剧、西秦戏、白字戏、正字戏、民族舞蹈、现代舞蹈、少儿艺术团、教师艺术团、民乐、交响乐、合唱、独唱、杂技、曲艺、魔术、木偶、通俗歌曲、轻音乐民间艺术表演等。另外，广东省在此期间派出杂技、现代舞、芭蕾舞、手风琴等表演艺术参加各类专业国际比赛，举办美术、书法、摄影、雕塑、民间工艺、文物藏品等艺术展览。

在这一时期，青少年艺术团组出访比例明显增加，深受各国观众欢迎，被誉为"娃娃外交""少年大使"。有作者将此时的对外交流活动概括为"多出进好"②，既展示岭南文化的独特风采，又领略了多姿多彩的

---

① 参见广东省情网（www.gd-info.gov.cn）相关数据。
② 李宁一：《"多出进好"：广东对外文化交流的新形象》，载《广东艺术》1999年第2期。

异国文化。值得一提的是，这一阶段逐渐展开并拓展了与台湾地区的文化交流活动。1993年，广东省书法家协会和佛山粤剧团先后赴台湾地区举办书法交流展览及巡回演出，开拓台湾地区的文化艺术交流市场。

时至20世纪末，广东省在对外文化交流中与港澳台的交流更进一步，初步显现出广东文化对外交流的特色。仅2000年，广东省共派出各类文化艺术团组421批共4650人次，其中，赴香港团组182批2244人次，赴澳门团组71批987人次，赴台湾团组21批106人次。赴港澳台地区共274批3337人次，占全年批次和人次的百分比分别为65%和71%。从上述数据可见，广东文化对外交流的重点内容是对港澳台地区的交流活动，尤其是港澳地区。由于粤港澳三地在历史、地理和文化等方面的密切关联，使得粤港澳的文化交流与合作有着天然的基础和便利的条件。广东对外文化交流活动在这一阶段的发展虽然初具特色，但亦存在不少问题，例如，交流渠道和方式单一、狭窄，企业跨国经营经验不足，不少企业面临着多方面的经营瓶颈，如对外投资结构不合理、系统规划不清晰[1]以及发展滞后，效益不突出[2]，等等。

（三）扩大规模，别具一格

从21世纪初期至今，是广东文化"走出去"的第三个阶段。这一时期的广东文化的对外交流活动可以总结为：扩大规模，别具一格。随着改革开放进程的不断推进，在文化出口方面存在的问题亦逐渐显现。例如，思想内容丰富、附加值高的文化产品出口比重较低；文化"走出去"需要提质增效，应更注重文化产品的精神内涵；要有战略重点，着重解决短板和薄弱环节，对富含精神内容的文化产品加大出口扶持力度等。[3]广东文化对外交流活动在注重解决上述问题的基础之上，进一步扩大规模，凸显特色，逐渐形成了以粤港澳合作带动"一带一路"地区的文化交流模式，

---

[1] 陈卓武：《海外华商网络在广东"走出去"战略中的功能与作用》，载《东南亚研究》2007年第6期。

[2] 沈伯明：《入世后广东加快实施"走出去"发展战略》，载《国际经贸探索》2003年第3期。

[3] 叶飞：《对外文化贸易需要提质增效——国家文化贸易学术研究平台三周年工作会议侧记》，载《中国文化报》2017年7月24日。

第九章 别具一格的对外文化交流

以对港澳台地区为主，积极进行对外交流的别具一格的文化交流格局。

21世纪初期，广东省对港澳台地区和对海外的文化交流工作取得了较好的成绩，持续位居全国前列。尤其2002年是自中华人民共和国成立以来，广东省第三个对港澳台地区和对海外双向文化交流超万人次年。在此期间，广东文化的对外交流活动规模进一步拓展，从之前的单次、单品类交流拓展至持续、多品类的"文化周""文化月"等活动，持续提升了广东文化的影响力。2002年，广东省在波兰西滨海省举办了"中国广东文化周"的活动，活动包括主要城市演出和大型系列图片展览，成为中波两国关系史上规模空前的一次文化交流活动。2003年，在"中法文化年"活动中，"广州文化周"在法国里昂市举办，另有"深圳文化周"分别在德国纽伦堡和法国维埃纳省举行，均获得了较大成功。同时，广东省参加了由文化部在埃及开罗主办的"中国文化周"开幕式演出，拉开了2003—2004年"中华文化北非行"活动的序幕。2004年，广东省在法国普阿蓝大区马赛市、西班牙加泰罗尼亚省首府巴塞罗那市、突尼斯首都突尼斯城和第二大城市苏斯、法国里昂市和法国维埃纳省等均举办了"文化周"活动。2007年，广东组团赴俄罗斯举办"广东文化周"活动。2011年，佛山龙狮团赴意大利参加"中国文化年"春节系列活动。广东省还于2013年在北美举行"广东文化周"，于2015年在美国洛杉矶、德国柏林举办"广东文化周"，等等。这些活动不仅展示了岭南文化多姿多彩的优秀传统特色和继承发展的崭新面貌，展示了广东经济和文化建设的巨大成就和社会进步，更在一定程度上传播了当代中国的价值。

除了"文化周"等活动外，广东还打造了"欢乐春节"等一系列品牌活动。2011—2015年，广东共派出170多批、近5000人次进行文化交流活动。以"欢乐春节"为载体，广东将20多项极具代表性与观赏性的优秀地方艺术推向世界，以海外观众乐于接受的方式传递广东精神，表现中国风格，传播中国价值。经过多年的精心培育，"欢乐春节"已成为广东文化"走出去"的亮丽品牌，在近两年文化部召开的"欢乐春节"工作会议上，广东省作为两个典型省份之一，连续两次进行经验交流发言。另外，广东省连续11年赴法国海外省留尼汪及毛里求斯举办大型综合性文化活动，活动区域横跨留尼汪的5个城市及毛里求斯路易港区，成为当地中国新年期间最盛大的庆祝活动，在当地收获非常好的反响，是民众喜闻乐见的标志性节庆盛会。

除此之外，广东不断扩大对外交流范围。2015年，广东省加大力度实施与太平洋岛国的文化交流，"广东对外文化交流基地"在"中国（广东）·斐济经贸合作交流会"上揭牌，为广东省以斐济为中心，辐射周边太平洋岛国开展文化交流奠定了基础。值得关注的是，2005年，在佛山举办了"亚洲文化部长论坛"和"第七届亚洲艺术节"，22个亚洲国家签署了《佛山宣言》，这是世界区域性的高层次大型官方文化交流活动首次在我国的地级市成功举办。除了对外交流的规模进一步扩大之外，广东文化"走出去"的特色亦越来越鲜明，凸显以粤港澳合作带动港澳台地区发展的文化交流模式，以对港澳台地区为主，积极进行对海外交流的别具一格的文化交流格局。在文化交流工作的发展过程中，粤港澳的文化交流活动逐渐深入发展。自2002年在香港举办粤港澳文化合作第一次会议至今，已召开18次会议（2017年于佛山召开第十八次会议），会议期间签署多个合作协议，取得一系列丰硕的合作成果。广东省对台湾地区的文化交流也持续发展，尤其是2006年以后，不论在数量上还是规模上都有显著提高，文化交流合作不断深化发展。

二、文化交流合作不断深化

改革开放以来，广东省的对外文化交流经历了一个长期的发展过程。从20世纪80年代的"打开新局，奠定基础"到90年代的"快速发展，初具特色"，再到21世纪以后的"扩大规模，别具一格"，逐渐形成了以粤港澳台文化交流合作为主，积极进行对外交流合作的文化交流格局。广东文化对外交流工作不仅在数量、规模和品类上持续增长、扩大，亦在合作层面上不断深化、拓展，不仅展现了中国文化中独具特色的岭南文化，亦展示了改革开放以后广东经济发展、社会进步所取得的建设成就。

（一）持续深化的粤港澳文化交流合作

广东文化交流合作的重点内容之一是与港澳台三地的文化交流合作，尤其是粤港澳的文化交流合作。广东省不仅毗邻香港和澳门，与台湾一海

第九章 别具一格的对外文化交流

之隔,且粤港澳台四地亦有着中华文化的共同根基。尤其是粤港澳三地,从古至今始终存在着深刻的人文关联,因此,与港澳地区的文化交流合作成为广东文化交流的主要工作内容。改革开放之初,首先与岭南文化进行交融发展的即为港澳文化。1979 年,广东恢复文化对外交流活动之初便派出粤剧团首次出访香港。20 世纪 80 年代初期,经国务院批准,广东省可自行派出表演艺术团赴香港、澳门演出,自此粤港澳文化交流合作得到了更为便利的发展,尤其是 2002 年,粤港澳文化合作第一次会议召开。此后,粤港澳文化交流合作进入持续深入的发展时期。2018 年 10 月,港珠澳大桥正式通车,这使得粤港澳三地的交流更为便捷。

1. 合作制度化建设的不断推进

加强制度化建设是推动粤港澳文化合作的重要保障。根据《粤港合作框架协议》和《粤澳合作框架协议》的相关要求,粤港澳文化交流合作从民间行为转变为政府行为,在政府引导下进行合作,实现了从文化交往到深度共事的逐渐融合。2005 年,在东莞市召开了第六次粤港澳文化合作会议,会议将合作范围向泛珠三角区域进行了有效的延伸。2008 年,粤港澳三地文化部门在深圳举行第九次粤港澳文化合作会议,会议商定新的合作项目,并签署《粤港澳文化资讯网服务协议书》。2009 年,广东省文化厅与香港特区政府民政事务局、澳门特区政府文化局共同签署《粤港澳文化交流合作发展规划(2009—2013)》,重新确定以后 5 年三地合作的总体要求、发展目标以及一批主要发展项目。2011 年,广东省文化厅、香港特区政府民政事务局和澳门特区政府文化局在广州市举行粤港澳文化合作第十二次会议,商议达成 48 个合作项目,签订 3 个合作品牌项目的意向书,包括三地合作创编现代舞作品、合办文物大展、合力开展粤剧培训与传承工作。

2011 年,深圳市文体旅游局与澳门特区政府文化局签署《文化创意产业合作意向书》。2012 年,粤港澳文化合作第十三次会议三方全体大会在香港举行,会议议定三地共同打造舞蹈诗《清明上河图》、现代舞剧《从广州寄出的 365 封情书》、三地"流动博物馆"、粤港澳青少年粤剧交流团以及共同举办粤港澳历史建筑摄影大赛、中华创意产业论坛 2012 等 32 个合作项目,签署《粤剧保护传承意向书》。2013 年,粤港澳文化合作第十四次会议在澳门召开，160多名与会代表围绕演艺人才交流与节目合作、文化资讯交流合作、文博合作、公共图书馆交流合作、非物质文化遗产交流合作、文化产业合作6个专题进行商讨；三方达成新合作项目59项，签署《关于联合举办"岭南考古三十年——粤港澳文物大展"》及《关于建立粤港澳文化交流合作示范点评估机制》意向书；同期进行"粤港澳历史文物建筑摄影大赛"颁奖以及获奖作品展。2014年，为了进一步加强粤港澳文化交流合作工作，三地签订《粤港澳文化交流合作发展规划（2014—2018）》，商定50个合作项目。2014年，广东省有5个项目列入全国对港澳文化交流重点项目，这5个项目分别是：岭南印记——粤港澳近三十年考古成果展、中国新锐——粤港澳三地现代舞交流、粤港澳青少年粤剧艺术培训夏令营、2014香港·深圳创意艺术双周和2014粤港澳广场排舞邀请赛。2015年，广东省4个项目列入文化部2015年度全国对港澳文化交流重点项目名单，分别是：2015年粤港澳青少年粤剧艺术交流夏令营、纪念赵少昂诞辰110周年书画展（香港、广州巡展）、第二届石景宜博士杯——华夏书画创作大赛暨获奖作品巡回展览、澳门中学生普及艺术教育计划——"融入西乐，放眼世界"。

加强制度化建设是推动粤港澳文化合作的基础。广东省文化厅积极落实《粤港合作框架协议》和《粤澳合作框架协议》的相关要求，与香港特区政府民政事务局、澳门特区政府文化局签订了《粤港澳艺文合作协议书》《粤港澳文化交流合作发展规划（2009—2013）》、《粤港澳文化交流合作发展规划（2014—2018）》和《粤港澳文化交流合作示范点工作协议书》等合作文本，实现了粤港澳文化交流合作从民间自发到政府引导、从临时性到计划性、从交往到共事的深度融合。

2. 合作内容的多元化发展

2003年，粤港澳三地签订文化合作协议书，在演艺培训、文博、图书馆、文化资讯、粤剧推广等方面加强合作。2005年，汇集粤港澳三地文物精品的"东西汇流——粤港澳文物大展"在香港顺利展出。2007年，"粤港澳三地粤剧名伶荟萃大型粤剧演出"、广东话剧院粤语话剧《十三行商人》和《傻有傻福》等剧目赴澳门演出，粤语话剧《十三行商人》、广东粤剧院现代粤剧《山乡风云》赴香港演出等活动，均获得成功。2008

第九章 别具一格的对外文化交流

年,粤港澳三地互派人员参加在澳门、广州、香港举办的"国际博物馆日""世界阅读日""体育与我"读书征文活动。此外,三地在深圳举办粤港澳"图书馆公共服务论坛"会议,香港中乐团在第四届中国(深圳)文化产业博览交易会做开幕演出,广州杂技团的《西游记》赴香港演出5场。港澳组团参加第四届中国(深圳)文化产业博览交易会。广东省文化厅与香港特区政府民政事务局、澳门特区政府高等教育辅助办公室联合举办"2012年粤港澳青年文化之旅"活动,来自粤港澳地区著名高校的120多名青年大学生,完成在澳门、香港、福建、广东四地近千公里行程的"文化之旅"交流活动。广东舞蹈戏剧职业学院与香港雯艺轩青少年粤剧曲艺培训学校、澳门街坊会联合总会粤剧培训中心,共同举办"2012年粤港澳青少年粤剧艺术培训交流团",邀请港澳地区40多名青少年到广州地区巡演。2012年,广东省木偶艺术剧院有限公司赴澳门参加"亲亲中国传统表演艺术"系列活动。2013年,粤港澳三地联合创作的现代舞剧《情书》在广州友谊剧院举办首场演出,同年4—5月,《情书》赴港澳巡演。

3. 合作层次不断丰富

有观点认为,做好对外文化交流工作,并非单纯是文化、外事部门的事,各行各业都应积极投身其中。① 粤港澳三地的文化交流与合作工作的合作层次和内容均得到不断的丰富和发展。2004年,粤港澳三地政府合作,向文化部共同申报粤剧列入人类口述和非物质文化遗产代表项目。三地共同申报粤剧为世界非物质文化遗产的合作工作,使粤港澳三地政府合作的层面进一步向前推进,同时,三地共同制定了推进协调的工作方案。2005年,粤港澳三方联合举办"粤港澳演出艺术经营管理讲座",邀请了英国专家专程来粤授课,效果良好。2006年,广东省文物局赴香港参加第七次粤港澳文化合作会议,商定文物合作计划。广东省博物馆、广东省美术馆和广州市、中山市的博物馆共赴香港参加在香港艺术馆举行的"香港国际博物馆日"活动。2006年,粤港澳三地文化部门联合在东莞、香港、新加坡举办了"2006演出场馆经营管理"讲座。2008年,粤港澳三

---

① 袁钟仁:《对外文化交流与广东文化的发展》,载《学术研究》1986年第2期。

地联合为粤剧申报世界非物质文化遗产工作取得进展，通过文化部审定并递交联合国教科文组织。2009年，广东省文化厅与中央人民政府驻香港特别行政区联络办公室举办第四期"粤曲艺术研修班"；中英街历史博物馆与香港国民教育中心签署《国情教育基地协议书》，开展共建"国情教育基地"活动；粤港澳三地合办"世界阅读日"活动。2011年，广东省文化厅、香港特区政府民政事务局、澳门特区政府文化局联合主办的"粤港澳粤剧群星会"在广州友谊剧院举行，粤港澳三地50多名粤剧艺术精英联袂献演优秀的传统粤剧折子戏。同年，广东省文化厅与香港特区政府民政事务局、澳门特区高等教育辅助办公室联合主办"2011粤港澳青年文化之旅"活动，粤港澳三地30多所高校共155名大学生组成青年文化交流团到香港、澳门、中山、广州、桂林等城市开展以纪念辛亥革命100周年为主题的参观、游览、访问、联欢交流、团队培训、历史文化讲座等活动。

4. 合作方式与时俱进

21世纪初，网络逐渐走进国人的生活，粤港澳三地的交流合作亦与时俱进，搭建了新的交流平台。2003年，"粤港澳文化资讯网"于11月初开通。2005年，广东省立中山图书馆与澳门图书馆成功设立了网上书目查询功能。从2007年起，广东省可在《内地与香港关于建立更紧密经贸关系的安排》（CEPA）框架下自行引进港产粤语影片，并实行"零关税"。2009年，建立三地统一的演出票务网，更新"粤港澳文化资讯网"版面，扩大文化资讯网服务层面；广东省文化厅与香港特区政府民政事务局、澳门特区高等教育辅助办公室共同举办"粤港澳青年文化之旅"活动，以三地大学青年学生为对象，通过参观、访问、联欢等形式，加深三地青年对祖国悠久历史文化和改革开放成就的认同和认知。同年，设立粤港澳文化交流合作示范点。为落实《粤港澳文化交流合作发展规划（2009—2013）》，广东省文化厅在省内优选条件成熟的演艺、文化网络资讯、文物博物馆、公共图书馆、非物质文化遗产以及文化产业等机构，设立首批16个粤港澳文化交流合作示范点。2015年，在文化领域粤港澳服务贸易自由化建设方面，广东省文化厅制定出台"办事指南"和"业务手册"，做好"香港、澳门永久性居民中的中国公民登记为个体演出经纪人的备案"工作。2015 年，汕头华侨经济文化合作试验区作为广东省首个新增试点地区，允许香港、澳门服务提供者设立独资经营娱乐场所。广东省文化厅与香港特区政府民政事务局、澳门特区政府文化局签订《联合推出粤港澳区域博物馆优惠证协议书》，三地通过各自优惠措施鼓励三地持证人更多地到访三地博物馆，共享大珠三角地区丰富的文化资源。近年来，广东省与香港特区政府民政事务局、澳门特区政府文化局联合开发"粤港澳文化生活电子地图"手机 APP，并在粤港澳文化合作第十六次会议上正式发布该软件安卓版。粤港澳三地通过文化与科技融合的现代化手段，为三地民众提供便利的文化服务，丰富群众文化生活；继续举办粤港澳青年文化之旅、粤港澳青少年粤剧艺术培训夏令营等品牌活动，以及粤港澳粤剧群星会等；继续推动三地公共文化服务的一体化进程。

（二）稳步发展的对台地区文化交流合作

改革开放以来，广东省与台湾地区的文化交流合作得到了稳步推进。广东省先后组派多个文化艺术团体赴台湾地区，弘扬中华文化艺术，加深台湾地区人民对岭南文化的理解和认同。

2009 年 5 月，广东省首次邀请台湾方面组团参加第五届中国（深圳）国际文化产业博览会。广东省文化厅接待台湾文化产业专业人士交流访问团，商谈两地文化交流与合作事宜。2011 年，广东民族乐团大型民乐音乐会应邀赴台参加"彰化当代国乐节"演出，这是经过体制改革、独立成团后的广东民族乐团首次赴台演出。2012 年，中国民主建国会广东省委员会、中国书画家联谊会华光书画院和台湾中华海峡两岸多元文化交流协会在台北市松山文创园区举办"两岸书画名家作品联展"，展出海峡两岸 120 位知名画家、书法家创作的作品。2013 年，广东舞蹈戏剧职业学院与台北市艺术文化交流协会，在该学院南海校区举办"2013 年第二届海峡两岸中国民族民间舞蹈交流研习夏令营"，来自台湾地区的 118 名青少年参加中国舞培训、研修和交流活动，该项目列入国务院台湾事务办公室 2013 年对台交流重点项目。2015 年，广东舞蹈戏剧职业学院与台北市艺术文化交流协会联合举办"2015 艺传两岸——第三届台湾青少年中国舞研习交流夏令营"，该项目被列为文化部 2015 年度"艺传两岸——台湾青少年培训计划"重点项目。同年,在台北市香堤大道举办"广东省非物质文化遗产展示"暨"欧洲摄影家眼中的广东"图片展,广彩瓷烧制技艺、香云纱染整技艺、佛山剪纸、佛山木版年画、佛山彩灯、大吴泥塑、枫溪手拉朱泥壶制作技艺、潮州麦秆剪贴画、广绣9个具有岭南特色的传统工艺美术项目和9位优秀项目代表性传承人在台北市繁华商业区进行展示,参观人数约5000人次。2015年11月8—11日,台湾"艺游两岸"台湾演艺界参访团一行20人来广州、东莞、中山、珠海等地,与当地文化界分别召开座谈会,考察珠三角重要演出场馆,观摩第二届中国国际马戏节及有关演出,考察东莞音乐剧发展情况。

值得关注的是,自2010年以后,粤港澳三地文化交流合作逐渐向粤港澳台四地文化交流合作发展。2011年,孙中山大元帅府纪念馆与港澳台地区中华文化艺术协会联合举办了"孙中山与辛亥革命"书画展,展出港澳台中华文化艺术协会会员书画作品52幅。同年,深圳何香凝美术馆与香港艺术中心、台湾关渡美术馆共同举办"1+1——两岸四地艺术交流计划"展览。2012年,由文化部艺术司、广东省文化厅和广东省文学艺术界联合会举办的首届粤港澳台魔术节在广州友谊剧院举行。由粤港澳三地合作拓展到粤港澳台四地的合作与交流,标志着广东对外文化交流工作实现了进一步发展。

三、对外文化贸易和投资稳健发展

改革开放40年来的成就表明,开放带来进步,封闭必然落后。近年来,对外贸易投资进入了快速增长的阶段,逐步形成了投资合作主体、投资合作领域、投资合作区域多元化的格局,对外投资合作无论在规模还是质量上都跃上了新台阶。[①] 这其中,文化贸易对于继续扩大改革开放、转变经济发展方式、稳增长促就业惠民生、提升国家软实力、全面建成小康社会具有重要意义。近年来,广东省高度重视对外文化贸易和投资工作,连续多年文化产品出口额居全国首位,对外文化贸易和投资经历了从缓慢

---

① 中共广东省委党校2011年第二期市厅级领导干部进修班第四课题组:《加快广东企业"走出去"对策探究》,载《岭南学刊》2012年第1期。

第九章 别具一格的对外文化交流

积累到快速发展再至稳健飞跃的历程。

（一）缓慢积累

文化贸易是指世界各国（或地区）之间所进行的以货币为媒介的文化交换活动。它既包括有形商品的一部分，如音像录影制品、纸质出版物等，也包括无形商品，如版权、关税等。它是文化经济链条上的相关环节，关注与文化产品制造紧密连接的文化产品的流通、交易与销售领域。文化贸易不仅有高附加值的特点，而且对经济发展有着带动作用，有利于经济出口结构合理化。广东因其对外文化交流起步较早，发展迅速，在文化贸易领域相对其他地区开始时间较早，从20世纪80年代至今，经历了从缓慢发展到加速前进的过程。

20世纪80年代至21世纪初，广东的对外文化贸易和投资有所推进。20世纪80年代，广东省已开始同其他国家或地区合作拍片或进行采访。例如，1988年，合拍电影、电视片3个；1989年，日本东京电视台、日本岩波"饮食与健康"摄制组及苏联《高加索的中国姑娘》摄制组在广州等地合作拍片或采访。1996年，对外交流活动除了传统的演出和展览项目外，业务洽谈交流活动的比例有所增长。1998年，企业在文化交流方面发挥着越来越重要的作用，积极支持文化建设，赞助对外文化活动，不仅使出访参加文化交流活动的规模和数量都比往年有所增加，而且为对外文化交流活动注入商业因素，为对外文化贸易和投资奠定必要基础。

总体来说，此阶段的对外文化贸易和投资有所发展，但步调较缓。究其原因主要是：对外文化贸易和投资的发展条件不仅需要活跃、广泛和规模化的对外文化交流，更要有快速的经济发展及多元化的产业结构作为支撑。20世纪80年代初期的改革开放虽为中国经济带来前所未有的活力，但改革开放是个历史过程，有其自身的发展阶段和规律。在改革开放处于初步展开的阶段，对外文化交流刚刚恢复，大部分的交流活动仅限于各种艺术形式的演出和展览等。在这个阶段，更多的是从国家外交层面出发进行对海外及对港澳台地区的文化交流活动，而不是从贸易层面出发。另外，我国改革开放虽然取得了举世瞩目的成就，但此辉煌成就并非一蹴而就，而是需要一个长期的历史发展过程。此期间的对外贸易主要表现为经济贸易,由工业制成品、初级产品、机电产品、农副产品、服装、鞋类、电子元器件等产品为主,文化及文化贸易并未上升至战略地位。20 世纪 80 年代初至 21 世纪初期这段时间,无论是对外交流活动,还是经济的发展,抑或产业结构的转型和升级,均处于走向成熟、逐渐发展的过程。此期间的对外文化贸易和投资虽步调较缓,但为后来的快速发展奠定了重要的基础。

（二）快速发展

进入 21 世纪后,伴随着中国经济的整体快速发展,广东经济亦取得丰硕的建设成果,对外文化贸易和投资亦迈向快速发展阶段。随着经济发展和国家综合实力的提高,对外交流活动亦进入扩大规模、快速发展的时期,文化的发展和建设亦越来越受到重视,成为衡量国家软实力的重要标志。在产业结构转型和升级的过程中,文化产业异军突起,对外文化贸易所占的比重不断上升。尤其是 2004 年,广东举办了首届中国（深圳）国际文化产业博览交易会（简称为"深圳文博会"）。深圳文博会是国家级、国际化、综合性的文化产业博览交易会,其以博览和交易为核心,全力打造中国文化产品与项目交易平台,促进和拉动中国文化产业发展,积极推动中国文化产品走向世界,被誉为"中国文化产业第一展"。

深圳文博会自 2004 年举办以来,历届累计总成交额超过 1.5 万亿元,出口成交额累计超过 1300 亿元。2004 年首次举办之时,就有来自海外 50 多个国家和地区的 102 家企业参会,总体合同成交额和意向成交额达到 300 多亿元。2005 年,文化交流工作在对外贸易渠道方面获得全面推进。广东省文化厅与美国演出经纪公司达成协议,恢复了间断近 3 年的粤剧在美国的商业演出,收获了良好的市场效益。同年,广东省组派广州乐团、广东实验现代舞团和广东民乐团等艺术团体,分别随省领导出访东南亚国家、美国和加拿大等国,并进行经贸洽谈等系列活动。值得关注的是,深圳市处于领先地位的 20 家民营文化企业,赴韩国南怡岛安徒生展览馆举办了"中国·深圳工艺美术精品展",建立了新的贸易关系,国家对外文化贸易理论研究基地将此项目列为重点研究课题。2007 年,香港和澳门组团参加了第四届中国（深圳）文化产业博览交易会。2009 年,广东省

第九章 别具一格的对外文化交流

文化厅、广东省旅游局与清远市人民政府、连州市人民政府共同主办"2009 连州国际摄影年展"。此国际摄影年展,不仅有学术交流、摄影创作和图片展览,更包括图片交易,共同推动了对外文化贸易的向前发展。

2010 年以后,大规模的交易博览会在对外文化贸易和投资中发挥了越来越重要的作用,是文化产业发展的重要载体。除深圳文博会外,2011 年,中国(广州)国际演艺交易会在广州白云国际会议中心举办。参加交易的剧目有 100 多部,签约项目 58 个,累计交易金额 4.17 亿元,是截至 2011 年中国演艺交易会中国外机构最多、规模最大、交易剧目最多的国际性演艺交易会。同年,第 16 届广州国际艺术博览会在广州举办,会议邀请来自美国、加拿大、俄罗斯、德国、法国、澳大利亚、日本等 20 个国家及中国香港、澳门和台湾地区的艺术机构与艺术家参展,会议接待各类观众 20 多万人次,现场成交额 1.6 亿元。2013 年举办的中国(广州)国际演艺交易会,邀请来自 20 多个国家及中国香港、台湾地区的众多演艺团体参会,交易金额达 2 亿元。2013 年,在第 18 届广州国际艺术博览会上,来自世界 20 多个国家的 200 多家美术、艺术机构和单位近 2 万件(套)艺术品参展,6000 多家国内外艺术品经营机构观摩采购,现场成交额超 3 亿元。同年,首届中非文化产业圆桌会议在深圳市举办,围绕"文化产业在各自发展中的地位和作用及双方合作前景"主题,就双方文化产业政策、发展现状、成功经验、彼此诉求、合作愿景等内容进行了卓有成效的讨论。

综上可见,21 世纪以后,广东省对外文化贸易和投资迈向迅速发展阶段,在此期间不仅转变了文化发展方式,更优化了产业结构,推动文化产业的快速发展并取得了显著的成绩。2013 年,广东核心文化产品进出口总额为 86.63 亿美元,其中出口总额 82.24 亿美元,占全国总量的近 1/3,位居全国首位。[1] 广东对外文化贸易多年来的发展虽然取得了不少的成绩,但在此期间仍存在一些问题,如缺乏自主品牌和创意,大部分产品科技含量低、附加值低,文化贸易市场营销能力不足,经营手段单一,开拓

---

[1] 《广东省:大力发展对外文化贸易 推动广东文化走向世界》,见中国投资指南网(http://www.fdi.gov.cn/1800000121_21_61408_0_7.html)。

277

国外市场的营销能力有限,文化贸易逆差现象仍未得到根本改变,体制改革滞后,责任主体不明确,资源缺乏整合,相关产业关联度较低,等等。①面对上述问题,广东总结经验,制订对策,陆续出台相关政策文件,实现对外文化贸易的稳健飞跃。

（三）稳健飞跃

值得关注的是,2014年,国务院印发了《国务院关于加快发展对外文化贸易的意见》,进一步推动了我国对外文化贸易的快速前进。该《意见》要求加快发展对外文化贸易,拓展我国文化发展空间,提高对外文化贸易发展质量,提高对外文化贸易额在对外贸易总额中的比重,进一步扩大我国文化产品和服务在国际市场的份额,提升我国文化整体实力和竞争力。为贯彻落实《国务院关于加快发展对外文化贸易的意见》,2015年,广东省人民政府颁布了《广东省加快发展对外文化贸易的实施方案》,包括培育对外文化贸易主体、推进对外文化贸易基地建设、打造对外文化贸易平台、推动文化企业"走出去"、支持文化和科技融合发展、推进文化金融合作、加强文化贸易知识产权保护、加快文化贸易人才培养、提升粤港澳文化服务贸易合作水平和支持对外文化贸易创新10个部分。

自此以后,在《国务院关于加快发展对外文化贸易的意见》的指导下,落实《广东省加快发展对外文化贸易的实施方案》中的要求,广东对外文化贸易和投资迎来了新的发展契机,走向加速增长新时期。在此阶段,广东的对外文化贸易的大环境不断优化,文化展会成为新的亮点,与港澳台的文化交流合作继续深化和文化产品出口增长态势明显。②广东各地主办的国际性、多边的文化交流活动非常丰富,一些专题性强、影响力大的文化交流活动,如中国（深圳）国际文化产业博览交易会、中国（广州）国际演艺交易会、广州国际艺术博览会、中国国际马戏节、"广州三年展"、羊城国际粤剧节、连州国际摄影展、广东现代舞周等已成为国际性的文化交易平台。2015年,广东与德国柏林中国文化中心开展合

---

① 黄丹、李韶文：《广东：四大瓶颈制约文化贸易》,载《国际商报》2012年2月6日。
② 黄丹、李韶文：《广东：四大瓶颈制约文化贸易》,载《国际商报》2012年2月6日。

作共建，全年合作项目12个。同年，深圳交响乐团赴南非举行2015"南非中国年"开幕演出，并推动与东盟各国、太平洋岛国、中东地区等"一带一路"特别是"海上丝绸之路"沿线国家的文化交流。在对外文化贸易中，广东与"一带一路"沿线国家的合作越来越密切。2015年，在深圳文博会的出口成交额中，"一带一路"沿线海外国家的文化产品和项目交易成交额共计101.84亿元，占全部出口成交额的61.8%，增长了11.1%。在2016年举办的深圳文博会上，面向"一带一路"沿线国家和地区的文化产品的出口总额为137.377亿元，占文博会出口总额的77.63%。2016年，广东文化产品出口额达到476.8亿美元，覆盖100多个国家和地区。入选国家2015—2016年度《文化出口重点企业目录》的文化企业达42家，占全国总数的12%。第八届中国（东莞）国际影视动漫版权保护和贸易博览会成交额达39亿元，比上届增长11.75%。此外，第八届中国（中山）国际游戏游艺博览交易会成交额也达43亿元，比上届增长14.5%。①

四、对外文化交流的特色和经验

改革开放40年来，广东省在对外文化交流合作方面取得了优异的成绩。在习近平总书记对广东工作的重要批示精神的指引下，不断推动广东文化走出去，继续积极搭建文化交流沟通桥梁，深化中外文化的交流和互鉴，在对外文化交流工作上积累了宝贵的经验，形成了自身的特色，主要有：政府引导，企业参与；发挥优势，凸显特色；深化粤港澳合作，推进"一带一路"建设。

（一）政府引导，企业参与

近年来，为推动对外文化交流的不断发展，从国家到地方都相继出台了一系列的政策文件，涉及对外文化贸易、金融支持文化出口、文化产品服务和出口等多方面的政策，政府对对外交流工作进行主动引导，对外文

---

① 《广东文化产品年出口400多亿美元 连续多年居全国首位》，见新华网（http://www.xinhuanet.com/fortune/2017-05/11/c_129601521.htm）。

化交流领域初步形成了比较完整的政策体系。

广东省对外交流与合作的发展离不开国家战略对对外贸易和投资活动的支持。2014年，国家发展和改革委员会放宽对海外投资的限制，规定10亿美元以下交易不需审批，只需备案。同年，商务部发布《境外投资管理办法》，绝大多数对外投资事项不再需要审批。另外，国家还颁布了《关于金融支持文化出口的指导意见》（2009）和《国务院关于加快发展对外文化贸易的意见》（2014），明确提出：坚持统筹发展、坚持政策引导、坚持企业主体和坚持市场运作四个要求。① 《国务院关于加快发展对外文化贸易的意见》指出要积极发挥市场作用，优化文化资源配置。为贯彻落实该《意见》，广东省陆续出台了相关文件，主要包括：《广东省外经贸厅 广东省财政厅 广东省国家税务局 广东省地方税务局关于印发促进服务外包发展的若干政策的通知》（2012）、《广东省外经贸厅 广东省文化厅关于印发促进对外文化贸易发展实施意见的通知》（2013）、《广东省外经贸厅关于发布服务外包示范企业和重点培育企业认定暂行办法的通知》（2013）、《广东省文化产品和服务出口指导目录》（2014）和《广东省加快发展对外文化贸易实施方案的通知》（2015）等，不仅对对外文化交流的总体目标、工作重点和实施内容进行引导，而且不断提高政策支持力度，不断加强工作保障的程度，打造广东省对外文化贸易的绿色通道②，为广东发展外向型文化产业提供更好的服务。

尤其是2015年7月，广东省出台了改革开放以来的首个专门针对对外和对港澳台地区文化工作的重要文件，明确了文化交流工作的近期目标和长远目标，为进一步加强对外和对港澳台地区文化工作提供政策保障，推动对外和对港澳台地区文化工作进入更加规范有序的发展轨道。广东省内各地市积极落实文件精神，进一步完善对外和对港澳台地区文化工作的制度建设，部分地市已采取有效措施并取得初步成效，如广州市文化广电新闻出版局设立了文化交流合作处，为加强对外和对港澳台地区文化工作

---

① 陈恒：《加快发展对外文化贸易——商务部服务贸易和商贸服务业司负责人解读〈国务院关于加快发展对外文化贸易的意见〉》，载《光明日报》2014年3月19日。

② 张孔娟、徐捷：《广东：打造文化贸易绿色通道》，载《中国经济时报》2006年5月23日。

第九章 别具一格的对外文化交流

的领导管理、统筹协调提供了组织保证。同时，广东省主管部门要求各地对外和对港澳台地区文化活动归口管理，增强了各地市申报对外和对港澳台文化交流活动项目的意识。另外，广东还专门设立了对外和对港澳台文化工作专办员、联络员制度，并建立了"广东对外文化工作"微信群，及时发布相关信息，交流工作经验，形成了更紧密的工作氛围。①

在政府的主动引导及各种政策支持和工作保障之下，企业积极参与对外交流与合作，在其中发挥了重要的作用。从 20 世纪 90 年代末期开始，企业在文化交流方面的作用逐渐凸显，多次赞助对外文化活动，不仅扩大和增加了广东出访参加文化交流活动的规模和数量，而且为对外文化交流活动注入商业因素，为后来快速发展的对外文化贸易和投资奠定了必要基础。21 世纪初，除国有企业外，民营企业亦发挥了重要作用。外向型民营企业成为广东企业"走出去"的生力军，由设立贸易公司向建立生产企业转变，由个别企业"走出去"向多家企业"走出去"转变②，民营企业成为新兴力量③。广东出台各项政策鼓励企业开拓文化贸易市场，如大型文化贸易活动组织企业参加、举办中外企业对接专场活动等。此外，不断深化企业国际文化贸易的交流与合作，为企业转型升级提供政策指引和智力支持。另外，广东培育了一批重点文化出口企业和文化品牌，文化出口产品科技含量和附加值不断提高。

（二）发挥优势，凸显特色

改革开放 40 年来，广东在各个方面发展迅速，为广东文化"走出去"提供了很多便利条件，如国际地位的提升、毗邻港澳、侨胞众多等。④ 依靠经济发展优势，广东逐步形成全方位、多层次、宽领域的文化贸易格局，不但文化对外贸易种类齐全，涵盖了文化产品和服务的各个领域，而

---

① 李再炎、庞力、谭志红：《推动广东文化走出去 打造文化广东新形象》，载《中国文化报》2016 年 1 月 29 日。
② 陈诗仁：《论推进广东外向型民营企业实施"走出去"战略》，载《南方经济》2004 年第 4 期。
③ 春来：《民营企业是广东"走出去"新兴力量》，载《民营经济报》2007 年 5 月 18 日。
④ 曾丽红：《对广东文化产业"走出去"的战略思考》，载《青年记者》2010 年第 8 期。

且出口产品科技含量和附加值不断提高,市场竞争力和国际影响力不断增强。另外,出口市场实现多元化,覆盖近150个国家和地区,其中美国、欧盟、香港前三大出口市场合计约占广东文化产品出口总值的80%,文化贸易合作方式亦日趋多样化。

近年来,广东以网络游戏、动漫等为代表的文化新型业态产品和服务成为出口市场的一大亮点。广东网络游戏企业通过成立海外运营部门,吸引海外开发、运营人才,开展自主研发。2010年,广东省的网络游戏海外营业额就超过100亿元①。近年来,广州网易计算机系统有限公司、珠海金山软件公司、深圳中青宝互动网络股份有限公司、广州菲音信息科技有限公司、深圳第七大道科技有限公司等企业相继实现了网络游戏产品"走出去"。深圳市腾讯计算机系统有限公司除网络游戏外,还向海外市场输出"微信"产品,并先后在印度和俄罗斯投资互联网业务。此外,深圳华强文化科技集团公司的动漫产品累计出口超过7万分钟,输出到100多个国家和地区,并进入"尼克频道"等国际主流媒体,优视成为全球使用量最大的第三方移动浏览器提供商,是中国和印度最大的移动浏览器提供商。②

另外,新闻媒体海外合作步伐有所加快。南方报业传媒集团入股泰国历史最悠久的华文媒体《星暹日报》,并与巴拿马《拉美侨声》合作推出新版,走出了跨国办报的路子。广州日报报业集团与澳大利亚《星岛日报》合作出版《广州日报·澳洲版》,与北美洲《明报》合作出版《广州日报·北美版》。羊城晚报报业集团在澳大利亚悉尼出版《澳洲新快报》。《汕头特区报》与泰国华文报纸《京华中原联合报》合作出专版。2013年,广东电视频道境外落地取得新成效,广州广播电视台收购美国华语电视台天下卫视,使广东在境外落地播出的电视频道达到9个,位居全国前列。目前,广东电视台国际频道、南方卫视、深圳卫视等频道在北美、东

---

① 《广东:集群模式促文化产业腾飞》,见南方网(http://news.southcn.com/gdnews/gd-jswhqs/whcyjs/content/2010-05/26/content_12282807.htm)。
② 中国文化产业网:《广东省:大力发展对外文化贸易 推动广东文化走向世界》,见中国投资指南网(http://www.fdi.gov.cn/1800000121_21_61408_0_7.html)。

第九章 别具一格的对外文化交流

南亚及港澳台地区的覆盖影响不断扩大,南方卫视全球付费用户数突破12万,覆盖收视实现双丰收。此外,民营企业也成为进军海外市场的生力军。广州俏佳人文化传播有限公司继2009年在美国成功收购了国际视听传播公司后,发展至今已拥有16个电视频道,成为覆盖北美地区包括洛杉矶、纽约、休斯敦、西雅图、达拉斯、奥斯丁、温哥华等地范围最大、收视人群达到1亿以上的华人电视媒体。另外,广东文化设备制造企业勇于与国际同行同场竞技。2013年,广东有122家企业到德国法兰克福国际乐器、舞台灯光及音响展览会参展。随着LED舞台灯具在国际范围内的兴起,广东演艺设备企业与国际市场潮流同步研发新产品,由传统的舞台电脑灯及时转向生产、出口LED灯具。目前,广东聚集了全国70%以上的演艺设备生产企业,在企业数量、就业人数、生产产值等方面均居世界前列。2013年,广东演艺设备行业出口总额约为22亿元,约占全国同行业出口额的70%。同时,广东的游戏游艺设备生产在全球市场份额超过1/5,2013年,中山市的游戏游艺设备产品出口总额约为2.46亿美元。[①]2014年,经文化部批准,深圳国家对外文化贸易基地在深圳报业集团揭牌。创建此基地,有利于推动珠三角制造业由"中国制造"向"中国创造"升级,通过品牌、信息、展示、交易等专业服务,提高我国文化产品和文化服务"走出去"的能力。[②]

(三)深化粤港澳合作,推进"一带一路"建设

广东积极开展对港澳文化交流合作工作,推动三地合作向纵深发展。粤港澳地缘相近、人缘相亲、文化同宗,广东省与港澳文化交流规模始终走在全国前列。加强制度建设,深化粤港澳合作,并在粤港澳合作的基础上,三地共同携手推进"一带一路"文化交流是广东对外文化交流的又一特色。

粤港澳三地文化合作的基础是加强制度化建设。自2002年以来,粤

---

① 中国文化产业网:《广东省:大力发展对外文化贸易 推动广东文化走向世界》,见中国投资指南网(http://www.fdi.gov.cn/1800000121_21_61408_0_7.html)。

② 苏兵:《国家级文化贸易平台落户深圳》,载《深圳商报》2014年1月20日。

港澳签署了《粤港合作框架协议》《粤澳合作框架协议》《粤港澳艺文合作协议书》《粤港澳文化交流合作发展规划（2009—2013）》《粤港澳文化交流合作发展规划（2014—2018）》和《粤港澳文化交流合作示范点工作协议书》等文件，实现了粤港澳文化交流合作从民间自发到政府引导、从临时性到计划性、从交往到共事的深度融合。为确保具体合作事项得到保质、高效的推进，粤港澳三方文化机构形成了会面和磋商机制，通过参加活动、举行会议、互通电话等方式确保良好的沟通。连续举办18次的粤港澳文化合作会议已成为三方沟通交流的重要平台。2011—2015年期间，通过该会议，三方共达成200多个合作项目，内容覆盖演艺节目交流和人才培训、文化信息平台建设、文物博物合作、公共图书馆数字化联网、非物质文化遗产传承与保护、青少年文化交流等广泛的领域。在2015年6月举行的粤港澳文化合作第十六次会议上，三方达成超过50个合作项目，并发布了"粤港澳区域博物馆优惠证"和"粤港澳文化电子生活地图"移动终端软件等一批新成果。

在对港澳文化交流合作工作稳步推进的整体框架下，广东省对港澳文化交流得到了多元化发展。三地不断增强公共文化服务合作，打造了多层次的品牌活动。在做好对港澳文化交流合作的同时，广东亦积极开展对台文化交流工作。广东省台资企业众多，客家文化、潮汕文化与台湾文化联系紧密，对台文化工作有着广泛的空间。近年来，粤台交流日趋活跃，层次不断拓展提升。广东多次派出文化艺术团体赴台交流，台湾地区也积极选派文艺团体来粤开展多层次的文化交流活动，两岸在文化交流合作方面日益密切。

自2016年以来，粤港澳合作有了新的契机，得到了进一步的深化。在澳门举行的粤港澳文化合作第十七次会议上，粤港澳三地认为，三地合作可以在"一带一路"建设中发挥重要作用，促进"一带一路"沿线"民心相通"，深化合作，共同开发"一带一路"市场，并计划举办海上丝绸之路国际学术研讨会，就此展开了以粤港澳三地合作，共同推进"一带一路"建设的合作模式。2017年，粤港澳文化合作第十八次会议在佛山召开，三地达成了携手推进"一带一路"文化交流的共识，并签署了《粤港澳共同推进"一带一路"文化交流合作意向书》，紧密结合共建

第九章　别具一格的对外文化交流

"一带一路"重大倡议,发挥粤港澳独特优势和作用,共同打造"一带一路"文化交流品牌,增进与沿线国家和地区的人文交流。

广东省在"一带一路"的建设中,尤其是21世纪海上丝绸之路建设中具有独特的优势。早在先秦时期,岭南地区与南海诸国就已有经贸往来。作为古代海上丝绸之路最早的发祥地之一,广东是我国2000多年来唯一从未中断海上贸易的省份,并始终与海上丝绸之路沿线诸国保持着频密的经贸联系,为中华文明与世界文明的交流发挥着重要的窗口作用。改革开放以来,广东逐步发展成为国内与东盟、南亚、南太等国家和地区经贸合作量最大的省份之一,为中华文明与世界文明的交流发挥着至关重要的作用,在加强与海上丝绸之路沿线国家地区文化交流上,广东有着独特的历史优势。

为加强与"一带一路"特别是海上丝绸之路沿线国家的文化交流,广东省以文化品牌"广东文化周"为依托,面向"一带一路"地区开展系列交流合作活动。在"一带一路"的建设过程中,特别是以文化交流推动民心相通的发展过程中,广东尝试从产业的角度,把传播力转换成生产力,转换为一种贸易的具体形式。① 2014年9月,广东在东盟四国(新加坡、马来西亚、缅甸、泰国)举办大型"广东文化周"品牌活动,有效推介文化发展优秀成果。2015年9月27日至10月9日,由广东省文化厅主办的"中国广东文化丝路行——广东粤剧院交流演出"活动赴泰国、新加坡等巡回演出9场,为当地观众送上了精彩的粤剧盛宴。2015年,广东省人民政府新闻办公室召开新闻发布会,会上公布了《广东省参与建设"一带一路"的实施方案》。该《方案》包括指导思想、战略定位、发展目标、战略布局、重点任务和保障机制等,提出将广东打造成为"一带一路"的战略枢纽、经贸合作中心和重要引擎。2017年,由国务院新闻办公室支持,中国驻俄罗斯大使馆和广东省人民政府新闻办公室共同举办的"2017感知中国·广东文化欧洲行暨一带一路中国(广东)品牌世界行"活动在俄罗斯首都莫斯科市的莫斯科中国文化中心拉开帷幕。广东省出版

---

① 叶飞:《对外文化贸易需要提质增效——国家文化贸易学术研究平台三周年工作会议侧记》,载《中国文化报》2017年7月24日。

集团是实施中国文化"走出去"战略的重点文化企业，其以内容拓通路，以合作搭平台，大力推进"丝路书香"工程建设，加快图书"走出去"步伐，积极拓展海外市场，致力于弘扬中华优秀文化、讲好中国故事、传播中国声音、塑造中国形象。其连续10年被商务部、文化部、新闻出版广电总局等部委评为"国家文化出口重点企业"[①]。2017年，广东省侨务部门亦积极开展"广东文化海外行""广东文化行"活动，依托中华文化传承基地举办传统中华文化培训班，组织中国历史、传统艺术等方面的名师赴海外开展"广东名师海外巡讲活动"，举办"海外中医发展与'一带一路'建设"交流活动，邀请海外中医协会负责人、中医骨干等来粤培训交流，等等。

综上所述，改革开放40年来的广东对外文化交流与合作稳步向前推进，取得了较为显著的成绩。对外开放是我国的基本国策，开放带来进步，封闭必然落后。以开放促改革、促发展，是我国现代化建设不断取得新成就的重要法宝。在未来发展的道路上，中国开放的大门不会关闭，只会越开越大，对外合作交流发挥着越来越重要的作用。作为改革开放前沿阵地的广东省，抓住历史机遇，顺应经济全球化潮流，在国际经济合作和竞争格局加速演变的形势下，在我国加快培育竞争新优势、发展开放型经济的背景之下，以"一带一路"建设为重点，坚持引进来和"走出去"并重，不断深化和拓展对外文化交流与合作，着力培育贸易新业态和新模式。在党的十九大精神的指引下，广东的对外文化交流工作向着更高的目标迈进。

---

① 王霁平：《广东省出版集团：对接"一带一路"，大力推动文化"走出去"》，载《中国报道》2017年第12期。

第十章　新时期广东文化精神的形成

"每个时代都有每个时代的精神，每个时代都有每个时代的价值观念。"① 广东40年文化建设的成就，集中体现于新的文化精神的形成。在文化建设诸方面中，文化精神处于文化系统的核心和灵魂地位。培育和弘扬文化精神对于提升文化建设水平、重塑国民精神风貌、推动经济社会发展具有重要价值，因而成为增强文化软实力的重要内容。广东省委、省政府一直重视文化精神的培育与弘扬，不仅提出了建设新时期广东文化精神的重要任务，揭示了新时期文化精神的科学内涵与基本内容，而且不断强化文化精神优势，着力提升文化软实力，提高核心竞争力。

一、新时期广东文化精神的发展历程

广东文化精神的形成，不是一蹴而就的，而是伴随着改革开放和思想解放的进程，经历了一个漫长的过程，呈现出阶段性特征。

（一）改革开放初期（1978—1992年）

改革开放率先从广东破冰起步。伴随着改革开放的推进，伴随着思想的解放，在与香港、澳门、台湾及外国人的经济文化交流中，广东人逐渐孕育出新的文化精神。1983年2月，任仲夷在广东省第五次党代会上指出："现在同十一届三中全会以前相比，党内党外的思想认识、精神状态

---

① 习近平：《青年要自觉践行社会主义核心价值观——在北京大学师生座谈会上的讲话》，载《人民日报》2014年5月5日。

都发生了深刻的变化。教条主义和个人崇拜的长期束缚被冲破了,解放思想、实事求是的思想路线越来越深入人心。人们思想状态的这一变化,有力地推动了各个领域的改革和发展。"① 1987年3月,《广东省社会主义精神文明建设规划》提出:"必须在四项基本原则的指导下,坚持改革、开放的精神,去改革一切不符合时代发展的陈规陋习,清除封建腐朽思想、资本主义腐朽思想和各种错误思潮的影响,着力建设和形成有利于社会主义现代化建设的思想、文化条件和社会环境。"② 1988年1月,叶选平在广东省第七届人民代表大会上指出:"坚持不断确立适应发展社会主义商品经济的新思想、新观念,破除旧思想、旧观念。几十年来形成的产品经济的陈旧观念,成为我们发展经济的思想桎梏。实践证明,没有思想观念的更新,不确立发展商品经济的新观念,改革、开放、搞活是不可能的。"③ 1988年5月,林若在广东省第六次党代会上指出:"人们的精神面貌发生深刻的变化,与社会主义商品经济相适应的商品意识、开拓意识、竞争观念得到发扬。"④

　　时代呼唤新的文化精神,时代也培育出新的文化精神。在中共广东省委的引导下,在改革开放的实践中,新的广东文化精神应运而生。1981年年底,一块写着"时间就是金钱,效率就是生命"的巨型标语牌矗立在了深圳蛇口工业区最显眼的地方。由蛇口工业区负责人袁庚提出的这句标语,从诞生之日起就引发了各种争议。1984年2月24日,邓小平在与中央领导谈话时,说了这样一段意味深长的话:"深圳的建设速度相当快……深圳的蛇口工业区更快,原因是给了他们一点权力,五百万美元以下

---

　　① 任仲夷:《改革,前进,开创新局面——在中国共产党广东省第五次代表大会上的报告》,见广东省档案馆编《改革开放三十年重要档案文献·广东》,中国档案出版社2008年版,第159—160页。

　　② 《广东省社会主义精神文明建设规划》,见广东省档案馆编《改革开放三十年重要档案文献·广东》,中国档案出版社2008年版,第453页。

　　③ 叶选平:《广东省政府工作报告——一九八八年一月二十日在广东省第七届人民代表大会第一次会议上》,见广东省档案馆编《改革开放三十年重要档案文献·广东》,中国档案出版社2008年版,第519页。

　　④ 林若:《搞好综合改革,推进社会主义现代化建设——在中国共产党广东省第六次代表大会上的报告》,见广东省档案馆编《改革开放三十年重要档案文献·广东》,中国档案出版社2008年版,第563页。

的开支自己做主,他们的口号是'时间就是金钱,效率就是生命'。"① 得到邓小平的肯定和赞许后,"时间就是金钱,效率就是生命"的口号从此广泛传开,得到人们的普遍认同和践行,成为最能体现改革开放精神的口号,被誉为"第一声春雷"。在改革开放启动10年之后,叶选平总结说:"在深入改革、开放,发展社会主义商品经济中,长期以来束缚人们思想的封建主义也受到冲击,逐步确立社会主义民主意识、平等意识,才出现了今天人们思想活跃的新局面。"② 不仅如此,在改革开放的生动实践中,逐渐产生了商品意识、开放意识、效率意识、竞争意识,等等。这些新的文化精神,冲破了长期以来束缚人们思想的传统观念,适应了改革开放新时代的要求,吹散了人们心头的阴霾,激励着人们积极投身如火如荼的改革开放事业之中。可以说,物质文明的巨大变化,为精神文明建设创造了良好的物质条件和实践经验;精神文明建设又为物质文明的发展提供了有利的价值观念、精神动力、智力支持和社会环境,为保持正确的发展方向提供了思想保证。

(二) 市场经济发展时期(1992—2012年)

1992年春,邓小平视察深圳、珠海等地,发表了重要的南方谈话。同年10月,党的十四大召开,确立建立社会主义市场经济体制的改革目标。东方风来满眼春,以邓小平南方谈话和党的十四大召开为标志,我国的改革开放进入新阶段,广东的改革开放也迈上新台阶。1993年5月,谢非在广东省第七次党代会上指出:"广东要力争二十年基本实现现代化,思想解放仍然是关键。只有彻底冲破小农经济思想、传统计划经济观念和旧习惯的束缚,才能使改革有大的突破。""共产党员要带头强化改革意识、市场意识、竞争意识和现代化意识,充分发挥主观能动性和创造性,

---

① 《邓小平文选》(第3卷),人民出版社1993年版,第51页。
② 叶选平:《广东省政府工作报告——一九八八年一月二十日在广东省第七届人民代表大会第一次会议上》,见广东省档案馆编《改革开放三十年重要档案文献·广东》,中国档案出版社2008年版,第518页。

敢闯、敢冒、敢试,勇于坚持正确的、纠正错误的,争当改革开放的闯将。"① 1994年11月,《广东省社会主义精神文明建设纲要》提出:"要积极培育适应现代化建设需要的广东人精神。要通过各种形式的教育和引导,使全省人民树立起爱国爱乡、务实创新、振兴南粤、建设文明、为国争光的共同理想,为基本实现现代化的宏伟目标而共同奋斗。"② 1996年11月,《中共广东省委关于加强思想道德文化建设的决定》指出:"加强思想道德文化建设,树立与社会主义市场经济相适应并引导其健康发展的理想信念、道德规范、时代精神和社会风尚,为现代化建设提供强有力的精神动力和智力支持。"同时还提出:"引导人们正确认识和处理竞争与协作、自主与监督、先富与后富、经济效益与社会效益等关系,自觉地把按价值规律办事与发扬为人民服务精神结合起来,把大胆引进和吸收、借鉴人类现代文明成果与继承发扬民族优秀思想道德文化传统结合起来,把依法管理与发挥思想道德的内在作用结合起来,推动我省两个文明建设协调发展。"③ 1998年5月,李长春指出:"必须把精神文明建设提到更加突出的地位,努力建设与社会主义初级阶段和社会主义市场经济要求相适应的思想道德文化,形成促进社会主义现代化建设的共同理想、精神力量、舆论环境和文化氛围。"④ 2002年5月,李长春指出:"加强科学知识、科学方法、科学思想、科学精神的宣传教育,抵制封建迷信及其他各种落后、腐朽思想,倡导文明健康的生活方式。""扩大对外文化交流,繁荣文艺创作,积极促进文化精品的创作生产,树立当代岭南文化务实、开放、创新

---

① 谢非:《为广东二十年基本实现现代化而奋斗——在中国共产党广东省第七次代表大会上的报告》,见广东省档案馆编《改革开放三十年重要档案文献·广东》,中国档案出版社2008年版,第814页。

② 《广东省社会主义精神文明建设纲要》,见广东省档案馆编《改革开放三十年重要档案文献·广东》,中国档案出版社2008年版,第843页。

③ 《中共广东省委关于加强思想道德文化建设的决定》,见广东省档案馆编《改革开放三十年重要档案文献·广东》,中国档案出版社2008年版,第924页。

④ 李长春:《增创新优势,迈向新世纪,全面推进广东现代化建设——在中国共产党广东省第八次代表大会上的报告》,见广东省档案馆编《改革开放三十年重要档案文献·广东》,中国档案出版社2008年版,第1024页。

第十章 新时期广东文化精神的形成

的新形象。"① 2003年9月，张德江在全省文化大省建设工作会议上指出："广东改革开放二十多年来保持领先地位，靠的是邓小平理论和'三个代表'重要思想，靠的是党的路线方针政策，靠的是党中央、国务院的正确领导，靠的是广东人精神。'敢为人先、务实进取、开放兼容、敬业奉献'的广东人精神，激励着广东人民在改革开放中杀出一条血路，创造了一个又一个奇迹。广东要抓住机遇，迎接挑战，实现加快发展、率先发展、协调发展，继续当好排头兵，就必须进一步弘扬广东人精神，进一步全面提高广东人的素质。"2010年7月，汪洋在中共广东省委十届七次全会上明确提出："实践证明，'解放思想、改革开放'是发展中国特色社会主义的一大法宝，已经成为当今时代中国的时代文化精神。这种精神是中华民族充满生机与活力的力量源泉。"不仅明确提出了"时代文化精神"这个概念，而且提出建设广东时代文化精神的重要任务。

随着改革开放的深入推进，党和政府越来越认识到文化精神的重要性，不仅积极引导社会尽快形成与时代发展和社会主义市场经济相适应的文化精神，而且有组织地凝练和培育新时期文化精神。文化精神不是一成不变的，而是处于不断发展、不断丰富完善之中。由于时代的变迁和人们精神需求的变化，旧的文化精神不断被新的文化精神所取代，甚至是同样的文化精神，其内涵与价值也在不断发生变化。围绕新时期广东文化精神，在不同时期进行过不同的概括和表述。2003年2月，广东提出"新时期广东人精神"，并将其概括为"敢为人先、务实进取、开放兼容、敬业奉献"。2010年7月，提出"广东时代文化精神"，并将其概括为"解放思想，改革创新"。2012年5月，提出"新时期广东精神"，并将其概括为"厚于德、诚于信、敏于行"，其中，"厚于德"侧重于对优秀文化的传承和弘扬，是广东精神的来源和基础；"诚于信"侧重于对以诚信为主要内容的现代市场经济伦理的融合和坚守，是广东精神的时代要求；"敏于行"侧重于对敏行、敢为、实干的当代广东鲜明特色精神的彰显，

---

① 李长春：《以"三个代表"重要思想为指导加快率先基本实现社会主义现代化——在中国共产党广东省第九次代表大会上的报告》，见广东省档案馆编《改革开放三十年重要档案文献·广东》，中国档案出版社2008年版，第1293页。

是广东精神不断发展并永葆生机的内在动力。从新时期广东人精神,到广东时代文化精神,再到新时期广东精神,虽然主题不同、表述不同,着眼点和侧重点也不同,但它们都离不开"广东人"这个主体,所揭示的精神实质一脉相承,共同表达了改革开放新时期广东人在社会主义现代化建设伟大实践中培育与彰显出来的价值取向、思维方式、伦理观念、社会心理、国民品性等文化特质。

在这一时期,作为改革开放实验区和重要窗口的深圳特区,在成立30周年之际,组织广大市民、网友和专家学者共同评选出"深圳最有影响力的十大观念"。这十大观念颇为引人注目,充分体现了民意,是改革开放意识的民间表达,同时也是新时期文化精神的生动写照,分别是:时间就是金钱,效率就是生命;空谈误国,实干兴邦;敢为天下先;改革创新是深圳的根,深圳的魂;让城市因热爱读书而受人尊重;鼓励创新,宽容失败;实现市民文化权利;送人玫瑰,手有余香;深圳,与世界没有距离;来了,就是深圳人。这十大观念折射出"发展就是硬道理"和"效率优先"两个核心理念,成为最有代表性、最能反映特区成立早期深圳精神的观念。这十大观念不仅属于深圳,更属于改革开放的伟大时代,是时代精神的精华;十大观念是社会主义市场经济的产物,对建立社会主义市场经济的价值体系有重大的启发意义和实践意义,体现着新时期广东文化精神的科学内涵和独特品质。

(三)改革开放进入新时代阶段(2012年至今)

党的十八大报告提出:"倡导富强、民主、文明、和谐,倡导自由、平等、公正、法治,倡导爱国、敬业、诚信、友善,积极培育和践行社会主义核心价值观。"不仅提出"社会主义核心价值观"这一概念,而且对其基本内容做出概括。2013年11月,党的十八届三中全会将"培育和践行社会主义核心价值观"作为"建设社会主义文化强国,增强国家文化软实力"的重要任务。同年12月,中共中央办公厅印发了《关于培育和践行社会主义核心价值观的意见》,指出:"社会主义核心价值观是社会主义核心价值体系的内核,体现社会主义核心价值体系的根本性质和基本特征,反映社会主义核心价值体系的丰富内涵和实践要求,是社会主义核心

第十章 新时期广东文化精神的形成

价值体系的高度凝练和集中表达。"2014年2月24日,习近平在中共中央政治局第十三次集体学习时强调指出:"核心价值观是文化软实力的灵魂、文化软实力建设的重点。这是决定文化性质和方向的最深层次要素。一个国家的文化软实力,从根本上说,取决于其核心价值观的生命力、凝聚力、感召力。培育和弘扬核心价值观,有效整合社会意识,是社会系统得以正常运转、社会秩序得以有效维护的重要途径,也是国家治理体系和治理能力的重要方面。历史和现实都表明,构建具有强大感召力的核心价值观,关系社会和谐稳定,关系国家长治久安。"从文化软实力、国家治理、经济社会发展等方面,多角度全方位地论述了核心价值观的作用与地位。

社会主义核心价值观的提出,丰富了新时期广东文化精神的内涵,提升了新时期广东文化精神的品质。三个"倡导"分别从国家、社会、个人三个不同层面对社会主义核心价值观做了阐释:从国家角度看,"富强、民主、文明、和谐"正是到21世纪中叶基本实现现代化国家所应呈现的特征;从社会角度看,"自由、平等、公正、法治"是和谐社会的基本特质;从个人角度看,"爱国、敬业、诚信、友善"是社会主义公民所需具备的基本素养。这一核心价值观,不仅是对过去30多年我国文化精神发展的高度凝练概括,更是提出了广东文化建设的新要求,指明了广东文化精神的新方向。社会主义核心价值观的提出,顺应了时代和经济社会发展的要求,非常富有针对性。广东是改革开放最早的地方,也是中国市场经济程度最高的省份,但是,市场经济壮大以后所面临的许多问题也首先在广东出现,比如道德下降、诚信缺失、见物不见人等。同时,广东正在经历一个以转型为主要内容的经济社会大变革时期,确立了"三个定位,两个率先"[①] 等愿景目标,要求广东人民必须始终保持饱满的精神和昂扬的士气,这就对文化精神提出了更高要求。

在党中央的统一部署下,广东也开展了丰富多彩的核心价值观创建活动,把社会主义核心价值观转化为人民的自觉追求,实现社会主义核心价

[①] "三个定位,两个率先"是习近平总书记在2012年末视察广东时提出的殷切期望:广东要努力成为发展中国特色社会主义的排头兵、深化改革开放的先行地、探索科学发展的实验区,为率先全面建成小康社会、率先基本实现社会主义现代化而奋斗。

值观的大众化、具象化、通俗化。广东围绕培育和践行社会主义核心价值观这一"灵魂主线",重点打造"六个一"工程(一城一品牌、一行一重点、一园一主题、一地一广告、一节一活动、一书一经典),营造培育和践行社会主义核心价值观的浓郁舆论氛围,充分发挥先进典型的示范引领作用;立足传承中华优秀传统文化和岭南文化,在宣传培育活动中采取编写图书、制作宣传画、微视频等形式,汲取优秀传统文化的思想精华和道德精髓,大力弘扬和阐发中华优秀传统文化讲仁爱、重民本、守诚信、崇正义、尚和合、求大同的时代价值,使优秀传统文化成为涵养核心价值观的重要源泉;切实把社会主义核心价值观贯穿于社会生活方方面面,通过教育引导、舆论宣传、文化熏陶、实践养成、制度保障等,使社会主义核心价值观内化为人们的精神追求,外化为人们的自觉行动;发挥政策导向作用,使经济、政治、文化、社会等方方面面政策都有利于社会主义核心价值观的培育。经过近年来的大力培育和弘扬,社会主义核心价值观家喻户晓、深入人心,极大提升了新时期广东文化精神,使广东人民在新时代呈现出新的精神面貌。

二、新时期广东文化精神的内涵和特征

文化精神,是文化人类学的一个重要范畴,英文为"ethos",社会学家将其译作"民族精神"或"国魂"。1906年,W. G. 萨摩在他的《民风》一书中提出"文化精神"是"使一个群体不同于其他群体的那些特质之总和"[①]的观点,引起了社会学家、人类学家对这一概念的重视与研究。所谓文化精神,就是特定民族文化系统所反映出的基本精神特质,是该民族特定的价值取向、思维方式、社会心理、伦理观念、审美情趣等精神特质的基本风貌的反映。而新时期广东文化精神,是指在改革开放时代条件下广东文化中所蕴含的并能体现其特质的一种独特精神。从某种意义上说,这种时代文化精神是一种改革开放精神、一种社会主义市场经济精神。

---

① 转引自周大鸣《论中华民族凝聚力的核心——文化精神》,载《学术研究》1992年第2期。

第十章 新时期广东文化精神的形成

(一) 新时期广东文化精神的内涵

新时期广东文化精神内涵丰富,但具体包含哪些内容? 1992 年,林若说:"随着改革开放的深入,人们对外交往多了,接触新事物也多了,同发展商品经济相适应的竞争观念、时效观念、质量观念、人才观念、信息观念等新的观念逐渐建立起来。"[①] 1996 年 11 月,谢非说:"发展社会主义市场经济促进人们的观念更新,增强了开拓、创新、进取精神。如'信息就是资源'的信息观念,讲效率讲效益的时效观念,优胜劣汰的竞争观念,依法办事的法制观念以及新的人才观念、消费观念、文明观念等为越来越多的人所接受。"[②] 2010 年 7 月,汪洋说:"广东人解放思想,开拓创新,以'杀开一条血路'的勇气和魄力,以'敢为天下先'的创新文化精神,契合了改革开放的时代要求,在全国先行一步,不仅创造了世界经济史上的奇迹,更是创造了独领时代潮流的一系列新观念、新思想,'深圳速度'、'时间就是金钱,效率就是生命'就是时代精神的生动写照。"[③] 综合诸说,主要包括:解放思想、改革开放,敢闯敢干、敢为人先,求实务实、不尚空谈,竞争意识、时效观念,注重规律、科学理性,等等。其中,"解放思想、改革开放"是广东时代文化精神最鲜明的特征、最突出的优势、最重要的内容,其他文化精神都源于这一特征、内容,都深深地打上了这一文化精神的烙印。

1. 解放思想、改革开放

改革开放这场中国的第二次革命,不仅深刻改变了中国,也深刻影响了世界。40 年来,中国人民极大解放和发展的中国社会生产力,开辟的中国特色社会主义道路,充分显示的中国力量,为世界积极做出的中国贡献,深刻印证改革开放是中国和世界共同发展进步的伟大历程,中国人民的面貌、社会主义中国的面貌、中国共产党的面貌发生了历史性变化。所

---

① 林若:《广东改革开放的实践与思考》,广东人民出版社 2003 年版,第 90 页。
② 谢非:《广东改革开放的探索》,中共中央党校出版社 1998 年版,第 483 页。
③ 汪洋:《建设文化强省 为发展中国特色社会主义文化作出新贡献——在省委十届七次全会上的讲话》,2010 年 7 月 16 日。

有这一切，都与解放思想、改革开放密不可分。习近平总书记强调："改革开放的过程就是思想解放的过程。没有思想大解放，就不会有改革大突破。"① 实践证明，"'解放思想、改革开放'是发展中国特色社会主义的一大法宝，已经成为当今时代中国的时代文化精神。这种精神是中华民族充满生机与活力的力量源泉"②。广东作为改革开放的前沿地、先行地，正是这一时代文化精神的杰出代表。解放思想与改革开放相辅相成、相互促进。解放思想"就是使思想和实际相符合，使主观和客观相符合，就是实事求是"③。中国改革开放的历史，就是一部不断解放思想、开拓创新的历史。改革开放以来每一个巨大变化，无一不是思想解放的结果。改革开放是强国之路，是当代中国的主旋律。自1979年开始，广东凭借得天独厚的地缘优势，充分利用中央赋予的"特殊政策和灵活措施"，先行先试，大力推进改革开放。广东改革开放先行一步，在实践中积累下来的宝贵的探索精神和无畏勇气，孕育出具有鲜明时代特色的价值观念，对全国改革开放大业产生重要的带动、激励和促进作用。

2. 敢闯敢干、敢为人先

敢闯敢干、敢为人先就是不因循守旧，不墨守成规，闯出前人未曾走过的路，干出前人未曾干过的事。在改革开放新时期，广东人以其开放的思路、敢于担当的精神、"杀开一条血路"的勇气，为广东先行一步创造了政策条件和制度基础。在这一精神指导下，广东把中央的"特殊政策、灵活措施"具体化为"对外更加开放，对内更加搞活，对下更加放权"，在全国创造了数不清的第一，发明了对外经济合作中的"三来一补""两头在外""借船出海"、价格改革中的"突破中间、带动两头"、激励机制中的"财政包干"以及基建筹资中的"以路养路、以电养电"等鲜活经验，充分展示了广东人敢闯敢干、敢为人先的精神。

---

① 习近平：《在庆祝海南建省办经济特区30周年大会上的讲话》，载《人民日报》2018年4月14日。

② 汪洋：《建设文化强省 为发展中国特色社会主义文化作出新贡献——在省委十届七次全会上的讲话》，2010年7月16日。

③ 《邓小平文选》（第2卷），人民出版社1994年版，第364页。

3. 求实务实、不尚空谈

广东人素有务实传统，改革开放以来更是把这种精神发挥到极致。回顾改革开放的风雨沧桑，作为改革开放试验田的广东始终处于风口浪尖，但广东始终坚定不移地推进改革开放，努力探索中国特色社会主义的发展道路，无论对来自"左"的方面的责备，还是右的方面的鼓吹，都没有动摇改革探索的基本信念；无论面对多大的压力、多大的困难甚至是从未遇到的风险，广东始终不抱怨、不悲观、不等待，而是团结一心、沉着应对、埋头苦干。邓小平说："不搞争论，是我的一个发明。不争论，是为了争取时间干。一争论就复杂了，把时间都争掉了，什么也干不成。"① 广东坚持不争论、不唯书、不唯上，坚信党中央对改革开放、探索中国特色社会主义的支持，大胆解放思想、实事求是，为发展扫除障碍，为实现经济起飞创造了重要条件。

4. 竞争意识、时效观念

广东改革开放40年的历程，就是逐步构建社会主义市场经济体制的过程。在市场经济条件下，具有独立利益的各经济主体之间具有平等的机会、地位与权利，它们之间的竞争成为优化配置资源的基本途径。随着市场经济的发展，竞争已成为推动工作的重要手段，深入人们思想、工作和生活的方方面面，培养了人们敢于竞争、不怕失败的竞争精神，充分调动了人们的积极性、创造性，实现了扬优汰劣，使社会充满生机与活力。与竞争意识相伴而行是时效观念。竞争彻底改变了传统社会舒缓、悠闲的生活工作节奏，养成了人们"时不我待""只争朝夕"的时效意识，"时间就是金钱，效率就是生命""追兵就是标兵""对手就是老师"成为这种精神的典型写照。

5. 注重规律、科学理性

广东的先行先试、敢闯敢干，不是盲目蛮干，而是在"摸着石头过河"的过程中，自觉探索改革开放和市场经济的内在规律，注重理论先导与经验提升的结合，体现出了清醒的科学理性。正如习近平总书记所强调的那样："解放思想不是脱离国情的异想天开，也不是闭门造车的主观想

---

① 《邓小平文选》（第3卷），人民出版社1994年版，第374页。

象，更不是毫无章法的莽撞蛮干。解放思想的目的在于更好实事求是。"①40 年来，广东省委、省政府一直注重发挥理论的先导作用，注重学习借鉴先进技术和经验。广东的社科理论界也密切关注改革开放"试验田"的试验状况，在率先基本实现社会主义现代化的过程中，产生了卓炯的"社会主义商品经济论"，较早提出市场经济理论、国有企业股份化改革理论、政治文明理论、精神文明理论等，激发了人们对改革开放重大理论的思考。正是思想理论工作者和实践工作者的紧密结合，及时对先行一步的改革实践进行总结思考，使建设中国式的社会主义的"经验一天比一天丰富"②。这是广东改革开放持续保持旺盛的生命力，也是未来推进改革开放发展的希冀。

新时期广东文化精神不仅体现于丰富多彩的文化艺术成果中，更体现于广东人热火朝天的改革实干之中。孙家正说："广东改革开放走在全国前列，开风气之先，广东人每天都在创造着新的生活，取得了辉煌的成就，这些成就不能仅仅看成是经济上的成果，实质上它也是一种文化的成果。"③ 经过 40 年实践的洗礼，在丰硕的成果面前，解放思想、改革开放、敢闯敢干、敢为人先、求实务实、不尚空谈等已不只是政治口号、国家政策，而是切切实实体现于新时期广东人的思维方式、价值取向、理想人格、国民品性、精神风貌、审美情趣等之中，共同构成新时期广东文化精神。

（二）新时期广东文化精神的特征

作为改革开放背景下的一种地域文化精神，新时期广东文化精神这一概念着重突出了地域性与时代性，与其他文化精神相比有着鲜明的特点：新时期广东文化精神既继承传统岭南文化精神，又在改革开放的实践中增添新的内容；既体现了社会主义文化的基本精神，又不断超越对社会主义

---

① 习近平：《在庆祝海南建省办经济特区 30 周年大会上的讲话》，载《人民日报》2018 年 4 月 14 日。
② 《邓小平文选》（第 3 卷），人民出版社 1994 年版，第 372 页。
③ 《文化部部长孙家正：广东对全国贡献的核心是文化》，载《南方日报》2005 年 4 月 13 日第 6 版。

第十章 新时期广东文化精神的形成

的传统理解；既立足当代现实的发展，又面向现代化的要求。

1. 体现了传统与现代的融合

作为中华文化之一部分，岭南文化源远流长，成为新时期广东文化精神的历史文化资源。新时期广东文化精神既有对传统岭南文化精神的继承和发展，又有在改革开放实践中形成的新的文化精神。传统是孕育现代性的母体和温床，新时期广东文化精神继承了传统岭南文化如开放兼容、敢闯敢干、义利并举、世界视野等精神，并赋予了新的内涵与意义。新时期广东文化精神更多是在改革开放实践中孕育出新的文化精神，如解放思想、改革开放、民主法治、崇尚自主、科学理性、竞争意识、时效观念及仁爱志愿等精神。这些文化精神符合现代化需要，既有现代化的普遍价值追求与文化特质，又有中国特色与岭南风格，体现着中国尤其是广东改革开放背景下独特的文化品格。

2. 体现了先进性与大众化的统一

新时期广东文化精神是在中央关于改革开放与文化建设等一系列方针政策的指导下生成、发展的，首先体现着改革开放以来形成的社会主义核心价值观，体现着社会主义先进文化的要求。同时，也反映了广东人民在改革开放实践中的文化需求与首创精神。在广东改革开放实践中，许许多多的东西都是由群众在实践中提出来的，"是群众的智慧，集体的智慧"[1]，许多新的做法、经验、制度都是广大的人民群众在实践中摸索出来的，许多文化精神比如敢闯敢干、不尚空谈的精神，都是劳动人民在实践中创造、体现出来的。40年来，民众的理性精神和创造智慧得到了充分的发挥，在改革开放中促进人的全面发展。

3. 体现了大传统与小传统的贯通

新时期广东文化精神是当代中国文化精神的一部分，其形成离不开中国文化精神的影响，与作为整体的中国文化精神相一致；作为地域文化，新时期广东文化精神先行一步，为整个中国文化精神的形成提供借鉴，又有自己的鲜明特点。二者相互影响，相互促进，是"小传统"与"大传统"的关系。一方面，涓涓细流汇成了大海，没有异彩纷呈的地域文化精

---

[1] 邓小平：《对中共十四大报告送审稿的意见》，载《人民日报》1992年10月24日。

神也就没有中国文化精神这个整体，正是众多的诸如新时期广东文化精神这样的地域性文化精神组成了当代中国文化精神的整体；另一方面，新时期广东文化精神的形成离不开作为整体的当代中国文化精神的浸润、影响与指导，也是在当代中国文化精神这一大背景下才得以形成、发展，归根结底，新时期广东文化精神只是当代中国文化精神的有机整体之一部分。

三、新时期广东文化精神的历史渊源与现实基础

任何文化精神的生成与传播，都离不开独特的历史文化传统，离不开特定的社会现实土壤。新时期广东文化精神既是传统岭南文化精神的延续与发展，又是改革开放新时期广东社会历史条件的特有产物。

（一）传统岭南文化是历史渊源

由于特殊的地理环境和历史路径，传统岭南文化具有丰富的现代因子。这些现代因子内在地契合了现代化的本性，为新时期广东文化精神的形成提供了丰富的思想文化资源。

1. 兼容开放精神品格

岭南文化既具有兼容性，又具有开放性，这是其他地域文化所不具有或不甚明显的特征。岭南文化从形成之始就具有一种杂交优势，正是在不断汲取其他文化因子的过程中，岭南文化才不断发展壮大，呈现出兼容开放的文化品格。岭南文化是在古代百越族（即当地土著居民）创造的原生态文化基础上，接受以儒家文化为主干的中原文化的决定性影响，并吸纳来自西洋、南洋甚至包括非洲、美洲等地异域文化元素而形成的。从整体上看，岭南文化还是从属于中原文化，但相对于其他地域文化，岭南文化又具有远儒性的特征。历史上，岭南远离中央政权所在地，在古代交通和通信联络不便的情况下，接受正统思想的束缚较少，易于接受新事物、吸收新思潮，呈现出"不拘一格、不定一尊、不守一隅"的文化个性。

2. 义利并举的价值追求

众所周知，古代中国的主流价值导向是重义轻利、重农抑商。但广东却一反常规，处于"边缘文化"的岭南文化反对空想，讲求实利，倡导义利并举的价值观。广东有悠久繁荣的商业活动。早在西汉时期，广州已是

第十章　新时期广东文化精神的形成

南方珠玑、犀角、果品、布匹的集散地；宋时，广州已是"万国衣冠，络绎不绝"的著名对外贸易港了；到了明清海禁时期，剩余广州"一口通商"，广州独揽了全国的对外贸易大权。广东的先民自能出海与人交易之时，商业活动就从来没有中断过。经商带来的丰厚利润，诱使人们纷纷从土地中游离出来投入商海，使得营商队伍日益壮大。更有甚者，那些即便仍在从事农业生产者，也已不再是自然经济意义上的务农者了，而是以商业头脑经营着农业，商品意识已渗透于整个岭南社会之中。长期的商业贸易，培育了广东人的商业精神，比如契约精神、服务意识等。在岭南文化重实用思想的熏染下，广东人摒弃了北方人"耻言利"的传统意识，普遍具有强烈的功利主义，形成了重实利与务实的精神特质。

3. 敢冒敢闯的国民品性

海洋文明虽未能成为中国文明的主要传统，但却在岭南地区主要是广东发扬光大。大海在孕育了广东人商业因子的同时，也铸造了广东人敢于冒险的性格。广东自秦汉以降的海洋文化遗存极其悠久、丰富、全面、珍贵，所体现的广东古代海洋文化亦极其辉煌。海洋文化浸润了岭南人敢闯敢干的精神气魄。广州作为祖国的南大门，是古代海上丝绸之路的起点，是中国历史上自秦汉至明清 2000 多年中唯一一个经久不衰的港口城市。自秦汉开始，广州与海外就有着经济、文化往来。两汉时，中国的船队从广州出发，已远航到南海诸岛及波斯湾。唐代，中国的船队从广州出发直抵非洲。宋代，广州不仅是中外交通的重要枢纽，而且各种各样的经济、文化交往都有深入的发展。明末清初实行海禁政策时，广州成为中国对外开放的唯一口岸，几乎垄断了中国与世界的交流。鸦片战争后，广州是五大通商口岸之一。与务农相比，贸易特别是海上贸易面临的风险和不确定性要大得多。因此，海洋文化直接催化了广东人冒险、求新的精神。

4. 胸怀世界的开拓意识

对外文化交流对于岭南文化的形成及独特气质的呈现具有重要意义，这是其他地域文化所不具备的优势与特点。悠久而广泛的对外交流，培育了广东人的世界眼光与开拓精神。在长期的经济、文化交流与传播进程中，广州成为一个多种异质文化同时并存，并不断进行交流碰撞的文化城市。而近代，广东成为西学东渐的桥头堡，更走在了学习西方思想文化的前列。"在中国五千年历史上,文化交流有过几次高潮,最后一次也是最重要的一次是西方文化的传入,这一次传入的起点在时间上是明末清初,在地域上就是澳门。"① 这个文化热潮,从16世纪至19世纪,持续300多年之久,对近代岭南文化个性特征的形成产生重要影响。而广东毗邻港澳,100多年来深受港澳文化影响。港澳的存在不仅给广东人带来巨大的利益驱动力,而且还带来观念上的刺激,使他们更早地、更直接地感受到近现代工业文明的冲击。

总之,传统岭南文化精神相对于当时北方的较为封闭、单一的封建文化体系来说,具有一定的超前性。这样一种地域文化精神,不同于传统时代其他地域文化,可以说是传统文化的一个"异端"。这种"异端"在旧的时代虽不被看好,甚至受到轻视、批判、打压,但随着时代主题的变迁,在近代以来内在地契合了世界历史大潮的需要,为岭南这片古之"蛮荒之地"提供了向现代社会转变的价值观念、思维方式、国民品性,为广东在近代一跃成为引领时代风云的热土提供了精神力量,其基本精神成为新时期广东文化精神的重要思想资源。

(二) 改革开放实践是现实基础

文化是一定社会政治经济状况的反应,总是在特定的社会条件下存在和发展的。新时期广东文化精神既是岭南传统文化精神在新时期大放异彩的表现,更是改革开放伟大实践孕育出的文化结晶。

1. 改革开放为新时期文化精神的生成提供了坚实的物质基础

文化建设离不开强大的经济支撑,经济基础为精神文明的发展提供物质手段。加强文化、教育、科技等基础设施建设,增加资金投入,是搞好文化建设的重要前提之一。广东在改革开放中先行一步,有了雄厚的经济实力,对文化建设经费的投入是过去的几倍、几十倍,大大改善了活动条件,加强了基础设施建设。例如,建成了一批高水准的、在全国有影响的标志性公共文化设施,如广东科学中心、广东海上丝绸之路博物馆、广州

---

① 季羡林:《澳门文化的三棱镜》,1994年5月6日在澳门《文化杂志》第二系列发行仪式会上的讲话。

第十章 新时期广东文化精神的形成

歌剧院、广州图书馆新馆、广州艺术博物院、广州电视观光塔等，展示了城市新貌，张扬了时代精神。改革开放以来，广东文化建设能取得这样的成绩，一个重要原因就是实行改革开放，解放和发展了生产力，壮大了各级政府的财力，增加了人民群众的收入，使文化建设有了比较坚实的物质基础，使人民群众有了更多的闲暇时间开展文化活动。

2. 改革开放为新时期文化精神的生成提供了丰厚的实践土壤

时代是思想之母，实践是理论之源。作为上层建筑一部分的思想文化，它的发展来源于社会实践并为实践服务。马克思说："人们的想象、思维、精神交往是人们物质行动的直接产物。表现在某一民族的政治、法律、道德、宗教、形而上学等的语言中的精神生产也是这样。"① 新时期最鲜明的特点是改革开放，当代中国的一切变化皆源于这一决定中国命运的关键抉择。改革开放极大地解放和发展了生产力，也引起了社会生活和人们观念的深刻变化，使人们从传统的思想观念和思维模式中解放出来。正如邓小平所说："改革促进了生产力的发展，引起了经济生活、社会生活、工作方式和精神状态的一系列深刻变化。"② 与转型时期的社会实践以及科技革命、信息革命和知识经济的开始兴起相适应，一种新的文化精神已经和正在逐步形成，为文化精神增添了新的内容而使其焕发出勃勃生机。作为改革开放的前沿地和先行者的广东，其新时期文化精神就是围绕着改革开放这个时代的主题，并在改革开放的伟大实践中逐步形成的。

3. 发展社会主义市场经济赋予文化建设以新的丰富内涵

马克思主义认为，每个时代的人们归根到底都要从他们进行的生产和交换的经济关系中，形成相应的思想道德观念和精神文化生活。改革开放40年来取得的最重要成就，就是实现了从高度集中的计划经济成功转向充满活力的社会主义市场经济。发展社会主义市场经济的实践，不仅会引起人们经济生活的重大变化，而且会引起思想文化领域的重大变化。市场经济在本质上是一种竞争型经济，有利于冲击封建宗法观念、等级特权观念、贵贱尊卑观念等封建残余意识，强化民主、平等、自主、自立、自

---

① 《马克思恩格斯选集》（第1卷），人民出版社1995年版，第72页。
② 《邓小平文选》（第3卷），人民出版社1994年版，第142页。

强、自信的意识,更新人们的效益观念、效率观念、质量观念、人才观念和服务观念;市场经济又是开放型经济,促使人们从保守、封闭的狭小圈子里解放出来,促进了思想观念的更新和视野的开阔,在继承传统的优秀思想文化的同时,加速吸收消化世界各国先进的科学技术、有益的道德修养和进步的思想文化;市场经济还是一定意义上的法治经济,有利于强化人们的权利义务观念和民主法制观念,促进法制社会的形成。

4. 改革开放促进广东文化建设不断进步

没有整个文化建设的发展,文化精神的生成与培育也就无从谈起。广东改革开放先行一步,对外开放度最高,离国际市场最近,如何做到既以经济建设为中心又不忽视精神文明建设,既学习和引进先进文化又有效抵制腐朽思想侵蚀,是广东省委、省政府面临的艰巨任务。广东历届领导班子始终坚持"两手抓,两手都要硬"的方针不动摇,坚持正确的舆论导向,倡导社会主义的共同理想、价值观念和道德风尚,加强党风建设和廉政建设,加大依法治省和社会治安综合治理的力度,不懈打击"黄赌毒"等各种社会丑恶现象和走私贩私、逃税骗汇等违法犯罪活动,为改革开放和现代化建设大业创造了良好环境。40年来广东精神文明的不断进步,比如在抗击"非典"疫情中的大医精神、支援汶川地震灾区中的大爱精神等,就是新时期广东文化精神的集中体现。

5. 改革开放激发了人们自觉提高文化素质的积极性

随着改革开放的深入,人们特别是青年人越来越深切认识到,没有知识,没有文化,不仅难以致富,甚至难以就业。特别是随着经济、人事、教育、科技制度的改革,既给人们提供了更多的选择未来的机会,也使人们不得不面对越来越严峻的"优胜劣汰"的"择优"态势。唯有勤奋学习、提高本领,对未来发展才具有应变能力。改革开放是一所大学校,它把国家置于科技迅猛发展、竞争异常激烈的世界舞台上,使人们拓宽视野,掌握世界动向,看到我国与世界发达国家在各方面的差距,努力追赶,提高国家综合实力,缩短差距;把人们置于社会变革不断向纵深发展的实践中,推动人们不断解放思想,乐于拼搏;使人们有更多的机会,直接和间接地接触、学习发达国家的先进成果、高新科技和科学的管理经验。所以,改革开放带来了全民的"读书热""科技热",促进了新的文化精神的生成和传播。

总之,精神的力量,深深影响着改革开放和现代化建设的全过程,熔铸在全社会的生命力、创造力之中。正如汪洋所说:"广东的崛起,从某种意义上讲,就是文化软实力的崛起。在这一历史进程中,我们展示出来的改革创新的人文精神,逐步完善的制度机制,良好的公民形象,这些都是软实力的重要体现。"[1] 新时期广东文化精神能够更好地凝聚共识、整合价值、形成新的精神力量,推动加快转型升级,建设幸福广东。宣传实践新时期广东文化精神,是文化强省建设极为重要的内容。

四、新时期广东文化精神的弘扬与拓展

文化在经济社会发展中的作用越来越重要,谁占领了文化发展制高点,谁就掌握了未来发展的主动权。广东在新一轮改革开放中能否实现"四个走在全国前列"[2] 与"四个方面重要要求"[3] 的重托和使命,从一定意义上来说,在于广东能否继续创造出引领时代潮流的文化精神。2018年6月,中共广东省委书记李希在省委十二届四次全会上指出:"要在用好改革开放关键一招上有新担当新作为,抓住改革开放40周年这一重要历史契机,系统总结宝贵经验,最需要传承弘扬的是改革开放总设计师邓小平同志倡导的'杀出一条血路'的气魄胆略,是习仲勋老书记等广东改革开放开拓者、先行者'敢为天下先'的勇气担当、革命精神。"这是对40年来广东文化精神的高度凝练和充分肯定,赋予新时期广东文化精神更大担当、更大使命。这就要求我们在大力弘扬以"解放思想、改革开放"为主要内容的新时期广东文化精神的同时,根据实践的发展和时代的

---

[1] 汪洋:《高举旗帜改革创新 努力开创广东科学发展的美好未来——在广东省委十届三次全会上的讲话》,载《南方日报》2008年6月21日。

[2] 2018年3月7日上午,习近平总书记在参加十三届全国人大一次会议广东代表团审议时发表重要讲话,充分肯定了党的十八大以来广东工作,深刻指出广东在我国改革开放和社会主义现代化建设大局中的重要地位和作用,对广东提出了"四个走在全国前列"的明确要求:在构建推动经济高质量发展的体制机制上走在全国前列,在建设现代化经济体系上走在全国前列,在形成全面开放新格局上走在全国前列,在营造共建共治共享社会治理格局上走在全国前列。

[3] 2018年10月,习近平总书记在视察广东时,对广东提出了四个方面重要要求:深化改革开放、推动高质量发展、提高发展平衡性和协调性、加强党的领导和党的建设。

变迁，不断丰富和发展新时期广东文化精神的内涵，不断推动新时期广东文化精神成为全民共识，促进经济高质量发展和文化社会全面进步。

(一) 大力培育与弘扬新时期广东文化精神

"价值观念在一定社会的文化中是起中轴作用的，文化的影响力首先是价值观念的影响力。"① 任何一个社会都存在多种多样的价值观念和价值取向，要把全社会的意志和力量凝聚起来，必须有一套与经济基础和政治制度相适应，并能形成广泛社会共识的核心价值观。在当代中国，这种精神支柱集中体现于社会主义核心价值观之中。培育和弘扬新时期广东文化精神，不仅要以社会主义核心价值观为指导，而且要把社会主义核心价值观内化为新时期广东文化精神的核心内容。

培育和践行社会主义核心价值观，要注重全方位贯穿、深层次融入。既然是核心价值观，应让每个群众都能知晓和践行。因此，"要切实把社会主义核心价值观贯穿于社会生活方方面面。要通过教育引导、舆论宣传、文化熏陶、实践养成、制度保障等，使社会主义核心价值观内化为人们的精神追求，外化为人们的自觉行动"②。要从文化传播视域构建核心价值观大众化新体系，改变过去片面强调意识形态色彩、过于依靠强制灌输的做法，使核心价值观大众化回归文化本身，实现核心价值观从政治宣传走向文化传播，提高核心价值观大众化的感染力、认可度、实效性。在立足点上，要从"以我为主"转向"以受众为本"，坚持眼睛向下、重心下移，营造一种平等互动的交流气氛；在主体上，要从宣传系统走向社会大众，在充分发挥主渠道作用的同时，积极调动社会的、民间的、群众的力量共同来做宣传工作；在载体上，要从传统平面式走向立体式，推动传统媒体和新兴媒体的融合发展，使传播主题在不同载体上都有各具特色的展示；在方法上，要从讲道理走向讲故事，运用多元化的渠道和多样化的

---

① 习近平：《建设社会主义文化强国 着力提高国家文化软实力》，载《人民日报》2014年1月1日。
② 习近平：《把培育和弘扬社会主义核心价值观作为凝魂聚气强基固本的基础工程》，载《人民日报》2014年2月26日。

第十章 新时期广东文化精神的形成

技巧,特别要多运用电影电视、文学戏剧、音乐美术甚至讲述故事、动漫游戏等文化形式。

建设社会主义核心价值观,要建立核心价值观念教育和普及的机制。"培育和弘扬社会主义核心价值观,不仅要靠思想教育、实践养成,而且要用体制机制来保障。"① 要发挥政策导向作用,使经济、政治、文化、社会等方方面面政策都有利于社会主义核心价值观的培育;要深入实施核心价值观"1+X"工程,推动核心价值观融入生活场景、融入社会实践、融入学校教育,转化为人民的思想自觉和行为习惯;要教育和引导广大文艺工作者将时代的主流价值观通过群众喜闻乐见的文艺作品和文化活动表现出来,实现润物无声的效果;要加大公共文化设施建设投资,大力发展反映核心价值观念的纪念馆、艺术馆、博物馆以及各种传媒等,以便人们在参观、学习和丰富自己精神生活的同时受到核心价值观念的熏陶。

(二) 用"两创"精神弘扬中华优秀传统文化

新时期文化精神的形成和发展,离不开民族传统文化的血脉渊源。马克思指出:"人们创造自己的历史,但是他们不是随心所欲地创造,并不是在他们选定的条件下创造,而是在自己直接碰到的既定的、从过去继承下来的条件下创造。"② 我国是具有5000年文明史的文明古国,我们的祖先曾在历史上创造了灿烂辉煌的东方文明,为我们留下了十分丰富厚重的文化遗产。党的历代领导人,从毛泽东、邓小平、江泽民、胡锦涛到习近平都十分珍视这份文化遗产。习近平多次就传承中华优秀传统文化发表讲话,他指出:"培育和弘扬社会主义核心价值观必须立足中华优秀传统文化。牢固的核心价值观,都有其固有的根本。抛弃传统、丢掉根本,就等于割断了自己的精神命脉。博大精深的中华优秀传统文化是我们在世界文化激荡中站稳脚跟的根基。中华文化源远流长,积淀着中华民族最深层的精神追求,代表着中华民族独特的精神标识,为中华民族生生不息、发展

---

① 中共中央文献研究室编:《习近平关于社会主义文化建设论述摘编》,中央文献出版社2017年版,第111页。

② 《马克思恩格斯选集》(第1卷),人民出版社1995年版,第585页。

壮大提供了丰厚滋养。"① 优秀传统文化凝聚着中华民族自强不息的精神追求和历久弥新的精神财富,是发展社会主义先进文化的深厚基础,是建设中华民族共有精神家园的重要支撑。

弘扬中华优秀传统文化,要坚持"两创"精神。所谓"两创"精神,就是习近平总书记多次阐述并在党的十九大报告中强调的"创造性转化、创新性发展"的精神。我们要按照习近平总书记的指示,在科学对待、积极继承传统文化的基础上创新发展。在传统文化中,精华与糟粕往往是杂糅一起、共处一体,良莠混杂、瑕瑜互见。因此,整理、继承民族传统文化,不能囫囵吞枣,一定要做历史的、具体的、科学的分析,认真、细致地做一番科学的扬弃和整理工作。"要坚持古为今用、以古鉴今,善于把弘扬优秀传统文化和发展现实文化有机统一起来、紧密结合起来,在继承中发展,在发展中继承,坚持有鉴别的对待、有扬弃的继承,努力实现传统文化的创造性转化、创新性发展。"② 要全面认识祖国传统文化,取其精华、去其糟粕,古为今用、推陈出新,坚持保护利用、普及弘扬并重,加强对优秀传统文化思想价值的挖掘和阐发,维护民族文化基本元素。即使是对传统文化中的精华部分,仍需根据现时代的要求加以改造,赋予其符合时代精神的新内涵。只有这样,才能成为新时期文化精神的组成部分。

(三)吸收借鉴世界一切优秀文化成果

新时期广东文化精神的形成,既要继承和发扬民族优秀传统文化,还要吸收和借鉴人类社会创造的一切文明成果。文化的魅力在于展示,文化的活力则在于交流。文化作为政治和经济的反映,总是伴随着经济交往而传播。马克思和恩格斯在《共产党宣言》中指出:"资产阶级,由于开拓了世界市场,使一切国家的生产和消费都成为世界性的了。……过去那种

---

① 习近平:《把培育和弘扬社会主义核心价值观作为凝魂聚气强基固本的基础工程》,载《人民日报》2014年2月26日。

② 习近平:《在纪念孔子诞辰2565周年国际学术研讨会暨国际儒学联合会第五届会员大会开幕会上的讲话》,载《人民日报》2014年9月25日。

第十章 新时期广东文化精神的形成

地方的和民族的自给自足和闭关自守的状态,被各民族的各方面的互相往来和各方面的互相依赖所代替了。物质的生产是如此,精神的生产也是如此。各民族的精神产品成了公共的财产。民族的片面性和局限性日益成为不可能,于是由许多种民族的和地方的文学形成了一种世界的文学。"① 每一个国家和民族的文化都有自己的优势和长处,不同文化之间的相互学习和借鉴是文化发展的必要条件。中华文化胸襟博大、海纳百川,因兼收并蓄而丰富多彩,因博采众长而永葆活力。与世界不同民族文化的交流互鉴,是我国文化创新创造的重要条件,是提升我国文化国际影响力的重要途径。改革开放以来,广东充分利用独特的地缘和历史优势,不断推动对外文化交流与贸易,成为中国文化走出去的桥头堡、排头兵,既讲述了中国故事、广东故事,增强了中华文化的国际影响力,又顺应了世界文化走向,学习了前沿文化科技和文化理念,为新时期广东文化精神的形成提供了重要借鉴。

吸收借鉴国外优秀文化成果,一方面,要反对盲目排外,积极稳妥地逐步扩大对外文化交流,既使优秀的民族文化弘扬海外,也使民族文化吸取一些新的养分,受到新的激发,增添新的活力。广东在改革开放之初就注意在经济开放的同时推进文化的对外开放和对外交流,提出了著名的"排污不排外"的方针。我们要以更加自信的心态、更加开阔的视野,吸纳百家优长、兼集八方精华,使中华文化不仅植根于本民族优秀传统文化的沃土,而且吸取世界文化的文明成果,符合世界发展进步的时代潮流。另一方面,在文化的对外开放、对外交流中,又绝不能放任自流、盲目模仿、照抄照搬。要从我国文化发展的现实需要出发,对外来文化进行总体分析,坚持"以我为主、为我所用",学习借鉴一切有利于加强我国社会主义文化建设的有益经验、一切有利于丰富我国人民文化生活的积极成果、一切有利于发展我国文化事业和文化产业的经营管理理念和机制。在经济全球化、世界一体化日益发展的今天,我们更要以开放的心态和博大的胸怀,勇于和善于吸收世界各国一切优秀的文化成果,丰富充实新时代广东文化精神。

---

① 《马克思恩格斯选集》(第 1 卷),人民出版社 1995 年版,第 276 页。

(四) 推进文化创新，繁荣文化市场

创新是文化的本质特征，是推动文化繁荣发展、提高国家文化软实力的不竭动力。2013年8月，习近平在全国宣传思想工作会议上强调："宣传思想工作创新，重点要抓好理念创新、手段创新、基层工作创新，努力以思想认识新飞跃打开工作新局面，积极探索有利于破解工作难题的新举措新办法，把创新的重心放在基层一线。"① 文化创新包括思想观念的创新、体制机制的创新、内容形式的创新和传播方式的创新。推进文化创新要从四个方面用力：一是大力增强创新意识。每生产一件文化产品，都要把创新放在首位，简单地"克隆"是没有生命力的。要在遵循文化规律的基础上，推陈出新、独辟蹊径，努力使作品在质量上有超越，在内容上有独创，在形式手段上有新意。二是大胆改革不合时宜的文化体制机制。要解放思想，要勇于冲破一切束缚文化发展的思想观念和体制机制障碍，不断深化对新形势下文化发展的方向、思路和格局的认识，建立与社会主义先进文化发展规律相符合的文化发展机制。三是营造尊重艺术、尊重创造的良好创新氛围。尊重艺术家的创造精神，保护艺术家的创新成果，在全社会形成尊重艺术创造、尊重艺术人才、尊重创作权益的良好氛围。四是促进科技与文化的融合，创新文化传播方式和手段。加快构建传输快捷、覆盖广泛的文化传播体系，加速文化成果的传播和普及，在更大范围内、更高程度上让广大人民群众共享文化发展成果。

广东要大力发展文化产业，加强文化市场管理。发展文化产业是在社会主义市场经济条件下满足人民群众日益增长的精神文化需求的重要途径。要进一步解放思想、更新观念，以改革开放、市场经济的思路和更加宽广的视野，谋划和推进文化产业发展。"继续推进文化体制改革，着力建设现代公共文化服务体系和现代文化市场体系，促进文化繁荣发展。"②

---

① 习近平：《胸怀大局把握大势着眼大事 努力把宣传思想工作做得更好》，载《人民日报》2013年8月21日。

② 中共中央文献研究室编：《习近平关于社会主义文化建设论述摘编》，中央文献出版社2017年版，第188页。

第十章 新时期广东文化精神的形成

通过一手抓公益性文化事业,一手抓经营性文化产业,全面活跃和繁荣文化市场,以满足人民大众对文化的多样化、多层次需求,全面提高建设社会主义先进文化的能力。精神产品必须把社会效益放在首位,作为最高标准。它的存在和发展,必须给人们以奋发向上的力量和健康的美的享受,提高人们的思想觉悟、道德情操和文化素养,而决不能不顾社会效益,片面追求经济效益。要继续实施文化惠民工程,推进基层公共文化设施共建共享,进一步完善相关政策,加大投入力度,优先安排与人民群众切身利益紧密相关的文化项目,通过繁荣文化市场,提供更多精神产品,让群众充分享有文化权益。

总之,改革开放的伟大实践孕育出新时期广东文化精神,改革开放进入新时期,需要更加深厚的、反映时代精华的广东文化精神提供滋养和支撑。要把理论的自觉性与群众的自发性结合起来,把加强引导与尊重群众首创精神结合起来。一方面,实现社会主义核心价值观的普及化、大众化,通过宣传教育使人们接受先进文化精神;另一方面,以社会主义核心价值观引导广大群众的文化创造,及时总结改革开放实践中呈现的新的文化因素,共同培育出新时期的广东文化精神。文化精神的本质和生命力就在于其实践特征,在实践中产生和发展,具有广泛的群众基础,也必然会对今后的实践产生指导作用。广东全省人民都应大力践行社会主义核心价值观,大力践行新时期广东文化精神,做一个勇于担当民族复兴大任的时代新人,在新一轮改革开放中做出更大贡献。

后 记

这部名为《广东文化改革发展40年》的著作,是中共广东省委宣传部特别委托的同名课题的最终研究成果。我们接受任务的时间是2017年6月,课题组经过一年多的努力,现在终于完成。质量究竟如何,只能留待读者明鉴。

2018年是改革开放40周年。40年来,在党的改革开放路线指引下,在以爱国主义为核心的中华民族精神和以改革创新为核心的时代精神的引导下,全国人民同心同德、不懈奋斗,取得了前无古人的伟大成就,使我们国家发生了天翻地覆的变化,雄辩地证明中华民族有自立于世界之林的能力。我们是这场伟大变革的参与者和见证者,我们感到由衷的喜悦!

广东是改革开放的前沿地,是中国传统文化向现代转型的助推地,是当代中国新型文化精神的生长地,是解放思想、改革开放的先行地。我们乐于参与广东文化的建设,乐于与读者共享广东文化建设成就的喜悦。

参加这部著作撰写的课题组成员是:李宗桂,中山大学哲学系教授暨中山大学文化研究所所长;张造群博士,广东省社会科学院研究员;张倩博士,华南理工大学马克思主义学院暨哲学研究所副教授;左康华博士,广州大学马克思主义学院副教授;林晓希博士,华南农业大学马克思主义学院讲师。以上全部都是接受了严格的文化研究的专业训练并且专门从事文化研究的学者。全书由我设计大纲,经课题组先后3次研讨,交流意见,修正补充,最终形成现在的书稿框架。课题组分工合作,既独立写作,又相互切磋。初稿完成以后,课题组交流讨论,然后各自修改完善。

后　记

第一稿修改后，张造群研究员通读全稿，提出明确的修改意见，各位作者参考其意见进行修改。第二稿修改后，由我统稿。应该说，全书每章都浸透着全体作者的心血，区别只是担任写作的主要任务不同而已。

由于广东文化改革发展40年历程甚长，跨度很大，内容极多，而篇幅有限，时间有限，我们的水平有限，故存在的问题在所难免，敬祈读者不吝赐教。

李宗桂

2018年11月于广州中山大学